Heine-Jahrbuch

Herausgegeben in Verbindung mit
der Heinrich-Heine-Gesellschaft

HEINE-JAHRBUCH 2002

41. Jahrgang

Herausgegeben von Joseph A. Kruse
Heinrich-Heine-Institut
der Landeshauptstadt Düsseldorf

Verlag J. B. Metzler
Stuttgart · Weimar

Anschrift des Herausgebers:
Joseph A. Kruse
Heinrich-Heine-Institut
Bilker Straße 12–14, 40213 Düsseldorf

Redaktion: Karin Füllner und Marianne Tilch

Die Deutsche Bibliothek – CIP Einheitsaufnahme

Heine-Jahrbuch ... / hrsg. in Verbindung mit der Heinrich-Heine-
Gesellschaft. -Stuttgart ; Weimar : Metzler.
Erscheint jährl. - Früher im Verl. Hofmann und Campe, Hamburg.-
Aufnahme nach Jg. 34. 1995
Darin aufgegangen: Heinrich-Heine-Gesellschaft, Düsseldorf

Jg. 34. 1995 - Verl.-Wechsel-Anzeige

ISBN 978-3-476-01925-7
ISBN 978-3-476-02889-1 (eBook)
DOI 10.1007/978-3-476-02889-1
ISSN 0073-1692

© 2002 Springer-Verlag GmbH Deutschland
Ursprünglich erschienen bei J.B. Metzlersche Verlagsbuchhandlung
und Carl Ernst Poeschel Verlag GmbH in Stuttgart 2002
www.metzlerverlag.de
Info@metzlerverlag.de

Inhalt

Buchbesprechungen

Siglen

1. H. Heine: Werke und Briefe

B   = Heinrich Heine: Sämtliche Schriften. Hrsg. von Klaus Briegleb. München: Hanser 1968–1976, 6 Bände (6, II = Register)

DHA   = Heinrich Heine: Historisch-kritische Gesamtausgabe der Werke. In Verbindung mit dem Heinrich-Heine-Institut hrsg. von Manfred Windfuhr. Hamburg: Hoffmann und Campe 1973–1997, 16 Bände

HSA   = Heinrich Heine: Werke, Briefwechsel, Lebenszeugnisse. Säkularausgabe. Hrsg. von den Nationalen Forschungs- und Gedenkstätten der klassischen deutschen Literatur in Weimar (seit 1991: Stiftung Weimarer Klassik) und dem Centre National de la Recherche Scientifique in Paris. Berlin und Paris: Akademie und Editions du CNRS 1970 ff.

2. Weitere Abkürzungen

Galley/Estermann = Eberhard Galley und Alfred Estermann (Hrsg.): Heinrich Heines Werk im Urteil seiner Zeitgenossen. Hamburg: Hoffmann und Campe 1981 ff.

HJb   = Heine-Jahrbuch. Hrsg. vom Heinrich-Heine-Institut Düsseldorf. Hamburg: Hoffmann und Campe 1962–1994; Stuttgart: Metzler 1995 ff.

Mende   = Fritz Mende: Heinrich Heine. Chronik seines Lebens und Werkes. Berlin: Akademie ¹1970; ²1981

Seifert   = Siegfried Seifert: Heine-Bibliographie 1954–1964. Berlin und Weimar: Aufbau 1968

Seifert/Volgina = Siegfried Seifert und Albina A. Volgina: Heine-Bibliographie 1965–1982. Berlin und Weimar (Hrsg.): Begegnungen mit Heine. Berichte der Zeitgenossen. Hamburg: Hoffmann und Campe 1973, 2 Bände

Wilamowitz = Erdmann von Wilamowitz-Moellendorf und Günther Mühlpfordt (†): Heine-Bibliographie 1983–1995. Stuttgart und Weimar: Metzler 1998

Wilhelm/Galley = Gottfried Wilhelm und Eberhard Galley: Heine-Bibliographie [bis 1953]. Weimar: Arion 1960, 2 Bände

Aufsätze

I.

Dekonstruktion nationaler Mythologeme: Heinrich Heine und Deutschland

Von Stefan Neuhaus, Bamberg

Vorbemerkung[1]

Der US-amerikanische Germanist Robert C. Holub nennt den 1797 geborenen und 1856 im Pariser Exil gestorbenen Heinrich Heine »the best known German author of the nineteenth century and one of the few German authors of his age to achieve worldwide recognition.«[2] Das war nicht immer so, Heines Stellung in der deutschsprachigen Literatur ist bekanntlich das Produkt einer beispiellosen Renaissance nach 1945. Ein Unbehagen an der relativ jungen Idolisierung Heines hat im gleichen Band wie Holub ein anderer amerikanischer Literaturwissenschaftler, Jeffrey L. Sammons, geäußert.[3] In der Tat ist zu fragen, ob man das kritische Potenzial Heines, indem man ihn immer stärker kanonisiert, nicht zwangsläufig auch, zumindest teilweise, neutralisiert.[4] Das kritische Potenzial wird besonders in Heines Behandlung des deutschen Nationalismus deutlich, der hier am Beispiel eines modernen Mythosbegriffs nachgegangen werden soll.

Interessanterweise spielt das Thema ›Heine und Deutschland‹, obwohl es einer der wichtigsten Gründe vor 1945 war, um Heine abzulehnen, in der neueren Rezeption keine signifikante Rolle mehr. Die Diskreditierung der deutschen Nation durch den Nationalsozialismus kann diesen Paradigmenwechsel nur teilweise erklären. Denn noch immer gibt es, anders lautenden Befunden und Diskussionen zum Trotz, in Deutschland ein starkes Nationalgefühl. Seiner metaphysischen Dimension entkleidet, manifestiert es sich vor allem im Stolz auf wirtschaftliche Leistungen und die entsprechenden Tugenden, die ›den‹ Deutschen zu solchen Leistungen befähigen. Ein Beispiel ist der Glaube, dass deutsche Autos die besten in der Welt sind. Dieser Glaube ist so stark, dass er sich weltweit ausgebreitet und die deutsche Automobilindustrie von einem Exportboom zum nächsten geführt hat. Dabei sind japanische Autos deutlich zuverlässiger, britische Autos exklusiver, amerikanische Autos luxuriöser und französische Autos komfortabler. Bei Lichte besehen sind deutsche Autos in erster Linie – teurer.

Der Glaube an die Überlegenheit des deutschen Automobils lässt sich zutreffender als Mythos bezeichnen. Roland Barthes hat in seiner programmatischen Schrift »Mythen des Alltags« den Charakter des Mythos beschrieben.[5] Der Mythos macht nur dann Sinn, wenn man ihn als gegeben annimmt und nicht hinterfragt. Sobald man versucht, nicht nur seine Bedeutung, sondern auch die Motivation für seine Existenz zu ermitteln, offenbart sich der Mythos als irrational und zweckbestimmt. An unserem Beispiel lässt sich die Struktur und Funktion des Mythos exemplarisch nachvollziehen. Deutsche Autos gelten als die besten der Welt. Was aber bedeutet das? Deutsche Autos können nur die besten sein, wenn sie Eigenschaften besitzen, die sie von anderen Autos abheben. Bei näherem Hinsehen wird man feststellen,

1. dass es keine ›deutschen Autos‹ gibt, sondern Autos verschiedener Firmen, die global operieren und in der ganzen Welt produzieren;

2. dass deutsche Autos keineswegs besser sind. Das wohl wichtigste Kriterium zur Beurteilung von Qualität dürfte die Haltbarkeit und Zuverlässigkeit eines Autos sein. In der Pannenstatistik des deutschen Automobilclubs ADAC und in den Auswertungen des Technischen Überwachungs-Vereins (TÜV), bei dem in Deutschland alle zwei bis drei Jahre jedes Auto auf seine Verkehrssicherheit überprüft werden muss, finden sich die deutschen Fabrikate in der Regel im Mittelfeld oder unteren Bereich, die meisten Spitzenplätze erobern Jahr um Jahr die japanischen Autobauer.

Was aber hat das deutsche Auto mit Heine zu tun? Zu Heines Lebzeiten, im 19. Jahrhundert also, hieß der wichtigste Mythos, und zwar nicht nur in Deutschland, ›Nation‹. Die Französische Revolution von 1789, das von Napoleon herbeigeführte Ende des Heiligen Römischen Reiches Deutscher Nation und die sogenannten Befreiungskriege schufen ein neues politisches Klima. Es entstanden die beiden Hauptforderungen des Bürgertums in den ehemaligen Teilstaaten des untergegangenen Reiches: eine Verfassung und ein Zusammenschluss der Teilstaaten zu einem deutschen Nationalstaat. Als Heine ein junger Mann war, fasste der aus dem Wiener Kongress hervorgegangene Deutsche Bund seine Karlsbader Beschlüsse, die eine erfolgreiche Unterdrückung oppositioneller Bestrebungen ermöglichten. Heine sah die Revolution von 1848 und ihr Scheitern, er starb in einer Zeit der politischen Restauration. Wenig später waren die deutschen Liberalen bereit, die Forderung nach einer diese Bezeichnung verdienenden Verfassung für die konservative Reichsgründung durch Bismarck aufzugeben. Man kann sagen, dass während Heines Le-

benszeit in Deutschland das Konzept des Nationalstaats aufkam und sich radikalisierte, bis in den 40er Jahren bereits nationalistische Töne zu hören waren, die
»Deutschland über alles« stellen wollten. »Das Lied der Deutschen« des August
Heinrich Hoffmann (genannt von Fallersleben) mit dem Untertitel »Helgoland
26. August 1841« hat bekanntlich folgende erste Strophe:

> Deutschland, Deutschland über alles:
> Über alles in der Welt,
> Wenn es stets zum Schutz und Trutze
> Brüderlich zusammenhält,
> Von der Maas bis an die Memel,
> Von der Etsch bis an den Belt –
> Deutschland, Deutschland über alles,
> Über alles in der Welt![6]

In Frankreich oder Großbritannien stellte sich die Situation übrigens nicht viel
anders dar, die Briten beispielsweise bauten ihr Weltreich aus. Jeder Staat trachtete
danach, bevorzugt die eigenen Interessen durchzusetzen. Nicht geleugnet werden
kann jedoch, dass das Deutsche Reich bereits Ende des 19. Jahrhunderts eine rück-
sichtslose imperialistische Politik konzipierte und rassistische oder nationalistische
Ressentiments kultivierte, die in die Katastrophen des 20. Jahrhunderts führen sollten.

Kehren wir aber zurück in Heines Zeit bis zur Mitte des 19. Jahrhunderts, als
der Mythos ›Nation‹ auf dem ganzen europäischen Kontinent blühte, und befragen
wir Heines Werk, welche Stellung es zu diesem Mythos einnimmt.[7] Dabei stellt sich
heraus, dass Heine diesen Mythos konsequent[8] de-konstruiert[9] und dabei vor allem mit dem Mittel der Ironie arbeitet. Die einzelnen Mythologeme werden wir-
kungslos gemacht, indem sie übertrieben und so der Lächerlichkeit preisgegeben
werden. Drei Themenkreise spielen hier eine besondere Rolle: Die Stellung der
Deutschen
1. zu ihrer Geschichte und Tradition,
2. zu ihrer Literatur und Philosophie,
3. zu ihren europäischen Nachbarn.

Über das Bewusstsein einer langen und ruhmreichen Geschichte einerseits, über
den Stolz auf die Errungenschaften von Literatur und Philosophie andererseits generieren viele Angehörige des Bürgertums seit dem Aufkommen des Konzepts einer
deutschen Nation einen Teil ihrer kollektiven Identität. Das Bild vom deutschen
Dichter und Denker wurde interessanterweise maßgeblich durch das Buch einer Fran-
zösin geformt. Germaine de Staël-Holstein veröffentlichte 1810 »De L'Allemagne«,
Über Deutschland, und machte so die deutsche Literatur und Philosophie in ganz

Europa bekannt. In Heines Jugendzeit war Goethe der vielleicht wichtigste und einflussreichste Schriftsteller Europas. Zu den Irrationalismen kultureller Tradierung gehört, dass die Klassiker Goethe und Schiller, die beide kosmopolitisch dachten und in der Nation ein Übergangsstadium zu einer besseren, einigen Welt sahen, zu nationalen Autoren gekürt wurden und so für die Radikalisierung des Nationenkonzepts instrumentalisiert werden konnten. Heine erkennt solche falschen Tradierungen, er isoliert und übertreibt ihre mythysierenden Elemente. Dies lässt sich bereits an den Gedichten erkennen, die zunächst betrachtet werden sollen.

Das Nationale in Heines Lyrik[10]

a) Die zurückgebliebenen Deutschen

Dem Stolz der Bevölkerung in den deutschsprachigen Gebieten auf die Errungenschaften der Geschichte setzt Heine das Bild des zurückgebliebenen Deutschen entgegen, hierzu wählt er beispielsweise die allegorischen Figuren des »deutschen Michel« (DHA III, 239), dessen zeitgenössisch wichtigstes Attribut eine Schlafmütze darstellt, oder des Nachtwächters (DHA II, 80 f., 112 f.). Andere ironische Vergleiche, Metaphern und Bilder beziehen sich auf die identitätsstiftende Funktion von Geschichte, beispielsweise in dem (frühen) Gedicht »Sohn der Thorheit! träume immer«:

> Nur ein Spottbild auf die Ahnen
> Ist das Volk im deutschen Kleid;
> Und die alten Röcke mahnen
> Schmerzlich an die alte Zeit (DHA I, 456).

Hier wird Heines Verfahrensweise deutlich. Er stellt nicht die historischen Leistungen der Deutschen in Frage, vielmehr wendet er sie gegen seine Zeitgenossen. Um dies leisten zu können, idealisiert er in diesem Gedicht die Vergangenheit, die zu einer Idylle wird, wenn das lyrische Ich von der vergangenen deutschen »Gastlichkeit« schwärmt, die den Wanderern auf den Burgen zuteil wurde (DHA I, 457). Heine nimmt auch konkret auf Daten der Geschichte und Kultur Bezug. In dem Gedicht »Im Oktober 1849« (DHA III, 117 ff.), das eine Reaktion auf das Scheitern der Revolution von 1848 darstellt, wird »Das Lied vom Untergang der Nibelungen« beschworen und dieser Untergang mit dem der deutschen Revolutionäre verglichen. Das Ergebnis: »Es muß der Held, nach altem Brauch, / Den thierisch rohen Mächten unterliegen«. Seit Anfang des 19. Jahrhunderts diente das Nibelungenlied zur Identitätsstiftung, es war Zeichen einer lange zurückreichenden und ruhmreichen

Geschichte Deutschlands. Dass es sich um einen Mythos handelt, ist heute offensichtlich:

1. haben wir es mit einer Dichtung zu tun, deren historische Grundlage höchst unsicher ist;

2. gab es im Mittelalter noch keine Nation in dem Sinne, wie der Begriff seit der Französischen Revolution verwendet wird;

3. gibt es keinen rationalen Grund, weshalb Personen des 19. Jahrhunderts, nur weil sie eine Sprache sprechen, die sich aus dem Mittelhochdeutschen des Liedes entwickelt hat, die literarische Leistung des Liedes für sich verbuchen sollten.

Gerade der letzte Punkt, das Generieren von persönlicher Identität über die Identifikation mit anderen, lässt sich noch heute in vielfältiger Ausprägung beobachten, beispielsweise bei Fans von Popstars oder Fußballvereinen. Das Bedürfnis nach Identifikation mit Gruppen ist geblieben und keineswegs auf die Ebene der Nation beschränkt.

Heine wendet den Mythos der Nibelungen gegen die national gesinnten Deutschen, die das Scheitern der Revolution von 1848 betrieben haben oder damit zufrieden waren. Die Ironie ergibt sich daraus, dass Heine das Lied ernst nimmt und eine Parallele zwischen Helden wie Siegfried und den Revolutionären herstellt. Damit entzieht er der identitätsstiftenden Funktion des Liedes für die Nationalisten den Boden, gleichzeitig macht er die ganze Fragwürdigkeit solcher Identitätsstiftung transparent. Noch drastischer geschieht dies, wenn Heine die Identifikation mit der Nation direkt anspricht und der Lächerlichkeit preisgibt. So findet sich in dem Gedicht »Guter Rath« folgender Reim: »Mein Vaterland Germania! / Der Esel bin ich! I-A! I-A!« (DHA III, 358). Die Bezeichnung für die Nation und der Schrei des Esels werden durch den Reim zusammengebunden, die nationale Identifikation wird als Dummheit bezeichnet. Im Gedicht »Die Wahl-Esel« (DHA III, 340 ff.) treibt Heine die Identifikation von Konservativen – damit sind die demokratiefeindlichen Kräfte gemeint – und Eseln auf die Spitze:

> Das Comité der Esel ward
> Von Alt-Langohren regieret;
> Sie hatten die Köpfe mit einer Cokard,
> Die schwarz-roth-gold, verzieret.

Weiter heißt es unter anderem:

> So sprach der Patriot. Im Saal
> Die Esel Beyfall rufen.
> Sie waren alle nazional,
> Und stampften mit den Hufen.

Interessant an diesem Gedicht ist, dass Heine nicht auf die regierenden Kräfte, etwa auf die feudalen Herrscher zielt, sondern auf jene angeblichen Revolutionäre, die für Verfassung und nationale Einheit eintraten. Aus der Perspektive der Zeit setzt sich Heine also von anderen regierungsfeindlichen Kräften ab, bekannt sind seine Invektiven gegen Ferdinand Freiligrath und Georg Herwegh. Rückblickend ist man versucht, Heine zu bestätigen, dass er die Preisgabe demokratischer Ideale durch die Liberalen in den 60er Jahren, wie sie sich in der Unterstützung Bismarcks manifestierte, vorausgesehen hat. Die erwähnten Farben Schwarz-Rot-Gold waren ursprünglich Farben von Burschenschaften gewesen und galten den oppositionellen Kräften später als Farben einer geeinten deutschen Nation mit einer Verfassung, die die Macht der Herrscher zumindest signifikant einschränken sollte. In dem Gedicht »Michel nach dem Merz« bezeichnet Heine »die schwarz-roth-goldne Fahn« sogar als »alt germanische[n] Plunder« (DHA III, 240). Indem er ein solches zentrales Symbol mit sprachlichen Mitteln entwertet, führt er es als inhaltsleeren Mythos vor. Das zunächst von den Burschenschaften und später von Teilen der Vormärzbewegung vertretene Konzept der deutschen Nation ist im Wortsinne bodenlos, weil es einer rational fassbaren Grundlage entbehrt.

Heine ist, so lässt sich als Zwischenergebnis festhalten, nicht grundsätzlich gegen nationale Gefühle, er macht vielmehr deutlich, dass es dafür Gründe geben muss. Für ihn wäre nur *ein* Grund akzeptabel, eine demokratische Gesellschaftsordnung, auf die man stolz sein könnte. Insofern lassen sich Heines Gedichte auch als Kommentar zur Anfang 2001 in Deutschland geführten Diskussion über Sätze wie »Ich bin stolz, ein Deutscher zu sein« lesen.[11] Wenn sich der Stolz nicht rational begründen lässt, im aktuellen Fall durch Hinweis auf die demokratischen Leistungen nach 1945, handelt es sich um einen inhaltsleeren Mythos.

b) Internationale Vergleiche

Heine bezieht die Zurückgebliebenheit der Deutschen auf ihre Untertanenmentalität und stellt ihr kritikloses Verhalten gegen ihre Herrscher, die mit dem Volk machen können, was sie wollen, in seinen Dichtungen in den Mittelpunkt. Doch gibt es zwischen dem nationalen und dem internationalen Diskurs enge Verbindungen. Rückblickend auf die Revolution von 1848 heißt es in dem Gedicht »Erinnerung aus Krähwinkels Schreckenstagen« spöttisch, die »Rebellion« sei nicht den Deutschen zu verdanken gewesen. »Dergleichen Sünder, / Gottlob! sind selten Landeskinder« (DHA III, 227). Damit übertreibt Heine die Einflüsse aus dem Ausland, vor allem die Vorreiterrolle französischer Rebellionen für deutsche Umsturzversuche. Ironisch wirkt auch, dass er die Perspektive der Konservativen einnimmt, die erleichtert darüber sind, dass ›negative‹ Einflüsse aus dem Ausland kommen.

Direkte Vergleiche mit anderen Ländern bieten Heine weitere Möglichkeiten, seine politischen Überzeugungen zu artikulieren. Kontraste gegenüber dem eigenen Land werden nicht, wie bei vielen anderen Autoren der Zeit, herausgestellt, um das eigene Land positiv von anderen abzusetzen. Gleichzeitig ist es Heine auch nicht darum zu tun, das fremde Land vorurteilsfrei wahrzunehmen. Vielmehr inszeniert Heine ein Spiel mit Stereotypen. In dem Gedicht »Jetzt wohin?« (DHA III, 101 f.) überlegt das lyrische Ich, ob es nach Deutschland zurückkehren soll. Die dortigen Zustände aber lassen eine Rückkehr nicht zu:

> Zwar beendigt ist der Krieg,
> Doch die Kriegsgerichte blieben,
> Und es heißt, du habest einst
> Viel Erschießliches geschrieben.

Nun überlegt sich das lyrische Ich, welche anderen Länder in Frage kämen. Paradigma ist offensichtlich der Grad der persönlichen Freiheit, die in Deutschland durch Zwang auf ein Minimum begrenzt würde, sogar bis zur Inhaftierung. Drei andere Länder werden verworfen:

> Gern würd‹ ich nach England geh‘n,
> Wären dort nicht Kohlendämpfe
> Und Engländer – schon ihr Duft
> Gibt Erbrechen mir und Krämpfe.

> Manchmal kommt mir in den Sinn
> Nach Amerika zu segeln,
> Nach dem großen Freyheitsstall,
> Der bewohnt von Gleichheits-Flegeln – […]

> Rußland, dieses schöne Reich,
> Würde mir vielleicht behagen,
> Doch im Winter könnte ich
> Dort die Knute nicht ertragen.

Die Aversionen gegen die Engländer werden hier nicht begründet, zur Erklärung müsste man andere Texte Heines hinzuziehen. Heine widerstrebte die konstitutionelle Monarchie nach britischem Muster, weil sie seinen Ansprüchen an sozialen Ausgleich und persönliche Freiheit nicht genügte.[12] Die Strophe indes schreibt nur eine Antipathie fest, die dem lyrischen Ich als Grund auszureichen scheint. Bemerkenswert ist die Aussage über Amerika mit den beiden Oxymora »Freyheitsstall«

und »Gleichheits-Flegel[n]«. Heine ist für seine demokratischen Überzeugungen bekannt[13], doch scheint ihm das amerikanische System gegenüber dem französischen zu weit zu gehen, insbesondere – das deutet der Begriff ›Flegel‹ an – scheint er das zu vermissen, was die europäischen Länder den Vereinigten Staaten der Zeit zweifellos voraus haben: Kultur. Der Einwand gegen die Russen gleicht dem gegen die Deutschen. Wo aber hält sich das lyrische Ich auf, wenn nicht in den genannten Ländern? Es liegt nahe, biographische Daten zur Deutung heran zu ziehen und Heines Wahlheimat Frankreich zu vermuten. Nun bedeutet der Wunsch, Frankreich zu verlassen, bereits eine Kritik an diesem Land. Am Ende des Gedichts muss sich das lyrische Ich eingestehen, dass es keinen Ort gibt, an dem es wunschlos glücklich wäre, es hat sich »verirrt / In dem irdischen Getümmel«.

Das Spiel mit Stereotypen und die Absicht dieses Spiels werden offenbar, wenn man das zitierte Gedicht mit einem anderen vergleicht: »Die Britten zeigten sich sehr rüde«. Die englische und die französische Revolution heben sich von der deutschen deutlich positiv ab:

> Die Britten zeigten sich sehr rüde
> Und ungeschliffen als Regiçide.
> Schlaflos hat König Carl verbracht
> In Whitehall seine letzte Nacht.
> Vor seinem Fenster sang der Spott
> Und ward gehämmert an seinem Schafott.
>
> Viel höflicher nicht die Franzosen waren.
> In einem Fiacker haben diese
> Den Ludwig Capet zum Richtplatz gefahren;
> Sie gaben ihm keine Calèsche de Remise,
> Wie nach der alten Etikette
> Der Majestät gebühret hätte. […]
>
> Franzosen und Britten sind von Natur
> Ganz ohne Gemüth; Gemüth hat nur
> Der Deutsche, er wird gemüthlich bleiben
> Sogar im terroristischen Treiben.
> Der Deutsche wird die Majestät
> Behandeln stets mit Pietät (DHA III, 325).

Hier wird der agitatorische Charakter des Gedichts ganz deutlich. Heine möchte, indem er sich über ihr »Gemüth« lustig macht, seine deutschen Zeitgenossen auffordern, es den Briten und Franzosen gleichzutun und eine Revolution zu initiieren.

Heines bevorzugtes Vergleichsobjekt ist Frankreich. Im Gedicht »Bey des Nachtwächters Ankunft zu Paris« (DHA II, 112 f.) heißt es:

> Und ruhig und sicher, auf friedlichen Wegen,
> Entwickelt sich Deutschland von innen heraus.
>
> Nicht oberflächlich wie Frankreich blüht es,
> Wo Freyheit das äußere Leben bewegt;
> Nur in der Tiefe des Gemüthes
> Ein deutscher Mann die Freyheit trägt.

Die Ironie ist noch nicht offensichtlich, sie wird es aber im weiteren Verlauf des Gedichts. Dem Rhein werde man, mit Hilfe der Holländer und Schweizer, Fesseln anlegen, meint das lyrische Ich. Damit nimmt Heine auf den Streit um die linksrheinischen Gebiete zwischen Deutschland und Frankreich Bezug. Gleichzeitig wird die von Ernst Moritz Arndt bis Max Schneckenburger in Gedichten popularisierte Behauptung, beide Seiten des Rheins müssten deutsches Gebiet bleiben, auf zweierlei Weise konterkariert. Zunächst wird darauf hingewiesen, dass die Diskussion über ›den Rhein‹ an der Realität vorbeigeht, da dieser Fluss in anderen Ländern entspringt und ins Meer mündet. Zweitens sind die Fesseln ein Hinweis auf die in Deutschland herrschende Unfreiheit. Diese ist das eigentliche Thema des Gedichts. »Die Constituzion, die Freyheitsgesetze«, die von den Fürsten versprochen wurden, vergleicht Heine mit dem »Nibelungenhort« und stellt so eine weitere witzige Verknüpfung her. Die Freiheit ist ebenso eine Fiktion wie dieser sagenumwobene Schatz. Die von Heine evozierte Korrespondenz von Nationalstolz und Unfreiheit gipfelt in folgender Strophe:

> Auch eine Flotte will Gott uns bescheeren,
> Die patriotische Ueberkraft
> Wird lustig rudern auf deutschen Galeeren;
> Die Festungsstrafe wird abgeschafft.

Die Übertreibungen zeigen den Zusammenhang von innenpolitischer Unterdrückung des Volks und Instrumentalisierung außenpolitischer Fragen auf. Anders gesagt: Heine zeigt, dass die Feinde der Deutschen nicht außerhalb, sondern innerhalb der Grenzen zu suchen sind – es sind die Monarchen und Fürsten. Heines Vision einer politischen Gemeinschaft ist innenpolitisch durch demokratische Organisation und außenpolitisch durch Kooperation mit den europäischen Nachbarn gekennzeichnet.

c) Eigenes und Fremdes: Auflösung der Grenzen

Mit seinen internationalen Vergleichen zielt Heine letztlich auf eine Aufhebung des Gegensatzes von eigener und fremder Nation. Diese Aufhebung erfolgt aber nicht durch eine Nivellierung von Unterschieden. Vielmehr bemüht sich Heine, Nationaleigenschaften herauszuarbeiten und, da Stereotype immer falsch sind, in ihrer Bedeutung zu relativieren. Wie dies genau funktioniert, lässt sich an dem oft in einem falschen Kontext zitierten Gedicht »Nachtgedanken« (DHA II, 129 f.) erkennen, das mit den berühmten Zeilen beginnt: »Denk ich an Deutschland in der Nacht, / Dann bin ich um den Schlaf gebracht«. Dies klingt, und so wird es fast sprichwörtlich verwendet, als wolle Heine Deutschland in der Metapher des Ruhestörers aburteilen. Doch schon der zweite Teil der Strophe setzt einen Kontrapunkt: »Ich kann nicht mehr die Augen schließen, / Und meine heißen Thränen fließen«. »Deutschland« hat also nicht den Status eines Albtraums. Die Tränen signalisieren, dass das lyrische Ich mit Wehmut oder Trauer an das Land denkt, also durchaus positive Gefühle für es haben muss. Im weiteren Text tritt »Deutschland« merkwürdigerweise vollständig in den Hintergrund, es ist nur noch als das Land präsent, in dem die Mutter des lyrischen Ich wohnt (wie dies ja auch bei Heine der Fall war). Der Schluss des Gedichts lautet:

> Gottlob! durch meine Fenster bricht
> Französisch heit'res Tageslicht;
> Es kommt mein Weib, schön wie der Morgen,
> Und lächelt fort die deutschen Sorgen.

In dem Gedicht wird eine Opposition hergestellt von Nacht / Deutschland / Mutter / Sorgen auf der einen und Morgen / Frankreich / Ehefrau / Sorglosigkeit auf der anderen Seite, wobei schon in dieser Aufzählung deutlich wird, dass es sich keineswegs um einen Gegensatz negativ – positiv handelt. Mutter und Ehefrau sind die wichtigsten Bezugspersonen im Leben eines Mannes, und da mit ihnen die beiden Länder Deutschland und Frankreich assoziiert werden, kann die Schlussfolgerung nur sein, dass für das lyrische Ich beide Länder auf unterschiedliche Weise gleich wichtig sind. An diesem Beispiel lässt sich Heines Prinzip der Auflösung und gleichzeitigen Kenntlichmachung von Grenzen erkennen. Die Auflösung betrifft den in Differenzen zwischen Nationen die wichtigste Rolle spielenden Gegensatz positiv (Eigenes) und negativ (Fremdes), die Kenntlichmachung betrifft die von der Frage der Bewertung grundsätzlich zu trennenden Nationaleigentümlichkeiten.

In dem Gedicht »Anno 1839« (DHA II, 80 f.) realisiert Heine die gleiche Absicht durch einen spielerischen Umgang mit Nationalstereotypen:

> O, Deutschland, meine ferne Liebe,
> Gedenk ich deiner, wein' ich fast!
> Das muntre Frankreich scheint mir trübe,
> Das leichte Volk wird mir zur Last.

> Nur der Verstand, so kalt und trocken,
> Herrscht in dem witzigen Paris –
> O Narrheitsglöcklein, Glaubensglocken,
> Wie klingelt Ihr daheim so süß!

Die zweite Strophe kehrt die Bewertungen der ersten Strophe ins Gegenteil um. Als negative Eigenschaften Frankreichs wird das bezeichnet, was man – zumal aus Heines Sicht – nur positiv bewerten kann, vor allem die Herrschaft des Verstandes, die eine undemokratische Herrschaft von Fürsten ausschließt. Dagegen findet man in Deutschland nicht Verstand, sondern Glauben, keine Vernunftmenschen, sondern Narren. Damit ist zum einen die politische, aber auch die theologische Herrschaft gemeint, die bis heute ihre Spuren hinterlassen hat (deutsche Katholiken und Protestanten sind gesetzlich verpflichtet, Kirchensteuer zu bezahlen). Im weiteren Verlauf des Gedichts wird diese Ironisierung auf die Spitze getrieben, das lyrische Ich sehnt sich nach dem, was einem politisch aufgeklärten Menschen als höchst schrecklich erscheinen muss:

> Dem Dichter war so wohl daheime,
> In Schildas theurem Eichenhain!
> Dort wob ich meine zarten Reime
> Aus Veilchenduft und Mondenschein.

Das Nationale in Heines Epen:
»Atta Troll. Ein Sommernachtstraum« und »Deutschland. Ein Wintermährchen«

Heines Umgang mit dem deutschen Nationalismus und sein Gegenentwurf finden sich in vergleichbarer Form in seinen beiden Langgedichten, die bereits durch die Anspielung im Untertitel eine Vergleichsebene mit dem international bedeutsamsten Dichter überhaupt eröffnen, mit William Shakespeare. Passend dazu wird Shakespeare im ersten Epos als »Weltkind« bezeichnet (DHA IV, 54). Letztlich sind die von Heine verhandelten Fragen keine spezifisch für Deutschland geltenden, sie beziehen sich auf alle Menschen, unabhängig von ihrer nationalen Zugehörigkeit.[14]

»Atta Troll« ist vorrangig als Streitschrift gegen die Vormärzbewegung Anfang der 40er Jahre des 19. Jahrhunderts konzipiert. Die Handlung scheint diese Deutung zunächst nicht zuzulassen: Ein Bär mit Namen Atta Troll wird von einem reisenden Schausteller als Attraktion vorgeführt. Er zerreißt seine Ketten und entkommt. Seine Freiheit währt indes nur kurz. Er wird gejagt und erschossen. Der Freundin des Erzählers dient das Fell des Bären als Bettvorleger. Blickt man tiefer, dann lassen sich verschiedene Deutungsebenen ermitteln:

1. Atta Troll trägt Züge Ludwig Börnes, aber auch anderer Vormärzautoren, die Heine so der Lächerlichkeit preisgibt. Sein Einwand gegen diese Autoren ist, dass sie die Wirkungslosigkeit ihrer politischen Agitation nicht erkennen. Die Dummheit und Verbissenheit des Bären schreibt Heine auch seinen Autorenkollegen zu.

2. Heines Kunstauffassung, die hier nicht näher erläutert werden kann, lässt es nicht zu, in der Literatur der politischen Agitation den Vorrang einzuräumen. Heine ist die literarische Qualität seiner Texte mindestens ebenso wichtig wie die Botschaften, die sie transportieren. Für ihn gehen die politische und die künstlerische Unfähigkeit der Autoren, gegen die er sich wendet, Hand in Hand.

3. Für unser Thema ist dieser Punkt am wichtigsten: Wie in seinen Gedichten isoliert und entwertet Heine nationale Mythologeme.

Dies beginnt bereits bei der »Vorrede«, indem er sein Epos mit allen anderen »großen Werken der Deutschen« vergleicht, »wie dem Cöllner Dome, dem Schellingschen Gotte, der preußischen Constituzion etc.« Ebenso wie diese Werke sei auch das Epos »nicht fertig« geworden. Damit ist der Rahmen abgesteckt, die Parallelsetzung von Epos, Kölner Dom und preußischer Konstitution ironisiert die politische Rückständigkeit selbst in nationalen Angelegenheiten. Gleich darauf wendet sich Heine der inneren Verfasstheit des Landes zu:

> Unser Vaterland ist ein gesegnetes Land; es wachsen hier freylich keine Citronen und keine Goldorangen, auch krüppelt sich der Lorbeer nur mühsam fort auf deutschem Boden, aber faule Aepfel gedeihen bey uns in erfreulichster Fülle, und alle unsere großen Dichter wußten davon ein Lied zu singen (DHA IV, 9).

Die symbolischen Bedeutungen sind leicht zu entschlüsseln. Heine fasst die Rückständigkeit auf kulturellem (»keine Citronen«) und politischen Gebiet (kein »Lorbeer«, nur »faule Aepfel«) in einem Bild zusammen, gegen beides ist sein »Lied« gerichtet, das er in eine Tradition ›großer‹ deutschsprachiger Literatur stellt. Im Umkehrschluss bedeutet das: Nur jene Texte gehören zur großen deutschsprachigen Literatur, die auch ein kritisches Potenzial enthalten und auf gesellschaftliche oder politische Verbesserungen in Deutschland zielen. Es wird deutlich, dass für Heine Fragen der Kunst und des gesellschaftlichen Fortschritts nicht zu trennen sind. Dahinter steht die Überzeugung von der grundsätzlichen Freiheit der Kunst, die nur in einem freien Gemeinwesen garantiert und ausgeübt werden kann:

> Traum der Sommernacht! Phantastisch
> Zwecklos ist mein Lied. Ja, zwecklos
> Wie die Liebe, wie das Leben,
> Wie der Schöpfer sammt der Schöpfung!

> Nur der eignen Lust gehorchend,
> Galoppirend oder fliegend,
> Tummelt sich im Fabelreiche
> Mein geliebter Pegasus.
>
> Ist kein nützlich tugendhafter
> Karrengaul des Bürgerthums,
> Noch ein Schlachtpferd der Partheywuth,
> Das pathetisch stampft und wiehert! (DHA IV, 17)

Das Ziel von Heines Kunst ist das allgemeine Ziel jeder Kunst:

> Und im Kampf mit andern Bestien
> Werd‹ ich immer treulich kämpfen
> Für die Menschheit, für die heil'gen
> Angebornen Menschenrechte (DHA IV, 25).

Viele der bereits im Kapitel zur Lyrik erläuterten Motive finden sich wieder, etwa der Gebrauch des Esels als allegorischer Figur für Teile der Vormärz-Bewegung (DHA IV, 26). »Deutschland. Ein Wintermährchen« unterscheidet sich von dem zu Unrecht viel weniger bekannten »Atta Troll« vor allem dadurch, dass die Konzentration auf Autoren-Kollegen aufgegeben wird. Allerdings hatte diese Perspektivierung im »Atta Troll« lediglich Beispielcharakter. Auch im Vorwort des »Wintermährchens« zieht Heine seine Feder gegen die »Pharisäer der Nazionalität« (DHA IV, 300). Diesmal setzt Heine dem deutschen Nationalismus ein dezidiert anderes Konzept entgegen. Die Deutschen sollen »das vollenden, was die Franzosen begonnen haben«, und »das arme, glückenterbte Volk und den verhöhnten Genius und die geschändete Schönheit wieder in ihre Würde einsetzen« (DHA IV, 301). Mit der Betonung der »Schönheit«, also der Möglichkeit zu kulturellen Leistungen und damit auch zu Unterschieden zwischen den Individuen, wendet sich Heine gegen eine zwanghafte Gleichheit, mit der die Freiheit wieder aufgehoben würde. Heine hat seine politischen Vorstellungen zwar nicht theoretisch ausgearbeitet, aber sie lassen sich, überblickt man die Entwicklung der politischen Theorie, mit dem 15 Jahre später als das »Wintermährchen« veröffentlichten, epochalen Essay »On Liberty« des in London geborenen Philosophen John Stuart Mill vergleichen. Dazu kommt der universale Anspruch Heines. Wenn die Deutschen ein solches Konzept von Freiheit verwirklichen, dann werde Deutschland »ganz Frankreich« zufallen, »[...] ganz Europa, die ganze Welt – die ganze Welt wird deutsch werden! Von dieser Sendung und Universalherrschaft Deutschlands träume ich oft, wenn ich unter Eichen wandle. Das ist mein Patriotismus« (ebd.). Die von Heine beschworene »Universalherrschaft« würde letztlich bedeuten, dass Grenzen überflüssig werden, weil es keinen Machtmissbrauch, keine Unterdrückung und als Folge auch keine Konkurrenz zwischen den Nationen mehr gibt. Das Fernziel ist, so könnte man überspitzt formulieren, ein Paradies auf Erden. Deutschland soll nicht über dieses Paradies regieren, sondern es soll Vorreiter einer Entwicklung sein, die dorthin führt. Wie wir wissen, hat es Deutschland in zwei Weltkriegen vorgezogen, eine andere, Heines Absichten genau entgegengesetzte Form der Weltherrschaft anzustreben. Im Gedichttext setzt Heine seine Vorstellungen entsprechend um:

> Die Jungfer Europa ist verlobt
> Mit dem schönen Geniusse
> Der Freyheit, sie liegen einander im Arm,
> Sie schwelgen im ersten Kusse (DHA IV, 92).

Dagegen wirken die vom Erzähler zitierten Aussagen eines Mitreisenden altmodisch und kontraproduktiv. Dieser Mitreisende macht sich nur Gedanken über die Bedeutung des preußischen Zollvereins für eine Einigung Deutschlands. Die solchermaßen begründete materielle Einheit soll durch die Zensur auf ideeller Ebene sichergestellt werden (DHA IV, 94). Der Kontrast zwischen den fortschrittlichen politischen Entwicklungen in anderen europäischen Ländern und der Rückständigkeit Deutschlands wird so sichtbar gemacht.

Die Handlung des »Wintermährchens« ist eine Reise des Erzählers durch Deutschland, von der französischen Grenze bis nach Hamburg. Die Winterlandschaft ist eine Metapher für die erstarrten politischen Verhältnisse, für das politische Zurückgebliebensein der Deutschen. Das »Wintermährchen« widmet sich vorrangig der Entwertung nationaler Mythologeme, in der Reihenfolge des Textes werden unter anderem folgende Personen, Dinge und allegorische Figuren entsprechend behandelt:

– der Dichter der Befreiungskriege, Theodor Körner (DHA IV, 95);
– der preußische Adler (DHA IV, 97);
– der Kölner Dom (DHA IV, 98 f.);
– der Rhein (DHA IV, 101);
– Hermann der Cherusker, die Gründungsfigur der deutschen Nation (DHA IV, 114);
– der im Berg Kyffhäuser schlafende Kaiser Barbarossa, eine Symbolfigur für die Wiederkehr einer geeinten starken Nation (DHA IV, 121 ff.);
– die »schwarz-roth-goldnen Farben« (DHA IV, 129);
– die deutschen Fürsten (ebd.);
– das Heilige Römische Reich Deutscher Nation (DHA IV, 130);
– Hamburgs Stadttheile Hammonia und ihr Vater, Kaiser Karl der Große (DHA IV, 145 ff.).

Höhepunkt des Epos ist bekanntlich Heines Kritik an der Kleinstaaterei, gefasst in einem Bild, das ironischer nicht sein könnte. Der Erzähler wagt einen Blick in den Nachtstuhl – das Pendant zum Aachener Krönungsstuhl – Kaiser Karls, denn ihm wird von Hammonia verheißen, darin »Die Zukunft deines Vaterlands«, »das künftge Deutschland« zu sehen (DHA IV, 150). Die Reaktion des Erzählers ist wenig erbaulich:

> Entsetzlich waren die Düfte, O Gott!
> Die sich nachher erhuben;
> Es war, als fegte man den Mist
> Aus sechs und dreyzig Gruben (DHA IV, 153).

Heine spielt ein witziges Spiel mit Bedeutungen. In den Stuhl ist offenbar, wie dies im Mittelalter durchaus üblich war, ein Nachttopf eingelassen, der seit Karls Zeit nicht mehr geleert wurde. Karls Exkremente werden zum Symbol für die 36 Herrscher auf deutschsprachigem Gebiet. Der implizite Appell an den Leser ist die Abschaffung von Monarchie und Kleinstaaterei. In diesem Bild erreicht aber auch Heines Destruktion nationaler Mythologeme einen Höhepunkt. Indem Heine Karl den Großen wählt, eine der wichtigsten Identifikationsfiguren für die Vorstellung von der deutschen Nation, entzieht er zugleich einem aus der Forderung nach deutscher Einheit resultierenden Nationalismus den Boden. Zu den behandelten Gedichten ergeben sich zahlreiche Analogien, auf die nicht weiter eingegangen werden soll, etwa in dem Ländervergleich:

> Franzosen und Russen gehört das Land,
> Das Meer gehört den Britten,
> Wir aber besitzen im Luftreich‹ des Traums
> Die Herrschaft unbestritten (DHA IV, 106).

Schluss

An zahlreichen Beispielen konnte gezeigt werden, dass Heine die positive Vorstellung von der deutschen Nation, wie sie im 19. Jahrhundert aufkam und radikalisiert wurde, als Mythos entlarvt. Heine zeigt, dass es für eine positive Bewertung keinen Grund gibt, so lange Kleinstaaterei und Fürstenwillkür existieren. Überdies relativiert er ganz allgemein das Konzept der Nation. Für Heine kann es nur einen Grund für Nationalstolz geben: die demokratische Verfasstheit einer Gesellschaft. Demokratie bedeutet in Heines Konzeption, soweit sie rekonstruiert werden konnte, vor allem größtmögliche persönliche Freiheit. Damit wendet er sich gegen das im Zuge der Französischen Revolution aufgekommene Konzept größtmöglicher Gleichheit.

Folgenreiche Gleichheitskonzepte in der politischen Theorie sind der Utilitarismus oder der Kommunismus. Hier wird deutlich, dass es fundamentale Differenzen zwischen Heine und Marx gibt, die sich persönlich kannten (über diese Beziehung ist viel spekuliert worden).

Heines politisches Konzept entspricht am ehesten dem der heutigen westlichen Demokratien. Gleichzeitig wird der utopische Charakter von Heines Vorstellungen deutlich, der ihn weiterhin zu einem auch in gesellschaftspolitischer Hinsicht modernen Autor macht. Heute würde Heine, so steht zu vermuten, ein deutsches Nationalgefühl auf der Basis der demokratischen Errungenschaften nach 1945 billigen, gleichzeitig aber die weitergehende Verwirklichung der menschlichen Grundrechte einfordern. Es gibt genug Beispiele in Deutschland für Behördenwillkür und unnötige Beschneidungen der persönlichen Freiheit. Die Debatte über eine weitergehende europäische Einigung würde Heine vermutlich mit Spott zugleich verfolgen. Sein Utopia wäre erst verwirklicht, wenn Menschen keine Grenzen mehr brauchen, um friedlich und in Freiheit miteinander zu leben.

Anmerkungen

[1] Dieser Beitrag geht zurück auf einen Vortrag, gehalten am 29. Juni 2001 im Rahmen der Tagung »European Nationalisms 1750–1850« an der University of Surrey Roehampton (GB).

[2] Robert C. Holub: Preface. – In: Jost Hermand and Robert C. Holub (Hrsg.): Heinrich Heine's Contested Identities. Politics, Religion, and Nationalism in Nineteenth-Century Germany. New York 1999 (German Life and Civilization 26), S. vii-ix, Zitat S. vii.

[3] Jeffrey L. Sammons: Who Did Heine Think He Was? – In: Hermand / Holub [Anm. 2], S. 1–24.

[4] Vergleichbare Bedenken artikuliert schon Joseph A. Kruse in einem ironischen Kommentar zu dem Werbetext für eine Heine-Ausgabe: »Ob wir Deutschen es damit [in der »Familiarität im Umgang mit Heine«] nun wirklich so herrlich weit gebracht haben, wie es Heine verdient und den deutschen Lesern nottut, möge eine gute Zukunft zeigen.« Joseph A. Kruse: Denk ich an Heine. Biograpisch-literarische Facetten. Düsseldorf 1986, S. 174.

[5] Roland Barthes: Mythen des Alltags. Deutsch von Helmut Scheffel. Frankfurt/Main 1964 (edition suhrkamp 92).

[6] August Heinrich Hoffmann von Fallersleben: Gedichte und Lieder. Im Auftrag der Hoffmann von Fallersleben-Gesellschaft hrsg. v. Hermann Wendebourg u. Anneliese Gerbert. Hamburg 1974, S. 249. – In dieser Zeit entstanden beispielsweise auch die antifranzösischen Rheinlieder von Nikolaus Becker und Max Schneckenburger.

[7] Die Forschungsliteratur zu Heine ist mittlerweile fast unübersehbar. Ich habe jedenfalls keinen vergleichbaren Ansatz gefunden, auch wenn auf das Thema Heine und Deutschland / Europa neben der allgemeinen, Biographie und Werk behandelnden Literatur bereits einige Spezialstudien näher eingehen: Walter Hinck: Die Wunde Deutschland. Heinrich Heines Dichtung im Widerstreit von Nationalidee, Judentum und Antisemitismus. Frankfurt/Main 1990; Jürgen Voigt: O Deutschland, meine ferne Liebe … Der junge Heinrich Heine zwischen Nationalromantik und Judentum. Bonn 1993 (Hochschulschriften 283); Wolfram Hogrebe: Heinrich Heine und Europa. Erlangen

und Jena 1993 (Jenaer Philosophische Vorträge und Studien 8), Renate Stauf: Der problematische Europäer. Heinrich Heine im Konflikt zwischen Nationenkritik und gesellschaftlicher Utopie. Heidelberg 1996 (Beiträge zur neueren Literaturgeschichte, 3. Folge, 154), außerdem verschiedene Beiträge des Bandes von Christian Liedtke (Hrsg.): Heinrich Heine. Neue Wege der Forschung. Darmstadt 2000.

[8] Die Rede ist von dem Heine der Emigration, insbesondere der frühe Heine bleibt ausgeklammert. Vgl. dazu Hinck [Anm. 7], und Voigt [Anm. 7].

[9] Die Begriffsverwendung in diesem Beitrag orientiert sich an der wörtlichen Bedeutung, nicht an der Verwendung im Rahmen poststrukturalistischer Theoriebildung. Allerdings ist eine Kritik an der Dekonstruktion in der Konzeption Derridas, Paul de Mans und anderer durchaus beabsichtigt. Die These des vorliegenden Beitrags setzt die Kategorien ›Sinn‹ und ›Verstehen‹ zweifach voraus: Die Konstruktion des nationalen Mythos und seine ironische Entlarvung als Mythos durch Heine können anders nicht nachvollzogen werden. – Zur Einführung in die fraglos hochinteressante, angesprochene Theoriebildung vgl. Jonathan Culler: Dekonstruktion. Derrida und die poststrukturalistische Literaturtheorie. Reinbek 1994 (rowohlts enzyklopädie 474).

[10] Aus Platzgründen erfolgt hier die zweite Beschränkung (neben der zeitlichen auf den ›mittleren‹ und ›späten‹ Heine). Die Prosatexte und Dramen bleiben ausgeklammert. – Zur Auseinandersetzung mit Deutschland, den Deutschen und seinem eigenen Selbstverständnis als Deutscher vgl. bereits Kruse [Anm. 4], S. 159–175.

[11] Vgl. Josef Joffe: Deutsch und stolz. Worauf? Auf die Demokratie, die europäische Bindung und die Abkehr von der alten Arroganz. – In: Die Zeit Nr. 13 v. 22. März 2001, S. 1.

[12] Vgl. Stefan Neuhaus: Warum sollen keine Poeten nach London fahren? Zur Intention literarischer Reiseberichte am Beispiel von Heinrich Heines Englischen Fragmenten. – In: Heine-Jahrbuch 36 (1997), S. 22–39.

[13] Vgl. beispielsweise das »Nachwort zum Romanzero« (DHA III, 177–182).

[14] Zu den Anspielungen auf Shakespeare vgl. auch Stefan Neuhaus: »Sechsunddreißig Könige für einen Regenschirm«: Heinrich Heines produktive Rezeption britischer Literatur. – In: Norbert Bachleitner (Hrsg.): Beiträge zur Rezeption der britischen und irischen Literatur des 19. Jahrhunderts im deutschsprachigen Raum. Amsterdam u. Atlanta 2000 (= Internationale Forschungen zur Allgemeinen und Vergleichenden Literaturwissenschaft), S. 409–442.

Heine's Unique Relationship to Goethe's *Weltliteratur* Paradigm

Von John Pizer, Baton Rouge

Transnational trends in the marketing, reception, and even writing of literature since the collapse of Soviet Communism have focused a great deal of scholarly attention on Goethe's conceptualization of *Weltliteratur* because his disparate formulations of this paradigm seem to anticipate such literary globalization. Revitalized interest in world literature as Goethe understood it can be traced back to Fritz Strich's monograph »Goethe und die Weltliteratur«. This book was published at the war's end and contains a useful compendium of Goethe's utterances on world literature.[1] Already in the 1952 Festschrift for Strich, one can see divergent attitudes developing toward the universalized book distribution and comprehensive international literary interchange Goethe seemingly anticipated. While Anni Carlsson maintained that Goethe positively highlighted the works specifically addressed to an international audience in formulating his concept, a tendency bound to further develop as communicative networks bring the world closer together[2], Erich Auerbach bemoaned the sameness and uniformity from which literary creation must suffer under precisely these conditions.[3] Multiculturalism across the globe and the development of the internet in the last decade have enhanced interest in *Weltliteratur* as a discursive, heuristic principle, and many of those who seek to understand it continue to look to Goethe as an original, prophetic voice in this regard.[4] Indeed, at the 116th convention of the Modern Language Association, both the American Comparative Literature Association and the Goethe Society of North America held sessions on the concept of world literature, particularly in its contemporary manifestations, and most of the papers delivered at these sessions at least took Goethe's foundational perspectives into account.[5]

Drawing on Goethe's scattered musings on *Weltliteratur* in attempting to understand the contemporary movement toward ever-increasing literary globalization, whether one feels this tendency is to be decried because of its bringing-about of homogeneity or to be celebrated for its putative cosmopolitanism, is understandable and indeed commendable; at the very least, such reference to Goethe's ideas provides a laudable historical perspective as we seek to grasp a seemingly all-encompassing cultural transnationalism. I have myself attempted to show that Goethe not only anticipated these current trends, but suggested an antidote to the loss today's writers might feel as their sense of national identity becomes dissolved, namely, a focus on their discrete local, or at least subnational, cultural space.[6] However, in treating Goethe's *Weltliteratur* formulations through the lens of current developments, it is easy to lose sight of the historically conditioned nature of his views.

When Goethe coined the term (in an 1827 issue of »Über Kunst und Altertum«) in response to a review of a French translation of »Torquato Tasso« (1790) commended in the Paris journal »Le Globe«[7], *Vormärz* restoration values and politics still held sway in Germany. German intellectuals were still more disappointed and crushed than dynamized by the absence of the national unification and individual liberty they had hoped the Napoleonic Wars would bring in their train, and a reawakening of vibrant German nationalism still awaited the full flowering of the *Junges Deutschland* movement. The brief dormancy of German nationalism, as much as the technological developments underscored by Goethe, allowed for a boom in what he celebrated as supranational literary interchange. In the later phase of *Junges Deutschland*, but particularly after the 1848 revolutions, nationalism in Germany and the rest of Europe became so dominant that the positive cosmopolitan strain inherent in Goethe's reflections on the term virtually disappeared until Strich revived it in 1946. Between 1848 and 1946, the term »world literature« was either regarded by readers of various nations as literature produced outside *their* national boundaries (as, when uncritically conceptualized, it still is today), or as canonic literature, the ›greatest books‹ produced on the globe regardless of time and place.[8] When the dynamic, cosmopolitan element in Goethe's definition was cited, it was generally distorted, nationalized, or ridiculed. Even Thomas Mann, who would come to draw frequently on Goethe's political cosmopolitanism in rallying his countrymen against the Nazis, asserted in his pre-Third Reich essay »Nationale und internationale Kunst« (1922), after underscoring what he believed were the uniquely German elements in Goethe's *Weltliteratur* concept, that there was no such thing as cosmopolitanism pure and simple, that only »nationale Kosmopolitismen« existed.[9] He speaks of the contemporary realization of the cosmopolitan element in Goethean *Weltliteratur* in highly derisive terms:

> Goethe's Verkündigung der Weltliteratur ist heute in hohem Grade verwirklicht. Der Austausch ist allgemein, der Ausgleich – man könnte gehässigerweise sagen: die demokratische Einebnung – beinahe erreicht. Es gibt Franzosen, die den breiten Humor Britanniens an den Tag legen, ins Pariserische entartete Russen und Skandinavier, die die Synthese von Dostojewski und Amerika vollziehen. Dergleichen darf man Internationalisierung der Kunst nennen.[10]

Much like contemporary analysts of Goethe's paradigm who fail to take into account that he could not possibly have foreseen the emergence of such globalizing instruments as the World Trade Organization or the internet, Mann in his early conservative phase conveniently ignored the antinationalist context in which Goethe's formulations on *Weltliteratur* came about, and many intellectuals prior to Strich but even today altogether fail to reflect on the term's Goethean derivation. In considering Goethe's musings on world literature *in their historical specificity*, this essay will attempt to substantiate the following two propositions: 1. Despite his personal and political antipathy toward Goethe, Heine was a mediator of *Weltliteratur* as the sage of Weimar understood the concept. 2. Though, as far as is evident, Heine himself never directly mentioned the concept, the *Junges Deutschland* writers who did analyze it often make Heine a central figure in their discussions. Their writing, influenced as it was by rising nationalism, allows Heine to emerge as the *only* mediator of *Weltliteratur* in its specifically Goethean constellation to enjoy international, historically transcendent renown.

To be sure, the thesis that Heine played a significant role in the development of world literature as Goethe understood it is not entirely novel. As the title of Bodo Morawe's 1997 monograph »Heines ›Französische Zustände‹. Über die Fortschritte des Republikanismus und die anmarschierende Weltliteratur« indicates, this author believes the articles penned by Heine for the »Allgemeine Zeitung« which contain his views on French politics and society in the early phase of Louis-Philippe's regime and which were published under the collective title »Französische Zustände« constitute a paradigmatic example of what Goethe meant by the term »Weltliteratur«. Morawe's book borrows the term »anmarschierende Weltliteratur« from Goethe's letter to Carl Friedrich Zelter dated 4 March, 1829[11], though he ignores its negative connotation. The letter suggests that Parisian theatrical excesses are causing damage to German drama through the steadily advancing process the expression »anmarschierende Weltliteratur« connotes.[12] Morawe underscores the technical progress, improved communication, enhanced intellectual exchanges, broader journalistic information, and increasing translation activity evident in Goethe's notion of *Weltliteratur* and sees Heine's work as an exemplary instance of these trends. In Morawe's view, Goethe's understanding of »anmarschierende Weltliteratur« is immanent to the genre (»Werkform«) of the »Französische Zustände«; Heine is engaging in journalistic reportage, providing the perspective of a German writing in France on French events and tacitly holding up that nation's Republicans as a political model to the citizens of his own native land. In his final brief analysis of the Goethean *Weltliteratur* dimension of the »Französische Zustände«, Morawe alludes to the work's consciously conceived reception aesthetics, which draw on new communicative and integrative processes. These create Heine's ability to provide immediate »feed back« (Morawe's term) to his audience on the conditions in France as they evolved, a dynamic practice which then retroactively impacts the ongoing development of the work and its author.[13]

Cursory though it is, Morawe's analysis of the »Französische Zustände« as an early exemplar of Goethe's *Weltliteratur* is valuable in underscoring Heine's highly-developed awareness of the communicative and technical media, and of the stylistic and generic proclivities subtended by the development of these new modalities, inherent in Goethe's understanding of the term. To be sure, Goethe didn't have political reporting in mind when he articulated his concept; in most instances, he employs it in connection with imaginative literature. However, Heine's political leanings can never be left out of account even when he is considered a mediator of *belles lettres*, and considerations of Heine's relationship to world literature since the appearance of Morawe's book continue to consist mainly of influence and comparative studies which do not take into account Goethe's understanding of the concept[14], so Morawe should receive due credit for his original insights.

Another Heine scholar who has productively broached the subject of Heine's role as a mediator of world literature as Goethe defined it is Walter Hinck. In his monograph on Heine's poetry in the context of nationalism, Judaism, and anti-Semitism, »Die Wunde Deutschland«, Hinck stresses Heine's cosmopolitanism, his self-conscious role as a bridge between the German and the French peoples rather than emphasizing his adroit manipulation of improved, more rapid communicative possibilities, the focus of Morawe's analysis of Heine's role in the »anmarschierende Weltliteratur«. Hinck cites Heine's well-known letter to a friend in Hamburg from April 1833 in which he describes his goal of making the French familiar with German intellectual life, of bringing the Germans and the French closer together. This is the letter in which Heine describes himself as »der inkarnirte Kosmopolitismus« (HSA XXI, 52). In analyzing this letter in the context of Goethean *Weltliteratur*, Hinck emphasizes that neither Heine nor Goethe denied the existence or significance of national literatures.[15] For our purposes, this is already an important step in historically contextualizing Heine's relationship to the world literature concept, for today »world literature« as a discursive signifier *is* associated with the breakdown of national literatures, that is, literatures putatively informed by the discrete customs, values, and languages of individual countries. Homi Bhabha, for example, draws on Goethe's paradigm to propose that:

> Where, once, the transmission of national traditions was the major theme of a world literature, perhaps we can now suggest that transnational histories of migrants, the colonized, or political refugees – these border and frontier conditions – may be the terrains of world literature.[16]

Heine, of course, was a political refugee of sorts in Paris, and his experiences as they shaped his exile writing may help Bhabha and others when they draw on historical precedent to help establish such world literary terrains. Nevertheless, Hinck is completely correct in suggesting that Heine is an agent of world literature in the politically and culturally more restricted sense envisioned by Goethe. Hinck quotes Goethe's remarks from 1827 in »Über Kunst und Altertum« which assert that *Weltliteratur* does not connote a complete correspondence of thought among the various nations, but only that these nations should become aware of each other, understand and tolerate one another. Hinck justifiably sees an identity between these remarks on world literature's function as a cosmopolitan ideal and the goal Heine expressed in the letter to a friend in Hamburg of bringing the people of Germany and France closer together.[17]

To be sure, as Hinck also indicates, the letter displays a politically more radical sensibility than is evident in Goethe's remarks on world literature in »Über Kunst und Altertum« by associating patriotic narrow-mindedness with the aristocracy, who profit from fostering nationalist prejudices.[18] Privy Counselor Goethe could only subtly attack aristocratic machinations through the cloak of fiction. No-one could accuse the noblewoman Germaine de Staël of wanting to foment discord between the peoples of Germany and France; her goal in writing »De l'Allemagne« (1813) was the furtherance of the same enlightened mutual understanding between the nations promoted by Heine in his letter and by Goethe in his remarks on »Weltliteratur« in »Über Kunst und Altertum«. Nevertheless, Heine composed his two primary essays written to inform the French about German literature and philosophy, published in their final German form as »Die romantische Schule« and »Zur Geschichte der Religion und Philosophie in Deutschland« and in French under the same title as Madame de Staël's book, largely in reaction to what he believed was the misinformation spread by Madame de Staël. It is unnecessary to rehearse Heine's exhaustively-treated personal, political, and literary antipathy toward the French noblewoman, but a brief consideration of the two »De l'Allemagne« will allow us to see why Heine's work corresponds to Goethean notions of *Weltliteratur*'s form and function far more closely than does Madame de Staël's. In this regard, the divergence in their views on German culture in general and Romanticism in particular is not nearly as important as their respective target audiences, and, concomitantly, their choice of literary venues. With respect simply to content, Madame de Staël may be said to come closer to the ideal of *Weltliteratur* evident in Goethe's first employment of the term in 1827, when he claimed: »es bilde sich eine allgemeine Weltliteratur, worin uns Deutschen eine ehrenvolle Rolle vorbehalten ist«.[19] If we are to believe Madame de Staël, the role of the German Romantics in European literary culture – which, as we will see, was equated by Goethe with the *world* literary scene – was far more honorable and worthy of emulation than Heine would have it.

Madame de Staël's role in inspiring »Die romantische Schule« is evident in Heine's opening remarks. He notes her »De l'Allemagne« is the only comprehensive work the French thus far possess on Germany's intellectual life. Rather than immediately attacking her views, Heine simply notes that much has changed in Germany since her book appeared. The most important event in the intervening period is said to be Goethe's death, which brought »Die Endschaft der ›Goetheschen Kunstperiode‹« in its train. Heine's first use of sarcastic invective occurs as an allusion to »De l'Allemagne's« style and mode of presentation. After labelling it a »Koteriebuch«, Heine continues:

> Frau v. Staël, glorreichen Andenkens, hat hier, in der Form eines Buches, gleichsam einen Salon eröffnet, worin sie deutsche Schriftsteller empfing und ihnen Gelegenheit gab sich der französischen zivilisirten Welt bekannt zu machen (DHA VIII, 125).

Heine, of course, was not a foe of the literary salon; indeed, he proposed entitling a book encompassing some his poetry and prose »Salon« in 1833 (B III, 710), and he learned much through his participation in salon society conversations. Nevertheless, in labelling Madame de Staël's »De l'Allemagne« a »Koteriebuch«, he underscored what he believed to be the elitism of its intended audience, and, thereby, of the book itself. Unlike Heine, Germaine de Staël spent her entire life within the rarified confines of Europe's aristocracy and the small circle of the continent's bourgeois intellectuals. These were the individuals who frequented her isolated salon at Coppet (along with the occasional well-heeled American), and these were the people to whom »De l'Allemagne« was addressed.

This does not signify haughtiness or close-mindedness on Madame de Staël's part; she was, for example, a great admirer of Rahel Varnhagen, a Jewish woman who maintained her own well-regarded salon in Berlin[20], which Heine frequented as a young man. Indeed, Heine praises those portions of Madame de Staël's book where her own voice is clearly manifest. It is the influence of German Romantics themselves which Heine finds objectionable, particularly that of August Wilhelm Schlegel, one of the few relatively permanent guests at Coppet. Heine believes their putative obscurantism must work against both Enlightenment values and the untrammeled intellectual traffic in Europe he wishes to further and which Goethe articulated as the key element in *Weltliteratur*, even though Goethe ascribed such unhindered exchange to improvements in communication, book distribution and an increase in the quantity of literary journals rather than greater political freedom. Such a journal – »L'Europe littéraire« – was Heine's venue for publishing portions of *his* »De l'Allemagne«, and it is his choice of this medium for this work that allows Heine to express the belief to a friend in his previously-cited letter of April 1833 that he is engaging in the peaceful mission of bringing Germany and France closer together, and that he is the very embodiment of cosmopolitanism (HSA XXI, 51 f.). Of such organs, Goethe noted: »Diese Zeitschriften, wie sie sich nach und nach ein größeres Publikum gewinnen, werden zu einer gehofften allgemeinen Weltliteratur auf das wirksamste beitragen«. He stressed as well the importance of developing a common public spirit (»Gemeinsinn«) for this same purpose of developing a »Weltliteratur«.[21] This goal presupposes the establishment of points of convergence, harmonious accords among the national literatures. Here, too, Heine more closely approximates Goethe's *Weltliteratur* ideal than does Madame de Staël. For as Renate Stauf has noted with respect to Germany and France:

> Hatte Madame de Staël ihren völkerpsychologischen Vergleich überwiegend auf der Figur des Kontrastes aufgebaut und die Fremdheit der literarischen und philosophischen Systeme beider Länder betont, so geht es Heine auch darum, Aspekte aufzuzeigen, die diese Fremdheit überwinden helfen.[22]

Though Goethe and Heine – contrary to postcolonial, postmodern critical praxis – underscored the necessity, inevitability, and value of national particularities, they *both* felt that the »Fremdheit« of which Stauf speaks must be overcome somewhat if a productive literary interaction among the cultivated individuals of different nations was to take place. With respect to this dichotomy, Heine's views mesh with Goethe's comments concerning *Weltliteratur* to a greater degree than is the case with other prominent German literary figures.

One factor which historically dates Goethe's *Weltliteratur* concept and makes it less applicable to present-day considerations of this topic is his equation of ›world literature‹ with ›European literature‹.[23] In spite of the interest he displayed in the world outside his own continent in such poetic works as »Vitzliputzli« and in wideranging readings of Asian, North American, and South American literature[24], Heine's critical focus was European literature as well, and his interest in transnational intellectual exchanges can be seen, like Goethe's, to revolve around Europe. Nevertheless, in comprehensively treating Goethe's concept of world literature, critics almost always make at least a brief reference to his poetic cycle »West-östlicher Divan« (1819). This is justifiable, for these poems are not only the most celebrated example of Goethe's cosmopolitanism on an international scale, but contain a theoretical apparatus – the »Noten und Abhandlungen« – which help supplement and clarify his scattered remarks on *Weltliteratur*. Thus, in his essay »Goethes Idee der Weltliteratur«, Hendrik Birus draws on the »Noten und Abhandlungen‹s« comments on translation to show that Goethe's paradigm does not presuppose the submersion of national particularities (»Besonderheiten«) within the world literature matrix. One cannot become acquainted with national particularities by reading in translation; as the »Noten und Abhandlungen« make clear, such translations are mainly valuable in attracting and introducing the reader to a foreign culture.[25] Heine's comments in »Die romantische Schule« on the »Divan«, which contrast this work with writings on the Orient by the Romantic School, are therefore of interest for our purposes.

This contrast is fully in accord with Heine's positing of a political antithesis between the Romantic School's supposed conspiratorial, narrow-minded patriotism, its reactionary support of aristocratic restoration, and the cosmopolitanism he associates with Lessing, Herder, Jean Paul, Schiller, and Goethe; naturally, Heine identifies with this latter faction (DHA VIII, 141 f.).

Heine notes at the outset of his remarks on the »West-östlicher Divan« the relative French ignorance of this work; Madame de Staël would not have been aware of it before »De l'Allemagne« was published, as Goethe's poetic cycle appeared six years later. His assumption that France's lack of familiarity with the work is to be equated with its absence from Madame de Staël's discussions shows the supreme influence he ascribed to her with respect to the French reception of contemporary German literature. Heine assumes the »Divan« accurately reflects »die Denk- und Gefühlsweise des Orients«, and his own exotic, metaphoric descriptions of Goethe's imagery in the verse reflect the European view that the Orient's manner of thinking and feeling is rooted in profound, intoxicating sensuality. Because such liberated sensuality was consistently a key element in Heine's utopian formulations, his approval of Goethe's sensualism is unsurprising. Indeed, Heine describes the »Divan« as a »Selam«, as a greeting and gift of the Occident to the Orient, but also as a sign the West is weary of its ethereal spiritualism and wishes to recover by refreshing itself through an immersion into the Orient's »gesunden Körperwelt« (DHA VIII, 160 f.). Heine emphasizes this carefree but healthy voluptuousness in the »Divan« in order to contrast it with the Sanskrit studies of the Brothers Schlegel.

According to Heine, the Brothers Schlegel found Indian religion and customs attractive because of Hinduism's putative bizarreness, vagueness, and indulgence in mortification of the senses, as well as its character as a civilization rooted in a strict caste system. The Schlegels' penchant for India's culture is grounded in this culture's apparent parallels with Catholicism. It must be emphasized that Heine doesn't claim these parallels exist. Rather, he believes the Schlegels discovered these attributes in Indian society; they viewed the region as the originary locus of Catholic order and practices (DHA VIII, 160 ff.). While Goethe engages in a genuine interchange with Persian Islam, the Schlegels, in Heine's view, mold India into the shape most amenable to their Catholic perspective. As Azade Seyhan puts it:

> In contrast to the Schlegels' ideological appropriation of the Indian identity that served to promote a false consciousness of the subject, Goethe's representation of the Islamic Orient resists identification with a textual construct.

Thus, in Heine's interpretation of the »Divan«, »the subject institutes an exchange, a kind of dialogue with the object«.[26] Engagement in such intersubjective dialogue is at the heart of Goethe's *Weltliteratur* ideal, and in embracing such congress while refuting its relational antithesis in the Schlegels' supposed confiscation of Indian ideology for the promotion of their religious agenda, Heine tacitly shows his own ideological affinity to the world literature concept as Goethe formulated it. Heine also clearly associated the Schlegels' Catholicism with conservative, nationalist politics and Goethe's pantheism with his cosmopolitanism and genuine openness to cultural and religious alterity; these latter perspectives are obvious preconditions for enacting the world literature paradigm in its broadest aspect.

As we noted, Goethe's enunciation of *Weltliteratur* does not signify a diminished interest in understanding discrete national attributes through the act of reading foreign literature. Such particularities can only be correctly appreciated through reading such literature in the original language, but translations can at least draw a reader to an initial interest in and acquaintance with a foreign culture. This may in turn inspire the reader to attain a reading knowledge of the original idiom and thereby a more genuine comprehension of its unique elements. Heine, too, was attracted to the »schönen Besonderheiten« of different cultures. As Stauf maintains in citing this expression from »Ueber Polen«, this tendency stands juxtaposed with Heine's desire to disempower national discourses in favor of a European discourse, a dichotomy which he shared with Goethe, Herder, and others.[27] Michel Espagne has cogently argued that, late in life, Heine passionately embraced translation, which is, broadly speaking and ideally in Heine's view, an act enabling a productive flight into the Orient both as a locus of oblivion and as a way to critically confront contemporary Europe's quotidian philistine realities.[28] This would certainly help to explain Heine's appreciation for the »Divan«, which he believed was capable of transporting the reader into a sensual space of genuine revivifying alterity rooted in exotic particularities. This allows the reader, in Heine's view, to forget frigid Europe but also to critically reflect on the restrictions it sets to the life of the spirit and the senses.

As Andreas Huyssen allows us to see, the Romantics had a quite different focus on the relationship between translation and *Weltliteratur*, a perspective radically at odds with that of both Goethe and Heine, and which may help explain Heine's antipathy toward the Romantic School. Citing a passage from Novalis's novel fragment »Heinrich von Ofterdingen« (1801), Huyssen shows how translation in the Romantics' view is intertwined with – and stands in the service of – the fatherland. Translation for them is an act imbued with a kind of patriotic eschatology; Germans are the master translators, and they translate not only world literature, but also the past into the future. German talent at translation and, thereby, at appropriation, preordains the German nation to lead Europe into a future golden age.

Thus, Huyssen closes his book with a reference to a »literarisch geistigen Utopie von einer ›deutschen Weltliteratur‹« conjured by the Romantics.[29] This vision obviously reverses the priorities and goals in Goethe's *Weltliteratur* formulations, which, while they presume an honorable role for the Germans and an even more intense degree of participation than is the case with other nations, presuppose a genuine dialogue of equals leading to the benefit, acculturation, and enlightenment of all involved. Equality between languages and nations is presupposed in Goethe's assertion that:

> diese Bezüge vom Originale zur Übersetzung sind es ja, welche die Verhältnisse von Nation zu Nation am allerdeutlichsten aussprechen und die man zur Förderung der vor- und obwaltenden allgemeinen Weltliteratur vorzüglich zu kennen und zu beurteilen hat.[30]

Heine is capable of praising both the Romantics' critical investigations of world literature and the quality of their translations; he rates Friedrich Schlegel's lectures on literature as second only to Herder's writings in their comprehensive overview of the literature of all the world's peoples, and he extols A. W. Schlegel's translations of Shakespeare (DHA VIII, 167 f., 168). Nevertheless, his cosmopolitanism and his embrace of translation as a means for both imaginatively escaping and critically reflecting upon Europe in general and France and Germany in particular inevitably put him at odds with the imbrication of German nationalism, translation, and *Weltliteratur* by the German Romantics and closer, with respect to both theory and practice, than any other significant writers to sharing Goethe's *Weltliteratur* ideal.

To be sure, the cosmopolitanism of Goethe and that of Heine vary in many particulars, and this circumstance has led Benno von Wiese to assert that Heine's left-wing politics manifest a clear break with Goethe's *Weltliteratur* concept. One can summarize Wiese's views as follows: while Europe, the locus of *Weltliteratur* as articulated in the early nineteenth century, constituted for Goethe an already existent universe in harmony with his spiritual, intellectual proclivities and which he merely sought to further develop, this continent was for Heine, after Goethe's death, a primarily political domain, the site of revolutions he optimistically hoped were portents of world-wide emancipation. Like Hinck, Wiese cites Heine's letter of April 1833 with its announcement of Heine's mission to bring the world's people together. But while Hinck saw in this letter Heine's tacit embrace of *Weltliteratur's* ideal of productive transnational interchange, Wiese reaches the opposite conclusion. He doesn't interpret the letter's pronouncements as expressing a cultural goal inscribed with the spirit of peace: »Was die Völker miteinander verbinden kann und soll, ist jetzt nicht die Idee der W e l t l i t e r a t u r, sondern die Idee der W e l t r e v o l u t i o n und ihre zukünftige Realisierung«.[31] Given Heine's bellicose pronouncements in the letter to his friend against an aristocracy served by Goethe and which actually took him into its ranks, Wiese's contrast is plausible. Nevertheless, this letter, as Hinck indicates, underscores what Heine's journalistic activities promoting transnational understanding of German and French culture firmly establish: Heine was an agent of *Weltliteratur* as defined by Goethe. The justification for Wiese's point of view is grounded in the diachronic perspective he establishes. However, I believe the truth about Heine's relationship to Goethe's *Weltliteratur* paradigm can only be expressed when we synthesize Hinck's and Wiese's antithetical perspectives. This leads to the following conclusion: while Heine mediated world literature in the manner elucidated by Goethe, Goethe's death during the early phase of Heine's life in Paris marked the *beginning of the end* of *Weltliteratur* as a distinctly Goethean paradigm. For in the period immediately before and after Goethe's death, the *Junges Deutschland* movement, with Heine in its midst, literally wrote this paradigm off. Heine was not only its only mediator to achieve immortal distinction, he was also a key inspirer of its demise.

Before we take up why Heine and *Junges Deutschland* can be said to bring Goethean *Weltliteratur* to an end, it is worth considering in somewhat more detail why Heine's activities not only mark its beginning, but the only genuine phase of its existence. We have already cited Morawe's suggestion that Heine was perhaps the first pan-European writer to exploit the technological and communicative improvements at the core of Goethe's definitions of the term. The most significant organ to embody these improvements and inspire in Goethe the belief that the Age of *Weltliteratur* was at hand was the Parisian journal »Le Globe«. As we noted, Goethe was first inspired to use the term after he read a »Globe« review of a French translation of »Torquato Tasso«; particularly the »Globe« essay and others he read in this magazine instilled in him the belief that a genuine transnational dialogue was taking place with respect to literature. In general, Goethe held the contemporary journalistic media of his time, especially the daily newspapers to which he had access in Weimar, in low esteem. But in »Le Globe«, he believed the spirit of the time was given clear and powerful expression. It became his press organ of choice for keeping up with current political and cultural events and opinions in Europe, and he made copious notes on its articles.[32] As Jeffrey Sammons has remarked, Heine became an avid reader of »Le Globe« as well around 1828. Sammons even suspects that the paean printed in this journal to mark Heine's arrival in the French capital was actually written by him.[33] Heine also expressed the belief that the cosmopolitan spirit of his century was given clear expression in this journal. Its scientifically democratic writers precisely dictate (»genau diktiren«) what Heine termed »die Welthülfsliteratur« (DHA VII, 507).

The tone and vocabulary of Heine's praise reflect his pleasure at France's intellectual upheavals, and point to a significant difference between his cosmopolitanism and that of Goethe. In this regard, it is significant to note than in October 1830, the Saint-Simonians took over the editorship of »Le Globe«, and while this shift only increased Heine's high regard for it, its new partisan spirit provoked Goethe's displeasure.[34] Both men were uniquely confluent in their prescient esteem for early nineteenth century press organs like »Le Globe«, transnational with respect to content, ideals, and (because of new technology) transmission. However, Heine's nascent Saint-Simonian leanings led him to recoin, consciously or unconsciously, Goethe's already cosmopolitan term. »Welthülfsliteratur« reflects the movement's activist, utilitarian spirit, its belief that all social means – including literature – must serve and promote the interests of the world's masses, not just those of the aristocratic and intellectual elite. Heine's employment of the term in the context of praising the objective, research oriented, scientific young democrats who wrote for »Le Globe« helps to justify Wilhelm Gössmann's reference to »Die Koppelung von Weltliteratur und Wissenschaft, wie sie Heine in seinem Werk vollzogen hat«.[35]

The distinction in tone and purport between the terms »Weltliteratur« and »Welthülfsliteratur« should not be taken to signify that Goethe's paradigm lacked a societal dimension. This dimension is evident in the following remark from 1828:

> Wenn wir eine europäische, ja eine allgemeine Weltliteratur zu verkündigen gewagt haben, so heißt dieses nicht, daß die verschiedenen Nationen voneinander und ihren Erzeugnissen Kenntnis nehmen, denn in diesem Sinne existiert sie schon lange, setzt sich fort und erneuert sich mehr oder weniger. Nein! hier ist vielmehr davon die Rede, daß die lebendigen und strebenden Literatoren einander kennenlernen und durch Neigung und Gemeinsinn sich veranlaßt finden, gesellschaftlich zu wirken.[36]

However, as Victor Lange has noted, this passage cannot be understood outside its historical context, and does not equate *Weltliteratur* with a contribution to concrete political reality or to social criticism. Rather, it signifies that writing is only worldliterary in scope if its author composes in a conscious spirit of communal understanding, possesses an awareness of the great tasks before the world as a whole, contributes to and is open to his epoch's knowledge.[37] Because he believed »De l'Allemagne« contributed to such transcultural understanding and promoted knowledge of Germany abroad, Goethe, unlike Heine, gave unqualified praise to Madame de Staël's book.[38] Though Heine's own »De l'Allemagne« does veer into the social critical role highlighted as ungoethean by Lange, it is nevertheless imbued with the same cosmopolitan spirit of understanding and contributing to intercultural knowledge Lange associated with the *Weltliteratur* paradigm in its historically restricted, early nineteenth century ambience.

To summarize and conclude my argument that Heine was the first writer of note who was a mediator of *Weltliteratur* in Goethe's sense of the term, several points bear repeating. As Morawe has indicated, Heine was one of the earliest writers to become aware of and exploit technological, communicative, and distributive advances highlighted by Goethe in his adumbrations of the paradigm. Heine's employment of these improved media allowed him to reach a larger, more diverse audience than was the case with predecessors such as Madame de Staël, whose own »De l'Allemagne« targeted and reached only a select group of aristocrats, intellectuals, and others who frequented literary salons. This more comprehensive and freer intellectual commerce is a key element in Goethe's understanding of *Weltliteratur*. Heine's unique two-way role in not only furthering the transmission of German literature and thought in France through his own »De l'Allemagne«, but reporting to the Germans his impressions of French events and culture in such works as »Französische Zustände«, »Französische Maler«, and »Ueber die französische Bühne« must also be mentioned in this regard. Given France's political, linguistic, and cultural status in the eighteenth century, one can find far more journalistic reporting on France in Germany than on Germany in France prior to Madame de Staël and Heine. However, the target audiences of such reporting on the French scene were generally the personages of European courts; I am thinking here particularly of the readers of Friedrich Melchior Grimm's famous eighteenth century *Correspondance littéraire*. Other transmitters of French culture to Germany were primarily academics and intellectuals writing and toiling for other academics and intellectuals in relative obscurity.[39] Heine was the only writer working at the close of the *Goethezeit* completely committed to *Weltliteratur*'s cosmopolitan, universalist ideals who personally enjoyed (and still enjoys) world literary status .

It remains to elucidate why Heine was not just the *first* but the *only* internationally-renowned purveyor of *Weltliteratur* as a Goethean construct, and to this end we must examine the *Junges Deutschland* engagement with this paradigm. Hartmut Steinecke, who has devoted an article to this topic, has pointed out that a response to Goethe's elucidation of the term only began to become widespread in 1836, four years after Goethe's death. In this year, Eckermann's »Gespräche mit Goethe« were first published; it is here that *Weltliteratur* received its most famous articulation. Steinecke notes that the *Junges Deutschland* adherents, with their interest in combining literature and science, were initially predisposed in favor of *Weltliteratur* as an ideal, since such a comprehensive concept presupposes not only the transcending of national borders but of the traditional divisions between imaginative literature on the one hand, and scientific and political writing on the other.[40] Heine's coining of the term »Welthülfsliteratur« in praising the scientism of »Le Globe's« writers (DHA VII, 507 f.) reflects the synthesizing inclination of which Steinecke speaks. In his essay »Goethe und die Welt-Literatur« (1835), Ludolf Wienbarg lauds Goethe's principle that art and life are inseparable.[41] Such approval reflects *Junges Deutschland*'s objectifying tendency and its embrace of Goethean *Weltliteratur* for this purpose, even though the movement is, with respect to literary criticism, most famous for its pillorying of the privy counselor. However, Wienbarg's praise also has a political dimension; the enunciation of the paradigm allows him to express certainty that a universal brotherhood binding the peoples of the world will continue to grow stronger, bringing about an ever more cordial interchange among the earth's literatures.[42] These are the same dreams which sustained Heine and allowed him to become *Weltliteratur*'s premier mediator.

Despite Wienbarg's expression of a cosmopolitan spirit shared by Heine and others affiliated with *Junges Deutschland*, it is primarily the movement's nationalist strain which put an end to *Weltliteratur* as Goethe understood it. This nationalism was partly sincere and partly a tactical response to the relentless jingoist diatribe directed against the group, particularly by Wolfgang Menzel, whose loathing for Goethe was partly based on the sage of Weimar's universalist tendencies.[43] Heine tried to counteract such virulent »Teutomanie« through both ironic satire and positive prophetic visions which would channel nationalism in a positive direction.[44] A year after Wienbarg's essay was published, Karl Gutzkow's treatise »Ueber Göthe im Wendepunkte zweier Jahrhunderte« appeared. In this work, Gutzkow cautiously defended *Weltliteratur* by highlighting what he saw as its productive relationship with national literature. He argues in world literature's defense that it neither displaces nationality nor forces one to renounce homeland mountains and valleys in favor of cosmopolitan images. Indeed, world literature secures the viability of nationality. Given the absence of viable preconditions for a national literature in Germany, the world literary condition (»weltliterarischen Zustand«) justifies Germany's native literature, for the outside world acclaims this literature while it is condemned to death at home (i. e., through censorship). Gutzkow proceeds to rebut the calumny endured by Heine, who has achieved fame throughout Europe with his extraordinary talents.[45]

Gutzkow is clearly trying to sustain here the dialectic and dialogue of national and international literature which was so central to Goethe's *Weltliteratur* paradigm and to Heine's unique, albeit unconscious, practical realization of it. Gerhard Kaiser sees in Gutzkow's essay an early instance of the narrow-minded nationalism soon to be so prevalent in Germany,[46] but it seems more likely that Gutzkow is taking a defensive posture, reacting to the polemics of Menzel and his followers as well as to the repressive political atmosphere which culminated in the edict against five members of the *Junges Deutschland* movement on 10 December, 1835. A truly pronounced partisanship for national literature vis-à-vis *Weltliteratur* is more evident in Theodor Mundt's discussion of Goethe's paradigm in the former's »Geschichte der Literatur der Gegenwart« (2nd ed. 1853). Here Mundt claims *Weltliteratur* has primarily a commercial and political significance and asserts:

Die schärfste Ausprägung der eigenthümlichen Nationalität ist vielmehr in jeder Literatur als der wahre Kern und der höchste Reiz zu betrachten, und ein überhand nehmender universa- listischer Geist der Bildung, der eine Verallgemeinerung der Nationalität zuwegebringt, kann nur die Verderbniß und Verschlechterung der Literatur erwirken.[47]

This perspective reverses a trend found in earlier *Junges Deutschland* engagements with the paradigm, namely, the tendency to label those works with the label *Weltli- teratur* which are qualitatively superior to others. As Steinecke notes, the equation of value with world literary status was addressed only indirectly by Goethe (and, we might add, by Heine), but it has influenced discussions of world literature from the 1830's to the present day[48], when works supposedly deserving of this appellation are still equated with the canon. More importantly, Mundt's comments mark a defini- tive break in German literary criticism with Goethe's paradigm as he defined it and as Heine put it into practice. Mundt's view that *Weltliteratur* is fundamentally a commercial rather than aesthetic signifier was an exaggeration of Goethe's views, but was also repeated in the twentieth century.[49]

In the period between Goethe's death and the 1848 revolution, Heine's name be- came a fulcrum for both opponents and proponents of both *Junges Deutschland* and the ideal of *Weltliteratur*. We have already noted Gutzkow's defense of Heine in the context of his argument for the efficacy of a world literature-national literature di- alogue. Those who held antipathetic views toward Goethe's concept and the *Junges Deutschland* movement drew on Heine and his francophile leanings to sustain their argument. Steinecke notes, citing Menzel, that for these conservative nationalists:

Weltliteratur bedeute in der Praxis – siehe Heine – Anpreisung des Französischen, damit Aus- lieferung der deutschen Kultur an die französische und Unterwerfung unter die gefährlichen politischen Ideale der Revolution.[50]

Steinecke's inference that these opponents of *Weltliteratur* equated its »Praxis« with the name of Heine evinces 1830 Germany's correct grasp of the veracity of my own central thesis, which since the nineteenth century has been lost sight of; Heine was *the* foremost practitioner of *Weltliteratur* as Goethe defined it. At the turn into the twentieth, Germany's eager xenophobic embrace of imperialism made genuine critical support for Goethe's ideal almost inconceivable, and tirades against Heine continued to be a benchmark of this perspective. By this time, the difference be- tween ›national‹ and ›nationalistic‹ literature was largely effaced.[51]

Of course, there continued to be writers in the late nineteenth and early twen- tieth centuries in the German-speaking world and elsewhere who promoted a cos- mopolitan spirit in literature, a dialogue among the writers of the world which, ide- ally, would promote peace and the universal betterment of mankind; one can cite, for example, the ubiquitous international mediating engagements of Stefan Zweig and his good friend Romain Rolland. The mature Thomas Mann, who saw the need to promote international cosmopolitanism when its only alternative became a silent acceptance of Nazi and fascist principles, is another such figure. Such engagements, however, were reactive responses to an infrangible nationalism, not an attempt to promote a national-international dialogue at least partly in the service of *national* interests, as was the case in the ages of Goethe and Heine. As Steinecke has noted, Goethe believed the articulation and development of *Weltliteratur* took place in Germany for a particular reason; Germany's retarded development of a discrete national identity in the eighteenth century sharpened its openness to and perception of international contexts and connections (»Zusammenhänge«). Adherents of *Junges Deutschland* such as Wienbarg also saw Germany's lack of political unity as a positive force for cosmopolitanism.[52] Though Heine contrasted his own philosophical cosmopolitanism with the old German philistine feelings residing in his breast (DHA VIII, 97), his youth in the disunified political milieu described by Goethe undoubtedly contributed to his pan-European perspective.

Quite possibly the last positive expression of *Weltliteratur* as an ideal prior to its revival at the end of World War II is to be found in the 1848 »Manifest der Kommunistischen Partei« of Karl Marx and Friedrich Engels. This manifesto, the imagery of which was probably influenced by Heine[53], maintains that in the age of international interdependence, intellectual productions of individual nations are shared by all, national narrow-mindedness and one-sidedness become impossible, and a »Weltliteratur« is taking shape out of the diverse national and local literatures.[54] Contrary to this utopian prophecy, nationalism became so virulent that *Weltliteratur* lost its idealistic resonance after 1848 and became, as we have seen, associated primarily with canonicity and commerce. Prior to this time, Heine was its most exemplary mediator. In the post World War II age of mass communication, largely anonymous marketers and reviewers took over this role. As this trend has only been enhanced in the current era of the internet, Heine will doubtless remain history's only agent of *Weltliteratur* in its Goethean sense to have achieved timeless international stature.

Notes

[1] Fritz Strich: Goethe und die Weltliteratur. Bern: Francke, 1946, p. 397–400.

[2] Anni Carlsson: Die Entfaltung der Literatur als Prozess. – In: Weltliteratur. Festgabe für Fritz Strich zum 70. Geburtstag. Ed. Emil Staiger and Walter Muschg. Bern: Francke, 1952, p. 51–65.

[3] Erich Auerbach: Philologie der Weltliteratur. In: Weltliteratur [Anm. 2], p. 39–50.

4 See, for example: Hendrik Birus: Am Schnittpunkt von Komparatistik und Germanistik: Die Idee der Weltliteratur heute. – In: Germanistik und Komparatistik. DFG-Symposion 1993. Ed. Hendrik Birus Stuttgart: Metzler, 1995, p. 439–457; Weltliteratur heute. Konzepte und Perspektiven. Ed. Manfred Schmeling. Würzburg: Königshausen & Neumann, 1995; Martin Albrow: Auf dem Weg zu einer globalen Gesellschaft. – In: Perspektiven der Weltgesellschaft. Ed. Ulrich Beck. Frankfurt a. M.: Suhrkamp, 1998, p. 411–434.

5 The Goethe Society of North America session was entitled : »Weltliteratur: Goethe's Cross-Cultural Projects«, and the American Comparative Literature Association panel bore the name »World Literature Today: What Literature? Whose World?«. – In: PMLA 115 (2000), p. 1527–1528 and 1532.

6 John Pizer: Goethe's ›World Literature‹ Paradigm and Contemporary Cultural Globalization. – In: Comparative Literature 52 (2000), p. 213–227.

7 Johann Wolfgang von Goethe: Sämtliche Werke. Jubiläumsausgabe in 40 Bänden. Ed. Eduard von Heilen u. a. Vol. 38. Stuttgart: Cotta, 1912, p. 95–97.

8 In the 19th century, one sees this attitude exemplified in Georg Brandes's essay »Weltlitteratur« – In: Das litterarische Echo 2 (1899): p. 1–5. For a later manifestation of this view prior to Strich's book, see Albert Guérard: Preface to World Literature. New York: Holt, 1940.

9 Thomas Mann: Gesammelte Werke in zwölf Bänden. Vol. 10. Frankfurt a. M.: Fischer, 1960, p. 870. See also his 1925 essay »Kosmopolitismus« in the same volume › p. 184–191.

10 Mann [Anm. 9], p. 871.

11 Bodo Morawe: Heines »Französische Zustände«. Über die Fortschritte des Republikanismus und die anmarschierende Weltliteratur. Heidelberg: Winter, 1997, p. 86.

12 Goethe, cited in Strich [Anm. 1], p. 399.

13 Morawe [Anm. 11], p. 86–88.

14 I am thinking particularly of the essays presented at the 1997 London Heine Conference edited by T. J. Reed and Alexander Stillmark, published under the title »Heine und die Weltliteratur«. Oxford: Legenda, 2000. An exception is Joseph A. Kruse's essay »›In der Literatur wie im Leben hat jeder Sohn einen Vater‹. Heinrich Heine zwischen Bibel und Homer, Cervantes und Shakespeare« (p. 2–23). Kruse's article takes into account the national-international dialogue at the heart of Goethe's understanding of the *Weltliteratur* paradigm, and finds that Heine believes this dialogue is achieved primarily through music, which overcomes national boundaries (p. 4–6).

15 Walter Hinck: Die Wunde Deutschland. Heinrich Heines Dichtung im Widerstreit von Nationalidee, Judentum und Antisemitismus. Frankfurt a. M.: Insel, 1990, p. 110–111.

16 Homi K. Bhabha: The Location of Culture. London: Routledge, 1994, p. 12.

17 Hinck [Anm. 15], p. 111.

18 Ibid.

19 Goethe [Anm. 7], p. 97.

20 For a discussion of Madame de Staël's salon and her relationship to Rahel Varnhagen, see Lilian R. Furst: The *Salons* of Germaine de Staël and Rahel Varnhagen. – In: Cultural Interactions in the Romantic Age: Critical Essays in Comparative Literature. Ed. Gregory Maertz. Albany: State University of New York Press, 1998, p. 95–103.

21 Goethe, cited in Strich [Anm. 1], p. 398–399.

22 Renate Stauf: Der problematische Europäer. Heinrich Heine im Konflikt zwischen Nationenkritik und gesellschaftlicher Utopie. Heidelberg: Winter, 1997, p. 196.

23 This is evident, for example, in Goethe's comment »Europäische, d. h. Welt-Literatur«. Cited in Strich [Anm. 1], p. 399.

24 See Kruse [Anm. 14], p. 9–10.

25 Hendrik Birus: Goethes Idee der Weltliteratur. – In: Weltliteratur heute [Anm. 4], p. 23–24.

26 Azade Seyhan: Cannons Against the Canon: Representations of Tradition and Modernity in Heine's Literary History. – In: Deutsche Vierteljahrsschrift 63 (1989), p. 502.

27 Stauf [Anm. 22], p. 12.

28 Michel Espagne: Übersetzung und Orientreise. Heines Handschriften zum Loeve-Veimars-Fragment. – In: Euphorion 78 (1984), p. 127–142.

29 Andreas Huyssen: Die frühromantische Konzeption von Übersetzung und Aneignung. Studien zur frühromantischen Utopie einer deutschen Weltliteratur. Zürich: Atlantis, 1969. p. 172–173.

30 Goethe, cited in Strich [Anm. 1], p. 398.

31 Benno von Wiese: Goethe und Heine als Europäer. – In: Signaturen. Zu Heinrich Heine und seinem Werk. Berlin: Schmidt, 1976, p. 209–212. Citation on p. 212. Wiese's emphasis.

32 See Heinz Hamm: Goethe und die französische Zeitschrift »Le Globe«. Eine Lektüre im Zeichen der »Weltliteratur«. Weimar: Böhlau, 1998.

33 Jeffrey L. Sammons: Heinrich Heine: A Modern Biography. Princeton: Princeton University Press, 1979, p. 160.

34 Hamm [Anm. 32], p. 11.

35 Wilhelm Gössmann: Die Herausforderung der Wissenschaft durch die Literatur. – In: Heinrich Heine im Spannungsfeld von Literatur und Wissenschaft. Symposium anläßlich der Benennung der Universität Düsseldorf nach Heinrich Heine. Ed. Wilhelm Gössmann and Manfred Windfuhr. Düsseldorf: Hobbing, 1990, p. 24.

36 Goethe, cited in Strich [Anm. 1], p. 399.

37 Victor Lange: Nationalliteratur und Weltliteratur. – In: Jahrbuch der Goethe-Gesellschaft 33 (1971), p. 30.

38 Goethes Werke. Hamburger Ausgabe in 14 Bänden. Ed. Erich Trunz. Vol 10. Hamburg: Wegner, n. d.), p. 466.

39 See Wolfgang Theile: Vermittler französischer Literatur in Deutschland um 1800. Zur Vorgeschichte der Romanischen Philologie. – In: Germanisch-Romanische Monatsschrift 73 (1992), p. 48–66.

40 Hartmut Steinecke: »Weltliteratur« – Zur Diskussion der Goetheschen »Idee« im Jungen Deutschland. – In: Das Junge Deutschland. Kolloquium zum 150. Jahrestag des Verbots vom 10. Dezember 1835. Ed. Joseph A. Kruse and Bernd Kortländer. Hamburg: Hoffmann and Campe, 1987, p. 156–158.

41 Ludolf Wienbarg: Goethe und die Welt-Literatur (1835). – In: Literaturkritik des Jungen Deutschland. Entwicklungen – Tendenzen – Texte. Ed. Hartmut Steinecke. Berlin: Schmidt, 1982, p. 156–157.

42 Wienbarg [Anm. 41], p. 164.

43 See Walter Dietze: Junges Deutschland und deutsche Klassik. Zur Ästhetik und Literaturtheorie des Vormärz. Berlin: Rütten & Loening, 1957, p. 21–35.

44 Examples of both tendencies are provided and discussed by René Anglade: Heinrich Heine: Von der französischen »Spezialrevoluzion« zur deutschen »Universalrevoluzion«. – In: HJb 38 (1999), p. 46–73, esp. 65–66.

45 Karl Gutzkow: Aus: Ueber Göthe im Wendepunkte zweier Jahrhunderte (1836). – In: [Anm. 41], p. 110.

46 Gerhard R. Kaiser: Einführung in die vergleichende Literaturwissenschaft. Forschungsstand – Kritik – Aufgaben. Darmstadt: Wissenschaftliche Buchgesellschaft, 1980, p. 17.

47 Theodor Mundt: Geschichte der Literatur der Gegenwart. Leipzig: Simion, ²1853, p. 567–568.

48 Steinecke [Anm. 40], p. 159. Kruse [Anm. 14] provides a contrasting opinion; he believes Goethe's concept is also a »Qualitätsmerkmal« and emphasizes that »Auch Heine vertritt den Anspruch der Kunst und Qualität in der Literatur« (p. 6).

49 See, for example, Ernst Elster's influential essay »Weltlitteratur und Litteraturvergleichung«. – In: Archiv für das Studium der neueren Sprachen und Litteraturen 107 (1901), p. 33–47.

50 Steinecke [Anm. 40], p. 161–162.

51 See, for example, Kaiser's discussion of Max Koch's 1891 lecture »Nationalität und Nationalitteratur« in Einführung in die vergleichende Literaturwissenschaft [Anm. 46], p. 18–19.

52 Steinecke [Anm. 40], p. 162.

53 See S. S. Prawer: Karl Marx and World Literature. Oxford: Clarendon, 1976, p. 139 and 139–140, n. 5.

54 Karl Marx and Friedrich Engels: Werke. Vol 4. Berlin: Dietz, 1959, p. 466.

Heinrich Heines »Die Bäder von Lukka« als perverse Ethopoetik:

Die Ästhetik der Sexualabweichung und/oder die Rhetorik homophobischer Verunglimpfung[1]

Von Stuart Ferguson, Newcastle

Wenn ein Wissenschaftler von einem anderen abschreibt, wird das Plagiat genannt, schreibt er von mehreren ab, gilt das als Mittelmäßigkeit, schreibt er von vielen ab, heißt das Forschung.[2]

1. Diskursive Vielfalt

Auf Grund thematischer Vieldimensionalität eignet sich Heines »Die Bäder von Lukka« (1829/30)[3] zur Literaturdidaktik sowohl im gesamtgesellschaftlichen als auch im subkulturellen Hinblick. Der wohl sensationellste Aspekt ist sein Beitrag zur sogenannten Fehde zwischen dem ›Schwulen‹ August von Platen (1796–1835) und dem ›Juden‹ Heine (1797–1856), die insofern gekünstelt ist, als Platen Heines Angriffe gegen ihn in »Die Bäder von Lukka« nie gelesen haben soll.[4] Zwar war die Leserschaft gegen Heine so aufgebracht, dass dies unter anderem ihn dazu bewegte, sich ins Exil nach Paris zu begeben[5], aber vielen Zeitgenossen fiel es schwer Partei zu ergreifen, weil sie zwischen ihren antisemitischen und homophobischen Vorurteilen hin und her gerissen waren.[6] Bis 1850 hatte sich die Feindlichkeit beruhigt[7], und Heine soll als Greis Platens Gedichte sogar gelobt haben.[8] Folglich kann man auch Heines Novelle und diese Anfeindung, der gegensätzliche ethnische, religiöse und sexuelle Auffassungen oder gar Identitäten zu Grunde liegen, bar jeder Symptomatik als zeitweilige ästhetische Kontroverse zwischen Vertretern des Neoklassizismus und der Romantik verharmlosen.

Veredeln kann man den Text sogar, indem man ihn als Reiseschilderung behandelt. Eve Sedgwick behauptet in Bezug auf Lawrence Sternes Roman »Sentimental Journey« (1768), der Heines Novelle als Vorbild diente[9], dass Reisen die Ausbeutung ganzer Gesellschaften für die Phantasie(n) des Reisenden bezweckt[10] und der homosozialen Bindung unter Männern dient.[11] Paradoxerweise hielt man damals Reisen auch für ein Heilmittel gegen Ausschweifungen der Phantasie und andere Geisteskrankheiten[12], was Heines Vorstellungen einer Verbindung zwischen Wahnsinn, besonders der Melancholie, physischer Krankheit und sexueller Abweichung bzw. Perversion prägt, die ihm die homophobische Verunglimpfung Platens ermöglichen. Heines Italienreise ist eine Satire klassischer Topoi als künstliche Italienisierung[13] – und auch Anglifizierung –, die durch die kunsthistorischen Abhandlungen des Homoerotikers Johann Joachim Winckelmann zur Mode wurde. In seiner (1829) »Reise von München nach Genua« (VII, 61) weist Heine darauf hin, dass er der Route Goethes treu folge, und im nächsten deutlich fiktiveren Teil über den Kuraufenthalt, spottet er:

> Es gibt nichts Langweiligeres auf dieser Erde, als die Lektüre einer italienischen Reisebeschreibung – außer etwa das Schreiben derselben – und nur dadurch kann der Verfasser sie einigermaßen erträglich machen, daß er von Italien selbst so wenig als möglich darin redet.« (VII, 113)

Seine Leser, indem wir uns in den »kritischen Vexierspiegel«[14] seines Werkes vertiefen, behaupten das Gegenteil.

Diese einführende Besprechung einiger der Themen von Heines Novelle ist bei weitem nicht ausschöpfend. Weitere hier erwähnenswerte Kontroversen sind: das kulturelle Identitätsproblem weitgehend assimilierter deutscher Juden[15]; geistliche Fragen, die schließlich zum Kulturkampf unter Bismarck führten[16]; die Satire auf den Adel und auf die Geldbourgeoisie[17]; und vor allem vielerlei Fragen zu den Geschlechtsrollen, zu den Sitten der Liebe und zur Sexualmoral bzw. -Hygiene. Wie Heine diese letzte Thematik »sexualdenunziatorisch«[18] behandelt, während die Handlung der Novelle geradezu überschwänglich vor sexueller Abweichung strotzt, stellt ein immer noch modern wirkendes, faszinierend paradoxes Erzählverhalten dar, das sich nicht einfach durch eine binäre Novellenstruktur erklären lässt[19], wobei der Verfasser einer humoristischen Reisebeschreibung eine Streitschrift gegen Platen hinzugefügt haben soll[20], sondern eine komplex durchkomponierte und rhetorisch raffinierte schriftstellerische Leistung darstellt.

2. Homo-/erotische Handlungsstrukturen

Eine Vielfalt an schwulen Ereignissen entsteht aus drei Elementen der Novelle – aus der Handlung und aus zwei Aspekten der Figuren: aus Kontrast und Konflikt zwischen ihren angeblichen und eigentlichen Charakterzügen sowie ihren in der Handlung expliziten und ihren virtuellen Beziehungen zueinander. Die Handlung besteht aus lauter Besuchen, die der Offenbarung der Kontraste und Konflikte die-

August Graf von Platen-Hallermünde (1796–1835)
Kupferstich von C. Barth

nen. Der Erzähler Doktor Heine besucht den Kurort, dessen Besucher sich mit gegenseitigem Besuchen vergnügen; vom üblichen Kurbetrieb ist keine Spur. Diese reihenweise Besuchabstattung hat sowohl erzählerisch als thematisch Bedeutung insofern, als sich Besucher an soziale Konventionen halten und an ihre soziale Persona klammern. Die Besuche haben dazu eine dramatische Bedeutung, weil sich die Figuren in einer fremden Gegend befinden. Ferner wird diese Fremdheit soziopolitisch mit Invasion, da Teile Italiens dem Reich Habsburg angehören, soziosexuell mit Überschreitung bzw. Verstoß assoziiert. Die Besucher haben sich von ihrem vertrauten Milieu entfernt. Sie sind einander fremd und frei, jemand anders zu werden. Die fremde Gegend wird also zum Hort des Scheins, die es den Figuren ermöglicht, ihr wahres Wesen zu verbergen. Noch perverser wird sie auch zum Ort der Selbstentfaltung frei aller sozialen Konvention. So dienen geographische und soziale Grenzüberschreitungen[21] als Rahmen für Heines Diskurs über kulturelle und sexuelle Überschreitungen in Bezug auf die Probleme der Assimilierung deutscher Juden und/oder Homosexueller.

Die komische Umkehrung dieser sozialen Werte leistet ein Verhaltensmuster, das man englisch »passing«[22] nennt und dem deutschen »Durchgehen« gleicht. Am deutlichsten tritt dieses Verhalten beim Hamburger Bankier Gumpel alias Marchese Christophoro di Gumpelino auf verschiedenen Ebenen hervor. Ethnisch gesehen ist er Jude, aber er hat sich in die deutsche Gesellschaft weitgehend integriert, so dass er als Deutscher durchgehen könnte. Kulturell gesehen ist er also deutsch, verhält sich aber möglichst italienisch. Sozioökonomisch gesehen ist er Kaufmann, spielt aber den Aristokraten. Heines Parodie des ›Durchgehens‹ genießt der Leser ihrer Natur nach als lächerliche Travestie.[23] Dabei spielen Uniformen[24] und Schuhe[25] eine so wichtige Rolle, dass es sich hier um einen »Transvestit-Effekt«[26] handelt. Diese Parodie, die gegen alle Assimilierung spricht, kritisiert indirekt Platen, den Homo, der als Hetero durchgehen will, was Heine später im Text in stärkster Weise entlarvt. Es gibt sogar eine »Erotik kultureller Aneignung«[27] dadurch, dass Gumpelinos Nase ›ein Auge ausgestochen hätte‹[28], was dem ethnisch stigmatisierten phallischen Symbol eine schwule Nebenbedeutung durch diese Anspielung auf den Analverkehr gibt.[29] Die psychosexuellen Konnotationen Gumpelinos als konfliktvollem kulturellem Zwitter verdeutlichen sich, als man ihn wiederholt mit dem berüchtigten Bisexuellen und Päderasten, der 1821 ins Exil nach Italien ging[30], Lord Byron, vergleicht.[31] Dies spielt auf die Dualität an, die Platen in dem Gedicht behandelt hat[32], das Heine als die erste Losung seiner Novelle verkürzt.

Solche verborgenen Verstöße der sozialen und sexuellen Identitätsnormen begleiten eine Vielfalt an offenen Überschreitungen der Normen des Sozial- und Sexualverhaltens. Bei der Novelle handelt es sich um lauter Dreiecksverhältnisse[33], deren dramatisches Wechselspiel dazu dient, einerseits homosoziale Bindungen herzuzustellen, andererseits diese in Frage zu stellen. Die homosozialen Beziehungen betreffen Doktor Heine, Gumpelino und seinen Diener, die den gleichen Frauen den Hof machen; und Mathilde ist Julia Maxfields Freundin, die wiederum Gumpelinos fehlende Geliebte ist. Diese Dreiecksverhältnisse haben nicht nur heterosexuelle, sondern auch homosexuelle Konnotationen, indem sie Menschen gleichen Geschlechts durch den Liebeskampf miteinander verbinden.[34] Diese romantischen Konflikte bewirken zweierlei. Auf der Handlungsebene vergrößern sie die Perversität der Thematik. In der Tiefenstruktur des Textes fungieren sie als Reproduktionen der homophobischen Aggression Heines, die Platen hervorgerufen hatte, als er in seinem »Romantischen Oedipus« (1829) witzelte, dass Heine und Immermann mehr als Freunde sein könnten.[35]

3. Eine schrille Figur

Die biographischen Entsprechungen zwischen Gumpel/ino und Platen lenken von der rhetorischen Funktion des Dieners Hirsch-Hyazinthos ab. Sein altgriechischer ›Deckname‹[36] hat drei Rollen bei der Ethopoetik Heines. Zum einen knüpft er an die Homosexualitätsthematik an, weil die gleichnamige mythische Figur Teil eines homoerotischen Liebesdreiecks bildete: Der eifersüchtige Zephyr bläst den Diskus Apolls aus seiner Flugbahn und tötet dessen Geliebten Hyazinthos damit; Apolls Tränen hinterlassen permanente Spuren mit der gleichnamigen Blume. Zweitens verbindet man diese Blume mit den botanischen Topoi der Novelle.[37] Folglich verspotten die botanischen Embleme drittens zwei Dichter, denn es gibt ausführliche Pflanzenschilderungen in Goethes »Italienischer Reise«[38], und auch Platens Gedichte enthalten viele Blumenbilder, unter anderen »Die Tulpe« (1820). Zweimal zieht Hirsch-Hyazinthos unbewusst Platen ins Lächerliche: als er Gumpelinos Knittelvers mit dem selben Titel rezitiert[39], was auf Platens Nachahmungsdrang anspielt; und wo er mit seinem Hund Apoll unter einem Lorbeerbaume sitzend, Notizen in sein Lotteriebuch einträgt.[40] Platen, den der König Bayerns finanziell unterstützte, pflegte einen Lorbeerkranz zu tragen.[41] Auch sein »Hymnus an Sizilien« (1835), obgleich anachronistischerweise, ist aufschlussreich:

> Es scherzt, Proserpina, länger nicht
> Um dich die Schar braunlockiger Gespielinnen im öderen Ennatal;
> Dornen umblühn jetzt jenen Bergschlund,
> Den der zweizackmächtige Gatte verließ,
> Als dunkle Hyazinthen pflückend harmlos
> Dich der Liebende fand, des fraunschönen Eilandes höchste Zier.[42]

Ursprünglich war der archaische Hyakinthos nämlich ein Vegetationsgott, den man schon vor den Altgriechen angebetet hatte. Eins der Zentren dieses Kultes war Amyklai bei Sparta[43], ein anderes bildete sich um die Zeremonien kretischer Priesterinnen namens Hyazinthiden.[44] Die kretische und/oder spartische Herkunft erklärt den homosexuellen Inhalt des Mythos von Hyazinthos, da beide archaische Gemeinschaften homosoziale Bindung unter Männern als Päderastie instituiert hatten[45], die Heine im Schlusskapitel seiner Novelle Platen wiederholt zum Vorwurf macht.[46] Für diesen dienten die Blumenmotive als Embleme archaischer und mythischer Vergangenheit, wo die Homosexualität idealisiert war. Dabei muss man auch bedenken, dass Blumen bisexuelle Organe sind, was sie als Symbole der Fruchtbarkeit und implizit der Sexualität bei Heines Novelle ideologisch umfunktioniert. Durch diese Symbolik zieht man Hirsch-Hyazinthos ins Lächerliche.

Wenn sein altklassischer ›Deckname‹ wenig Resonanz findet, stellen anzügliche Redewendungen und Verhaltensmuster ihn in Frage. Es tritt schon früh im Text die sensationelle Tulpe auf, die auf Grund der orientalischen Erotik Gumpel/inos – er wird mit einem eine Lotusblüte tragenden Götzenbild verglichen[47] – als Emblem Platens dient. Dadurch kennzeichnet Heine die Pflanzen als Embleme der Travestie und Symbole der Entartung und Perversion: Lady Mathilde wird zum Beispiel mit »einer mit Pfeffer bestreuten Rose« verglichen.[48] Diese Emblematik als »wildes Paradies«[49] umschließt Hirsch-Hyazinthos, als er als männliche Blume und tief bisexueller Organismus auftaucht:

> Die kleine Gestalt […] hätte vielmehr den Namen einer Feuerlilje verdient. Es war ein schlotternd weiter Scharlachrock, überladen mit Goldtressen, die im Sonnenglanze stralten, und aus dieser rothen Pracht schwitzte ein Köpfchen hervor, das mir sehr wohlbekannt zunickte. (VII, 91)

Bei seinem zweiten Namen denkt man zunächst an die Farbe seiner protzigen Uniform.[50] Die visuelle Komik dehnt sich auf seinen Körper aus, was seine psychosexuale Verfassung in Frage stellt: Aus der Blüte seines rot uniformierten Oberkörpers ragt sein verhältnismäßig kleiner Kopf wie ein Staubgefäß heraus. Dies ist ein phallisches Organ von der Form her. Weil dieses Gefäß den Blütenstaub trägt, der andere Blumen befruchtet, suggeriert es umso mehr den Penis. Aber umgekehrt, weil die Spitze des Staubgefäßes fremden Blütenstaub auch empfängt, wodurch die Blume befruchtet wird, verknüpft man die botanische Anspielung wegen des schwitzenden »Köpfchens«, der schlotternden Uniform mit den üppigen Tressen und auch der roten Farbe, die mit der Gefahr der phallischen Nase Gumpelinos assoziiert wird, mit dem weiblichen Geschlechtsorgan. – Dieser Gedanke kommt einem weit weniger als obszöne Überinterpretation des Bisexuellen vor, wenn man bedenkt, dass man die Klitoris auch »den Juden« nannte.[51] Oder aber man erklärt sich das Blumenhafte mit Hilfe eines Briefes von Charles Skinner Matthews vom 30. Juni 1809 an einen jungen Bisexuellen, den man, weil er den Nordost-Mittelmeerraum auf Liebessuche abfuhr (engl. cruising!), »Byron von Byzanz« nannte. Der Brief zeigt nämlich, inwiefern Heines Charakterisierung Hirsch-Hyazinthos‹ der Schwulenkultur seiner Zeit entsprochen haben soll:

> Was Deine botanischen Beschäftigungen betrifft, nehme ich an, daß diejenigen Blumen, die Du Dir am liebsten sammelst, Polyandria [d. h. mit männlichem Staubgefäß] und keine Monogynia [d. h. mit weiblichem Staubgefäß], sondern alle Nicht-gynia sein werden. Nichtsdestotrotz wird alles gut, solange Du sie nicht schneidest. Hierzu ein Wort über Hyazinthen. Hyazinth erlag einem Wurfring, aber nicht jenem, vollen und wünschenswerten Ring‹.[52]

Welche Lesart ruft nun Hirsch-Hyazinthos‹ Aussage hervor?: »Ich bin guter Hoffnung«. Dieser Schwangerschafts-Euphemismus passt zu anderen Sprachperversitäten, wie der kulturell zwitterhafte Ausdruck »Papagoyim«, der Hirsch-Hyazinthos als vulgäres Pendant zu seinem Herrn erscheinen lässt[53], die bizarr emphatischen Zusammensetzungen »Gefahr-Berge« und »Hitzewärme«(VII, 92 f.) und das feminine Suffix bei »Riesinn« (VII, 116). Diese Sprechweisen kreieren eine ambige, vage transsexuelle Figur, die man dem englischen Begriff »camp«[54] folgend auf deutsch ›schrill‹ nennen darf. Sigmund Freud führt diese Figur an, um seinen Begriff sexualen Abweichens zu verdeutlichen.[55]

Ebenso verdächtig aus psychosexualer Sicht, aber in einer weit tieferen Weise in Bezug auf Heines Ethopoetik ist die Verständigung zwischen Hirsch-Hyazinthos und Gumpelino, die kaum der eines konventionellen Verhältnisses zwischen Herrn und Diener entspricht.[56] Zweideutig ist auch die Reaktion Gumpelinos: »in staunender Aufwallung über die Indiskrezion des Dieners« (VII, 92); der Verlegenheit ist Aufregung hinzugefügt, oder gar Erregung, wenn man dessen phallische Nase bedenkt. Zwischen beiden Männern besteht eine nahezu eheliche Telepathie: »Ich weiß schon«, wiederholt der Diener (VII, 93). Offensichtlicher als solche psychosexuale Zweideutigkeit ist die soziale Zweideutigkeit ihrer Beziehung. Als ein Herr-Diener-Verhältnis tarnte man homosexuelles Zusammenleben. Byron zum Beispiel tat, als ob das Objekt seiner letzten päderastischen Liebesbeziehung sein Knecht wäre.[57] Weitere Zweideutigkeit bezieht sich darauf, dass das, wenn auch echte, Verhältnis zwischen den beiden Figuren Heines auf Grund ihres »Bildungsdünkels«[58] aus dem Diener eine Mischung aus Hörigem und Lehrjungen macht. Auf den interkulturellen Stress dieser Entwicklung weist Hirsch-Hyazinthos schon hin[59], weshalb er sich vielleicht tatsächlich nach der korpulenten Gudel von Dreckwall sehnt;[60] obgleich sich dieser Name wie der einer Halbweltdame oder gar eines Transvestiten anhört, so dass der Preis der Liebe für ihn durchaus »nur zwölf Mark und dreizehn Schilling« hätte betragen können.[61] Im neunzehnten Jahrhundert funktionierte man die Päderastie des Morgenlands in die Pädagogik des Abendlands um[62], wodurch die folgende Textstelle zwielichtig erscheinen kann:

> Herr Gumpel spricht zuweilen wie ein Buch, flüsterte mir Hyazinth von der Seite zu, preßte die schmalen Lippen zusammen, blinzelte mit stolzvergnügten Aeuglein, und schüttelte das wunderstaunende Häuptlein. (VII, 128)

Trotzdem relativieren sich die Hinweise auf einen pädagogischen Eros, der die Beziehung zwischen beiden Figuren als homoerotisch charakterisiert dadurch, dass der Höhepunkt der dritten Beschäftigung des Dieners – nach der Bildung und der Lotterie die Fußpflege – nur homosozialer Art ist: nämlich seine Behandlung der Hühneraugen Nathan Rothschilds.[63]

Bevor ich im nächsten Abschnitt die Mehrdeutigkeit des Fußbegriffs erörtere, möchte ich schon an dieser Stelle, wo es um die homosozialen Aspekte des Dieners geht, auf die Symbolik der Hühneraugenbehandlung eingehen. Dieses Fußproblem hatte pejorative Konnotationen zumindest für deutsche Juden im neunzehnten Jahrhundert.[64] Weil es eine kreisförmige Wunde bildet, gleicht die Behandlung bei Männern einer profanen Beschneidung. Dadurch begegnet man dem Thema homosozialer Bindung auf einer kulturspezifischen pseudometaphysischen Ebene wieder, auf der man das einem Taufakt ähnelnde Purgativ einordnet, das der Diener seinem Herrn gegen Ende der Novelle verabreicht. Abgesehen von ihrer homosozialen Bedeutung hat die Fußpflege fetischistische heterosexuelle Konnotationen, weil die männlichen Figuren so sehr von den Füßen der weiblichen Figuren fasziniert sind[65], obzwar das Ausleben dieser Veranlagung einen entmannenden Seltenheitswert hat: »[…] nur dann und wann habe ich mahl meiner Geliebten par Complaisanz die Hühneraugen geschnitten.« (VII, 120)

Die psychosexuale Mehrdeutigkeit der homosozialen Fußpflege bzw. des heterosexuellen Fußfetis entspricht der mystischen Fügung des Herr-Diener-Verhältnisses, das am komischsten beschrieben wird, wie folgt: »[…] ich bin ein Praktikus, und Sie sind ein Diarrhetikus, kurz und gut, Sie sind ganz mein Antipodex.« (VII, 118) Obwohl Heine solche Mehrdeutigkeiten rhetorisch ausnützt, begrenzt er dezent deren Bedeutung. Trotz mehrerer verschlüsselter Anspielungen auf frühere und zeitgenössische Schwulenkulturen, was so weit geht, dass Hirsch-Hyazinthos eine berüchtigte Abhandlung über den damaligen Freundschaftskult fast erwähnt: »ein nackter General von den Göttern und die Venus Urinia »[66], kehrt der Diener letzten Endes zur Sprache Heterosexueller zurück:

> Als Mann fühle ich mich geschmeichelt, daß der Graf Platen uns den Vorzug giebt vor den Weibern, und als Freund von den Weibern bin ich wieder ein Gegner von solch einem Manne. […] und eine schiefe Köchinn ist mir lieber als der schönste Schönheitsfreund. Ja, ich muß gestehen, ich sehe nicht so viel Schönes am männlichen Geschlecht, daß man sich darin verlieben sollte. (VII, 129)

Diese Worte sind aber deshalb voll schwuler Ironie, weil sich Hirsch-Hyazinthos dabei im Spiegel betrachtet.[67]

Durch das Verhalten und die Emblematik dieser Figur bekommen Heines Intuitionen und Kenntnisse von der Homosexualität besonders als kulturelle Erscheinung allzu menschliche Form. Heines Auffassung des Phänomens ist insofern erstaunlich ahnungsvoll, als er Einsichten in drei Homosexualitätsmodelle liefert, in die der Päderastie, der Feminierung und des Narzissmus, die erst im späten 19. Jahrhundert beim Diskurs über die Sexualität gängige Theorien werden.[68]

4. Krankheitssymbolik als Schwulenschicksal

Eine rationalere Interpretation der Sexualabweichung von Hirsch-Hyazinthos, Gumpel/ino und anderen Figuren reduziert sie auf schlichte Krankheitsbilder. Krankheit und Wahnsinn bilden nämlich das radikal feindliche Endergebnis der Perversität der Novelle, wobei dieser als fremder Bewusstseinszustand eine zusätzliche Grenzüberschreitung leistet.[69] Das erste Zeichen von Geisteskrankheit ist Mathildes hysterische Reaktion auf die Tulpe zusammen mit einer adoleszenten Hippomanie.[70] Die Hysterie hielt man damals für die Nationalkrankheit der Briten.[71] Ähnliches galt wegen des feuchten Wetters auch für die Melancholie[72], an der Hirsch-Hyazinthos auf Grund der Lotterie-Obsession und des Heimwehs leidet wie Lord Byron auch.[73]

Eine schwindsüchtige Frau verkörpert aufs grausamste eine gängige Metapher der Dekadenz mit Konnotationen übertriebener Leidenschaft.[74] Wegen der symptomatischen Vertiefung ihrer Stimmlage[75] leistet sie einen »Transvestit-Effekt«[76], was für eine neoklassizistisch anmutende anale Anspielung auf den Geschlechtsverkehr gilt:

> Signora Lätizia entschuldigte sich bey mir, daß sie zu Bette liege, und zwar bäuchlings, indem ein Geschwür an der Legitimität, das sie sich durch vieles Feigen-Essen zugezogen, sie jetzt hindere, wie es einer ordentlichen Frau zieme, auf dem Rücken zu liegen. Sie lag wirklich ungefähr wie eine Sphinx; ihr hochfrisirtes Haupt stämmte sie auf ihre beiden Arme, und zwischen diesen wogte ihr Busen wie ein rothes Meer. (VII, 97 f.)

Und was sollte man von den Schweißausbrüchen halten, die Hirsch-Hyazinthos im III., den Gitarre spielenden Professor im VI. und Gumpel/ino im VI., IX. und X. Kapitel plagen[77], denn niemand badet in den Bädern von Lucca? Dadurch verspottet die Novelle das Vertrauen auf Hydrotherapien, deren Gültigkeit als Heilmittel gegen Ende des 18. Jahrhunderts verloren gegangen war.[78]

Die lahmste Komik gilt den Fußproblemen. Füße werden einerseits mit der Wahnsinnsthematik verknüpft, weil heterosexuelle Liebe in Fußfetischismus ausartet.

Anderseits werden sie als pathologische Gegenstände behandelt: ein eiterndes Hühnerauge könnte durchaus einen tödlichen Verlauf nehmen.[79] Typischerweise tritt der Fußfetischismus erstmals bei einem recht harmlosen Fall perverser Bekleidung in der Form verschiedenfarbiger Damenschuhe auf.[80] Dagegen ist ein späterer Fall voller Frevel und fleischlicher Lust: »[...] reichte sie mir den weißen, blühenden Liljenfuß, den ich vielleicht gläubiger an die Lippen preßte, als ich mit dem Fuß des Pabstes gethan haben möchte. [...] half den Strumpf und den Schuh wieder anziehen. [...] nach verrichtetem Geschäfte [...] alle zehn Finger in Thätigkeit [...].« (VII, 107 f.) Hirsch-Hyazinthos' Beziehung zu Lady Maxfield kennzeichnet sich durch Fußfetischismus und fußpflegerischen Eifer[81], wodurch er schließlich zum Rivalen seines Herrn wird. Dessen lustvolle Schilderung ihrer therapeutischen Begegnung geschieht unmittelbar vor seinem Lob auf das ähnliche Treffen mit Nathan Rothschild. Einen rhetorischen Volltreffer leistet die Tatsache, dass die Fußpflege sowohl homosoziale Konnotationen als auch fetischistische Assoziationen hat, da Füße für Heine wegen der metrischen Virtuosität der homoerotischen Dichtung Platens auch ästhetisch problematisch sind:

> [...] Spondeus, Trochäus, Jambus, Antispaß, Anapäst und die Pest! [...] Füße in Lebensgröße [...] Es sind die wahren, ächten Füße von der Poesie. Wenn ich es nicht meiner Bildung wegen thäte, so ließe ich die Poesie laufen mit allen ihren Füßen. [...] Privatunterricht in der Poesiekunst. [...] Sie treffen uns [...] in einer poetischen Beschäftigung. [...] Ein gebildetes Gemüth wird aber nur durch die gebildete Form angesprochen, diese können wir nur von den Griechen lernen und von neueren Dichtern, die griechisch streben, griechisch denken, griechisch fühlen, und in solcher Weise ihre Gefühle an den Mann bringen. [...] nicht an die Frau. (VII, 127 f.)

In diesem Zusammenhang gilt außerdem, dass Byron einen Klumpfuß hatte[82] und so eine andere Art »romantischen Ödipus« verkörperte.

Der schlimmste pathologische Vorfall ereignet sich im X. Kapitel mit der Verabreichung des Purgativs an Gumpel/ino durch Hirsch-Hyazinthos und seiner Reaktion darauf. Das Abführmittel als Patentrezept ist eine Manifestation der Hypochondrie, damals kein neurotisches Symptom, sondern eine Geisteskrankheit für sich, deren Ursache physiologischen Ursprungs sei, nämlich durch Hämorrhoiden bei Männern, wodurch die Hypochondrie das Gegenstück zur Hysterie bildet, die bei Frauen mit der Regelblutung zusammenhänge.[83] Da der Herd zumeist im Unterleib zu suchen sei, führten die gängigen medizinischen Theorien Geisteskrankheiten auf die Sexualhygiene bzw. -Moral zurück.[84]

Abgesehen von dieser Pathologie des Vorfalls betrachte ich die Schlussszene, in der die vielfältigen Topoi von Krankheit und Wahnsinn zusammenkommen und auf die Spitze getrieben werden, als parodistisches Kommunionsritual, durch das

Gumpel/ino Mitglied der Gemeinde situationsbedingter Homosexueller wird, wie zum Beispiel auch Internatsschüler oder Gefangene es sind. Diese schwule Lesart stützt sich darauf, dass das Abführmittel Gumpel/ino impotent macht. Dies verhindert eine aktive Rivalität zwischen Herrn und Diener bei der Werbung um Lady Maxfield, was ihre Beziehung weiterbestehen lässt.[85] In der Hauptsache macht das Abführmittel das Thema möglicher Sexualabweichung erstmals dinglich explizit und verschafft der Erzählung eine ideologische Plattform, mittels derer Heine die Kunst- und Sexualwerte Platens verurteilen kann. So fungiert das Abführmittel als erzählerischer und thematischer Übergangsritus.[86] Während die Dreieckskonstellationen der Handlung, die psychosexuale Mehrdeutigkeit vieler Figuren und die Perversität der pathologischen Zustände auf Sexualabweichung meist ästhetisch anspielen, ist Sexualabweichung das Symptom des Abführmittels. Dabei liegt seine rhetorische Kraft bei der homophobischen Verunglimpfung weder in den pseudoreligiösen Assoziationen seiner Ritualfunktion, noch in den Parallelen mit dem mysteriösen Fiebertode Byrons[87], sondern darin, dass das Abführmittel Gumpel/ino zu körperlicher Schwäche, sexueller Frustration und dem perversen Genuss der Gedichte Platens verurteilt.

Das Fürchterliche am manischen[88] und zugleich schwulen Zustand wird durch die dysenterische Kraft des Abführmittels bekräftigt. Bei starkem Durchfall verschlingt Gumpel/ino Platenverse aus einem Buch, das – mit Worten geschildert, die auf den Analverkehr Homosexueller anspielen, – fäkal riecht, da er es dabei befleckt.[89] Sein Literaturgenuss wird wörtlich zur Koprophagie, indem »der glatte Mist ihm gleichsam auf der Zunge schmolz« (VII, 129).

Das Abführmittel ist also rhetorisch multifunktional. Es dient als Schuldsymbol, indem es die erotische Anatomie aller, wenn auch nur zeitweiligen Nicht-Heterosexuellen bestraft. In der Tradition des Marquis de Sade[90] ist seine fäkale Wirkung ein Emblem eines irrsinnig perversen gleichgeschlechtlichen Sexualtriebs. Als unterbewusster Racheakt sowohl homosozialen Neides als auch homoerotischer Eifersucht ist es ein sadistisches Instrument. Dadurch wird Gumpel/ino nicht gleich schwul, jedoch empfänglich für homosexuelle Kultur, indem er auf obszönste und perverseste Weise moralisch verwerfliche Dichtung konsumiert. Zu dieser sittlichen Ansteckung kommt die Drohung ansteckender Krankheit. Die Lage Gumpel/inos erinnerte damalige Leser an die asiatische Cholera, die 1817 in Europa ausgebrochen war.[91] Die heutigen denken auf Grund des erotisierten Schwächezustandes Gumpel/inos (wie er z.B. seinen Hintern auf dem Sofa hin und herreibt[92]) eher an die AIDS-Krankheit.[93]

Vielerlei Krankheit lässt Heine pathologisch und metaphorisch die ästhetische Behandlung der Sexualabweichung mit der homophobischen Verunglimpfung Platens verbinden. Dies entspricht einer weitverbreiteten Tendenz, Krankheit mit Schuld gleichzusetzen.[94] Folglich kann sich Sigmund Freud auf Heines Novelle berufen, als er die Homosexualität besonders bei seiner Analyse der Autobiographie Schreibers als ›Krankheit‹ bzw. Entwicklungsfehler interpretiert.[95]

5. Interpretative Hassliebe

Freuds Zeitgenosse, der Kulturkritiker Karl Kraus verurteilt Heines Novelle formal: »Feuilletonistisch ist Heines Polemik durch die Unverbundenheit, mit der Meinung und Witz nebeneinander laufen.«[96] Im Witz als Dreieckskonstellation von Erzähler, Hörer und Witzgegenstand[97] zeigt der Text seine homophobische Aggressivität. Für Paul Derks lehnt sich Heine dabei an »der gegenaufklärerischen Traktatistik, hauptsächlich wohl der strafrechtlichen«[98] an. Für mich ist seine böswillige Kreativität vor allem bei den Figurenkonstellationen und Anspielungen nicht zu unterschätzen. Ich wollte dies besonders am Beispiel der Anglisierung des Inhalts zeigen, was mir in bisheriger Forschung als nicht genügend berücksichtigt erscheint. Dennoch bedeutet die Tatsache, dass ich Byron einen erheblichen rhetorischen, nahezu ikonischen Wert im Text einräume, keine Gleichsetzung der Novelle mit den damals zahlreichen »Pseudo-Byroniana«.[99]

Ein Großteil der »Radikalität« von »Heines Diatribe«[100], seiner Ethopoetik entsteht dadurch, dass er seine vielen Zielscheiben wie Religion, Ethnizität, Geschlecht und Sexualität so schnell austauscht, dass man seinen ethischen Standpunkt kaum nachvollzieht; wobei man das vielleicht gar nicht können soll. So geht seine Reiseschilderung über die gattungsübliche literarische Vergegenständlichung von Lust[101] weit hinaus. Sexualabweichung drückt sich in ästhetischer Weise mittels Kleidung und interkultureller Anspielungen aus, die manchmal den »Transvestit-Effekt« vollbringen. Sie kommt auch durch Krankheit zum Ausdruck, wobei sie weit weniger ästhetisch wirkt und folglich auf das »Unsägliche«[102] an der Sexualabweichung hinweist. Unsägliches entstammt aus zweierlei: aus der Schwierigkeit über die Homosexualität überhaupt zu debattieren und der Tatsache, dass Heine davon so wenig weiß.[103] Das gültigste Ergebnis seines Ausdrucksproblems ist die Weise, in der die Konventionen genitaler Heterosexualität durch eine oral-anale Fungibilität[104] ersetzt werden, die alle Figuren, egal ob sie potentiell schwul wie Hirsch-Hyazinthos und schließlich auch Gumpel/ino oder hypertroph heterosexuell wie Lätizia sind, in einer zu hinterfragenden Dekadenz verhüllt. Denn Heines Streit-Novelle ist zugleich Produkt streng binärer Geschlechterrollen der Biedermeierzeit[105] und Einblick in die künftige »Entzifferung«[106] und Klassifizierung von Männern, die mit Männern schlafen, als Homosexuelle, was sich erst in der zweiten Hälfte des 19. Jahrhunderts verbreitete.[107] Es gehört zu dieser Novelle, dass man sie am liebsten hasst. Für mich bleibt sie die Novelle, die man am meisten zu hassen liebt.

Anmerkungen

[1] Dies ist eine selbstübersetzte Kurzfassung eines Beitrags zum neuseeländischen Germanisten-Colloquium anlässlich des Heine-Jahrs 1997. Zum Begriff »Ethopoetik s. Michel Foucault: The History of Sexuality. Vol. II: The Uses of Pleasure. New York: Vintage, 1990, S. 13. Zum Begriff »Sexualabweichung« s. Jonathan Dollimore: Sexual Dissidence, Augustine to Wilde, Freud to Foucault. Oxford: University Press, 1991. Zum Begriff »Verunglimpfung« vgl. die kritische Analyse von Aishkines' »Strafverfolgung von Timarkhos« (346 v. Cr.) bei K. J. Dover: Greek Homosexuality. New York: Dover, 1980, S. 14 f.

[2] Volker Sommer: Wider die Natur? Homosexualität und Evolution. München 1990, S. 150.

[3] Heinrich Heine. Historisch-kritische Gesamtausgabe der Werke, hrsg. von Manfred Windfuhr. Bd. VII: Reisebilder III/IV, bearb. von Alfred Opitz.. Hamburg 1986; im Folgenden mit Band- und Seitenzahl zitiert.

[4] Paul Derks: Die Schande der heiligen Päderastie. Homosexualität und Öffentlichkeit in der deutschen Literatur 1750–1850. Berlin 1990, S. 579.

[5] Ralph Schnell: Heinrich Heine, zur Einführung. Hamburg 1996, S. 99.

[6] Jost Hermand: Mehr als ein Liberaler. Über Heinrich Heine. Frankfurt a. M. 1993, S. 52.

[7] Derks [Anm. 4], S. 12 f.

[8] Ebd., S. 593.

[9] Walter Wadepuhl: Heinrich Heine. Sein Leben und seine Werke. Köln 1974, S. 120.

[10] Eve Sedgwick: Between Men, English Literature and Homosocial Desire. New York: Columbia University Press, 1985, S. 73. Vgl. Johann Wolfgang von Goethe: Italienische Reise. München: dtv klassik, 1988. S. 126, 134, 365.

[11] Vgl. Eve Sedgwick [Anm. 10], S. 67–82. Vgl. Goethe [Anm. 10], S. 133. Siehe Karl Hugo Pruys: Die Liebkosungen des Tigers. Berlin 1998 und Alice Kuzniar (ed.): Outing Goethe and his Age. Stanford: University Press, 1996.

[12] Michel Foucault: Madness and Civilisation, A History of Insanity in the Age of Reason. New York: Vintage, 1988. S. 174.

[13] Vgl. Norbert Altenhofer: Die verlorene Augensprache. Über Heinrich Heine. Frankfurt a. M. 1993, S. 233 f.; Edda Ziegler: Heinrich Heine. Leben – Werk – Wirkung. Zürich 1993, S. 96 f.; Robert Aldrich: The Seduction of the Mediterranean: Writing, Art and Homosexual Fantasy. London: Routledge, 1993.

[14] Schnell [Anm. 5], S. 97.

[15] Vgl. Sander L. Gilman: Freud reads Heine reads Freud. – In: Mark Gelber (ed.): The Jewish Reception of Heine. Tübingen: Max Niemeyer, 1992. S. 77–94.

[16] Vgl. Joachim Müller: Heines Prosakunst. Berlin: Akademie Verlag, 1977.

[17] Vgl. Schnell [Anm. 5], S. 99.

[18] Helmut Blazek: Rosa Zeiten für rosa Liebe. Zur Geschichte der Homosexualität. Frankfurt a. M. 1996, S. 200.

[19] Jost Hermand: Der frühe Heine. Ein Kommentar zu den »Reisebildern«. München 1976. S. 156; vgl. Thomas Manns Begriff der »doppelten Optik« bei Heine, zitiert von Wolfgang Kuttenkeuler: Heinrich Heine. Theorie und Kritik der Literatur. Stuttgart 1972, S. 65.

[20] Vgl. Wadepuhl [Anm. 9], S. 120.

[21] Vgl. »liminal purpose«: Edward Said: Culture and Imperialism. London: Vintage, 1993. S. 170.

[22] Vgl. Marjorie Garber: Vested Interests, Cross-dressing and cultural anxiety. London: Routledge, 1992. S. 438.

[23] Derks [Anm. 4] hat bereits auf die Tradition der Klerus- und Adelssatire hingewiesen (S. 531).

[24] Vgl. DHA VII, 88 f., 94.

[25] Ebd., S. 114: »die goldenen Sporen seines Herrn«.

[26] Garber [Anm. 22], S. 442.

[27] Vgl. ebd., S. 304–352.

[28] Vgl. DHA VII, 88.

[29] Derks [Anm. 4], S. 535 ff.

[30] Louis Crompton: Byron and Greek Love, Homophobia in nineteenth century England. London: Routledge, 1985. S. 231, 237, 246, 308.

[31] DHA VII, 95. Leider musste Derks‹ (1981) umfangreiche Habilitationsschrift [Anm. 4] diesen Aspekt der homophobischen Rhetorik Heines unterschätzen, weil Cromptons aufschlussreiche Abhandlung [Anm. 30] noch nicht vorlag. Zwar erwähnt Derks (S. 465) in einer Fußnote drei Abhandlungen zum englischen Dichter, die in seiner sonst ausführlichen Bibliographie (S. 649–715) nicht angeführt werden. Auch stellte er fest, dass Byron in Luise Hoffmanns Szene »Heines Ankunft im Schattenreich« (1856) als Heines Fürsprecher dienen darf (S. 606). Ferner zitiert er aus einem Brief an Friedrich Hebbel, in dem es steht, dass sowohl Byron als auch Platen der »Knabenschändung« schuldig seien (S. 616). Crompton liefert dagegen bedeutendere Einsichten in die mögliche Auswirkung der grausamen juristischen und erbarmungslosen journalistischen Verfolgung Homosexueller in Großbritannien auf Heine: Im Jahrzehnt vor Heines Englandreise von 1827 (vgl. »Englische Fragmente«) erreichte die britische Homophobie einen Höhepunkt (Crompton, S. 253, 254, 266, 346, 357). Cromptons komparative Einsichten in die homophobischen Diskurse Europas erklären vielleicht, was Derks kaum zu erklären vermag, nämlich warum Heine seinen eigenen homophobischen Diskurs so hypertroph feindlich gestaltete, einerseits nachdem es eine stabile Tradition homoerotischer Kulturleistungen wie die Winckelmanns im Zusammenhang mit deren Adaptierungen wie z. B. in Goethes »West-östlichem Divan« gegeben hatte, andererseits »die Verdrängung alles Homosexuellen aus dem Bewußtsein [...] schon 1819 deutlich« wurde (Derks, S. 313). Entgegen einer Tendenz zur Untertreibung entspricht Heines Novelle jedoch einer wissenschaftlichen Trendwende insofern, als schon 1830 Akademiker Abhandlungen über die Homosexualität in deutschen Nachschlagewerken zu veröffentlichen begannen (Crompton, S 368). Crompton (S. 285) liefert sogar eine Erklärung für die Bedeutung des Handlungsortes für den Romantiker Heine: Im Juli 1818 übersetzte Shelley, der sich in Bagni di Lucca bei Pisa aufhielt, im Laufe von ›zehn Vormittagen‹ das »Symposion« Platons, was ihn an das Thema der Homosexualität heranbrachte.

[32] August von Platen: Gedichte. Stuttgart 1968, S. 33.

[33] Vgl. hierzu den »Trias«-Begriff Dierk Möllers: Heinrich Heine: Episodik und Werkeinheit. Wiesbaden 1973, S. 389.

[34] Marjorie Garber: Vice Versa, Bisexuality and the Eroticism of Everyday Life. London: Routledge, 1996. S. 423–433.

[35] Hermand [Anm. 19], S. 151.

[36] Vgl. DHA VII, 92.

[37] Was Möller [Anm. 33] bei seiner Auflistung der Blumenmotive (S. 395–397) außer Acht lässt.
[38] Goethe [Anm. 10], S. 181.
[39] DHA VII, 93 f.
[40] Ebd., S. 110.
[41] Ebd., S. 135 f.
[42] Platen [Anm. 32], S. 79 f.
[43] Johannes Irmscher (Hrsg.): Lexikon der Antike. Bindlach 1987, S. 247.
[44] Robert Graves: The Greek Myths. Harmondsworth: Penguin, 1960. Bd. I, S. 310 f.
[45] Siehe William Armstrong Percy III: Pederasty and Pedagogy in Ancient Greece. Urbana: University of Illinois Press, 1996.
[46] DHA VII, 135 f., 138, 139.
[47] Ebd., S. 89.
[48] Ebd., S. 91.
[49] Ebd., S. 90.
[50] Vgl. »Hyazinthrot« bei Goethe [Anm. 10], S. 292.
[51] Sander L. Gilman: Freud, Race and Gender. Princeton: University Press, 1993. S. 39.
[52] Crompton [Anm. 30], S. 129. Der letzte Satz lautet: »[…] was killed by a Coit, but not that ›full and to-be-wished-for Coit‹.« Diesem Kalauer liegt eine Übersetzung eines Spruchs von Eumolpus aus dem »Satyricon« von Petronius zugrunde (S. 128). Hyazinth als homosexuelles »Schibboleth« (Sedgwick [Anm. 10], S. 28) taucht bei Crompton wieder auf (S. 161, 179).
[53] DHA VII, 91. Vgl. Gilman [Anm. 15], S. 90.
[54] Vgl. Susan Sontag: Notes on Camp (1964). In: Against Interpretation. London: Vintage, 1994. S. 275–292.
[55] Gilman [Anm. 15], S. 93.
[56] Sedgwicks Besprechung der »empfindsamen Reise« Sternes [Anm. 10], S. 67–82) vermittelt einen Eindruck dessen, wie weit Heine bei dieser Figurenkonstellation die interkulturelle Intertextualität treibt.
[57] Crompton [Anm. 30], S. 319.
[58] Müller [Anm. 16], S. 96; vgl. »Bildung« – DHA VII, 94 f., 110 f.
[59] DHA VII, 117.
[60] Ebd., S. 121.
[61] Ebd., S. 120.
[62] Derks [Anm. 4], S. 279; vgl. Dover [Anm. 1], und Percy [Anm. 45].
[63] DHA VII, 111 f.
[64] Vgl. Karl Marx: Der Briefwechsel[mit Engels]. München: dtv, 1983. Bd. I, S. 177: »Der eigentliche contriver des deutschen Centraldodge ist der unermüdliche, lederartige Hühneraugenoperateur und Grasfresser Struve.«
[65] DHA VII, 111.
[66] Ebd., S. 121; vgl. Friedrich Wilhelm von Ramdohr: Venus Urania, über die Natur der Liebe, über ihre Veredelung und Verschönerung. Leipzig, 1798. Siehe Derks [Anm. 4], S. 381, 391. Vgl. auch Friedrich Schlegel: Lucinde, ein Roman. 1799.
[67] Derks [Anm. 4], S. 547.
[68] Vgl. Andrew Hewitt: Political Inversions, Homosexuality, Fascism and the Modernist Imaginary. Stanford: University Press, 1996. S. 59.
[69] Vgl. »the madman's liminal position« bei Foucault [Anm. 12], S. 11. Meine Analyse stützt sich weitgehend auf sein fünftes Kapitel (S. 117–158), besonders auf die Abschnitte ›Manie und Me-

lancholie‹ und ›Hysterie und Hypochondrie‹. Dies heißt aber nicht, dass ich Heines Behandlung dieser Thematik als weniger kreativ erachte, denn die ärztliche Behandlung beider letzten Krankheiten hatte erst gegen Ende des achtzehnten Jahrhunderts begonnen (S. 146).

70 »Dieses Schauspiel«: DHA VII, 89.

71 Foucault [Anm. 12], S. 140.

72 Ebd., S. 13.

73 Crompton [Anm. 30], S. 247 f.

74 Susan Sontag: Illness as Metaphor, AIDS and its Metaphors. Harmondsworth: Penguin, 1991. S. 65.

75 Vgl. »im feinsten Diskant [...] mit der fettigsten Prosastimme«, DHA VII, 97.

76 Garber [Anm. 22], S. 442.

77 DHA VII, 91 f., 101, 118, 126.

78 Foucault [Anm. 12], S. 171 f.

79 Vgl. den praktischen Arzt Alfred Döblin: Bürger und Soldaten. Amsterdam: Querido, 1938.

80 DHA VII, 103.

81 Ebd., S. 111.

82 Crompton [Anm. 30], S. 240.

83 Foucault [Anm. 12], S. 145.

84 Ebd., S. 156 f.

85 Sedgwick [Anm. 10], S. 82 zufolge gliche eine solche Lösung eines virtuellen Liebeskampfs der Behandlung homosozialer Rivalität bei gotischen Romanen.

86 Vgl. Josef Winkler: Das Zöglingsheft des Jean Genet. Frankfurt am Main: Suhrkamp, 1992. S. 70 f.

87 Crompton [Anm. 30], S. 333.

88 Vgl. Foucault [Anm. 12], S. 125.

89 DHA VII, 128.

90 Foucault [Anm. 12], S. 208; siehe auch Simone de Beauvoir: The Marquis de Sade. London: New English Library, 1962; und Anthony Copley: Sexual Moralities in France 1780–1980. New Ideas on the Family, Divorce and Homosexuality. London: Routledge, 1992.

91 Sontag [Anm. 74], S. 135 f., 142. In diesem Zusammenhang kann man es eine Ironie des Schicksals nennen, dass selbst Platen an einer Überdosis von Cholera-Prophylaxe starb. Siehe Gert Mattenklott (Hrsg.): Platen, Memorandum meines Lebens. Frankfurt a. M. 1996.

92 DHA VII, 130.

93 Vgl. Sontag [Anm. 74], S. 107.

94 Ebd., S. 55 f.

95 Gilman [Anm. 15], S. 93.

96 Karl Kraus: Heine und die Folgen. Schriften zur Literatur. Stuttgart: Reclam, 1986. S. 55. Siehe Leo Lensing: Heine's Body. Heine's Corpus. Sexuality and Jewish Identity inKarl Kraus's Literary Polemics against Heinrich Heine. – In: Gelber [Anm. 15], S. 95–111.

97 Vgl. Garbers Interpretation der Freundschen Witztheorie [Anm. 22], S. 432.

98 Derks [Anm. 4], S. 551.

99 Crompton [Anm. 30], S. 344. Es gibt jedoch die Möglichkeit einer zweiten geographischen Verbindung zwischen beiden Dichtern außer Heines Englandreise: Pietro Gamba, der Byron nach Griechenland begleitete und darüber ein Reisebuch veröffentlichte, hatte seinen Familiensitz in Pisa, das nah bei Lucca liegt (S. 321).

100 Vgl. Derks [Anm. 4], S. 614.

101 Vgl. Sedgwick [Anm. 10], S. 73.
102 Vgl. Ernst Bloch: Der Nazi und das Unsägliche. – In: Das Wort, 9/1938: S. 110–114. Zitiert von Hewitt [Anm. 68], S. 8.
103 Vgl. Derks [Anm. 4], S. 551.
104 Sedgwick [Anm. 10], S. 74.
105 Blazek [Anm. 18], S. 95.
106 Foucault [Anm. 1], S. 85.
107 Siehe Michel Foucault: The History of Sexuality, Volume 1. An Introduction. Harmondsworth: Penguin, 1990.

Der Tod und das novellistische Erzählen Heinrich Heines »Florentinische Nächte«

Von Christine Mielke, Karlsruhe

1. Die Kunst der Unterhaltung

In Heinrich Heines »Florentinische Nächte«[1] wird eine sterbenskranke Frau zwei Nächte lang mit Erzählungen unterhalten. Diese werden als medizinisches Mittel eingesetzt, damit die Kranke ruhig zuhört und sich nicht aufregt. Zum anderen hat jedoch auch ihr Erzähler ein deutliches Interesse daran, ausgewählte Episoden seiner Lebensgeschichte in der von ihm gewählten Art und Abfolge wiederzugeben. Auch er scheint einen Nutzen aus diesen zwei Nächten zu ziehen.

In einem Nachwort zur aktuellen Neuausgabe der »Florentinischen Nächte« schreibt Tilman Spreckelsen: »Die am Krankenbett Marias erzählten Geschichten erheben sich und die Zuhörerin über die Wirklichkeit und ihre Gesetzmäßigkeiten, denen zufolge der Tod das unwiderrufliche Ende bedeutet.«[2] Damit wird der Kern des Heineschen Textes pointiert benannt. Das Thema ist die poetische Sprache über und gegen den Tod.

In den »Florentinischen Nächten« werden die Themen Tod und Sexualität aufgegriffen und die Neugier und gleichzeitige Furcht dargestellt, die zu den anthropologischen Grundkonstanten gehören. Es sind nicht nur Geschichten von Liebe und Verbrechen, die die Zensurbehörde verärgern und die deutsche Leserschaft zu freierem Denken im erstarrten Vormärz bringen sollen. Das Interesse an diesem Text wäre heute ein rein historisches. »Florentinische Nächte« ist mehr: ein Text, anhand dessen vor allem der literarische Umgang mit den Motiven Tod und Sexualität und die kulturgeschichtlichen Abwehrmechanismen und Tabuisierungen untersucht werden können. Weiterhin kann die sprachtheoretische und -philosophische Problematik der schriftlichen Darstellbarkeit abstrakter Begriffe gezeigt werden wie sonst nur an wenigen Texten, da die »Florentinischen Nächte« Antwort geben auf die umfassende Frage: »Worüber aber reden wir, wenn wir vom Tod reden?«[3] Vor allem anderen aber sind die »Florentinischen Nächte« ein Novellenzyklus par excellence, der jedoch weder in den Kanon dieser Gattung aufgenommen noch im Rahmen der Heine-Rezeption als solcher analysiert wurde.[4]

Die Novelle ist die Gattung der ›unerhörten Neuigkeit‹, die seit Boccaccio als ›niedere‹ Gattung gilt. Als solche bot und bietet sie Heine und anderen die

Illustration zu Heinrich Heine: »Florentinische Nächte«
Lithographie von Wilhelm Wagner

Möglichkeit, spannende Stoffe in der ureigensten Funktion des Erzählens zu präsentieren: zur Unterhaltung.[5] Die Form des Zyklus bindet die singulären Geschichten in einen Rahmen ein, in dem die Leichtigkeit des populären Unterhaltungsbegriffs nicht gilt. Denn der Zeitvertreib wird zur Notwendigkeit, erzählt wird immer aus der Angst und der Bedrohung heraus. Dadurch besteht der Zwang zur spannend erzählten Geschichte, da nur so die Panik und Kapitulation vor dem Tod verhindert werden kann. »Florentinische Nächte« kann formal wie inhaltlich für den Paradigmenwechsel innerhalb der Novellendiskussion fruchtbar gemacht werden, da er die grundlegende Funktion der Narration als Gattungsmerkmal setzt. Das Sprechen über und gegen den Tod kennzeichnet das novellistische Erzählen. In den »Florentinischen Nächten« wie in anderen Zyklen basiert der Effekt des ›tödlichen Erzählens‹ auf der kunstvollen Verzahnung von Rahmen und Novellen und vor allem auf einem äußerst strengen Konstruktionsprinzip. Dieses komplexe strukturelle wie motivliche Regelwerk gilt neben dem genannten inhaltlichen als das formale novellistische Merkmal – auch in der traditionellen Novellentheorie.

Eine Analyse der Narrationsstruktur bringt in den »Florentinischen Nächten« Erstaunliches zutage: Erzählt wird nach festen Mustern, formal wie inhaltlich. Nur der immer gleiche Ablauf des Erzählens, die Erwartbarkeit bietet Vertrautheit und Schutz in Zeiten der Krise. Damit aber die Unterhaltung gesichert ist und tödliche Langeweile ausbleibt, wird das Paradox eines ›erwartbaren Schreckens‹ eingeführt. Ein Tabu wird in jeder Novelle gebrochen, spannend bleibt vor allem, welches.

In »Florentinische Nächte« kann diese Duplizität von Struktur und Inhalt nachgezeichnet werden, Form und Inhalt bedingen sich und finden auf der jeweils anderen Ebene ihre Entsprechung. Dies wird in Reinform ausgeführt, kommt dabei jedoch auf eine neue Ebene des Erzählens, zur Kreisbewegung des Textes. Die Linearität des Erzählens wird erfüllt; einem Erzählen gegen den Tod angemessen ist jedoch nur die ›unendliche‹, sprich: kreisförmige Rezeption. Solange jemand erzählt und solange jemand zuhört, wird nicht gestorben.

Das Sprechen in den »Florentinischen Nächten« mit dem Zentralmotiv der Marmorstatue und den morbid-erotischen Arabesken zeigt einen phantasievollen literarischen Umgang mit dem breiteste Assoziationen auslösenden Thema. Im Verhalten der Figuren werden gleichzeitig die Hilflosigkeit und die Verdrängungsmechanismen deutlich, die dem Tod gegenüber wirksam werden und als anthropologische Grundkonstanten gelten können. Demgegenüber steht im Text das Schweigen der Aposiopese. In den Leerstellen, den Brüchen des Redeflusses lagert sich ein tatsächlicher Sinn ein: Er bezeichnet literarisch wie linguistisch die Unsinnigkeit, den Tod erfahrbar oder vermittelbar zu machen, da der Tod »nur ein Zeichen seiner scheiternden Darstellung«[6] ist, ein inexistentes Abstraktum.

Wie keine andere Gattung hat es sich die Form des Novellenzyklus zur Aufgabe gesetzt, diese Problematik darzustellen. »Florentinische Nächte« steht damit in einer langen Tradition des novellistischen Erzählens: Im Novellenzyklus findet sich die Rahmengesellschaft aufgrund einer krisenhaften, meist lebensbedrohlichen Situation zusammen. Sie vertreibt sich die Zeit und die Gedanken mit dem Erzählen von Geschichten. Es geht dabei innerhalb wie auch außerhalb der Novellen, in der Rahmenhandlung, immer um dasselbe. Wie Hannelore Schlaffer oder Volker Klotz paradigmatisch feststellen, ist die Motivation des Erzählens in Novellenzyklen die Angst vor dem Tod – seine Funktion die Verdrängung oder Verhinderung einer tödlichen Bedrohung: »Novellen erzählen heißt, sich um den Tod herumreden«[7], betrieben wird ein »Erzählen als Enttöten«.[8]

Die zu verdrängende tödliche Bedrohung von Pest, Revolution oder Krankheit hat ihren Ort in der Rahmengeschichte, die die Novellen umschließt. Deren Inhalt wiederum wird von dem, was im Rahmen verdrängt wird – der Ursache der Krise – beeinflusst. Sei es durch die inhaltliche Fixierung auf den profanen Gegenpol des Todes, die Sexualität, oder durch ein bewusstes Benennen des Todes innerhalb der Novellen – die Furcht der Rahmengesellschaft wird in den erzählten Novellen kompensiert, hier wird geliebt und gestorben und auch der Tod besiegt.[9] Alles, was auf der Ebene der Rahmenhandlung nicht möglich sein darf oder sein kann.

2. Formale Konsequenz

Die Verbindung des Textes mit der Gattungsbezeichnung ›Novelle‹ oder ›novellistisch‹ wird auch in der schmalen Sekundärliteratur teilweise vollzogen. Dies geschieht jedoch oft nur vage und unterscheidet sich in der genauen Zuordnung von Analyse zu Analyse. Von »novellistisches, äußerlich als Rahmenerzählung angelegtes Fragment«[10], über »Novellenzyklus«[11], »Art eines Novellenzyklus«[12] bis hin zur »Parodie eines Novellenzyklus«[13] reichen die Bezeichnungsspielarten. Joachim Müller stuft das Textganze als Novelle ein, nennt dann jedoch etwas verwirrend auch die einzelnen Teile Novellen, die sich um (nur) zwei unerhörte Ereignisse (das Spiel Paganinis und den Tanz von Laurence) ordnen.[14] Einer Gattungsbezeichnung entziehen sich hingegen Espagne und Windfuhr, die als Charakteristik »Rahmengeschichte«[15] und die elegante Formulierung »vorwiegend erotische Gesprächserzählung«[16] wählen.

Zunächst kann festgestellt werden, dass »Florentinische Nächte« eine Weiterführung des klassischen zyklischen Erzählmodells darstellt. Der Text entspricht der Gattung Novellenzyklus formal durch die Rahmenhandlung und einzelne, voneinander separierte und singulär um ein Ereignis kreisende Erzählungen genauestens.

Innerhalb dieser Gattung weisen Rahmen wie auch Novellen jeweils eigene inhaltliche Merkmale auf: Die des formgebenden Rahmens können vorrangig die Legitimierung, Sanktionierung und Terminierung der Erzählinhalte genannt werden.[17] In den »Unterhaltungen deutscher Ausgewanderten« beispielsweise sind die »freundschaftlichen Unterhaltungen« auf die Zeit des Nachtessens terminiert[18], und es werden klare Erzählanweisungen erteilt[19]; im »Dekameron«, dem in den »Florentinischen Nächten« erwähnten (S. 209) und von Heine selbst genannten Vorbild (DHA XI, 154), wird die Zeit des Erzählens zwischen »der heißen Tageszeit und Sonnenuntergang« angesetzt[20] und ebenfalls eine semantische Selektion vorgenommen, die die tödliche Bedrohung bannen soll.[21] Aufgrund seiner Funktion benötigt das Erzählen sowohl in den genannten Beispielen wie auch in den »Florentinischen Nächten« eine strenge Ordnung, da Störungen tödlich sein könnten. Auch einer der ›ältesten‹ Novellenzyklen erfüllt, wie Foucault feststellt, diese Funktion:

> [...] man sprach, man erzählte bis zum Morgengrauen, um dem Tod auszuweichen, um die Frist hinauszuschieben, die dem Erzähler den Mund schließen sollte. Die Erzählungen Scheherazades sind die verbissene Kehrseite des Mordes, sie sind die nächtelangen Bemühungen, den Tod aus dem Bezirk des Lebens fernzuhalten.[22]

Inhaltlich wie formal folgen Novellenzyklen einem strengen Muster, das nur innerhalb der Novellen thematische und konstellative Variationen zulässt. Heinrich Heines Erzählstil wurde in der Forschung selten mit diesen Eigenschaften in Verbindung gebracht. Eher im Gegenteil sind die Texte Heines für ihren ironisch-humoristischen Ton und ihre assoziativ-ausschweifende Themenbehandlung bekannt. Strenge Kompositionen im allgemeinen und die »Florentinischen Nächte« im besonderen gelten daher als »Heine untypisch«[23] und werden möglicherweise bei Heine gar nicht erst vermutet. Das kompositorische Prinzip der »Florentinischen Nächte« zeichnet sich jedoch, wie zumindest Gerhard Höhn in einer basalen Struktur- und Motivbeschreibung feststellt[24], durch die Einhaltung des genannten novellistischen Regelwerks aus. Wie im folgenden gezeigt werden soll, lässt sich für »Florentinische Nächte« die typische Reziprozität von Rahmen und Novellen sowie Form und Inhalt nachweisen und darstellen, welche Funktion diese Verzahnung erfüllt.

In »Florentinische Nächte« ist die titelgebende Nacht, nach Maximilians Opernbesuch, die Zeit des Erzählens. Jeweils nach der Visite des Arztes beginnt die narrative Sitzung. Das Erzählen geschieht zum genannten Zweck – erfährt aber in seiner Ausführung die Verkehrung der üblichen novellistischen Instanzen und geht dadurch in der Erfüllung über sie hinaus. Denn die Befehlsgewalt ist im Gegensatz zu den erwähnten Zyklen, da hier der Arzt anordnet, von den weiblichen auf die männlichen Personen übergegangen und zum zweiten beinhalten die Reglementierung eine ausdrückliche Aufteilung von sprechendem Mann und schweigender Frau:

Bitte, erzählen Sie ihr wieder allerley närrische Geschichten, so daß sie ruhig zuhören muß. Seyen Sie unbesorgt, Doktor, erwiederte Maximilian mit einem wehmüthigen Lächeln. Ich habe mich schon ganz zum Schwätzer ausgebildet und lasse sie nicht zu Worte kommen. (S. 199)

Dass dieses strenge und vom Arzt mehrmals wiederholte Gebot trotz der Versicherung sofort übertreten wird, gehört, wie Hannelore Schlaffer in ihrer »Poetik der Novelle« nachweist[25], seit dem »Dekameron« ebenfalls zum Strukturprinzip novellistischen Erzählens. In den »Florentinischen Nächten« findet die Übertretung jedoch auch und vor allem im Rahmen statt und liefert damit ein Indiz dafür, dass die Rahmenhandlung den Doppelcharakter einer zeitlich sich den Novellen anschließenden weiteren Novelle besitzt. Maximilian hat in seinem Leben verschiedene Begegnungen, wovon die letzte mit Laurence die nachhaltigste zu sein scheint, da sie ausführlicher erzählt wird. Sie endet mit der Abreise von Laurence mit ihrem Ehemann nach Italien, wobei zuvor bereits Maximilians Freundschaft mit dem Ehemann und der Abschiedsschmerz über deren Beendigung (»er weinte helle Tropfen«; S. 250) die Liebesgeschichte in den Hintergrund drängt. Die nächste Begegnung ist die mit Maria.

Die Rahmenhandlung wird selbst zur Novelle, da vom motivlichen Aufbau der Novellen der Frau mit der getanzten Todesgeschichte die Frau mit dem tatsächlichen baldigen Todeserlebnis folgen muss. Der Effekt ist eine Kreisbewegung der Rezeption des Textes, ähnlich der in Martin Walsers »Ein fliehendes Pferd«. Auch hier schließt sich der bereits gelesene Text am Ende zeitlich nochmals dem Text an und konstruiert damit einen geschlossenen Kreis des Narrativs. Die novellentheoretisch behauptete, aber mit wenigen Beispielen belegte Kreis- oder Ellipsenform[26] wird in den »Florentinischen Nächten« tatsächlich auf der Inhaltsebene eingelöst. Das Ende des Buches ist nicht das Ende der Geschichte, denn der Rezeptionsvorgang fängt unter veränderter Perspektivierung erneut an. Zwischen dem Satz »Er reiste nemlich mit seiner Gemahlinn nach Sicilien, und beide habe ich seitdem nicht wiedergesehn« (ebd.) und dem sich anschließenden »Als Maximilian diese Erzählung vollendet, erfaßte er rasch seinen Hut und schlüpfte aus dem Zimmer« entsteht eine Lücke. In diese Bruchstelle kann der gesamte Text ab dem ersten Satz »Im Vorzimmer fand Maximilian den Arzt, wie er eben seine schwarzen Handschuhe anzog« (S. 199) eingefügt werden. Durch diese ›mise en abyme‹-Konstruktion könnte so immer wieder der Anfang des Textes dem Ende folgen und zur ›unendlichen Geschichte‹ werden, die sich über sämtliche Terminierungen fiktionalen wie realen Lebens hinwegsetzt.

Zunächst jedoch wird der Text in seiner Linearität rezipiert: Der Erzähler Maximilian verdichtet ›wahre‹ Episoden seines Lebens (die er dem Arzt gegenüber jedoch als »phantastisches Zeug« degradiert) in chronologischer Reihenfolge zu einer zielgerichteten Erfahrung und Suche. Kann im Textverlauf noch zwischen der Rahmenhandlung als erzählerischer Legitimationsebene und einzelnen Novellen getrennt werden, so wird am Ende der zweiten Nacht deutlich, dass sich die Rahmenhandlung als Weiterführung der Erlebnisse Maximilians an das von ihm Erzählte anschließt. Dies ergibt sich zum einen durch die zeitliche Reihenfolge, die trotz Störfaktoren genau eingehalten wird. Denn obwohl Maria in der ersten Nacht bereits die Erlebnisse mit Laurence zu erfahren wünscht (S. 207), werden sie erst in der zweiten Nacht erzählt; aus dem einfachen Grund, weil sie zeitlich nach den in der ersten Nacht geschilderten Ereignissen liegen. Die chronologische Reihenfolge wird zum anderen auch deshalb eingehalten, weil sie mit einer ›motivlichen Steigerung‹ innerhalb der Novellen korrespondiert, die in einigen Textabschnitten verstärkt stattfindet. Denn wie Höhn feststellt, können in den »Florentinischen Nächten« nicht nur zwei sondern drei Textarten unterschieden werden. Von der Rahmenhandlung und den Novellen heben sich die von Höhn sogenannten vier »Transfigurationen« mit eigenem Stil und eigener Funktion ab.[27] Diese gesonderten Textteile werden erzählerisch in die erste Nacht eingebaut in der Beschreibung des Besuchs einer Grabkapelle, in der sich das Frauenbild »Die Nacht« befindet, der Vorliebe für ein Madonnenbild und eine Nymphe (S. 203 f.), eines Opernbesuchs in der unmittelbaren Vergangenheit (S. 208 ff.) und der Hamburger Erlebnisse (S. 214 ff.).

Den vier erzählerischen ›Zwischenstücken‹ in der ersten Nacht weist Höhn als Äquivalent die vierköpfige Künstlerfamilie in der einen Novelle der zweiten Nacht zu. Die Entsprechung eines formalen Kriteriums zu einem inhaltlichen scheint in Höhns Argumentation eher zufällig, aber eine genauere Analyse der Numerik in den »Florentinischen Nächten« bringt bisher unbeachtete Entsprechungen zutage: Denn den vier Transfigurationen und vier Novellen der ersten Nacht steht zwar eine Novelle mit dramenartigem fünfstufigem Aufbau in der zweiten Nacht gegenüber (der durch den Wechsel von Rahmenhandlung und Novelle gekennzeichnet ist). Durch die Einschnitte, die die Kommunikation von Maximilian und Maria darstellt, wird die Novelle jedoch klar in vier Teile gegliedert, die durch den jeweiligen Ortswechsel innerhalb des Erzählten exakt voneinander unterschieden werden können. Auf diese Weise wird das handwerkliche Kunststück vollführt, dass die Novelle der zweiten Nacht dem von Storm benannten inhaltlichen Kriterium einer »kleinen Schwester des Dramas«[28] mit fünf Akten entspricht, formal jedoch die den »Florentinischen Nächten« eigene Vierer-Symmetrie einhält. Aber auch die von Höhn ins Spiel gebrachte scheinbare Familie mit Trommlerin, Zwerg, tanzendem Mädchen und gelehrtem Hund, die in vier ausdrücklich nummerierten Abschnitten vorgestellt werden (S. 228), hat eine Entsprechung auf der Figurenebene. Denn in der Rahmenhandlung finden sich ebenfalls vier Personen: zwei Männer, Arzt und Erzähler Maximilian, und zwei Frauen, die kranke Maria und die (von der Forschung bisher unbeachtete) Debora.[29] Der Text erhält unter dieser Perspektive eine Ästhetik der Symmetrie und der Entsprechungen, die sogar mit den scheinbar ›sinnlosen‹ Zeichen des Textes weitergeführt werden kann. Die schwarzen Handschuhe des Arztes im ersten Satz des Textes (S. 199) haben textsemantisch gesehen keinerlei Funktion[30]; zusammen mit dem vorher nie erwähnten Hut, den Maximilian im letzten Satz des Textes (S. 250) erfasst, ergibt sich jedoch eine Rahmung. Zwei auf Kleidungsstücke rekurrierende Zeichen markieren Anfang und Ende des Textes, markieren jeweils das Fortgehen einer der männlichen Figuren.

Die numerischen Symmetrien tragen ebenfalls dazu bei, dass »Florentinische Nächte« als klassisch konstruierter Novellenzyklus eingeordnet werden kann, da Schlaffer diese als grundlegendes ästhetisches Prinzip novellistischer Narration nachweist.[31] Die exakte Symmetrie der Einteilung von Figuren und Gliederung des Textes vermittelt übrigens ebenso wie die Rahmung durch Handschuhe und Hut den Eindruck einer geschlossenen Konstruktion, die der These, dass der Text ein Fragment sei, entgegensteht. In der kausal-logischen Stringenz, d. h. der Erfüllung und Lösung aller Handlungsstränge kann ein fragmentarischer Charakter zugestanden werden, da offen ist, ob am Ende Maria tot ist oder lebt. Von Seiten der Produktion steht jedoch die strukturale Ausgewogenheit für einen abgeschlossenen Text. Die fragmentarische Form muss vor allem im Kontext der romantischen Literaturtheorie gesehen werden, die in der bewussten Unabgeschlossenheit von Texten die Möglichkeit der Transzendenz sah. Wie Spreckelsen feststellt, trifft gerade diese These auf die »Florentinischen Nächte« zu, da sich hier Form und Inhalt durchdringen und, analog zur Kreisbewegung, eine weitere Dimension der Rezeption eröffnen:

> Das prinzipiell unabgeschlossene Fragment mit seinen vielfältigen Möglichkeiten der Fortschreibung entspricht dieser Perspektive ebenso wie die Erzählsituation mit einer Zuhörerin im Schwebezustand zwischen Tod und Leben. Maximilians Grenzgängergeschichten erfüllen inhaltlich, was das Fragment formal verheißt: Das Ende ist offen.[32]

Neben der Symmetrie finden sich weitere novellistische Merkmale im Sinne von Schlaffers Poetik sowohl auf der formalen wie auf der Inhaltsebene des Textes. »Florentinische Nächte« zeigt unter dieser Perspektivierung seine novellistische Komposition, die den Text konsequent strukturiert. Die vier Novellen der ersten Nacht und die vierteilige Novelle der zweiten Nacht sind eindeutig an der von Schlaffer allgemein festgestellten Einheit von Raum, Zeit und Handlung[33] und dem rhetorisch gleichbleibenden Novellenbeginn Maximilians erkennbar. Dem eigentlichen novellistischen Erzählen wird jeweils eine Art Epilog vorangestellt, in dem Maximilian im Plauderton die Verbindung von ›realer‹ Ebene der Rahmenhandlung und ›fiktiver‹ Ebene seiner Erzählungen herstellt. Dies geschieht in anekdotenhaften und beschreibenden Ausführungen unter Einbeziehung der Zuhörerin:

> Ich habe »das Schloß meiner Mutter« gesagt, aber ich bitte Sie, bey Leibe, denken Sie sich darunter nichts Prächtiges und Herrliches! An diese Benennung habe ich mich nun einmal gewöhnt; mein Vater legte immer einen ganz besonderen Ausdruck auf die Worte »das Schloß!« und er lächelte dabey immer so eigenthümlich. (S. 200)

Dieser Überleitung folgt immer ein plötzlicher Wechsel der Erzählhaltung, indem Maximilian durch einen signalhaften Satz, durch ein demonstratives ›Damals‹, zum Erzähler, zum ›raunenden Beschwörer des Imperfekts‹ wird: »Die Bedeutung dieses Lächelns begriff ich erst später, als ich, ein etwa zwölfjähriges Bübchen, mit meiner Mutter nach dem Schlosse reiste. Es war meine erste Reise« (ebd.). Die zuvor, in der Unterhaltung mit Maria, nebensächlichen Zeit-, Orts- und Handlungsangaben werden nun in chronologischer und kausaler Stringenz zum Vortrag gebracht und markieren den räumlichen Eintritt ins Zentrum des Geschehens. Da jede Novelle mit dieser Angabe von Zeit und Ort beginnt, wird auf klassische Weise der Wahrheitsgehalt des Erzählten verbürgt und gestützt, indem die folgende Handlung narrativ in reale Koordinaten gebettet wird. Maximilian fährt, zwölf Jahre alt, einen Tag lang bis zum Abend zum Schloss der Mutter. Nach Passieren eines Waldes und eines Schlagbaums beginnt dann das eigentliche Geschehen.

Die zweite Novelle beginnt mit dem Epilog, der Überleitung (»Und Sie liebten immer nur gemeißelte oder gemalte Frauen? kicherte Maria. Nein, ich habe auch todte Frauen geliebt«; S. 204). Dem folgt der Signalsatz »Da geschah es eines Tages […]«. Die Grenze, die zum eigentlichen Geschehen überschritten werden muss, ist in diesem Fall das Gedächtnis Maximilians, da es die Zuordnung der Erinnerung verweigert. Sobald dies der Fall ist, wird die Handlung zeitlich auf sechs Monate terminiert und räumlich im Park des Schlosses Sanssouci in Potsdam situiert.

In der dritten Novelle, ›die glückliche Liebe‹, wird ebenfalls nach Epilog, Grenzüberschreitung und Signalsatz (»Ja, es war im Traume […]«; S. 206) die Einheit von Raum, Zeit und Handlung konstruiert: Grenze ist der Übergang vom Wachzustand zum Traum, der als Hindernis wahrgenommen wird, Ort ist der Traum, terminiert auf eine einzige Nacht, die Handlung ist eine Verlobung. Auch die vierte Novelle folgt der Struktur von (dreiseitigem) Epilog, Signalsatz (»Ja, ich erinnere mich […]«, Zeit- und Ortsangaben (»[…] eines Abends […] im Hause einer großen Dame […]«; S. 212).

In der zweiten Nacht, die der Erzähler Maximilian im Auftrag des Arztes spricht, werden die Erlebnisse mit Laurence in vier Teilen erzählt, die jeweils durch Unterbrechungen aus der Rahmenhandlung und den dazugehörigen Ortswechsel exakt voneinander unterschieden sind (»[...] als ich, gegen Abendzeit, auf der Waterloo-Brücke stand [...]«; S. 227, »Fünf Jahre nach diesem Begebniß kam ich zum erstenmale nach Paris [...] / Es war auf einer Soiree in der Chaussee d'Antin [...]«; S. 234, 238, »Es war im Quartier Latin [...]«; S. 241, »Es war in der That, erwiederte Maximilian, ein sehr prachtvolles Bett«; S. 248). Jeder der Teile beinhaltet einen abgeschlossenen Handlungsstrang, zusammen bilden sie jedoch die Novelle vom ›unerhörten‹ Tanz der Laurence, dessen Rätsel am Ende von ihr selbst gelöst wird.

Der Text folgt, wie bisher gezeigt wurde, einem strengen novellistischen Konstruktionsprinzip. Aufgebrochen wird diese formale Ordnung zum einen durch die ›melodieumspielenden‹ Transfigurationen und zum anderen durch die längeren, nicht kausal-logisch erzählten, sondern vielmehr deskriptiv-assoziativen Ausführungen vor den jeweiligen Novellen, wie etwa die schwärmerisch bis humoristischen Passagen über die Pariserinnen oder England (S. 236 f., 225 ff.).

3. Von der Form zum Inhalt

Sowohl inhaltlich wie formal erfüllen die »Florentinischen Nächte« die strengen Ordnungskritierien eines Novellenzyklus. Die Narration unterliegt, wie Schlaffer und Klotz feststellen, einem Nutzen – dem der Verdrängung oder Bewältigung des drohenden Todes und der Furcht vor ihm. In den »Florentinischen Nächten« wird die Patientin Maria direkt vom Tode bedroht. Sie selbst scheint nicht wirklich an eine Rettung zu glauben. Die zweite Nacht beginnt damit, dass Maria, als einzige, die Bedrohung ausspricht: »Und warum wollen Sie mich noch mit dieser häßlichen Medizin quälen, da ich ja doch so bald sterbe!« (S. 224). Die Autorität des Arztes schwindet angesichts dieser konsequenten Patientin. Dagegen steigt der Einfluss des Erzählers Maximilian, der Maria zur Einnahme der Arznei bringt. Wie ihm das gelingt, zeigt der Text in einer Perspektivverschiebung, die offenlegt, um wessen Heilung es in den »Florentinischen Nächten« tatsächlich geht:

> Ich bitte Sie, Maria! flüsterte Maximilian mit jener weichen Stimme, die man nicht sehr oft an ihm bemerkt hat, und die aus einem so wunden Herzen zu kommen schien, daß die Kranke, sonderbar gerührt, fast ihres eigenen Leides vergessend, den Becher in die Hand nahm [...] (ebd.).

Der novellistisch erforderliche Nutzen der Narration, die These, dass »die Novelle eine Gattung [ist], die gegen den Tod erfunden und entworfen [...]«[34] wurde, zeigt sich in dieser Schlüsselszene nicht an der todkranken Figur Maria, sondern an dem Erzähler Maximilian, der eigennützige Ziele verfolgt.

Er sucht seit seiner Kindheit die Erfahrung des Grenzgangs zwischen Leben und Tod und schreibt diesem eine besondere Ästhetik zu. Die Marmorstatue, die er als Zwölfjähriger im nächtlichen Garten küsst, lässt sich im weiteren als Freudsche Urszene lesen, in der die Motive Tod, Sexualität und Ästhetik in prägender Konstellation vereint sind. Vom unbelebten, attraktiven Kunstobjekt, über die tote und die imaginierte Frau, über die Verwirrung durch den interessanten, aber unattraktiven Mann durchläuft Maximilian alle möglichen Kombinationen der Erfahrung. In der Novelle der zweiten Nacht tritt in der Figur der Laurence die Erfüllung all dieser gewünschten Merkmale auf. Durch ihre ›Totgeburt‹ scheint sie, wie es sich im Tanz ausdrückt, eine partizipierbare Todeserfahrung gemacht zu haben. An diesem Punkt nimmt der Text jedoch eine überraschende Wendung. Laurence wird *nicht* zur Erfüllung aller Wünsche stilisiert, der Text endet nicht mit einem glücklichen Paar. Die Erzählung der zweiten Nacht endet unspektakulär mit »[...] ... genug [...].« (S. 250) – Laurence hat offensichtlich ihren Reiz verloren. Denn da das Rätsel ihres Tanzes, nicht jedoch das des Todeserlebens gelöst ist, stößt der Erzähler auf »das Räthsel« der »eignen Seele« (S. 248). Die Todesaffektion Maximilians kann folglich nicht als zwischenmenschliches Problem gedeutet werden, sondern nur als höchst individuelles. Die Situation nimmt hier Tendenzen der beginnenden Moderne vorweg: Vorgestellt wird die Psychoanalyse als Mittel, das Unbewusste und damit das Rätsel des Individuums zu entschlüsseln.[35] Durch das Sprechverbot Marias wird Maximilian dazu gebracht, vor ihr seine ›Seele aufzulösen‹: »[...] sprechen Sie nicht; ich will Ihnen alles sagen, alles was ich denke, was ich empfinde, ja was ich nicht einmal selber weiß!« (S. 200)

Erzählt wird einerseits um der Patientin willen. Der Arzt erteilt diesen Auftrag zu Beginn der Rahmenhandlung: »Bitte erzählen Sie ihr wieder allerley närrische Geschichten, so daß sie ruhig zuhören muß«. Aus dieser Perspektivierung des Textes ist Maria die Hauptfigur, auf die sich die männliche Sorge richtet – für eine zentrale Gestalt handelt und spricht sie jedoch zu wenig und für eine Todkranke, die schweigen und sich nicht aufregen soll, kommt sie doch zu oft und zu exaltiert zu Wort. Das Paradox löst sich, wenn nicht Maria, sondern Maximilian als Zentralfigur gelesen wird. Er nutzt die Situation der nächtlichen Wachen für zweierlei: zum einen möchte er Maria beim Sterben zusehen, da sie für ihn ein weiteres ›Objekt‹ seiner Studien darstellt, und zum zweiten erzählt er in chronologischer Reihenfolge, in Novellen verpackt, die Geschichte seiner Suche. Das Erzählen vor Maria ist daher das Resultat aus den Erfahrungen der letzten Novelle der zweiten Nacht, dem Erlebnis mit Laurence. Um »das Räthsel« der »eignen Seele« zu lösen, muss er von sich erzählen. Auf dem Sofa die Therapeutin, der Patient auf einem Sessel davor – die umgekehrte Analysesituation beginnt:[36]

Der Zwölfjährige küsst im nächtlichen Garten die Marmorstatue. Er tut dies heimlich (»Leise, damit die Mutter meine Tritte nicht höre [...]«; S. 202) und genießt den Reiz des Gegensatzes von bedrohlicher, den Garten überwuchernder Natur und der scheinbar unzerstörbaren künstlichen Ästhetik der Statue. Der pubertär verwirrte Zustand des Jungen wurde zuvor metaphorisch in der Reise »[...] durch einen dicken Wald, dessen dunkle Schauer mir [Maximilian] immer unvergeßlich bleiben [...]« (S. 200), und durch die veränderte Wahrnehmung der Mutter und deren Zurückweisung (»Laß mich allein!«; S. 202) angedeutet und bildet die Ausgangsbasis des ersten ›Liebeserlebnisses‹ im Park. Aus der Schilderung dieser Szene ergibt sich die Verknüpfung der Themata Tod und Sexualität, die auch in den späteren Novellen das Zentralmotiv (das hier tatsächlich als Dingsymbol im Sinne Heyses den Text strukturiert[37]) und den Tabubruch darstellt und alles Erzählte in eine Atmosphäre der morbiden Erotik bettet: »[...] eine schauerliche Beängstigung stieß mich von ihr ab, eine knabenhafte Lüsternheit zog mich wieder zu ihr hin, mein Herz pochte, als wollte ich eine Mordthat begehen, und endlich küßte ich die schöne Göttinn [...]« (ebd.).

Diese erste Novelle beinhaltet ›Unerhörtes‹ – die eindeutig sexuelle Attraktion einer Statue – und folgt, wie alle anschließenden Novellen in den »Florentinischen Nächten«, dem novellistischen Prinzip der Regelverletzung, das seit Goethe als »eine sich ereignete unerhörte Begebenheit«[38] zur novellistischen Charakteristik gehört. Diese erste Novelle wird jedoch bereits auf unerhörte Weise eingeleitet und bewirkt ebensolches. Statt Maria an Aufregung und Anstrengung zu hindern, betritt Maximilian das Zimmer der Schlafenden und führt Selbstgespräche:

> [Er] betrachtete die schönen Glieder, die das leichte Gewand mehr offenbarte als verhüllte, und jedesmal, wenn die Lampe einen Lichtstreif über das blasse Antlitz warf, erbebte sein Herz. Um Gott! sprach er leise vor sich hin, was ist das? Welche Erinnerung wird in mir wach? Ja, jetzt weiß ichs. Dieses weiße Bild auf dem grünen Grunde, ja, jetzt... (S. 199).

Statt, wie zuvor versichert, »allerley närrische Geschichten« und »phantastisches Zeug« zu erzählen, kommt verdrängtes Biographisches zum Vorschein. Diese Handlung missachtet die ärztlich verordnete körperliche Ruhigstellung der Zuhörerin, da ihr Körper durch das Erzählte eindeutig sexuell perspektiviert wird, und erschreckt Maria damit zutiefst:

> Und sehen Sie Maria, als ich eben vor Ihnen stand und ich Sie, in Ihrem weißen Musselinkleide auf dem grünen Sopha liegen sah, da mahnte mich Ihr Anblick an das weiße Marmorbild im grünen Grase. Hätten Sie länger geschlafen, meine Lippen würden nicht widerstanden haben...
> Max! Max! schrie das Weib aus der Tiefe ihrer Seele – Entsetzlich! (S. 203)

In einer weiteren, mit den Worten »[...] ich habe auch todte Frauen geliebt« eingeleiteten Novelle, tritt erneut eine Marmorstatue auf. Sie wird diesmal nicht durch das Mondlicht, sondern durch die Erinnerung an die mittlerweile tote Very ›belebt‹ und zum begehrenswerten Todessymbol stilisiert. Die Addition von Unbelebtem der Statue und vergangenem Leben des Mädchens dokumentiert erneut den Wunsch Maximilians, die Finalität des Todes zu überwinden. Der Versuch scheitert. Maximilian versinkt im dunklen Nichts der Geister, erfährt »grauenhafte Einsamkeit« (S. 205). Die Suche wird fortgesetzt in der paradoxen Episode der ›glücklichen Liebe‹. In ihr wird, da Phantasiewelt und Realität sich als unvereinbar erwiesen haben, als Ort der Erfahrung der Traum gewählt. Diese Erscheinung entbehrt jeder sexuellen Affektion und wird sprachlich erneut in Todesnähe gerückt, da Maximilian dorthin vor der »Tageshitze des Lebens« (S. 206) flieht. Paradox und daher ironisch aufzufassen ist die Episode aufgrund ihrer Terminierung. Sie währt ewig – solange der Schlaf anhält – und ist folglich nicht wiederholbar. Da die ›glückliche Liebe‹ »ganze Ewigkeiten« (S. 207) andauert, ist sie nicht von einer Beendigung durch den Tod bedroht. Trotzdem muss sie, wie auch die vorangegangenen Versuche, als fehlgeschlagen gewertet werden, da Maximilian als Figur den Gesetzen menschlichen Lebens unterworfen wurde und die Beziehung folglich nichts an seinem Sterben ändern wird.

Auch die nächste Novelle handelt von der Suche nach einer den Tod überwindenden und Todeserfahrung ermöglichenden Beziehung. Obwohl Maximilian »Männer nie viel interessieren« (S. 208), wird Maximilian auf den Musiker Bellini aufmerksam. Dieser wird durch eine äußerst starke Todesangst charakterisiert:

> Er wollte so gern leben bleiben, er hatte eine fast leidenschaftliche Abneigung gegen den Tod, er wollte nichts vom Sterben hören, fürchtete sich davor wie ein Kind, das sich fürchtet im Dunkeln zu schlafen ... (S. 210)

Bezeichnend an ihm ist zudem sein schlechtes Französisch, das bei Anwesenden eine paradoxe Mischung aus »Leichenstille«, »Todesschreck« und »konvulsiver Lachlust« (S. 211) auslöst. Die Aufmerksamkeit Maximilians wird jedoch erst geweckt, als die Attraktivität einer Frau die Figur des unter Todesangst leidenden Bellini ergänzt. Erst dadurch wird im Reiz-Reaktions-Schema an die morbide ›Urszene‹ der sexuell anziehenden Statue im verwüsteten Park gerührt. Das Aufeinandertreffen erweist sich retrospektiv als letzte Begegnung mit Bellini, da dieser durch seinen Tod für Maximilian unerreichbar wird. Nachdem die vorherigen ›Experimente‹ zweimal durch die Unmöglichkeit Unbelebtes zu beleben oder durch fehlende physische Präsenz und das unumgängliche Faktum des eigenen Todes scheiterten, scheidet nun im Suchschema Maximilians auch das Merkmal ›männlich‹ aus. Denn Maximilian verpasst die Gelegenheit, Bellini näher kennen zu lernen, weil ihn eine mit Todessynonymen geschilderte Frau offensichtlich ablenkt. Was Maximilian bedauert, erschließt sich nur indirekt. Denn wie in allen Novellen zuvor ist auch diese sprachlich geprägt von einer ›tödlichen‹ Metaphorik. Alle Erzählinhalte werden durch die spezielle Wortwahl Maximilians, durch Vergleiche und adjektivische Verwendungen, konnotativ in Todesnähe gerückt und an das Motiv der Sexualität gekoppelt. Dadurch wird insgesamt eine morbid-erotische Ästhetik des narrativen Sprachstils und des Textes insgesamt erzeugt, die in der letzten Passage der ersten Nacht ihren Höhepunkt findet:

In dieser Beschreibung des Paganinikonzertes werden keine weiteren ›Experimente‹ mit Hilfe des Suchrasters geschildert. Stattdessen fährt der Erzähler in einem sich beschleunigenden und steigernden Redefluss sämtliche Motivverkettungen und Szenerien auf, die die Verdrängung von Tod und Sexualität, sollte sie wider Erwarten noch bestehen, zunichte machen und die den Höhepunkt der Verletzung aller ärztlichen Verordnungen darstellen. Trotz dieser sprachlichen Eskalation am Ende der ersten Nacht schläft die eigentliche Patientin, was den männlichen Schutzpersonen aus unterschiedlichen Gründen nicht gefällt. Eine im Schlaf abwesende Zuhörerin läuft Maximilians Sprech-Therapie zuwider: »Maximilian, welcher, versunken in den Phantasmen seiner eignen Rede, gar nicht gemerkt hatte, daß Maria schon lange eingeschlafen war, biß sich verdrießlich in die Lippen« (S. 222). Der Arzt wiederum kritisiert den Schlaf, als ob er wüsste, über welcher Art Geschichten Maria einschlief – Geschichten, die sein Verbot der körperlichen und geistigen Aufregung eklatant verletzen. Erstmals spricht der Arzt aus, was sonst sprachlich geleugnet wird und wovor er sonst fluchtartig das Geschehen verlässt – den drohenden Tod der Patientin: »Dieser Schlaf, fuhr der Doktor fort, verleiht ihrem Antlitz schon ganz den Charakter des Todes. Sieht es nicht schon aus wie jene weißen Masken, jene Gipsabgüsse, worin wir die Züge der Verstorbenen zu bewahren suchen.« (ebd.)

In dieser Passage am Ende der ersten Nacht legen die männlichen Figuren ihre Absichten und Befürchtungen offen. Zusammen mit der bereits beschriebenen Einleitungssequenz der zweiten Nacht, die statt Maria Maximilian zur Hauptfigur macht, kann diese als Schlüsselszene des Textes gelten.

Die Patientin schläft, körperlich anwesend, geistig abwesend. Sie ist also in einem Zustand der Objekthaftigkeit, der dem des Todes ähnlich ist. In der Unterhaltung von Arzt und Maximilian wird ihr Tod bereits sprachlich vorweggenommen. Der für das körperliche Wohl und die Medizin Zuständige fürchtet nichts so sehr wie ihren Tod, da er sein berufliches Versagen bedeuten würde. Folglich fürchtet er um seine Berufsehre. Der Frage nach der Lebensdauer entzieht er sich durch vorgeschobene Eile jeweils zu Beginn jeder Nacht (»Ich bin sehr pressirt, antwortete der Arzt und entwischte«; S. 199, »Ich habe Eile […]. Legen Sie sich ruhig nieder, Signora, und bewegen Sie sich so wenig als möglich. Ich habe Eile.«; S.224) Wie das Gespräch am Ende der Ersten Nacht zeigt, kann der Arzt nur in Generalisierungen über den Tod sprechen und nicht über den Tod seiner Patientin Maria (S. 222 f.).

Der für das geistige Wohl durch Erzählen zuständige Maximilian hingegen fürchtet nichts so sehr wie den falschen Zeitpunkt des Todes und dessen Vorstufe, den Schlaf. Denn Maria soll die Lebensgeschichten Maximilians vollständig mit in den Tod nehmen. Er versucht nicht, ihren Tod zu verhindern, sondern er will sein Eintreten nur verzögern. Ziel der zwei Nächte bei einer Todkranken soll die Absorption seines erzählten Lebens sein, deren sichtbares Produkt eine Totenmaske darstellen würde. Maximilian spricht dies offen und den Arzt ins Vertrauen ziehend an: »Ich möchte wohl [...] von dem Gesichte unserer Freundinn einen solchen Abguß aufbewahren. Sie wird auch als Leiche noch sehr schön seyn« (S. 222). Maximilians Haltung zeichnet sich im gesamten Text durch das Fehlen jeglicher Trauer oder des Bedauerns über Marias drohenden Tod aus. Hier wird kein Abschiedsschmerz inszeniert, sondern das Warten auf die Vergütung. In der Totenmaske wird sich weibliche Schönheit und Todesnähe zu einem ästhetischen Kunstprodukt in Gips vereinen, das durch andauernde Schönheit dem zeitlichen Verfall alles Menschlichen widersteht. Maximilian selbst partizipiert an dieser symbolischen Todesüberwindung, da er seine Lebensgeschichte, sein in der Narration verdoppeltes Leben im Tausch für diese Maske einsetzt. Sein Leben, einer Sterbenden erzählt, wird die Grenze von Leben und Tod mit überschreiten. Der Arzt verkennt Maximilians eigentliches Objekt der Begierde, beschreibt dieses jedoch exakt: »Wir glauben in diesem Gipse sey noch etwas von ihrem Leben enthalten, und was wir darin aufbewahrt haben, ist doch ganz eigentlich der Tod selbst« (ebd.). Die Konservierung des Todes, seines Geheimnisses, ist Maximilians Wunsch. Wenn er im Tausch für sein erzähltes Leben die entindividualisierte, aber schöne Maske erhält, gelangt er in den Besitz der zeitlosen, unvergänglichen Schönheit eines Artefakts. Dem Tod, der nur ein abstraktes sprachliches Zeichen ohne Referenz in der nicht-sprachlichen Wirklichkeit ist, wird von Maximilian die Leiche als Signifikat, als Bedeutung, zugeordnet.

Dies wirkt zunächst unlogisch, scheint doch gerade der tote Körper eher auf der materiellen Seite des Zeichens verortet. Weil aber in diesem speziellen Fall das Zeichen ›Tod‹ absolute Bedeutungslosigkeit bezeichnet, ist die Leiche die einzig ›fassbare‹ Referenz zu diesem sprachlichen Zeichen. Gerade die weibliche Leiche ist, wie Elisabeth Bronfen feststellt, durch ihre entindividualisierte Unbelebtheit, die ideale Projektionsfläche[39], durch die dem Signifikanten ›Tod‹ ein Signifikat zugeschrieben werden soll. Auch Maximilian versucht mit Einsatz sprachlicher Zeichen, Signifikantionen seines erzählten Lebens (statt Signifikationen) – durch die als Negativabdruck dienende Maria – sich das zum Signifikanten ›Tod‹ gehörende Signifikat zu verschaffen; die sterbende Frau Maria ist der in Kauf genommene Umweg, der zum Ziel führt.

In den »Florentinischen Nächten« tritt an dieser Stelle des Textes deutlich das weltliterarische Motiv der schönen (weiblichen) Leiche auf. Obwohl die Hauptfigur noch gar nicht tot ist, mündet auch hier die Suche nach (männlicher) Identität, die Lösung des ›Rätsels der eigenen Seele‹ in die metonymische Struktur der Leiche als ästhetischer Erlösung. Weibliche Ästhetik, Tod und Kunst – diese drei Motive werden in den »Florentinischen Nächten« gekoppelt zu einem ästhetischen Todesdiskurs. Dieser versucht die außersprachliche Wirklichkeit zu transzendieren, den nicht mitteilbaren Bereich jenseits des Lebens auf ästhetische Weise zu verhandeln. Wie besonders Bronfen nachweist, ist der Motor dieses Diskurses in der Literatur die Überhöhung der Ästhetik:

> Die Erschaffung von Schönheit erlaubt, sich der Vergänglichkeit dieser materiellen Welt zu entziehen, Zuflucht zu nehmen bei einer Illusion von Ewigkeit (Leugnung des Verlusts), auch wenn sie die Erkenntnis aufzwingt, daß Schönheit selbst vergänglich, unfaßbar und flüchtig ist. Weil Kunst aufgrund eben dieser Vergänglichkeit geschaffen wird, die sie zu tilgen trachtet, tut sie eigentlich nichts anderes, als Schönheit zu betrauern und dabei sich selbst zu betrauern.[40]

Die Bewegung der Figur geht folglich von der Lösung des Rätsels der/des Anderen über zu der des eigenen Rätsels, immer aber innerhalb eines bestimmten ästhetischen Konzepts, das Kunst, Weiblichkeit und Tod motivlich verbindet. Wie bereits gezeigt, geschieht dies durch die sprachliche Verknüpfung innerhalb der Novellen und Transfigurationen – entgegen dem Verbot des Arztes, geistige Aufregung, etwa durch Erwähnung des drohenden Todes, zu erzeugen. Maximilian hat sich im Laufe seiner (erzählten) Lebensgeschichte von unbelebten, aber sexuell anziehenden Kunstobjekten abgewandt und sich lebenden, aber als Kunstobjekte ästhetisierten Frauen und deren sexueller Besetzung zugewandt. Er unterliegt jedoch dem im Paradigma der weiblichen Schönheit verwurzelten Glauben, dass die Schönheit des unbelebten wie des belebten Kunstwerks ihn über die Endlichkeit des Todes erhebe. Dieser Glaube geht in einen Zirkelschluss über, da der kreative Prozess des Kunstschaffens nicht die Überwindung des Todes, sondern den umgekehrten Prozess, die Verschleierung seiner Unausweichlichkeit bezeichnet. Maximilian erhebt weibliche Schönheit zur Kunst, die im Besitz des Geheimnisses von Unsterblichkeit zu sein scheint und die er selbst in den zerstörten Marmorstatuen des Schlossparks wahrzunehmen glaubte. Die Habhaftwerdung dieses Geheimnisses, die Dechiffrierung dieses Rätsels wird zum Antrieb seiner Handlungen – der (eigene) Tod und die Furcht davor sollen kompensiert werden.

Freud analysiert diese Art der Neurose, wie sie die Figur Maximilian zeigt, anhand des auf einem Mythos beruhenden Shakespeareschen King Lear. Er kommt zu Ergebnissen, die das Handlungs- und Denkmodell Maximilians exakt treffen: Maximilian durchläuft die drei von Freud beschriebenen typischen Stadien möglicher Beziehungen mit der sexuell unerreichbaren Mutter, den sexuell erreichbaren, aber die Todeserfahrung ausschließenden Geliebten und zuletzt mit der

›Verderberin‹, für die auf die Sexualität verzichtet wird, um das Wissen um den Tod zu erhalten.[41] Wie im Mythos wählt Maximilian ein Kästchen: Er überschreitet die Schwelle vom Vorzimmer zum ›Gemach‹, womit er buchstäblich in das gewählte Kästchen und in eine Novelle eintritt, in der ebenso wie in den erzählten Novellen eine (räumliche wie inhaltliche) Grenze überschritten, ein Tabu gebrochen wird. Damit wird die Doppelstruktur von Rahmenhandlung und daran anschließender Novelle in Kraft gesetzt – Maximilian gehört zum Rahmenpersonal und gleichzeitig erzählt »Florentinische Nächte« auch die Novelle von Maximilian, der im Erzählen gegen bestimmte gesellschaftliche Normen verstößt. Ähnlich wie Freud in »Das Motiv der Kästchenwahl« beschreibt, fällt Maximilians Wahl auf die stumme (stumm gestellte), aber auch schönste Frau, die den Tod symbolisiert. Die Unausweichlichkeit des Todes wird theoretisch gewandelt zu einer begehrenswerten Möglichkeit des Todes, für die das Leben, die Sexualität aufgegeben wird – bei King Lear ebenso wie bei Maximilian:

»Ewige Weisheit im Gewand des uralten Mythus rät dem alten Manne, der Liebe zu entsagen, den Tod zu wählen, sich mit der Notwendigkeit des Sterbens zu befreunden.«[42] Im tradierten Motiv der Kästchenwahl wird der Inhalt des Kästchens nicht erwähnt, der Tod hat schließlich kein Signifikat, das durch welchen realen Gegenstand auch immer symbolisiert werden könnte. In den »Florentinischen Nächten« findet sich jedoch im Gemach die Frau samt ihrem zukünftigen Status als Leiche. Sie ermöglicht die Schaffung der Totenmaske, die wiederum die Bestätigung des Transfers von erzähltem Leben im symbolischen Tausch, wie ihn Baudrillard beschreibt[43], anzeigt: Maximilian erzählt Maria zentrale Momente seines Lebens, um die Grenze des Todes ›unbeschädigt‹ zu überwinden. Sein erzähltes Leben, und damit (wenn Sprache substantiell gedacht wird) ein Teil von ihm, soll die Grenze überschreiten. Dieses wird der Todkranken auf dem Weg der Grenzüberschreitung in einen nicht-kommunizierbaren Raum, den Tod, als eine Art Grabbeigabe anvertraut. Maximilian will dafür die Totenmaske, die in vorchristlicher Zeit den Toten beigegeben wurde und die deren Seele konservieren sollte.[44] Ein ähnlicher Vorgang fand zuvor bereits statt: Laurence erzählte Maximilian im Tanz, erst chiffriert, dann dechiffriert, ihre Lebensgeschichte. Maximilian imitiert dieses Vorgehen, jedoch mit dem Unterschied, dass die Totenmaske in seinen Besitz gelangen soll und nicht eine nur scheinbare Todeserfahrung, wie sie die ›totgeborene‹ Laurence in ihrem Tanz vermittelte.

Anders als in der Gesprächssituation der Psychoanalyse finden in diesem Tauschvorgang zwischen Maximilian und Maria keine ›Spiegelungen‹, kein andauerndes Reflektieren des Erzählten statt. Im Moment ihres Sterbens wird Maria alles vollständig absorbieren. Die Gabe Maximilians an den Tod, sein erzähltes Leben, wird durch diesen zerstört und stirbt symbolisch, während Maximilian weiterleben wird.[45] In der ›Wahl‹ der sterbenden Frau wird die Gegengabe, die Totenmaske, zum Symbol des gelungenen Tausches:

> So überwindet der Mensch den Tod, den er in seinem Denken anerkannt hat. Es ist kein stärkerer Triumph der Wunscherfüllung denkbar. Man wählt dort, wo man in Wirklichkeit dem Zwang gehorcht, und die man wählt, ist nicht die Schrecklichste, sondern die Schönste und Begehrenswerteste.[46]

4. Frau, Tod und Romantik

Diese (literarische) Metonymisierung von Frau und Tod bezeichnet allgemein einen Vorgang der Sublimierung von Todesangst, der besonders im literarischen Diskurs der Romantik als »massive Erotisierung des Todes«[47] vorherrscht. Der Tod wird zum ›schönen Tod‹ und erfährt als ›Tod der Anderen‹ gesteigerte Aufmerksamkeit.[48] Philippe Ariès Beschreibung der Ästhetisierungsversuche zur Zeit der Romantik lesen sich wie eine Analyse der Rahmensituation der »Florentinischen Nächte«:

> Die Anwesenheit am Sterbebett ist im neunzehnten Jahrhundert mehr als die übliche Teilnahme an einer rituellen gesellschaftlichen Zeremonie, sie ist Anwesenheit bei einem tröstlichen und erhebenden Schauspiel; der Besuch im Haus des Toten hat etwas mit dem Besuch im Museum zu tun: wie schön er ist! In den gewöhnlichsten Zimmern des abendländischen Bürgertums ist der Tod schließlich mit der Schönheit eins geworden [...]. Aber diese Apotheose darf uns den Widerspruch, den sie einschließt nicht verdecken: dieser Tod ist nicht mehr der Tod, er ist eine Illusion der Kunst. Der Tod hat begonnen, sich zu verbergen, trotz der scheinbaren Publizität, die ihn in der Trauer, auf dem Friedhof, im Leben wie in der Kunst oder der Literatur umgibt: er verbirgt sich unter der Schönheit.[49]

Die Partizipation des Textes »Florentinische Nächte« am romantischen Diskurs lässt sich auch im Vergleich mit der Thematik und Motivik romantischer, von Schlaffer psychologisch genannter Novellen[50] feststellen. In den »Florentinischen Nächten« wie auch in den Novellen Tiecks oder Hoffmanns, auf die Schlaffer sich bezieht, ist es die Faszination der Krankheit und des Wahnsinns, die das Novellengeschehen jeweils in der Figur des Erzählers konvergieren lässt. Dieser setzt die poetische Differenz zwischen äußerer und innerer Welt, zwischen enger Welt und weiter Seele.[51] Die von sich selbst erzählende Figur Maximilian durchmisst die Schauplätze Hamburg, Paris, London, Italien und befindet sie für zu eng. Der Ort, an dem die ›zweite‹, die ›wahrere Welt‹[52] sich in poetischer Freiheit entfalten kann, ist schließlich die begrenzte Räumlichkeit des Gemachs, in dem sich der von Krankheit und Abnormalität faszinierte Erzähler und die sterbenskranke Frau zusammenfinden. Sowohl die Räumlichkeit als auch der eigentliche Kern des Erzählten sind im Stil der ›psychologischen‹ romantischen Novelle von reduzierter Einfachheit:

> Zwar ist der Raum im Inneren weit, doch bleibt er fast leer. Er ist nur mit wenigen Elementen besetzt. Die Mikroskopie der Seele [...] vergrößert das eine, kleine Zeichen, auf das der Wahn reagiert, zu einem Ungeheuer, das das gesamte Sehfeld deckt. Der Held, von einem einzigen Bild verfolgt, ist nur Reizbarkeit an sich, er ist weder gut noch böse, weder klug noch töricht, weder wahr noch falsch – er ist lediglich nicht normal.[53]

In dem (für die Lesenden) spärlich mit Sofa, Sessel und Lampe möblierten Raum, der nur im Titel in Florenz verortet wird[54] und ansonsten ein »anonymes, ambulantes Nirgendwo«[55] ist, erzählt Maximilian, getrieben von seinem inneren Bild der Marmorstatue.

Die Partizipation am romantischen Diskurs lässt sich nachweisen, aber auch das Spiel mit den dazugehörigen diskursiven Motiven und Strukturen: Auf der Ebene der Rahmenhandlung wird schriftlich eine mündliche Erzählsituation geschildert, die im Sinne der romantischen Sprachtheorie dem Lesen vorzuziehen ist. Bezeichnet doch die mündliche Kommunikation einen Austausch von Zeichen, die in ihrer sprachlichen Entäußerung dem Geist des Subjekts noch direkt verbunden scheinen. Die ideale Verständigung wäre in diesem Diskurs jedoch eine unmittelbare Kommunikation ohne Umwege über die verbale Sprache, d. h ohne Signifikantenproduktion. Diese kann die Gefahr der Täuschung bergen, da jede Bezeichnung nur menschliche Zuweisung und nicht natürliche ›Wahrheit‹ ist.[56] In der ›glücklichen Liebe‹, der Verlobung im Traum, findet eine solche Kommunikation statt, die jedoch durch die subtile Paradoxie der terminierten Ewigkeit ironisch gebrochen wird. Auch die (z. B. von Novalis) geforderte ›Musikalität‹ der Sprache, die Zerstörung des Signifikanten und der ›poetischen Maschinerie‹[57], wird in den »Florentinischen Nächten« erfüllt, um ironisch gebrochen zu werden – der lachende Arzt beendet Maximilians rauschhafte Ausführungen zu Paganinis Geigenspiel (S. 222). Dieses Prinzip kann dem gesamten Text als Basiskonstruktion nachgewiesen werden: die Erfüllung der romantischen Sprach- und Literaturtheorien, um sie systematisch zu unterlaufen. Die Mündlichkeit des Erzählens entspricht der idealen Poetik der Romantik insofern, als sie die Symbolhaftigkeit und Ästhetisierung der Sprache als Abkehr von der diskursiven, arbiträr-zeichenhaften Sprache konstruiert und diese, unter Verwendung motivierter Zeichen, als eine poetische inszeniert. Die Novelle, mit ihrem Gattungsmerkmal der Komprimierung und symbolischen Verdichtung[58], kann so zum literarischen Schauplatz der poetischen Sprache werden. Der Tod wird im romantischen Diskurs wie auch in den »Florentinischen Nächten« zu einem Signifikant und Signifikat einenden Symbol stilisiert: »Selbst

der Tod noch steht in romantischer Perspektive unter dem Gesetz der Aneignung: ›Der Tod ist das romantische Prinzip unseres Lebens. Der Tod ist Minus, das Leben Plus – Durch den Tod wird das Leben verstärkt.‹ [Novalis]«[59]
Die Figur Maximilian erfüllt in ihrem Vorhaben diesen Gedankengang. Die morbid-erotisierte Sprache, die die Motive Tod und Sexualität mit dem Konvergenzpunkt schöne sterbende Frau verbindet, soll wie im romantischen Denken das Gefühl einer wiedergewonnenen Identität ermöglichen. Sprachlich im Erzählen und materiell in der Totenmaske wird Ästhetik in allen sinnlichen Formen als Erlösung postuliert.

Zentrales Strukturmoment der »Florentinischen Nächte« ist, im Sinne der Theorie Freuds, die Anerkennung des Todes ›in seinem Denken‹. In diesem Fall wird dieses Denken in dem Versuch eine Todeserfahrung zu machen, ohne die Grenze vom Leben zum Tod überschreiten zu müssen, umgesetzt. Da sich der Tod jedoch außerhalb des menschlichen Erfahrungsbereichs befindet und nur in seinen sekundären Ausprägungen beobachtbar ist, existiert er, zumindest in Form eines auch literarisch anwesenden Signifikats, nicht. Der Tod, real wie fiktional, ist die anwesende Abwesenheit, die unendliche Annäherung an den Nullpunkt, »es gibt ihn nicht«.[60] Das leitmotivisch gebrauchte »Worüber sprechen wir aber, wenn wir vom Tod sprechen?« Thomas Machos[61] kann auch Frage an Heines Text sein. Wie in einigen Analysen festgestellt wurde[62], bietet auch die fiktionale Freiheit der Poesie keine Möglichkeiten der Annäherung an das, was nach dem Sterben kommt: »Die Fiktion des Endes ist auch das Ende der Fiktion.«[63]

In den »Florentinischen Nächten« lassen sich unterschiedliche Arten des Umgangs mit dieser Unmöglichkeit feststellen. Das Sprechen über Tod und Sexualität wird durch den behandelnden Arzt, der jede geistige und körperliche ›Aufregung‹ verbietet, tabuisiert. Auf der Inhaltsebene der Rahmenhandlung wie auch der Novellen werden sie jedoch keineswegs ausgespart. Im Gespräch über die Totenmaske zwischen Arzt und Maximilian am Ende der ersten Nacht und in Marias Protest gegen die Medizin wird der Tod thematisiert. Ebenso wenig kann von einer gänzlichen Abwesenheit erotischer oder sexueller Elemente gesprochen werden. In Marias und Maximilians Umgang und Gesprächen ist eine erotische Spannung offensichtlich. Am Ende der ersten Novelle wird deutlich, dass Maria sexuelle Schlüsselreize bei Maximilian anspricht, wie es die Marmorstatue tut:

> Und sehen Sie, Maria, als ich eben vor Ihnen stand und ich Sie, in Ihrem weißen Musselinkleide auf dem grünen Sopha liegen sah, da mahnte mich Ihr Anblick an das weiße Marmorbild im grünen Grase. Hätten Sie länger geschlafen, meine Lippen würden nicht widerstanden haben …

Die Beschreibung von Marias Aussehen lässt ebenfalls den Schluss zu, dass der Reiz für Maximilian in der Vermischung von Schrecklichem und Schönem liegt. Denn

Maria erwacht in der ersten Nacht durch die Selbstgespräche Maximilians; sie beginnt zu sprechen und sich körperlich anzustrengen – die Anweisungen des Arztes werden sofort verletzt. Bei diesem ersten Auftritt als Rahmenhandlungsfigur wird sie wie Medusa beschrieben, da »[...] die langen Locken, wie aufgeschreckte Goldschlangen, ihr Haupt umringelten« (S. 200). In mehreren Punkten wird hier der mythologische Kontext deutlich: Maria soll stumm sein und bewegungslos; wie das versteinerte Medusenhaupt wird sie zur geistigen wie körperlichen Starre verdammt. Indirekt wird ihr wie Medusa von Perseus der Spiegel vorgehalten; wenn Maximilian erklärt, dass er auch tote Frauen geliebt hat, wird ihr Erschrecken beschrieben (S. 204). Wie Sigrid Weigel in »Die Stimme der Medusa« erläutert[64], stellt eine derartige Funktionalisierung von Frauenfiguren einen Topos dar, in dessen Kontext eine Analyse der »Florentinischen Nächte« ebenfalls interessant sein könnte. Alle Frauen in Maximilians Erzählungen sind als Variation auf die Marmorstatue – starr, kalt, stumm, rätselhaft oder schön – zu lesen. Die letzte Variation wird Maria sein, tot und schön. Maximilian zeigt ihr durch seine Erzählungen, dass sein Interesse an ihr aus diesem Grunde besteht, und spiegelt damit ihren drohenden Tod. War Medusa im Mythos die Schönste von drei Schwestern, die zur Schrecklichsten wird, so ist die sterbende Frau erst in ihrem Tod die Schönste, da das Schrecklichste von Maximilian umdefiniert wird.

Die beiden Motive Tod und Sexualität werden gekoppelt und ergeben einen für Maximilian attraktiven Schrecken. Diese Kopplung findet ebenfalls in der ersten Novelle statt, da sich die Motive in der Gedankenwelt des Erzählers gegenseitig bedingen:

> Ich hielt den Athem zurück als ich mich über sie hinbeugte, um die schönen Gesichtszüge zu betrachten; eine schauerliche Beängstigung stieß mich von ihr ab, eine knabenhafte Lüsternheit zog mich wieder zu ihr hin, mein Herz pochte, als wollte ich eine Mordthat begehen, und endlich küßte ich die schöne Göttinn, mit einer Inbrunst, mit einer Zärtlichkeit, mit einer Verzweiflung, wie ich nie mehr geküßt habe in diesem Leben. Auch nie habe ich diese grauenhaft süße Empfindung vergessen können, die meine Seele durchflutete, als die beseligende Kälte jener Marmorlippen meinen Mund berührte ... (S. 202 f.)

Die Marmorstatue wird in der Art einer kalten Leiche beschrieben, die »kein steinerner Tod, sondern nur ein stiller Schlaf [...] gefesselt zu halten [schien]« (S. 202), die Empfindungen während der körperlichen Annäherung als die an eine Leiche, verbunden mit dem Wissen um die Verletzung des Tabus (»Mordthat«). Sprachlich bleibt diese Verknüpfung von Tod, Sexualität und Tabu durch den Text bestehen. In den »Florentinischen Nächten« findet jedoch weder Tod noch Sexualität als Ereignis statt. Niemand stirbt in Maximilians Anwesenheit, so dass dieser mündlich der Zuhörerin und in der Schriftlichkeit des Textes den Lesenden davon authentisch berichten könnte: Die Schilderung des sterbenden Hundes und des Zwerges geraten, wie Slobodan Grubačić feststellt, zur grotesken Parodie und Travestie auf Todeserlebnisse, »[…] zur effektvollen Apotheose der karnevalistischen Groteske.«[65] Die Erzählung eines tatsächlichen sexuellen Ereignisses beschränkt sich auf den erwähnten Kuss und den Besuch in Laurence' Schlafzimmer. Was dort aber tatsächlich geschieht, lässt sich nur implizit erschließen – es wird, wie auch die Frage nach Marias Lebensdauer, in den Leerzeichen »…« angedeutet (S. 247).

Die rhetorische Figur der Aposiopese, die die Leerstellen bezeichnen, ist eines der unauffälligsten, aber wirkungsvollsten Stilmittel in den »Florentinischen Nächten« – sie tritt innerhalb des Textes insgesamt 62mal auf. Die Aposiopese bewirkt, dass das, was nicht ausgesprochen werden soll, gedanklich ersetzt wird und damit indirekt doch ausgesprochen wird. Es wird jedoch kein Tabu verletzt, keine Regel gebrochen, keine eindeutige Information gegeben. In der Leerstelle wird eine subtile Mehrdeutigkeit der Semantik produziert, die damit sowohl eine Freiheit der poetischen Rede auf Seiten der Erzählerfigur wie auch eine Freiheit der rezeptiven, paradigmatischen Besetzung der Leerstellen auf Seiten der Lesenden erschafft.

Diese Praxis des unausgesprochen / ungeschrieben zum Erscheinen bringen möglicher Denotate bezeichnet Barthes mit einem Begriff aus dem Stierkampf: ›Citar‹, das ›Herbeizitieren‹ von Konnotaten als eine Art Lockruf, die die Abwesenheit des Gemeinten, des Denotats, im Diskurs zur Präsenz in der Zitation modifizieren.[66] Um etwas nicht direkt aussprechen bzw. schreiben zu müssen, wird der Kontext des Gemeinten dargestellt, so dass eine Evokation stattfindet – die Leerstelle wird gedanklich ersetzt, das verschwiegene Signifikat durch die umgebenden Worte ›herbeizitiert‹.

Die Themen Tod und Sexualität werden umschrieben und die Leerstelle der fehlenden direkten Benennung wird kognitiv erfasst und aufgefüllt. Dass die Besetzung der Leerstellen für den Rezeptionsvorgang vorausgesetzt wird, zeigt sich darin, dass keine der aposiopesischen Aussparungen durch Rückfragen innerhalb der Dialoge des Textes als Fehlkommunikation gekennzeichnet ist und die Kommunikation bruchlos oder als inszenierter Gedankensprung fortgesetzt wird. Die abgebrochenen oder unterbrochenen Sätze der Figuren werden von den jeweiligen Dialogpartnern oder Zuhörenden behandelt, als ob sie vollständig seien. Wie das folgende Beispiel zeigt, funktioniert der Dialog zwischen Maria und Maximilian trotz der Leerstellen:

Hätten Sie länger geschlafen, meine Lippen würden nicht länger widerstanden haben … . Max! Max! schrie das Weib aus der Tiefe ihrer Seele – Entsetzlich! Sie wissen, daß ein Kuß von Ihrem Munde … […]. Ich habe nie meinen Mund auf ihre Lippen drücken dürfen … . Aber Maria ließ ihn nicht ausreden […]. (Hervorhebungen von mir; Ch. M.)

Linguistisch gesehen bezeichnen die Aposiopesen des Textes »Florentinische Nächte« in der syntagmatischen Struktur von Thema / Rhema meist das Rhema, die eigentliche Information über das Thema der Satzaussage. Diese wird folglich mit ... ausgespart; es wird ›drumherumgeredet‹. Was Maximilian getan hätte ..., warum ein Kuss von *seinem* und nicht vom Mund der Lungenkranken ...; warum sie ihn nicht ausreden lässt ..., das erfahren die Lesenden nicht. Es wird jedoch klar, dass beide Figuren wissen, worum es geht, weil keinerlei Rückfragen auftreten, und dass beim Lesen der Eindruck eines nicht nur auf das Erzählen und Zuhören beschränkten und bereits vor diesem Abend existierenden Verhältnisses entsteht.

Die Aposiopese kann als vorauseilender Gehorsam gegenüber den Eingriffen der Zensurbehörde gesehen werden, da in ihr Anstößiges verborgen wurde[67], und/oder als subtiles Stilmittel, das den Abstraktionsgrad der Rezeption erhöht. Zudem kann jedoch behauptet werden, dass die rhetorische Figur der Aposiopese in den »Florentinischen Nächten« die einzige Möglichkeit bedeutet, adäquat die Referenzlosigkeit des Todes darzustellen.

5. Darstellbarkeit und Leerstellen

Die erste Aposiopese zu Beginn der ersten Nacht stellt den für den Text konstitutiven Zusammenhang von Tod und Erzählen her: »Ich habe mich schon ganz zum Schwätzer ausgebildet und lasse sie nicht zu Worte kommen. Und ich will ihr schon genug phantastisches Zeug erzählen, so viel Sie nur begehren ... Aber wie lange wird sie noch leben können?« Maximilian fügt sich der ärztlichen Anweisung, die die Sprache als unterstützendes Mittel einsetzt. Der drohende Tod der Patientin wird durch die Frage nach der Lebensdauer in einer euphemistischen Konstruktion sprachlich eingeführt. Die Verbindung von Tod und Erzählen entsteht durch das Verstummen vor der Nicht-Kommunizierbarkeit des Todes: Konnex von Erzählen und Tod sind die Auslassungspunkte. In der Aposiopese werden Sprechakt und Akt des Zuhörens, Handlungssubjekt und Handlungsobjekt verbunden. Die möglichen Fragen ›Wie lange werde ich noch erzählen müssen / können?‹, ›Wie lange wird sie mir noch zuhören müssen/können?‹ d. h. ›Wann wird sie sterben?‹ werden in der Leerstelle der Punkte gebündelt zur Frage nach der Dauer des Lebens. Die direkte Koppelung von Erzählen und Leben macht das Weiterleben somit zur Bedingung von Sprache. Und umgekehrt ist seit dem »Dekameron« die Funktion des novellistischen Erzählens innerhalb der Rahmenhandlung die der Todesbannung – das Weiterleben wird durch die fast magische Schutzeigenschaft der Sprache ermöglicht. Wenn *in* den Novellen gestorben wird, so wird die erzählende Gesellschaft der Rahmenhandlung verschont bleiben. Das hoffen der Arzt in seiner Anweisung, Maria in ihrem Zuhören und Maximilian in seinem Erzählen. Dieser jedoch für sich und nicht für Maria – eine Variation der Konstellation, die zum Tabubruch innerhalb der zur Novelle modifizierten Rahmenhandlung wird. Das Sterben Marias ist die Bedingung für Maximilians ›Erlösung‹ im Erhalt der Totenmaske.

Da das Sprechen über den Tod in die Novellen verbannt wird, darf es in der Rahmenhandlung nicht stattfinden. Die aposiopesische Figur zu Beginn markiert den Modus im Übergang von der Rahmenhandlung zu den Novellen innerhalb der Fiktion und den Übergang vom kommunizierbaren zum nicht-kommunizierbaren Raum, den der Tod in der außerliterarischen Wirklichkeit darstellt.

In den »Florentinischen Nächten« ist der Tod abwesend. Anhand der zwei wichtigsten Stilmittel kann dies nachgewiesen werden: In den Novellen und Transfigurationen setzt der Erzähler Maximilian eine morbid-erotische Metaphorik und Adjektivik ein, die keine Todesfälle oder -erfahrungen beschreibt, sondern lediglich die sprachliche Annäherung an einen ästhetischen Sonderfall. Innerhalb der Rahmenhandlung soll der Tod in der Tradition des Novellenzyklus sprachlich umgangen und damit gebannt werden. In den Aposiopesen drückt sich dieses Verschweigen und Tabuisieren aus. Da die Rahmenhandlung aber Novelle wird, beginnt dort, wo eine kausal-logische Handlung im novellistischen Stil einsetzt, der Verstoß gegen die Gebote des Rahmens. Arzt, Maximilian und Maria sprechen in unterschiedlichen Konstellationen über den Tod. Es bleibt, wie in allen literarischen Texten, ein ›Sprechen über‹:

> Worüber sprechen wir, sobald ausgemacht bleiben muß, daß die Toten kein Gespräch mit uns führen wollen und daß wir die Sprache der Toten – das infinite Schweigen – niemals auch nicht in unserer Schrift erlernen können? Worüber sprechen wir, wenn wir den Tod einzig als den unauslotbaren Graben wahrnehmen dürfen, der jede Redeanstrengung zur Peinlichkeit des Totenpalavers oder des angemaßten Schweigens verurteilt? Und wie sollen wir die böse Alternative ertragen, die uns scheinbar zwingt, ein Schweigegebot zu verhängen (und in der Stille das Eigentliche zu vermuten) oder aber auf die Geschwätzigkeit unserer Phantasmagorien – auf die Energie imaginärer Usurpation des Geheimnisses – zu vertrauen?[68]

Heinrich Heines Text verwendet sowohl die Konstruktionen des ›Palavers‹ wie auch des Schweigens, des Geheimnisses und der Phantasmagorie. Dargestellt wird damit eben die Unmöglichkeit der sprachlichen Todesrepräsentation. Alle Facetten des ›Sprechens über‹ werden vorgeführt, aber lediglich in den Leerstellen der Aposiopesen findet eine Annäherung statt – an die individuelle Todeskonstruktion der Rezipierenden.

6. Das Ende

»Florentinische Nächte« macht die Undarstellbarkeit des Todes explizit. Dem andauernden Sprechen über den Tod und um den Tod herum wird das abrupte Schweigen der Aposiopese gegenübergestellt, in der die Unmöglichkeit der Kommunikation realisiert wird. Als adäquate Form zur Darstellung dieses literarischen Kunststücks wird der Novellenzyklus gewählt. Eine Gattung, die sich durch ihre komplexe Verzahnung mehrerer Erzählebenen technisch auszeichnet und der als inhaltliches Gattungsmerkmal, wie primär von Schlaffer und Klotz festgestellt wurde, die Furcht und die Flucht vor dem Tod und die Kompensation im Erzählen vom Tod zugeordnet wird.

In den »Florentinischen Nächten« werden die novellistischen Strukturen von Rahmenhandlung und Novellen, Grenzüberschreitung und Regelverletzung, novelleninterner Einheit von Ort, Zeit und Handlung und singulärem Ereignis genauestens erfüllt und weitergeführt. Dies geschieht zum einen durch die als Transfigurationen bezeichneten Textteile, die der Vertiefung der zentralen Motivik dienen und die Forderung der romantischen Literaturtheorie nach einer Musikalität der Sprache erfüllen. Zum anderen wird die Form des Zyklus zu einer Kreisbewegung des Textes transzendiert. In dieser setzt ein Oszillieren ein, das der Rahmenhandlung die Doppelstruktur von Rahmung und eigenständiger Novelle verleiht, da sie sich zeitlich, und vom Aufbau der erzählten Geschichten her betrachtet, diesen anschließt.

Die sterbende Frau stellt dabei das Zentrum der Rahmenhandlung dar, von dem aus, nahezu als ›Dingsymbol‹, die schrecklich-schöne Ästhetik der Marmorstatue die Novellen prägt. Die Motive Tod und Sexualität werden verbunden, wobei jedoch auf der Ebene der Rahmenhandlung der Tod die eindeutige Dominanz erhält. Wie im Mythos wird der Liebe entsagt und der Tod gewählt – in diesem Fall die Illusion einer Todeserfahrung durch den Wunsch nach der Totenmaske.

Aus textsemantischer Perspektive wird in der Kreisbewegung eine Unendlichkeit des Lesens und damit Lebens simuliert. Dem Tod, literarisch wie real nicht erfahrbar oder darstellbar, wird auch in den »Florentinischen Nächten« keine Anwesenheit ermöglicht. In der theoretisch möglichen Kreisbewegung und den Leerstellen der Aposiopese wird jedoch genau die Nicht-Kommunizierbarkeit des Todes als Abstraktum explizit gemacht. Weder Totschweigen noch rauschhafter Redefluss, Tauschgeschäfte oder Flucht ändern etwas an der unumstößlichen Tatsache, dass, solange gelebt wird, nichts über den Tod zu erfahren ist, genauso wenig wie über den Inhalt der Leerstellen.

Anmerkungen

1 Die »Florentinischen Nächte« werden mit Angabe der Seitenzahl zitiert nach der Historisch-kritischen Gesamtausgabe der Werke. Bd. V, bearb. v. Manfred Windfuhr. Hamburg 1994.

2 Tilman Spreckelsen: Schwankender Grund. (Nachwort). – In: Heinrich Heine: Florentinische Nächte. Berlin 1999, S. 182. Die Ausgabe enthält trotz des einschränkenden Titels alle als Fragmente bezeichnete Prosa, d. i. »Der Rabbi von Bacherach« und »Aus den Memoiren des Herren von Schnabelewopski«.

3 Vgl. Thomas Macho: Todesmetaphern. Zur Logik der Grenzerfahrung. Frankfurt a. M. 1987.

4 Ausnahme ist allein Grubačić, dessen umfassende und erkenntnisreiche Analyse der »Florentinischen Nächte« (im Rahmen des Heineschen Gesamtwerks) eine knappe, aber fundierte Gattungszuordnung und deren Interpretation vornimmt. Vgl. Slobodan Grubačić: Heines Erzählprosa. Versuch einer Analyse. Stuttgart 1975, S. 97 f.

5 So bemerkt z. B. August Wilhelm Schlegel: »Die politische Historie ist ein sehr ernstes Studium, welches Anstrengung des Geistes fordert; die Novelle, als ein poetisches Gegenbild derselben, ist vielmehr der Erholung gewidmet, die Unterhaltung muß in der Erscheinung obenauf sein, und die Belehrung sich nur von selbst einstellen.« August Wilhelm Schlegel: Vorlesungen über Philosophische Kunstlehre [Jena 1798, Nachschrift F. Ast], hrsg. von A. Wünsche. Leipzig 1911, § 250, S. 213.

6 Christiaan L. Hart Nibbrig: Ästhetik des Todes. Frankfurt a. M. 1995, S. 22.

7 Hannelore Schlaffer: Poetik der Novelle. Stuttgart 1993, S. 12.

8 Volker Klotz: Erzählen als Enttöten. Vorläufige Notizen zu zyklischem, instrumentalem und praktischem Erzählen. – In: Erzählforschung, hrsg. von Eberhard Lämmert. Stuttgart 1982, S. 332.

9 Schlaffer [Anm. 7], S. 26.

10 Elvira Grözinger: Die ›doppelte Buchhaltung‹. Einige Bemerkungen zu Heines Verstellungsstrategie in den ›Florentinischen Nächten‹. – In: HJb 18. 1979, S. 65.

11 Andras Sandor: Auf der Suche nach der vergehenden Zeit. Heines ›Florentinische Nächte‹ und die Probleme der Avantgarde. – In: HJb 19. 1980, S. 105.

12 Waltraud Maierhofer: ›Die Sprödigkeit des Stoffes‹. Heinrich Heine als Erzähler. – In: HJb 31. 1992, S. 94.

13 Grubačić [Anm. 4], S. 97.

14 Vgl. Joachim Müller: Heines Prosakunst. Berlin 1975, S. 171.

15 Michel Espagne: Die tote Maria: Ein Gespenst in Heines Handschriften. – In: DVjs 2. 1983, S. 316. Er bezieht sich in seiner Analyse des Motivs ›Maria‹ lediglich auf die Rahmenhandlung, die er unter Benachteiligung der Novellen fokussiert.

16 Manfred Windfuhr: Zensur und Selbstzensur nach dem Bundestagsbeschluß. Heines ›Florentinische Nächte‹. – In: Das Junge Deutschland. Kolloquium zum 150. Jahrestag des Verbots vom 10. Dezember 1835, hrsg. von Joseph A. Kruse / Bernd Kortländer. Hamburg 1987, S. 223.

17 Vgl. hierzu besonders Wulf Segebrecht: Geselligkeit und Gesellschaft. Überlegungen zur Situation des Erzählens in geselligem Rahmen. – In: GRM 25. 1975, S. 307.

18 Johann Wolfgang v. Goethe: Unterhaltungen deutscher Ausgewanderten. – In: Johann Wolfgang v. Goethe. Werke. Hamburger Ausgabe, hrsg. von Erich Trunz. München 1988, Bd. VI, S. 140.

19 Die Baronesse bestimmt die Art der Unterhaltung, indem sie deutlich auf die zur Rahmenhandlung gehörige Bedrohung eingeht: »Wir haben bisher schon manches Traurige erlebt – und

vielleicht verkündigt uns bald der Rauch bei Tage und die Flammen bei Nacht den Untergang unsrer Wohnungen und unsrer zurückgelassenen Besitztümer. Laßt uns auch diese Nachrichten nicht
mit Heftigkeit in die Gesellschaft bringen, laßt uns dasjenige nicht durch öftere Wiederholung
tiefer in die Seele prägen, was uns in der Stille schon Schmerzen genug erregt.« Goethe [Anm. 18],
S. 138.

²⁰ Giovanni di Boccaccio: Das Dekameron. Frankfurt/M. 1972, S. 31.

²¹ »Und weiter wollen und befehlen wir, daß sich allgemein jeglicher, wenn ihm unsere Gnade
lieb ist, wo immer er gehe, von wo immer er komme, was immer er sehe oder höre, wohl in acht
nehmen, uns von draußen eine andere Nachricht als eine fröhliche zu bringen.« Boccaccio [Anm. 20],
S. 29.

²² Michel Foucault: Was ist ein Autor. – In: Schriften zur Literatur. München 1974, S. 11 f.

²³ Maierhofer weist darauf hin, dass die Einschätzung ›Heine untypisch‹ auch deshalb literatur-
wissenschaftlich etabliert ist, weil Heine den Text unter Zensurbedingungen verfasste. Vgl. Maierhofer [Anm. 12], S. 93 f.

²⁴ Vgl. Gerhard Höhn: Heine-Handbuch. Zeit, Leben, Werk. 2. aktualisierte u. erweiterte Aufl.
Stuttgart/Weimar 1997, S. 373 f.

²⁵ Vgl. Schlaffer [Anm. 7], S. 26: »Die Abfolge der Handlung hat die Struktur Vergehen –
Strafandrohung – List und Befreiung. Es gibt, auch nach Boccaccio, keine Novelle, die nicht eine
Gesetzesübertretung enthielte. Das ›unerhörte Ereignis‹ bedeutet immer das Überschreiten einer
Grenze, die die Gesellschaft ihren Mitgliedern gezogen hat.«

²⁶ Vgl. Hugo Aust: Novelle. Stuttgart 1990, S. 45.

²⁷ Der von Höhn unkommentiert gebrauchte Begriff »Transfiguration« führt anfänglich auf
eine falsche Spur, da er im Text nur das synästhetische Erlebnis des ›Töne-Sehens‹ während des
Paganinikonzerts bezeichnet (S. 217) und in diesem Zusammenhang zweimal genannt wird (S. 218,
219), jedoch nicht viermal in unterschiedlichen Textpassagen stattfindet. Als feststehender Begriff
steht Transfiguration für die ›Verklärung Christi‹ im religions- und kunstwissenschaftlichen Kontext, was in bezug auf die »Florentinischen Nächte« nur mit interpretatorischem Geschick nachzu-
weisen wäre. Stattdessen trifft der musikwissenschaftliche Begriff ›Figuration‹ in seiner Bedeutung
als »das Umspielen der Melodietöne mittels einer variierten Formel« (vgl. Carl Dahlhaus/Hans-
Heinrich Eggebrecht (Hrsg.): Brockhaus Riemann Musiklexikon. Bd. I. Wiesbaden 1978, Stichwort: Figuration) auf Textpassagen zu, in denen die Zentralmotive aufgegriffen und arabeskenhaft
verknüpft werden, ohne diese jedoch in einer handlungsorientierten Kausalität narrativ einzuset-
zen. Sie dienen als ›musikalische‹ oder kunstästhetische Zwischenstücke, in denen der Erzähler
Maximilian punktuelle Ereignisse seiner Kunstrezeption darstellt und bestimmte, für den gesamten Text bedeutsame Schlüsselbegriffe paradigmatisch ausführt. Der Begriff Höhns kann beibehalten werden, insofern deutlich bleibt, dass er über die Synästhesie hinausgeht und eine buchstäbliche
Trans-Figurationen von ›Zwischen-Melodien‹ bezeichnet.

²⁸ Theodor Storm, zitiert nach: Theorie und Kritik der deutschen Novelle von Wieland bis
Musil, hrsg. von Karl Konrad Pohlheim, Tübingen 1970, S. 119.

²⁹ Wird Maria textintern charakterisiert und attribuiert, so eröffnet sich für die Figur der Debora ein intertextueller und kulturgeschichtlicher Bedeutungshorizont durch den Vergleich mit der
im Alten Testament auftretenden Prophetin und Richterin Israels Debora. Diese begleitete den von
ihr erwählten Barak auf dessen Wunsch in den Krieg gegen die Kanaaniter, prophezeite ihm jedoch,
dass nicht er im Kampf den feindlichen Heerführer besiegen wird, sondern eine Frau. Mit dem
Hinweis »Die schwarze Debora, feinöhrig wie sie ist, hatte schon am Tritte den Ankommenden erkannt [...]« (S. 199) werden der Debora des Textes ähnliche ›prophetische‹ Eigenschaften zuge-

schrieben wie der biblischen. Eine parallele Auslegung des Geschehens in Bezug auf die alttesta-
mentarische Geschichte muss spekulativ bleiben, festgehalten werden kann jedoch, dass auch die
Debora der »Florentinischen Nächte« die männlichen Figuren auf ihrem Weg in das oder aus dem
Gemach begleitet – dem Ort, an dem der Kampf gegen den Tod ausgetragen wird. Vgl. Richter 4.
1–5, 31, AT.

30 Spreckelsen nennt die Handschuhe des Arztes »bedeutsam« und »geeignet, der Vorstel-
lungskraft des Lesers die ernsthafte Bedrohung Marias vor Augen zu führen.« Eine weiterführende
Interpretation hat aber auch er nicht anzubieten. Spreckelsen [Anm. 2], S. 180.

31 Vgl. Schlaffer [Anm. 7], S. 36 ff.

32 Spreckelsen [Anm. 2], S. 182.

33 Vgl. Schlaffer [Anm. 7], S. 35.

34 Ebd., S. 144.

35 Windfuhr weist darauf hin, dass der Text keineswegs ein reines ›Zeitgeistprodukt‹ sei, sondern auch für eine »tiefenpsychologische oder symbolische Deutung« interessant wäre, was hier teilweise verwirklicht werden soll. Vgl. Windfuhr [Anm. 16], S. 235.

36 Sandor verbindet ebenfalls das Erzählen der Psychoanalyse mit dem des Novellenzyklus:
»Auf der Suche nach der eigenen Liebe und ihrem Geheimnis gleicht er [Maximilian] eher dem
Patient beim Psychiater [...]. Maria, diese umgestülpte Scheherezade in einer auf dem Kopf ste-
henden Welt, hilft ihm, indem sie ihm zuhört.« Sandor [Anm. 11], S. 117.

37 Die umstrittene Falkentheorie Heyses, die von jeder ›echten‹ Novelle ein Dingsymbol verlangt, findet in den »Florentinischen Nächten« im Zentralmotiv der Marmorstatue, die sich in
modifizierter Form z. B. als Totenmaske durch den Text zieht, eine Entsprechung. Vgl. den Brief
von Paul Heyse an Theodor Storm, zitiert nach: Pohlheim [Anm. 28], S. 149.

38 Goethe am 29. 1. 1827 im Gespräch mit Eckermann. – In: Johann Peter Eckermann: Ge-
spräche mit Goethe in den letzten Jahren seines Lebens, hrsg. von Heinz Schlaffer. – In: Johann
Wolfgang Goethe. Sämtliche Werke nach Epochen seines Schaffens. Münchner Ausgabe, hrsg. von
Karl Richter, Bd. XIX, München 1986, S. 203.

39 »Weil die Leiche ein Bild ohne kennzeichnende Gesichtszüge ist, könnte man sagen, sie
diene semiotisch als willkürliches, leeres und austauschbares Zeichen, als unbestimmbare Projektionsfläche.« Elisabeth Bronfen: Nur über ihre Leiche. Tod, Weiblichkeit und Ästhetik. München
1994, S. 96.

40 Ebd, S. 93.

41 Sigmund Freud: Das Motiv der Kästchenwahl. – In: Studienausgabe. Bd. X (= Bildende
Kunst und Literatur), hrsg. von Alexander Mitscherlich u. a. Frankfurt a. M. 1982, S. 193.

42 Ebd.

43 Vgl. Jean Baudrillard: Der symbolische Tausch und der Tod. München 1991, S. 206 ff.

44 Gunda Luyken: Gesichter des Todes. Eine Skizze. – In: Mienenspiele, hrsg. von ZKM Zentrum für Kunst und Medientechnologie Karlsruhe. Karlsruhe 1994, S. 46.

45 Hart Nibbrig beschreibt diesen Vorgang als grundlegend für den literarischen Produk-
tionsprozess. In der Fiktion wird ein Doppelleben erschaffen, in dem folglich dem Doppelgänger
beim Sterben zugesehen werden kann. Vgl. Hart Nibbrig [Anm. 6], S. 10 f. In den »Florentinischen
Nächten« wird dieser kreative Akt nicht durch den Tod der erschaffenen Figur vollzogen, sondern
dadurch, dass (in der Logik des mündlichen Erzählens der Rahmenhandlung) das Speichermedium
Maria stirbt und dass (in der Logik der schriftlichen, materiellen Textform) durch den fragmenta-
rischen Charakter des Textes keine Figur stirbt.

46 Freud [Anm. 41], S. 191.

47 Hart Nibbrig [Anm. 6], S. 238.
48 Vgl. Philippe Ariès: Geschichte des Todes. München 1997, S. 600.
49 Ebd., S. 601.
50 Vgl. Schlaffer [Anm. 7], S. 239.
51 Ebd., S. 236 ff.
52 Ebd., S. 237.
53 Ebd., S. 238.
54 In der von Wadepuhl veröffentlichten Passage, die Heine nach der ersten Abschrift wieder strich, erzählt Maximilian in der Rahmenhandlung von einem Spaziergang durch Florenz. Vgl. Walter Wadepuhl: Heine-Studien. Weimar 1956, S. 109–113.
55 Grubačić [Anm. 4], S. 100.
56 Vgl. Manfred Momberger: Sonne und Punsch. Die Dissemination des romantischen Kunstbegriffs bei E. T. A. Hoffmann. München 1986, S. 48 ff.
57 Vgl. ebd., S. 60.
58 Vgl. Aust [Anm. 26], S. 14.
59 Momberger [Anm. 56], S. 66.
60 Hart Nibbrig [Anm. 6], S. 23.
61 Macho [Anm. 3].
62 Vgl. besonders Hart Nibbrig [Anm. 6] und Bronfen [Anm. 40].
63 Hart Nibbrig [Anm. 6], S. 9.
64 Vgl. Sigrid Weigel: Die Stimme der Medusa. Schreibweisen in der Gegenwartsliteratur von Frauen. Reinbek bei Hamburg 1989, S. 7 f.
65 Grubačič [Anm. 4], S.105.
66 Vgl. Roland Barthes: S / Z. Frankfurt am Main 1976, S. 27.
67 Vgl. Windfuhr [Anm. 16], und Grözinger [Anm. 10].
68 Macho [Anm. 3], S. 21.

II.

Heinrich Heine und Bertolt Brecht
Das Exil als poetische Lebensform

Von Ralf Schnell, Siegen

I.

Dichter einer Epoche zu Dioskurenpaaren zusammenzutreiben, ist eines der beliebtesten Gesellschaftsspiele der Literaturgeschichtsschreibung. Goethe und Schiller, Schlegel und Novalis, Heine und Büchner, Broch und Musil, Heinrich Mann und Thomas Mann, Heinrich Böll und Günter Grass, Friedrich Dürrenmatt und Max Frisch, Christa Wolf und Irmtraud Morgner, Volker Braun und Heiner Müller, Botho Strauß und Peter Handke, Christian Kracht und Benjamin von Stuckrad-Barre – die Reihe illustrer Namen will schier kein Ende nehmen. Und nun also: Heinrich Heine und Bertolt Brecht – nicht allein Dichter *einer* Epoche, sondern ein Sprung über Jahrhundertgrenzen hinweg, mit dem Exil als verbindender Klammer, und die Frage liegt nahe, ob es sich denn um mehr handelt als um eine schlichte Erweiterung und Variation jenes bekannten Musters literaturgeschichtlicher Zwillingspaare. Doch die Anregung zu diesem Thema entspringt nicht der Willkür des Literarhistorikers, sondern der Traditionswahl eines Dichters. Sie stammt, wie der thematische Akzent des Exils auch, von Bertolt Brecht selber:

DIE AUSWANDERUNG DER DICHTER

Homer hatte kein Heim
Und Dante mußte das seine verlassen.
Li-Po und Fu-Tu irrten durch Bürgerkriege
Die 30 Millionen Menschen verschlangen
Dem Euripides drohte man mit Prozessen
Und dem sterbenden Shakespeare hielt man den Mund zu.
Den François Villon suchte nicht nur die Muse
Sondern auch die Polizei.
»Der Geliebte« genannt
Ging Lukrez in die Verbannung
So Heine und so auch floh
Brecht unter das dänische Strohdach. (XIV, 256)[1]

Eine lange Liste illustrer Namen auch hier: der wandernde Rhapsode aus dem ioni-
schen Kleinasien (8. Jh. v. Chr.), dem die Götter seinen Ruhm neideten und dem sie
deshalb kein Heim vergönnten; der von der päpstlichen Partei vertriebene Schöpfer
der »Divina Commedia« aus Firenze (1265–1321), der seine Geburtsstadt nicht wie-
dersah; der große Chinese Fu Tu (auch Tu Fu oder Du Fu genannt, 712–770), der
als Ahnherr der chinesischen Dichtung gilt und – ebenso wie sein Freund Li Po
(701–762) – in den Wirren des Krieges seiner Existenzmöglichkeiten beraubt wurde;
Euripides (480–406 v. Chr.), der – nach Aischylos (525–456 v. Chr.) und Sophokles
(497–406 v. Chr.) – jüngste der drei großen athenischen Tragiker, Atheist und zu modern für seine Zeit, wie vor ihm schon Sokrates; Shakespeare (1564–1616), dessen
Schauspieltruppe »The King's Men« 1603 der Aufsicht von James I. unterstellt wurde;
Lukrez (97–55 v. Chr.), »Carus« genannt, ein Materialist in der Tradition Epikurs, der
im Exil den Freitod suchte, von Brecht gern zitiert und variiert, ein Bruder im Geiste wie der Vagant François Villon (1431–1463) auch, den man verbannte nach einer
Messerstecherei; schließlich Heinrich Heine (1797–1856), 1835 getroffen vom Bann-
strahl des Deutschen Bundestages und vom Verbot seiner Schriften in Preußen –
pointiert setzt Brecht (1898–1956) den eigenen Namen unter den des wahlverwand-
ten Dichters[2], Flüchtlinge beide, wie die anderen Genannten auch. Was Brecht mit
dieser langen Namensliste illustriert, ist das Exil als Lebensform der Poesie. Dessen
Koordinaten heißen Gefährdung und Bedrohung, Verfolgung und Tod. »Mit ihren
Vorfahren / haben sie mehr Verbindung als mit ihren Zeitgenossen« (»Gedichte im
Exil«, XIV, 312), so Brecht über Seinesgleichen in der Literaturgeschichte.

II.

Das Exil als Lebensform der Poesie – man könnte auch sagen: als Lebensform des
Poeten – beginnt für Heinrich Heine mit dem Tag seiner Geburt. Heine kommt
am 13. Dezember 1797 in Düsseldorf als Jude zur Welt. Als Jude ist er, mit Hans
Mayer zu sprechen, ein »Außenseiter«, und zwar – im Unterschied zum »intentionellen« Außenseiter, der seinen Status bewusst erstrebt – ein »existenzieller« Außenseiter, ein Mensch also, dessen »Übertritt ins Abseits und Außen durch Geburt auf-
erlegt war: durch das Geschlecht, die Abkunft, die körperlich-seelische Eigenart
[…]. Dann«, so Mayer, »*wurde die Existenz selbst zur Grenzüberschreitung*«.[3] Dies
gilt für Juden wie für Frauen, für Farbige, für Homosexuelle, für alle Menschen, die
infolge ihrer »einmalige[n] Körperlichkeit, Herkunft und Triebstruktur«[4] heraus-
fallen aus dem, was die Gesellschaft zur Norm erklärt hat.

Heine lebt seit seiner Geburt mit einem Stigma. Er hat 1825 versucht, dieses
Stigma durch den Übertritt zum Christentum mit Hilfe des Taufakts buchstäblich

abzuwaschen, in der Annahme, mit dem »Taufzettel« das »Entre Billet zur Europäischen Kultur« (DHA X, 313) zu erlangen. Eine Illusion – Heine wusste es schon
wenig später. Eine Illusion freilich, die aus dem historischen Kontext erklärbar ist.
Seit Jahrhunderten waren die Juden in Deutschland gesellschaftlich, rechtlich und
politisch Außenseiter, ausgeschlossen von handwerklichen und bäuerlichen wie von
akademischen Berufen, angewiesen auf Geldverleih und ungeschützten Handel. Erst
die Napoleonischen Reformen des Jahres 1812 (1810 im Großherzogtum Berg), in
deren Genuss auch Heine als Bürger Düsseldorfs gekommen war, hatten die Diskriminierung der Juden beendet. Sie erhielten auch in Deutschland die allgemeinen
staatsbürgerlichen Rechte. Nach der Niederlage Napoleons aber leitete der Wiener
Kongress von 1815 die Revision dieser fortschrittlichen Entwicklung ein. Die mit
dem Namen Metternichs verbundene Restauration, gegen die Heine als politischer
Mensch wie als Dichter gekämpft hat, schloss die Juden auch in Preußen von akademischen und pädagogischen Ämtern ausdrücklich aus. Heinrich Heine, Doktor
der Rechte, hatte mit seiner Konversion zum Christentum lediglich Konsequenzen
aus seiner Einsicht in die begrenzten beruflichen Möglichkeiten in Deutschland
ziehen wollen. Es hat ihm nichts genützt. Im Januar 1826 schrieb er an seinen Freund
Moser: »Ich bin jetzt bey Christ und Jude verhaßt. Ich bereue sehr daß ich mich getauft hab« (HSA XX, 234). Er wusste: Was ihn sein Leben lang begleiten würde, das
war »der nie abzuwaschende Jude« (HSA XX, 265).[5]

Bertolt Brecht hingegen ist ein »intentioneller« Außenseiter. Er wird am 10. Februar 1898, fast auf den Tag 100 Jahre nach Heine, in das wohlhabende Haus
angesehener Augsburger Bürger, des Prokuristen und kaufmännischen Direktors
Berthold Friedrich Brecht und seiner Frau Sofie, hineingeboren. Er besucht, *comme
il faut*, das Gymnasium der Stadt, hat erste Erfolge mit kleinen Gedichten, Artikeln,
Prosaarbeiten, schließt die Schule, kriegsbedingt, mit dem Notabitur ab, studiert an
der Ludwig-Maximilians-Universität zu München, unter anderem Theaterwissen-
schaft bei Arthur Kutscher, und findet Zugang zum Theater, bevor er 1924 nach
Berlin geht. Brecht ist ein »intentioneller« Außenseiter, und das heißt: Er führt,
schon als Schüler in Augsburg, das Leben eines Bohemien, eines genialischen
Bummlers und Zechers, der mit seinen Kumpanen und Freunden die Stadt durch-
streift und die bürgerlichen Verkehrsregeln und Ehrencodices lustvoll verletzt. Zu
seiner Außenseiterposition trägt bei, was Carl Pietzcker in seiner lesenswerten Studie
»Brechts Herzneurose«[6] genannt hat: Herzklopfen, Herzrasen, Ängste. Die Selbst-
stilisierungsversuche, schon in jungen Jahren, sind auch Selbstrettungsversuche,
Bemühungen um Abgrenzung, die der Selbstbehauptung dienen, wie sie Walter
Brecht in einer Charakterskizze seines älteren Bruders nachgezeichnet hat: »von
oben herab«, sei dieser gewesen, »vom Willen, den Ton anzugeben«, »gebieterisch
überlegen«, auch habe er nicht gespart »mit Gereiztheit und Schmähungen« –

für den »armen B. B.« waren die anderen »die Dummen, die hoffnungslosen Idioten«.[7] In diesem Sinn ist und bleibt Brecht ein »intentioneller Außenseiter«. Er bleibt es bis zum 30. Januar 1933. Die Machtübernahme durch die Nationalsozialisten erst macht auch ihn zum existenziellen Außenseiter. Seine Existenz wird von nun an zur permanenten »Grenzüberschreitung« (Hans Mayer), in des Wortes wörtlicher Bedeutung. Am 28. Februar 1933, einen Tag nach dem Reichstagsbrand, geht der 35-jährige Bertolt Brecht ins Exil, gemeinsam mit Helene Weigel und dem Sohn Stefan. Brecht wird ausgebürgert, sein Werk wird in Deutschland verboten. Tschechoslowakei, Österreich, Schweiz, Frankreich, Dänemark, Schweden, Finnland, Russland, USA heißen die Stationen seines Exils, das von nun an, für mehr als eineinhalb Jahrzehnte, seine Lebensform sein wird – und die Lebensform seiner Poesie, »öfter die Länder als die Schuhe wechselnd«. Und noch die Rückkehr im Jahre 1948, nach dem ebenso ridikülen wie demütigenden Verhör vor dem McCarthy-Ausschuss, wird ihm schwer gemacht: wiederum die Schweiz, dann Österreich, und da Brecht kein Visum für die amerikanische Besatzungszone erhält, muss er zu schlechter Letzt über Prag nach Berlin reisen.

Wenn sich bei Brecht im Jahre 1933 der Weg des intentionellen mit dem des existenziellen Außenseiters verbindet, so kann man im Blick auf Heines Weg ins Exil umgekehrt sagen: Hier hat sich die Lebenslinie des existenziellen mit der des intentionellen Außenseiters überschnitten. Heines Entschluss, 1831 nach Paris zu gehen, hängt nicht allein mit seinem Judentum zusammen, auch nicht nur mit den für Heine attraktiven Glanzlichtern, welche die Juli-Revolution der französischen Metropole aufgesteckt hatte. Vielmehr hatte sich Heine in Deutschland mit seinen »Reisebildern« – besonders mit den 1830 erschienenen »Bädern von Lukka«, auf eine Weise den Boden seiner materiellen Existenz entzogen, dass ihm nur mehr der Weg nach Frankreich offen stand. Dieses Reisebild enthielt die berühmtberüchtigte Polemik gegen den homosexuellen Grafen August von Platen, eine Replik auf eine Polemik des Grafen gegen den Juden Heinrich Heine, die ihrerseits eine Replik auf eine Polemik Karl Immermanns gegen Platen darstellte, die wiederum Heine veröffentlicht hatte. Wie immer man diesen Streit zweier existenzieller Außenseiter – des Juden und des Homosexuellen – im einzelnen bewerten will: Fest steht, dass Heine seine Attacke in vollem Bewusstsein ihrer Brisanz und der möglichen Folgen ritt. Am 4, Februar 1830 schreibt er an Varnhagen von Ense:

> Als mich die Pfaffen in München zuerst angriffen und mir den Juden aufs Tapet brachten, lachte ich – ich hielts für bloße Dummheit. Als ich aber System roch, als ich sah wie das lächerliche Spukbild allmählig ein bedrohliches Vampier wurde, als ich die Absicht der Platenschen Satyre durchschaute, als ich durch Buchhändler von der Existenz ähnlicher Produkte

hörte die mit demselben Gift getränkt manuskriptlich herumkrochen – da gürtete ich meine Lende, und schlug so scharf als möglich, so schnell als möglich. (HSA XX, 385)

So scharf als möglich – das hieß zugleich: schärfer als zuträglich. Heine war von nun an in Deutschland »Außenseiter«, in mehrfachem Sinn des Wortes: existenziell als Jude, politisch als Demokrat, gesellschaftlich als Künstler – familiär galt er, nebenbei gesagt, als Versager. Am 19. Mai 1831 trifft er, 33-jährig, in Paris ein, in einer Stadt nach-revolutionärer Stimmungen, bereits durchzogen von einem Hauch Melancholie aufgrund enttäuschter Hoffnungen und offenbarer Illusionen. »An den Straßenecken«, so Heine, waren »hie und da die *liberté, égalité, fraternité* schon wieder abgewischt« (DHA XV, 25).

Die Rolle, die Heine von nun an im Exil spielt, ist mit der Brechts in den Vereinigten Staaten (seit 1941) durchaus vergleichbar. Beide zählen zum Mittelpunkt der Zirkel, die von den deutschen Exilanten jeweils gebildet werden. Beide haben Kontakt zu deren bedeutendsten Repräsentanten, und beide stehen in zum Teil engem Austausch mit den künstlerischen und intellektuellen Eliten ihrer jeweiligen Umgebung. Heine wird in die großen Salons gebeten, schließt Freundschaften und trifft *tout le monde*: Honoré de Balzac, Théophile Gautier, Victor Hugo, Eugène Sue, Alexandre Dumas, um nur einige wenige wichtige Namen zu nennen, dazu Besucher aus Deutschland wie Richard Wagner, Friedrich Hebbel und Franz Grillparzer, nicht zu vergessen Karl Marx, mit dem sich eine freundschaftliche Zusammenarbeit ergibt (die Heine übrigens nicht daran gehindert hat, dem großen politischen Theoretiker später »Verstocktheit« vorzuwerfen). Zu Brechts Freunden und Kollegen im amerikanischen Exil gehören Lion Feuchtwanger, Alfred Döblin, Leonhard Frank, Fritz Kortner, Erich Maria Remarque, um auch hier wieder nur einige Namen zu nennen, es gibt Kontakte zu Charles Chaplin, zu Karl Korsch und Friedrich Pollock, Kooperationen mit Fritz Lang, Hanns Eisler und Orson Welles.

Und natürlich gibt es Konkurrenzmechanismen und Feindschaften im Exil, für Heine wie für Brecht, intime und subtile Intrigen und Anlässe für kritische Auseinandersetzungen und boshafte Sottisen. Theodor Adorno und Max Horkheimer und das ganze Institut für Sozialforschung nimmt sich Brecht in seinem Tui-Roman vor. Heine führt in einer »Denkschrift« seinerseits einen vernichtenden Feldzug gegen den bereits verstorbenen prominenten Mit-Exilierten Ludwig Börne – das Echo in Deutschland ist für Heine nicht weniger vernichtend. Und was für Heine Ludwig Börne, das ist für Bertolt Brecht Thomas Mann. Er trifft ihn nur gelegentlich und zufällig – und dann, so Brecht, »und dann schauen 3000 Jahre auf mich herab«.[8] Heine und Brecht im Exil – wenn von so vielen Übereinstimmungen die Rede ist, dann darf freilich auch die entscheidende Differenz nicht übersehen werden: Brecht hat unter seinem amerikanischen Exil, dem kapitalistischen, marktorientierten, warenfetischisierenden Glitzerding namens Hollywood, wo er »Lügen« verkaufte, gelitten, und sein Englisch war danach; Heine sprach und schrieb fließend Französisch – hat das Paris seiner Zeit geliebt.

Das Jahr 1848 setzt dem ein Ende. Zeitgleich mit der gescheiterten Februarrevolution kommt es zu einer rapiden Verschlechterung von Heines Gesundheitszustand. Auf einen Zusammenbruch folgt eine Lähmung, die ihn bis zu seinem Tode am 17. Februar 1856 in die legendäre »Matratzengruft« verbannt. Brecht hingegen kehrt 1948 unter den schon geschilderten Umständen nach Deutschland zurück. Ihm erfüllt sich mit der Übernahme des Theaters am Schiffbauerdamm ein Lebenstraum, der freilich nicht selten auch ein Albtraum gewesen ist – der stalinistischen Kulturpolitik in der DDR wegen. Brecht stirbt am 14. August 1956, hundert Jahre nach Heine, an einer Herzattacke, wie er es immer befürchtet hatte.

III.

Bis jetzt war vom *Exil als Lebensform der Poesie* die Rede – dieses ist kategorial zu unterscheiden vom *Exil als poetische Lebensform*. Von diesem Exil soll im Folgenden die Rede sein, und auch hier sind die Parallelen erstaunlich vielfältig. Sie machen deutlich: Die poetische Wahlverwandtschaft zwischen Brecht und Heine beginnt *vor* dem biographischen Exil, und sie zeugt von mehr und anderem als von der Vertreibung durch Bundestagsbeschlüsse und NS-Terror. Das Exil als poetische Lebensform beginnt bei Heine mit dem »Buch der Lieder« und bei Brecht mit der »Hauspostille«, bei beiden also mit dem großen Auftakt, der zugleich eine Abrechnung ist: Abrechnung mit dem überlebten Form- und Traditionsbestand der Lyrik.

Es ist die Romantik, der Heine den poetischen Prozess macht, keinen kurzen Prozess freilich, sondern einen, der ein Leben lang währt, der den Gegenstand, dem er von Anfang an seine »exterminatorischen Feldzüge« (Heine) widmet, zugleich seine Reverenz erweist, ja: der an die Romantik anknüpft, doch nur, um sie zu überwinden. Stimmungsvernichtung als Lügenbekämpfung – so ließe sich überschreiben, was schon 1827 im »Buch der Lieder« Heines Programm ist. Lieder und Romanzen, Sonette und Epigramme, Hymnen und Balladen nimmt Heine auf, an die Anakreontik wie an den jungen Goethe knüpft er an, zum Teil in reimlosen und rhythmisch freien Versen. Das Tändeln und Säuseln poetischer Weltentzogenheit, die Topographie einer leergelaufenen Erlebnislyrik, die entsagende Melancholie der Liebesdichtung in der Tradition Petrarcas – all diese überlebten und deshalb in Heines Augen verlogenen Topoi stehen auf der Abschussliste des »romantique défroqué«, des seiner Kutte entkleideten Romantikers, und wie alle entlaufenen Or-

densbrüder rächt sich auch Heine fürchterlich an den eigenen Glaubensursprün-
gen. »Doch Lieder und Sterne und Blümelein, / Und Aeuglein und Mondglanz und
Sonnenschein, / Wie sehr das Zeug auch gefällt, / So macht's doch noch lang keine
Welt« (DHA I, 113) – dies ist das programmatische Banner, unter dem Heine seine
Attacken reitet, Attacken freilich, deren Waffen aus dem Arsenal des zu bekämp-
fenden Gegners stammen:

> Mir träumte wieder der alte Traum:
> Es war eine Nacht im Maie,
> Wir saßen unter dem Lindenbaum,
> Und schwuren uns ewige Treue.
>
> Das war ein Schwören und Schwören auf's Neu',
> Ein Kichern, ein Kosen, ein Küssen;
> Daß ich gedenk des Schwures sey,
> Hast du in die Hand mich gebissen.
>
> O Liebchen mit den Aeuglein klar!
> O Liebchen schön und bissig!
> Das Schwören in der Ordnung war,
> Das Beißen war überflüssig. (DHA I, 185)

Der Traum, die Nacht, der Monat Mai, Lindenbaum und Liebesschwur, Kichern
und Kosen und Küssen – Heine steht alles zu Gebote, und er bietet, und zwar exakt
bis zur Mitte des Gedichts, bis zur sechsten Zeile, alles auf, was die Liebesdichtung
der Romantik zu bieten hat. Dazu gehört allerdings, wie man weiß, auch die Nicht-
erfüllung der Liebessehnsucht, die Topographie der Entsagung und des Schmerzes
in der Tradition der Sonette Petrarcas. Die zweite Hälfte des Gedichts nimmt diese
Tradition in ironischer Absicht auf, versieht sie mit allen Attributen der Parodie,
indem sie sie konkretisiert, verschärft und zuspitzt, bis sie am Ende, mit der voll-
endeten Kunstfertigkeit der letzten Zeile düpiert und verlacht und entzaubert ist.
Der poetischen Operation, die Heine hier durchführt, ließe sich das Zitat zahlloser
weiterer, heiterer wie betrübter Verszeilen aus dem »Buch der Lieder« anschließen,
ein wahres Panorama aus Liebesfreud und Liebesleid in der Tradition der Romantik,
das Heines entschlossenen, willentlichen Auszug aus dieser Tradition anzeigt, ihre
Entgrenzung *und* Überwindung. Bereits mit dem »Buch der Lieder« also sucht
Heine, darin durch und durch intentioneller Außenseiter, das Exil auf, das Exil als
poetische Lebensform.

Nicht anders verhält es sich bei Brecht. Nicht die Romantik, sondern die religiöse Tradition geistlicher Lieder bildet 1927, hundert Jahre nach dem »Buch der Lieder«, den lyrikgeschichtlichen Resonanzboden der »Hauspostille«. Schon der Titel

spielt auf Luthers vierhundert Jahre zuvor erschienene »Taschen- und Hauspostille« (1527) an, die zur Erbauung der christlichen Welt gedacht war. Chroniken und Liturgien, Bittgesänge und Exerzitien, Choräle und Psalmen, Oratorien und Balladen, zum Teil in reimlosen und rhythmisch freien Versen und versehen mit Notenbeispielen, repräsentieren ein Formenarsenal, das Brecht nutzt, auch er zur ebenso lustvollen wie entschlossenen Bekämpfung des Geistes, der aus diesen Traditionen spricht. »Vergänglichkeit« ist das leitmotivisch wiederkehrende Thema dieser Gedichte:

> Lobet die Kälte, die Finsternis und das Verderben!
> Schauet hinan:
> Es kommet nicht auf euch an
> Und ihr könnt unbesorgt sterben. (XI, 77)

heißt es in der letzten Strophe des »Großen Dankchorals«, und auch hier ist das parodistische Element, die Travestie von »Lobe den Herren«, unüberhörbar. Die »Hauspostille« ist ein Weltgericht, ein bewegter und bewegender Abgesang auf die alten Geschichten und großen Überlieferungen der abendländischen Glaubenskonventionen. Brecht hält Gericht, und er tut es mit allem poetischen Ingrimm, Scharfsinn und Genie, dessen er fähig ist, beginnend mit der vorangestellten »Anleitung zum Gebrauch der einzelnen Lektionen«, deren erste Sätze lauten: »Diese Hauspostille ist für den Gebrauch der Leser bestimmt. Sie soll nicht sinnlos hineingefressen werden« (XI, 39), und endend mit einem Anhang, der das Gedicht »Vom armen B. B.« enthält, mit der berühmten Zeile »In mir habt ihr einen, auf den könnt ihr nicht bauen« und der bekannten letzten Strophe:

> Bei den Erdbeben, die da kommen werden, werde ich hoffentlich
> Meine Virginia nicht ausgehen lassen durch Bitterkeit
> Ich, Bertolt Brecht, in die Asphaltstädte verschlagen
> Aus den schwarzen Wäldern in meiner Mutter in früher Zeit. (XI, 120)

Das Exil als poetische Lebensform ist hier bereits vorgeprägt, nicht nur im Ansatz, sondern deutlich konturiert, bis in die Struktur der gewählten Bilder hinein.

Doch selbst wenn ein Dichter sich als intentioneller Außenseiter entwirft – er will allemal ein Publikum, *sein* Publikum erreichen. Das gilt für Heine wie für Brecht. Heines »Reisebilder« sind der erfolgreiche Versuch, den begrenzten Resonanzraum der Lyrik zu erweitern. Schon Mitte der zwanziger Jahre war sich Heine darüber im Klaren, dass der mit der Lyrik beschrittene Weg sich nicht problemlos würde fortsetzen lassen: Schlechte Zeiten für Lyrik – schon damals. In den folgenden Jahren werde man von ihm, so Heine deshalb öffentlichkeits- und publikumsbewusst, »viel prosaisch Tolles, Herbes, Verletzendes und Zürnendes lesen«, ja sogar

»absonderlich Polemisches« (HSA XX, 250): »Die Prosa nimmt mich auf in ihre weiten Arme«. Dass die »Arme«, also die poetischen Möglichkeiten seiner Prosa weit genug waren, stand für Heine außer Frage. Von der »Harzreise« über »Ideen. Das Buch Le Grand« und die italienischen Reisebilder bis zu den »Englischen Fragmenten« spannt sich der Bogen einer grundlegenden Erneuerung des traditionsreichen Genres Reisebericht, ein Genre, das Heine nicht nur umtauft. Vielmehr erneuert er dieses Genre, reichert es an, löst die strengen Gattungsgrenzen zwischen Lyrik und Prosa auf, arbeitet intertextuell und intermedial – mit einer in der Tat bemerkenswerten Resonanz beim Publikum. Schon 1827, kurz nach Erscheinen des Aufsehen erregenden zweiten »Reisebilder«-Bandes »Ideen. Das Buch Le Grand«, konnte ein sehr selbstbewusster Heinrich Heine dem Freund Moses Moser aus London schreiben: »Ich habe durch dieses Buch einen ungeheuren Anhang und Popularität in Deutschland gewonnen; [...] ich habe jetzt eine weitschallende Stimme. Du sollst sie noch oft hören, donnernd gegen Gedankenschergen und Unterdrücker heiligster Rechte.« (HSA XX, 291) Der Streit mit Platen setzte diesem Programm ein Ende.

Wie der existenzielle Außenseiter Heine, so versucht auch Brecht den einmal eingeschlagenen Weg des intentionellen poetischen Außenseiters zu überschreiten. Was bei Heine in den zwanziger Jahren des 19. Jahrhunderts die »Reisebilder«, das sind bei Brecht in den zwanziger Jahren des 20. Jahrhunderts die Dramen. »Baal« (1922), »Trommeln in der Nacht« (1922), »Im Dickicht der Städte« (1924), »Mann ist Mann« (1927), »Dreigroschenoper« (1928), »Aufstieg und Fall der Stadt Mahagonny« (1929) und »Die heilige Johanna der Schlachthöfe« (1932) – so heißen die Stationen, die Brechts Ruhm als Dramatiker begründen. Brecht hat das genossen – aber er hat sich nicht damit begnügt. Auch er wollte nicht *ein* Publikum, sondern *sein* Publikum erreichen – und wohl auch erschaffen.

Theorie und Praxis des Lehrstücks repräsentieren am Ende der zwanziger Jahre, nach einer Zeit intensiver »Kapital«-Studien, diese Entwicklungsphase Brechts, die dem lebensgeschichtlichen Exil voraufgeht. Es geht Brecht – wie Heine bei den »Reisebildern« – um die Erneuerung, mehr noch: um die Umfunktionierung des Theaters von einer Institution bürgerlicher Unterhaltung zu einer Stätte des Erkenntnisfortschritts, nicht etwa der ›Belehrung‹, wie der Begriff »Lehrstück« nahe legen mag: »das lehrstück lehrt dadurch, daß es gespielt, nicht dadurch, daß es gesehen wird. [...] die form der lehrstücke ist streng, jedoch nur, damit teile eigener erfindung und aktueller art desto leichter eingefügt werden können.«[9] Vom »Ozeanflug« (1929) über »Das Badener Lehrstück vom Einverständnis« und »Der Jasager und der Neinsager« (1930) bis zur »Mutter« (1932) reicht die Reihe der Lehrstücke, die dieser Programmatik genügen wollen. Es sind Versuche, die Kunst für das Proletariat zu öffnen und die Arbeiterklasse für das Theater zu gewinnen. Und abermals eine strukturelle Parallele zu Heine: Brechts Lehrstück »Die Maßnahme« wird zu einem ebensolchen Skandalon wie 100 Jahre zuvor der Streit mit Platen. Brecht sah sich veranlasst, den Text für Aufführungen zu sperren, eine Verfügung, die mehr als sechzig Jahre überdauert hat. Die »Maßnahme« ist – wegen der vermeintlichen Rechtfertigung der Methoden Stalins – ein Skandalon geblieben, bis heute, trotz der großen Inszenierung von Klaus Emmerich mit dem Berliner Ensemble (1998), die zum ersten Mal die »Maßnahme« in ihrer vollständigen Fassung, mit der Musik Hanns Eislers, auf die Bühne brachte. Mit dem Exil war das Lehrstück, das Brecht als seine Große Pädagogik verstanden wissen wollte, am Ende.

Die bislang genannten biographischen und zum Teil strukturellen Parallelen zwischen Heine und Brecht sind mehr als äußere und zufällige Akzidenzien. Sie haben vielmehr mit ihren Selbstentwürfen als Dichter zu tun und mit der Funktion, die sie ihrer Dichtung zuweisen. »Jetzt wachen nur noch Mond und Katz / Die Mädchen alle schlafen schon / Da trottet übern Rathausplatz / Bert Brecht mit seinem Lampion« (XIII, 93), dichtete der 18–jährige Schüler in seinem »Serenade« genannten »Erkennungslied« – das ist, ganz buchstäblich, das Porträt des Dichters als jugendlicher Mittelpunkt der Welt, das stilisierte Selbstbild eines Poeten, der bei Nacht, wenn alle anderen schlafen, Licht in und durch das Dunkel trägt, ein Erheller, ein Aufklärer im buchstäblichen Sinn des Wortes. Die Assoziation zu Heine liegt nahe. Der Dichter als Mittelpunkt der Welt – das ist auch der hochfliegende Anspruch, den Heine in den »Bädern von Lukka« anmeldet. Er spricht vom Riss, der durch die Welt geht, vom »Weltriß«, der auch das Herz des Dichters nicht verschont habe, da dieses doch der »Mittelpunkt der Welt« (DHA VII, 95) sei.

Aus beiden Selbstentwürfen ergeben sich Konsequenzen für die Konzeption des Literaturverständnisses. Bei Heine in der Verabschiedung der alten Kunstperiode, der »Goetheschen Kunstidee«, auf die »eine neue Zeit mit einem neuen Prinzipe« (DHA X, 247) folgt, da das alte Prinzip »noch im abgelebten, alten Regime, in der heiligen römischen Reichsvergangenheit wurzelt« (DHA XII, 47). Heine denkt den Fortschritt in der Kunst in historischen Kategorien und zieht aus diesen Voraussetzungen höchst moderne Konsequenzen: »Indessen, die neue Zeit«, so Heine,

> wird auch eine neue Kunst gebären, die mit ihr selbst in begeistertem Einklang seyn wird, die nicht aus der verblichenen Vergangenheit ihre Symbolik zu borgen braucht, und die sogar eine neue Technik, die von der seitherigen verschieden, hervorbringen muß. (ebd.)

Technik – das ist ein Terminus, den man in der Kunsttheorie gegen Ende des 18. Jahrhunderts in Deutschland als einen handwerklichen Begriff verwendet. Heine benutzt diesen Terminus in den dreißiger Jahren des 19. Jahrhunderts im umfassenden Sinn des griechischen Ursprungswortes ›techné‹, das neben dem Handwerklichen auch die Struktur des Kunstwerks umfassen kann, und er verbindet diese

Vorstellung von künstlerischer ›Technik‹ zugleich mit dem fortgeschrittensten Medium seiner Zeit, nämlich mit der Daguerreotypie. Diese Vorform der Fotografie zieht Heine zum Vergleich und als Maßstab heran, wenn er im »Zueignungsbrief« der »Lutezia«, der Sammlung seiner Berichte aus Paris, den Anspruch erhebt, sein Buch sei »zugleich ein Produkt der Natur und der Kunst, und während es jetzt vielleicht den populären Bedürfnissen der Lesewelt genügt, kann es auf jeden Fall dem späteren Historiographen als eine Geschichtsquelle dienen« (DHA XIII,19).

Brecht, hundert Jahre später, bezieht sich auf den Film, auf das fortgeschrittenste Medium *seiner* Zeit, und er benutzt den gleichen Begriffszusammenhang wie Heine, wenn er im »Dreigroschenprozeß« (1930) betont: »Der Filmesehende liest Erzählungen anders. Aber auch der Erzählungen schreibt ist seinerseits ein Filmesehender. Die Technifizierung der literarischen Produktion ist nicht mehr rückgängig zu machen.«[10] Eine Kunst auf der Höhe der Zeit – *absolument moderne*, mit Rimbaud gesprochen –, das ist auch für Brecht eine Kunst, die sich die modernen medialen Techniken ihrer Zeit anverwandelt.

Wenn man also die naheliegende Frage nach den Voraussetzungen und den Gründen der engen Künstler-Verwandtschaft zwischen Heine und Brecht beantworten will, so wird man zunächst zwei Faktoren nennen können: ihr Außenseitertum und ihre Kunstauffassung. Ein dritter Faktor kommt hinzu: das Verhältnis ihrer literarischen Produktion zur Politik. Dieser Faktor erfährt durch das äußere Exil eine Zuspitzung, die auch ihre Kunstauffassung und ihr Selbstverständnis als Autor berührt und bei beiden Dichtern zu einer äußersten Konzentration der poetischen und intellektuellen Mittel führt. Und zwar zum einen im Hinblick auf die Theoriearbeit – bei Heine in Form der großen Essays der dreißiger Jahre, »Zur Geschichte der Religion und Philosophie in Deutschland«, der eine philosophische Begründung seiner Revolutionstheorie enthält, und »Die romantische Schule«, eine theoretisch fundierte Entwicklungsskizze der deutschen Gegenwartsliteratur; bei Brecht in Form der Beteiligung an den großen politischen und theoretischen Debatten der Zeit, so in den Arbeiten zum Realismus-Begriff und zur Theorie des epischen Theaters, die in diesen Jahren entstehen. Auch wenn Brecht, aus taktischen Rücksichten, nicht alles in diesen Jahren Formulierte veröffentlicht – es sind die wichtigsten und die bedeutendsten Texte zum Verhältnis von Kunst und Politik, die das Exil hervorgebracht hat.

Zum anderen und als weitere Parallele höchst bemerkenswert: Heine wie Brecht entwerfen im Exil ein poetologisches Programm zur bewussten Reduktion ihrer literarischen Mittel, zum ›sparsamen‹ Einsatz lyrischer Formen und zu deren kritischer, wenn nicht kämpferischer Instrumentalisierung. Die Voraussetzung hierfür bildet die idiosynkratische Wahrnehmung einer kunstfeindlichen Wirklichkeit. Sie ist es, die Heine 1837 im Vorwort zur Neuausgabe seines »Buchs der Lieder« seufzen lässt: »Seit einiger Zeit sträubt sich etwas in mir gegen alle gebundene Rede, und wie ich höre, regt sich bey manchen Zeitgenossen eine ähnliche Abneigung. Es will mich bedünken, als sey in schönen Versen allzuviel gelogen worden, und die Wahrheit scheue sich in metrischen Gewanden zu erscheinen« (DHA I, 564). Die »Wahrheit« zu sagen, das hatte Heine eben in der Publizistik der 1830er Jahre versucht, in den Schriften über Frankreich und Deutschland, und später in der Börne-Denkschrift und in der »Lutezia«. Es waren prosaische Zeiten, die – Heine weiß es – ihren Tribut gefordert haben:

> O Phöbus Apollo! sind diese Verse schlecht, so wirst du mir gern verzeihen … Denn du bist ein allwissender Gott, und du weißt sehr gut, warum ich mich seit so vielen Jahren nicht mehr vorzugsweise mit Maaß und Gleichklang der Wörter beschäftigen konnte … Du weißt warum die Flamme, die einst in brillanten Feuerwerkspielen die Welt ergötzte, plötzlich zu weit ernsteren Bränden verwendet werden mußte … (DHA I, 15)

Brecht seinerseits spricht ausdrücklich von einer »sprachwaschung«[11], der er seine Gedichte unterziehen werde, von »einer art ›basic german‹«[12], das er seiner lyrischen Produktion unterlege. Das heißt aber: Brecht hat seine vielfältige und vielgestaltige Lyrik sehr bewusst und sehr kalkuliert in einen Funktionszusammenhang eingefügt, der sich in einem weiten Sinne als Kampf gegen den Faschismus bestimmen lässt. Einen strategischen Faktor der Nutzungsmöglichkeiten bildete für Brecht die Askese, die Zurückhaltung, die Selbstbeschränkung bei der Verwendung des poetischen Potentials. Das Programm der »sprachwaschung« und des »basic german« – so Brecht –

> entspricht durchaus nicht einer theorie, ich empfinde den mangel in ausdruck und rhythmus, wenn ich solch eine Sammlung durchlese, aber beim schreiben (und korrigieren) widerstrebt mir jedes ungewöhnliche wort. gedichte wie DIE LANDSCHAFT DES EXILS nehme ich nicht auf, das ist schon zu reich.«[13]

Was waren das für Zeiten, in denen ein solches Gedicht als »schon zu reich« erscheinen konnte!

LANDSCHAFT DES EXILS

Aber auch ich auf dem letzten Boot
Sah noch den Frohsinn des Frührots im Takelzeug
Und der Delphine graulichte Leiber, tauchend
Aus der japanischen See.

Das Pferdewäglein mit dem Goldbeschlag
Und die rosa Armschleier der Matronen
In den Gassen des gezeichneten Manila
Sah auch der Flüchtling mit Freude.

> Die Öltürme und die dürstenden Gärten von Los Angeles
> Und die abendlichen Schluchten Kaliforniens und die Obstmärkte
> Ließen den Boten des Unglücks
> Nicht kalt. (XV, 88)

Dass auch und gerade eine ›sparsame‹ Dichtung aber mit ihrem »basic german« hochpolitisch gewesen ist, muss man nicht eigens betonen. Die politische Dimension lässt sich der Exil-Lyrik Brechts, etwa den »Svendborger Gedichten« oder der »Steffinschen Sammlung« oder den »Hollywood-Elegien« ebenso ablesen wie Heines 1844 erschienenen »Neuen Gedichten« und insbesondere dem Zyklus »Zeitgedichte«. Deutschland – das bekämpfte, das verlassene Land – repräsentiert dabei einen zentralen thematischen Bezug für beide Dichter. Heine wusste warum:

> Es ist eine eigene Sache mit dem Patriotismus, mit der wirklichen Vaterlandsliebe. Man kann sein Vaterland lieben, und achtzig Jahr dabey alt werden, und es nie gewußt haben; aber man muß dann auch zu Hause geblieben seyn. Das Wesen des Frühlings erkennt man erst im Winter, und hinter dem Ofen dichtet man die besten Maylieder. Die Freyheitsliebe ist eine Kerkerblume und erst im Gefängnisse fühlt man den Werth der Freyheit. So beginnt die deutsche Vaterlandsliebe erst an der deutschen Grenze« (DHA V, 373).

Brecht hat dieser ›Vaterlandsliebe‹ in seinem »Deutschland«-Gedicht einen abgründigen Ausdruck gegeben, nach dem Motto: »Mögen andere von ihrer Schande sprechen, ich spreche von der meinen«:

> O Deutschland, bleiche Mutter!
> Wie sitzest du besudelt
> Unter den Völkern.
> Unter den Befleckten
> Fällst du auf.
>
> Von deinen Söhnen der ärmste
> Liegt erschlagen.
> Als sein Hunger groß war
> Haben deine anderen Söhne
> Die Hand gegen ihn erhoben.
> Das ist ruchbar geworden.
>
> Mit ihren so erhobenen Händen
> Erhoben gegen ihren Bruder
> Gehen sie jetzt frech vor dir herum
> Und lachen in dein Gesicht
> Das weiß man.
>
> In deinem Hause
> Wird laut gebrüllt was Lüge ist

Aber die Wahrheit
Muß schweigen.
Ist es so?

Warum preisen dich ringsum die Unterdrücker, aber
Die Unterdrückten beschuldigen dich?
Die Ausgebeuteten
Zeigen mit Fingern auf dich, aber
Die Ausbeuter loben das System
Das in deinem Hause ersonnen wurde!

Und dabei sehen dich alle
Den Zipfel deines Rockes verbergen, der blutig ist
Vom Blut deines
Besten Sohnes.

Hörend die Reden, die aus deinem Haus dringen, lacht man.
Aber wer dich sieht, greift nach dem Messer
Wie beim Anblick einer Räuberin.

O Deutschland, bleiche Mutter!
Wie haben deine Söhne dich zugerichtet
Daß du unter den Völkern sitzest
Ein Gespenst oder eine Furcht. (XI, 254)

Zweimal, am Anfang und am Ende, Deutschland als »bleiche Mutter«, besudelt, befleckt, zugerichtet. Dazwischen entfaltet sich ein Panorama aus allegorischen Konfigurationen des Faschismus: Gewalt, Blut, Tod. Ein Panorama der Lüge, der Unterdrückung, der Ausbeutung, des Raubens und des Mordens.

Es ist nicht auszuschließen, dass Brechts »Deutschland«-Gedicht verdeckt einen intertextuellen Bezug zu einem der berühmtesten Gedichte Heines aufweist, das sich gleichfalls mit den Wörtern ›Deutschland‹ und ›Mutter‹ verbindet:

NACHTGEDANKEN

Denk ich an Deutschland in der Nacht,
Dann bin ich um den Schlaf gebracht,
Ich kann nicht mehr die Augen schließen,
Und meine heißen Thränen fließen.

Die Jahre kommen und vergehn!
Seit ich die Mutter nicht gesehn
Zwölf Jahre sind schon hingegangen;
Es wächst mein Sehnen und Verlangen.

Mein Sehnen und Verlangen wächst.
Die alte Frau hat mich behext,
Ich denke immer an die alte,
Die alte Frau, die Gott erhalte!

Die alte Frau hat mich so lieb,
Und in den Briefen, die sie schrieb,
Seh' ich, wie ihre Hand gezittert,
Wie tief das Mutterherz erschüttert.

Die Mutter liegt mir stets im Sinn.
Zwölf lange Jahre flossen hin,
Zwölf lange Jahre sind verflossen,
Seit ich sie nicht an's Herz geschlossen.

Deutschland hat ewigen Bestand,
Es ist ein kerngesundes Land,
Mit seinen Eichen, seinen Linden,
Werd' ich es immer wieder finden.

Nach Deutschland lechzt' ich nicht so sehr,
Wenn nicht die Mutter dorten wär';
Das Vaterland wird nie verderben,
Jedoch die alte Frau kann sterben.

Seit ich das Land verlassen hab',
So viele sanken dort in's Grab,
Die ich geliebt – wenn ich sie zähle,
So will verbluten meine Seele.

Und zählen muß ich – Mit der Zahl
Schwillt immer höher meine Qual,
Mir ist als wälzten sich die Leichen
Auf meine Brust – Gottlob! sie weichen!

Gottlob! durch meine Fenster bricht
Französisch heit'res Tageslicht;
Es kommt mein Weib, schön wie der Morgen,
Und lächelt fort die deutschen Sorgen. (DHA II, 129 f.)

Dieses Gedicht zeigt freilich eine sehr andere Skala an Empfindungen und Befindlichkeiten als jenes von Brecht. Es geht um das Verhältnis von Vaterland und Mutterliebe. Hier ist nicht Deutschland die Mutter, sondern die Mutter ist Deutschland. Sie ist es, der die Sehnsucht gilt, eine leibliche Mutter, deren Alter die Sorgen des Sohnes weckt, eines Sohnes im Exil, der die Mutter seit zwölf Jahren – so lange immerhin hat das ›Tausendjährige Reich‹ bekanntlich auch gedauert – nicht gesehen hat und der deshalb nach einem Wiedersehen »lechzt«. Und doch geht es dem lyrischen Ich dieses Gedichts auch um Deutschland, wenn es von der alten Mutter spricht. Zwar handeln fünf von zehn Strophen von der Mutter, zwei weitere von schon verstorbenen geliebten Menschen, die letzte Strophe schließlich bringt die schöne junge Frau des lyrischen Ich ins Spiel, und nur in der ersten und dann wieder in der sechsten Strophe geht es ausdrücklich um Deutschland.

Doch wie jeder literarische Text, der dieses Prädikat verdient, hat auch dieses Gedicht einen Subtext. Er spricht vom Verhältnis des lyrischen Ich zu seinem Vaterland in indirekter Form. Die erste Strophe baut eine Erwartung auf, die in der zweiten Strophe destruiert wird: Nur scheinbar geht es um Deutschland, in Wahrheit aber um die persönliche Beziehung des lyrischen Ich zur alten Mutter. Diese Mutter-Sohn-Beziehung wird höher gesetzt – in jeder Hinsicht, quantitativ wie qualitativ – als die zum Vaterland. Das Gedicht spricht also nicht nur eine Liebeserklärung des Sohnes an die Mutter aus, sondern es spricht zugleich in uneigentlicher Form ein Urteil über Deutschland. Das Vaterland – es fällt nicht ins Gewicht, mit all »seinen Eichen, seinen Linden«, es ist, da ›kerngesund‹ und ›ewig‹, der Rede kaum wert. Ja, es erscheint eher als ein Störfaktor, den Heine metrisch wie rhythmisch exponiert. Alle Verse des Gedichts – auch die oft fälschlich auf der ersten Silbe betonte erste Zeile – sind in regelmäßigen Jamben gehalten, doch die einundzwanzigste Verszeile unterbricht das rhythmische Gleichmaß: »Deutschland hat ewigen Bestand« – diese Zeile beginnt mit einem Trochäus (Déutschland), der den Rhythmus des Gedichts an entscheidender Stelle unterbricht, kompakt, drohend, teutonisch. Mit diesem Deutschland will dieses lyrische Ich nichts zu schaffen haben. Seine »deutschen Sorgen« sind persönlicher, nicht politischer Natur. Und wenn am Ende die Liebe lacht, lösen auch sie sich auf: in ein heites Nichts, wie es nur Heine entwerfen kann.

IV.

Das breite Spektrum an Themen und Formen, das die Lyrik des Exils kennzeichnet, nämlich Satiren, Parodien, Schmähgedichte, Mahn- und Warngedichte, Chroniken und Deutschland-Bilder, mythologische Projektionen, poetologische Gedichte, Gedenk- und Klage-Gedichte, die Formen des Sonetts, der Ballade, der Elegie, gereimt und in regelmäßigen Rhythmen wie auch ungereimt und in unregelmäßigen Rhythmen[14] – dieses breite Spektrum an Themen und Formen hat kein anderer Autor so zu nutzen gewusst wie Bertolt Brecht – und vor ihm Heinrich Heine. Ein bedeutender Unterschied freilich besteht, bei allen nachgezeichneten Graden der Wahlverwandtschaft, zwischen diesen beiden Autoren. Er besteht in einem bevorzugten poetischen Ausdrucksmittel Heines, in seiner Ironie. Gelegentlich ist auch von Heines ›jüdischem Witz‹ die Rede und in ihrem Zusammenhang von ›jüdischer Kultur‹ – eine fragwürdige Zuschreibung. Sie erinnert an eine Diskussion, die Bertolt Brecht am 22. Oktober 1944 mit jüdischen Emigranten – »jüdischen Linken«, wie Brecht in seinem »Arbeitsjournal« schreibt – in Kalifornien geführt hat. Brecht notiert Folgendes:

> eine neue politik der kommunisten, wie es scheint: die amerikanischen juden sollen sich als nationale minorität organisieren. einer ruft klagend aus: »die juden wissen nichts über ihre kultur!« […] hätte heine in jiddisch geschrieben, wäre es vom jüdischen standpunkt aus besser gewesen. vergebens suche ich einzuwenden, da hebräisch und sogar jiddisch nicht so voll entwickelte moderne sprachen sind wie englisch, russisch, französisch, deutsch, spanisch und gewisse asiatische sprachen. daß schönberg, einstein, freud, eisenstein, meyerhold, döblin, eisler, weigel nicht jüdische, sondern andere kulturen verkörpern usw. usw. zeugnisse »jüdischer« kultur gibt es meines wissens nicht im gleichen format wie etwa der jazz oder die negerplastik oder die irische dramatik, genau wie zu MARXENS zeit müssen die juden sich vom kapitalismus (»dem kommerz«) emanzipieren und nicht sich in ihre »alte kultur« flüchten.[15]

Zu Marxens Zeit – das ist die Zeit Heines. Wenn Brecht Recht hat – und dafür spricht einiges –, dann ist es fragwürdig, für Heine das Signet ›jüdischer Witz‹ in Anspruch nehmen zu wollen. Heines Witz ist – auch als Teil seiner poetischen Lebensform ›Exil‹ – der Witz Heines, und dessen bevorzugtes Medium bildet die Ironie. Ironie ist eine Figur der uneigentlichen Rede. Ihre Grundform hat Sören Kierkegaard mit der treffenden Bestimmung umschrieben, »daß die Erscheinung nicht das Wesen, sondern das Gegenteil des Wesens ist. Wenn ich rede, ist der Gedanke, der gemeinte Sinn das Wesen, und das Wort die Erscheinung«.[16] Die Erscheinung als Gegenteil des Wesens – versteht man diese grundsätzliche Bestimmung nicht in einem allzu engen Sinne, so darf man annehmen, dass das ironische »Wort«, das ›Phänomen‹ auf einer breiten Skala von Bedeutungen changiert, die dem »Wesen«, dem »gemeinten Sinn« gegenüber liegen, zumindest ihm nicht entsprechen. In welchem Maße sie dies nicht tun, bleibt aber gerade unbestimmt. Ironie ist eine Negationsfigur. Ihren Reiz macht ihre Unbestimmtheit und Unbestimmbarkeit aus. Ihr negatorischer Charakter eröffnet ihr die Spielräume, deren sie als poetische Figur bedarf.

Heines Ironie repräsentiert seine poetische Lebensform par excellence. Mehr noch: Heines Exil-Dichtung ist durch und durch ironisch. Und diese Tatsache markiert, vielleicht mehr als alles andere, den Unterschied zur poetischen Lebensform ›Exil‹ bei Brecht. Es ist ein Unterschied ums Ganze. Meine These lautet: Es ist Heines existenzielles Außenseitertum, das seine Ironie fundiert. Es sind die vom ersten Lebenstag an erfahrenen Zeitumstände, die ihm ein positiv definierbares Weltverhältnis verstellen. Heine lebt als existenzieller Außenseiter von Anfang an in antagonistischen, in nicht versöhnbaren Widersprüchen. Deshalb bleibt er Ironiker, auch dann noch, wenn er zum Kampf ruft. Hierfür ein Beispiel, ein Gedicht aus den »Neuen Gedichten« des Jahres 1844, das den Zyklus »Zeitgedichte« eröffnet, auch dies eines der bekanntesten Gedichte Heines:

DOKTRIN

Schlage die Trommel und fürchte dich nicht,
Und küsse die Marketenderinn!
Das ist die ganze Wissenschaft,
Das ist der Bücher tiefster Sinn.

Trommle die Leute aus dem Schlaf,
Trommle Reveilje mit Jugendkraft,
Marschire trommelnd immer voran,
Das ist die ganze Wissenschaft.

Das ist die Hegelsche Philosophie,
Das ist der Bücher tiefster Sinn!
Ich hab' sie begriffen, weil ich gescheidt,
Und weil ich ein guter Tambour bin. (DHA II, 109)

Die Selbstanrede des lyrischen Ich ermutigt zwar zu Kampfbereitschaft und Sinnenlust, zu Aktivismus und Meinungsführerschaft, zur Tat, die an die Stelle des Gedankens treten soll. Eine Kampfdichtung – so hat man sie immer verstanden, und man fühlte sich gerade durch den Titel des Gedichts, »Doktrin«, in dieser Auffassung bestätigt. Doch der Schein trügt. Eine genauere Prüfung führt zu einem sehr anderen Befund.[17] Wir wissen, dass Heine der saint-simonistischen ›Doktrin‹, die hier als inhaltlicher Bezug in Betracht kommt, Anfang der vierziger Jahre bereits recht fern stand. Ebenso kennen wir Heines Distanz zur Hegelschen Philosophie und ihrem Fortschrittsoptimismus in diesen Jahren. Ferner hat Heine auf die Frage »Was ist in der Kunst das Höchste?« die entschiedene Antwort gegeben: »die selbstbewußte Freyheit des Geistes«, die für Heine gerade keine inhaltliche Bestimmung darstellen sollte: »das Selbstbewußtseyn der Freyheit in der Kunst offenbart sich ganz besonders durch die Behandlung, durch die Form, in keinem Falle durch den Stoff« (DHA XIV, 48).

Sehr fraglich ist es deshalb, ob man das kampfesmutige »Ich« dieses Gedichts, das so selbstbewusst wie naiv den »Leuten« voranmarschiert, ohne weiteres mit dem Ich des Dichters Heinrich Heine in eins setzen darf, ob dieses Ich nicht vielmehr als ein Rollen-Ich entworfen ist, dessen Auffassungen in manchem von denen des Dichters abweichen. Bezieht man den Ausdrucksgestus des Gedichtschlusses (»Ich hab' sie begriffen, weil ich gescheidt, / Und weil ich ein guter Tambour bin«) auf den Titel des Gedichts, so wird erkennbar, dass der positiven wechselseitigen Verweisung von propagierter Lehre und naivem Selbstlob durchaus der Charakter eines ironischen Signals zukommt. Gerade der scheinbar ungebrochenen Bestätigung von poetologischer Doktrin durch die Haltung unreflektierter Selbstbestätigung et vice versa entspringt ein Grad an Affirmation, der sich selbst kaum ernst nimmt. Mit Kierkegaards Worten: »die Erscheinung [ist] nicht das Wesen, sondern das Gegenteil des Wesens«. Es handelt sich vielmehr um ein programmatisches Warn-Gedicht vor jenen Künstlern, die – so Heine voller Sarkasmus – »die Freyheit selbst und die Befreyung zu ihrem Stoffe gewählt« haben und deshalb »gewöhnlich von beschränktem, gefesseltem Geiste, wirklich Unfreye sind«. In diesem Sinn stellt das Gedicht »Doktrin« Kritik an affirmativer politischer Lyrik dar, wie Heine sie auch in anderen Gedichten des Zyklus »Zeitgedichte« (etwa »Die Tendenz«) in ironischer Form geübt hat. Jene ›doktrinäre‹ Poetik gemahnt nicht an den Dichter Heine, sondern warnt gerade vor der Haltung doktrinärer Dichter.

Nur ein einziges der Exilgedichte Heines lässt sich auf jene »Doktrin« in einem wörtlich verstandenen Sinn beziehen: »Die schlesischen Weber«. Es ist die Ausnahme von der Regel, doch auch diese Ausnahme wird man als eine genuin Heinesche Lösung des Problems einer politisch ›doktrinären‹ Positionsnahme sehen dürfen. Nicht die kampflustige Aufbruchstimmung des fröhlichen Tambours, sondern die aus Hass geborene Zerstörung und Vernichtung aller Traditions- und Glaubenswerte steht auf dem Plan – aber nicht die Heines, sondern die der Weber, deren Perspektive das Gedicht wiedergibt:

DIE SCHLESISCHEN WEBER

Im düstern Auge keine Thräne,
Sie sitzen am Webstuhl und fletschen die Zähne:
Altdeutschland wir weben dein Leichentuch,
Wir weben hinein den dreyfachen Fluch –
Wir weben, wir weben!

Ein Fluch dem Gotte, zu dem wir gebeten,
In Winterskälte und Hungersnöthen;
Wir haben vergebens gehofft und geharrt,
Er hat uns geäfft und gefoppt und genarrt –
Wir weben, wir weben!

Ein Fluch dem König, dem König der Reichen,
Den unser Elend nicht konnte erweichen,
Der den letzten Groschen von uns erpreßt
Und uns wie Hunde erschießen läßt –
Wir weben, wir weben!

Eiń Fluch dem falschen Vaterlande,
Wo nur gedeihen Schmach und Schande,
Wo jede Blume früh geknickt,
Wo Fäulniß und Moder den Wurm erquickt –
Wir weben, wir weben!

Das Schiffchen fliegt, der Webstuhl kracht,
Wir weben emsig Tag und Nacht –
Altdeutschland, wir weben dein Leichentuch,
Wir weben hinein den dreyfachen Fluch,
Wir weben, wir weben! (DHA II, 150)

Die Ausnahme von der Regel der ironischen Exil-Lyrik Heines. Anders Brecht. Er ist in seiner Exil-Lyrik durchweg unironisch. Satirisch, sarkastisch, parodistisch, auch zynisch, immer nach Maßgabe der politischen Situation – ja, aber nicht ironisch. Die Zeiten waren nicht danach. Wonach die Zeit verlangte, zeigt Brechts »Einheitsfrontlied«, eines der bekanntesten Beispiele für Brechts agitatorische Lyrik, das sich wie die Einlösung einer wörtlich (also miss-)verstandenen »Doktrin« à la Heine anhört:

EINHEITSFRONTLIED

1
Und weil der Mensch ein Mensch ist
Drum will er was zum Essen, bitte sehr!
Es macht ihn kein Geschwätz nicht satt
Das schafft kein Essen her.
Drum links, zwei, drei! Drum links, zwei, drei!
Wo dein Platz, Genosse, ist!
Reih dich ein in die Arbeitereinheitsfront
Weil du auch ein Arbeiter bist.

2
Und weil der Mensch ein Mensch ist
Hat er Stiefel im Gesicht nicht gern.
Er will unter sich keinen Sklaven sehn
Und über sich keinen Herrn.
Drum links, zwei, drei! […]

3
Und weil der Prolet ein Prolet ist
Drum wird ihn kein andrer befrein.
Es kann die Befreiung der Arbeiter nur
Das Werk der Arbeiter sein.
Drum links, zwei, drei! […] (XII, 26)

Der agitatorisch-kämpferische Impuls steht hier, ganz ohne Ironie, im Vordergrund, rhythmisch übersetzt in den Marschtritt der regelmäßig gebauten und akzentuierten Verszeilen. Das »EINHEITSFRONTLIED« wurde auf Bitten Erwin Piscators für die Erste Arbeiter-Olympiade der Musik 1935 in Moskau verfasst und von Ernst Busch und Hanns Eisler mit 3 000 Arbeitersängern uraufgeführt. Es hat in der Geschichte der Arbeiterkultur eine ähnlich legendäre Geschichte gehabt wie Heines Weber-Gedicht. Es trägt den veränderten Zeitumständen durch seine ungebrochene Positivität Rechnung. Der literarischen Uneigentlichkeit in Form von Ironie und Ironien Spielräume zu eröffnen, hätte nach Brechts Verständnis politische Unklarheit geschaffen, wo Eindeutigkeit vonnöten schien. Brecht hat deshalb immer wieder versucht, seine Position im Kampf gegen den Faschismus eindeutig zu bestimmen. Wiederum als These formuliert, lautet der Befund: Dem intentionellen Außenseiter Bertolt Brecht, der sich in antagonistischen, nicht versöhnbaren Widersprüchen befangen sieht, steht Ironie nicht zur Verfügung. Satire, Sarkasmus, Parodie und Zynismus, auch Melancholie und Trauer – ja. Nicht aber Ironie. Erst spät, nach der Rückkehr aus dem amerikanischen Exil in die DDR, hat Brecht in seiner Lyrik zu Heiterkeit und Leichtigkeit zurückgefunden. Sie hat es ihm erlaubt – exemplarisch in den »Buckower Elegien« –, auf die Restriktionen der Staats- und Parteiführung auch mit dem Mittel der Ironie zu antworten. Hier aber sieht sich Brecht auf einem Kampffeld nicht-antagonistischer Widersprüche:

DIE LÖSUNG

Nach dem Aufstand des 17. Juni
Ließ der Sekretär des Schriftstellerverbands
In der Stalinallee Flugblätter verteilen
Auf denen zu lesen war, daß das Volk
Das Vertrauen der Regierung verscherzt habe
Und es nur durch verdoppelte Arbeit
Zurückerobern könne. Wäre es da
Nicht doch einfacher, die Regierung
Löste das Volk auf und
Wählte ein anderes? (XII, 310)

Brechts Gedicht referiert die Fakten exakt. Es zeigt die Verkehrung der Machtverhältnisse im Staat DDR, einem Staat, der den Anspruch erhob, die Macht der Arbeiterklasse zu repräsentieren. Die Ironie bildet nicht nur das Medium der Entschleierung der tatsächlichen Machtverhältnisse, sondern sie produziert zugleich einen politisch-ästhetischen Mehrwert. Man kann ihn benennen. Er heißt ›Protest‹. Dies ist der Aspekt der auch Heines Ironie kennzeichnet, und mit ihm komme ich zum Schluss. Heine ist Ironiker geblieben, auch im Angesicht des Todes noch. Zwei

Jahre vor seinem Tod, gezeichnet von den Leiden in der »Matratzengruft«, verfasst Heine den Gedichtzyklus »Zum Lazarus«, den das folgende Gedicht einleitet:

> Laß die heil'gen Parabolen,
> Laß die frommen Hypothesen –
> Suche die verdammten Fragen
> Ohne Umschweif uns zu lösen.
>
> Warum schleppt sich blutend, elend,
> Unter Kreuzlast der Gerechte,
> Während glücklich als ein Sieger
> Trabt auf hohem Roß der Schlechte?
>
> Woran liegt die Schuld? Ist etwa
> Unser Herr nicht ganz allmächtig?
> Oder treibt er selbst den Unfug?
> Ach, das wäre niederträchtig.
>
> Also fragen wir beständig,
> Bis man uns mit einer Handvoll
> Erde endlich stopft die Mäuler –
> Aber ist das eine Antwort? (DHA III, 198)

Ironie in diesem Gedicht heißt: Dissonanz. Sie findet sich hier als der wohlkalkulierte Missklang des letzten Verses, der das bislang durchgehaltene Reimschema aufsprengt, Ausdruck eines abgründigen Dissenses, in dem das Missverhältnis zwischen ungerechtem Leiden und antwortlosem Fragen eingefangen ist. Indem die existenzielle Dissonanz über das Stilmittel der Assonanz (»Handvoll«/«Antwort«) organisiert wird, hält das leidende Ich gegenwärtig, was sich wirklich und wahrhaftig, so banal wie grauenhaft, aufeinander bezieht: das schließlich im Grab gestopfte Maul, die gleichwohl nicht endenden Fragen. Die Ironie in Heines später Lyrik protestiert gegen den Status quo sinnwidrigen, grundlosen, unvernünftigen Leidens. Weil dieses Ich die Fragen radikal subjektiviert, vermag es, für alle Menschen zu sprechen. Zugleich tritt seine Ironie damit aus dem begrenzten Gesichtskreis des lyrischen Ich heraus. Dieses Ich besteht, auch im Exil seiner tödlichen Krankheit, darauf, dass »das Herz des Dichters der Mittelpunkt der Welt« sei. Indem es seinem Leidensausdruck die Form der Ironie leiht, erhält es sich und uns die Form des Protests – wie am Ende auch Brecht. Vielleicht kann man mit Hilfe dieser beiden Säulen, Heinrich Heine und Bertolt Brecht, eine Art Poetik des Exils entwerfen. Die Überlegungen dieses Beitrags lassen sich als Prolegomena zu einem solchen Unternehmen verstehen.

Anmerkungen

[1] Brechts Werke werden, soweit nicht anders angegeben, im Text zitiert mit Band- und Seitenzahl nach der Ausgabe: Bertolt Brecht: Werke. Große kommentierte Berliner und Frankfurter Ausgabe. Hrsg. von Werner Hecht, Jan Knopf, Werner Mittenzwei, Klaus Detlev Müller. Frankfurt a. M. 1989 ff.

[2] Zum Verhältnis Brechts zu Heine allgemein vgl. Herbert Clasen: Heinrich Heines Romantikkritik. Hamburg 1979, S. 340 ff.

[3] Hans Mayer: Außenseiter. Frankfurt a. M. 1977, S. 18.

[4] Ebd., S. 19.

[5] Hierzu ausführlich Klaus Briegleb: Bei den Wassern Babels. Heinrich Heine, jüdischer Schriftsteller in der Moderne. München 1997, v. a. S. 58 ff.

[6] Carl Pietzcker: Ich kommandiere mein Herz – Brechts Herzneurose. 2. Aufl. Würzburg 1988.

[7] Walter Brecht: Unser Leben in Augsburg, damals. Erinnerungen. 2. Aufl. Frankfurt a. M. 1985, S. 209.

[8] Zitiert nach Klaus Völker: Brecht-Chronik. Daten zu Leben und Werk. München 1971, S. 87.

[9] Bertolt Brecht: Die Maßnahme. Kritische Ausgabe mit einer Spielanleitung von Reiner Steinweg. Frankfurt a. M. 1972, S. 251 f.

[10] Bertolt Brechts Dreigroschenbuch. Texte, Materialien, Dokumente. Frankfurt a. M. 1960, S. 91.

[11] Bertolt Brecht: Arbeitsjournal. Hrsg. von Werner Hecht. Frankfurt a. M. 1973. Erster Band 1938 bis 1942, S. 155.

[12] Arbeitsjournal [Anm. 11], Zweiter Band 1942–1955, S. 715.

[13] Ebd.

[14] Vgl. hierzu die Einleitung von Wolfgang Emmerich in: Lyrik des Exils. Hrsg. von Wolfgang Emmerich und Susanne Heil. Stuttgart 1985.

[15] Arbeitsjournal [Anm. 12], S. 698.

[16] Sören Kierkegaard: Über den Begriff der Ironie. Mit ständiger Rücksicht auf Sokrates (1841). Frankfurt a. M. 1976, S. 243.

[17] Hierzu ausführlich Ralf Schnell: Heinrich Heine zur Einführung. Hamburg 1996.

»Manchmal nur, in dunkeln Zeiten«
Heine, Kafka, Celan
Schreibweisen jüdischer Selbstreflexion

Von Karlheinz Fingerhut, Ludwigsburg

o. Vorbemerkung zur Methode

Der Volksmund bewahrt etwas vom allgemeinen Wissen über den Umgang mit Poesie: ›Sich einen Reim auf etwas machen‹ heißt, Sinn dort suchen, wo Schwerverständliches geäußert wurde. Wenn es denn stimmt, was Literaturwissenschaftler heute nicht müde werden zu betonen, dass ein literarischer Text immer etwas zu sagen hat, wovon er nicht spricht, so ist es angemessen, ihn als etwas Ungereimtes zu nehmen (auch wenn er als Gedicht daherkommt) um sich einen Reim darauf zu machen.

Die Suche nach einer ›eigentlichen Bedeutung‹ ist indes in Misskredit geraten, weil professionelle Leser oft meinten, den Reim, den sie sich auf einen Text gemacht hatten, mit der autoritären Geste des Gebildeten als den dem Dichter ›einzig angemessenen‹ auszugeben. Das ist heute – zum Leidwesen vieler Verwalter kultureller Bildungsgüter – nicht mehr so. Der Ausweis der Ästhetizität eines Textes liegt vielmehr in seiner Offenheit für mehrere, miteinander konkurrierende Lektüren. Gefordert ist Plausibilität der Beobachtungen am Text, nicht die Wiederholung eines im Text bereits Gesagten in wissenschaftlich-begrifflicher Interpretation. Es entstand das Bild des Lesers als eines Archäologen, des Textes als eines Grabungsgeländes: Schicht um Schicht trägt der Leser-Archäologe ab, gräbt tiefer in den Text-Boden und legt einander überlagernde Sinnschichten frei. Um eine solche Grabung soll es im Folgenden gehen. Unsere Grabungsfelder sind Gedichte Heines, einige Aphorismen und Fragmente Kafkas, einige Gedichte Paul Celans.

Es handelt sich bei den drei Autoren um Dichter, für die ihr Bezug zur deutschen Sprache und ihr Bezug zur jüdischen Tradition ein zentrales, janusköpfiges Problem darstellte. Speziell geht es dabei um die Bedeutung Heines für den kulturellen Hintergrund der jüdischen Minderheiten im österreichischen Kaiserreich. Hier war Heine der wichtigste Autor der klassisch-romantischen Periode neben Goethe, einer, der die Bedeutung der jüdischen Kultur für die Entwicklung der Moderne thematisiert hatte, einer, der die Gefahren der Nationalismen für die

Paul Celan (1920–1970)

jüdischen Minderheiten erfasst und beschrieben hatte und der in Österreich deutlich höher geschätzt wurde als etwa im preußischen Königreich, dessen Bürger er war. Diese Bedingung galt vor dem ersten Weltkrieg in dem kulturellen Zentrum Prag, wo die Juden über die Literatur zwischen den Deutschen und den Tschechen kulturelle Bedeutung zu erlangen suchten[1], und ebenso in Czernowitz, wo sich ein rumänischer und ungarischer Nationalismus entwickelt hatte. Brod und Kafka, auch Celan und Rose Ausländer haben intensiv Heine gelesen.[2]

In allen Werk-Grabungsfeldern vermute ich zwei interessante Lektüre-Schichten, die erste Schicht, Bezug zur jüdischen Tradition, und die zweite Schicht, Bezug zum literarischen Schreiben in deutscher Sprache unter den Bedingungen der europäischen Moderne. In beiden hoffe ich auf Bruchstücke einer produktiven Heine-Lektüre zu stoßen.

Heine selbst verband die beiden Schichten in seinem »Rabbi von Bacherach« so, dass in der Rahmenerzählung die erste, in der zuerst romantischen, später (selbst-)ironischen Binnenerzählung die zweite Schicht zutage tritt.

> Die große Judenverfolgung begann mit den Kreuzzügen und wüthete am grimmigsten um die Mitte des vierzehnten Jahrhunderts, am Ende der großen Pest, die, wie jedes andere öffentliche Unglück, durch die Juden entstanden seyn sollte, indem man behauptete, sie hätten den Zorn Gottes herabgeflucht und mit Hülfe der Aussätzigen die Brunnen vergiftet. Der gereizte Pöbel, besonders die Horden der Flagellanten, halbnackte Männer und Weiber, die zur Buße sich selbst geißelnd und ein tolles Marienlied singend, die Rheingegend und das übrige Süddeutschland durchzogen, ermordeten damals viele tausend Juden, oder marterten sie, oder tauften sie gewaltsam. (DHA V, 110)

Das Emanzipationsprogramm der Aufklärung sah als Ausweg die Assimilation der Juden vor, die die deutsche Sprache zu sprechen und zu schreiben lernten, sich – wie Heine selbst – in der Hoffnung taufen ließen, dass sie damit die Zugehörigkeit zur Sprachgemeinschaft der Nationen auch kulturell und sozial erwerben könnten. Dieses Bemühen blieb Utopie, einerseits weil ihnen weiterhin Abwehr und Zurückweisung entgegenschlug, andererseits weil von ihnen selbst die Assimilation als ein sozialer Zwang zur Aufgabe der eigenen Identität erfahren wurde und Verhaltensformen entstanden, die Anpassung und Widerstand zugleich umfassten. Für dieses Verhalten setzt Klaus Briegleb den Begriff des Marranentums.[3] Er besagt eine Form der Anpassung, die Eigenes durch List und Maskierung unter der Fassade des Übernommenen zu bewahren trachtet. Und ein zweiter Begriff beherrscht die Diskussion des Problemfeldes, der Begriff des ›Mauschelns‹. Mauscheln ist das An-sich-Bringen einer Sache, die einem nicht gehört. Im Falle der deutsch sprechenden und schreibenden Juden etwa die Übernahme der Sprache als eines Fremden, das einem nicht wirklich zugehört. Heines Gedichte wurden von Karl Kraus so kommentiert:

Alle, denen ein Gedicht ihre im Reim beschlossene Übereinstimmung mit dem Dichter bedeutet, flüchten zu Heine. Wer den Lyriker auf der Suche nach weltläufigen Allegorien und
beim Anknüpfen von Beziehungen zur Außenwelt zu betreten wünscht, wird Heine für den
größeren Lyriker halten als Goethe. Wer aber das Gedicht als Offenbarung des im Anschauen
der Natur versunkenen Dichters und nicht der im Anschauen des Dichters versunkenen Natur
begreift, wird sich bescheiden, ihn als lust- und leidgeübten Techniker, als prompten Beklei-
der vorhandener Stimmungen zu schätzen. Wie über allen Gipfeln Ruh' ist, teilt sich Goethe,
teilt er uns in so groß empfundener Nähe mit, daß die Stille sich als eine Ahnung hören läßt.
Wenn aber ein Fichtenbaum im Norden auf kahler Höh' steht und von einer Palme im Morgenland träumt, so ist das eine besondere Artigkeit der Natur, die der Sehnsucht Heines alle-
gorisch entgegenkommt. Wer je eine so kunstvolle Attrappe im Schaufenster eines Konditors
oder eines Feuilletonisten gesehen hat, mag in Stimmung geraten, wenn er selbst ein Dichter
ist. Aber ist ihr Erzeuger darum einer?[4]

Hier wird Heine vorgeworfen, er ›mauschele‹ Goethesche Naturerfahrungen. Empfindungen biete er in seiner glatten Sprache als Gefühlsattrappen. Sein träumender
Fichtenbaum und die nachdenkliche Palme seien eben nicht der Natur, nicht der
Sprache, nicht der Tradition des tiefen Gefühls des deutschen Liederdichters Goethe zugehörig, sie täten nur so. Adorno hat in »Die Wunde Heine« sogar den Ver-
ratsvorwurf erhoben: Heine habe sich die Sprache der klassisch-romantischen Poesie angeeignet und dann an den Journalismus weiterverkauft.[5]

Kafka hat dieses Urteilsmuster selbstkritisch auf den eigenen Gebrauch der deutschen Sprache angewandt. Er sprach vom Mauscheln als einer

lauten oder stillschweigenden oder auch selbstquälerischen Anmaßung eines fremden
Besitzes, den man nicht erworben, sondern durch einen (verhältnismäßig) flüchtigen Griff ge-
stohlen hat und der fremder Besitz bleibt, auch wenn nicht der einzigste Sprachfehler nachgewiesen werden könnte …[6]

Er hat auch seine Tierfiguren die menschliche Sprache mauschelnd benutzen lassen.
Sowohl der Affe Rotpeter in »Ein Bericht für die Akademie« als auch der Mäuse-
Erzähler in »Josefine die Sängerin oder das Volk der Mäuse« erzählen von sich und
ihrer Welt in einer Sprache, die sie wie eine Fremd- oder Zweitsprache benutzen.[7]
Das Moderne an dieser Sprachbenutzung beruht auf dem Prinzip der Transfiguration. Die Grenzen zwischen Mensch und Tier werden ununterscheidbar und sie
sind doch zu sehen. Kafka nutzt hier das Deutsche als Ironiker.

Celan schließlich – und wie er die anderen deutsch schreibenden jüdischen Autoren aus den südosteuropäischen Ländern des k. u. k. Österreich wie Rose Ausländ-
der und Nelly Sachs, aber auch Erich Fried oder Elias Canetti – erfährt den Hiat
zwischen der deutschen Sprache und der eigenen Dichtung als »Finster-Lisene«
[= Rand des Bösen], das heißt über die Belastung, die diese Sprache als die Sprache

seiner Feinde und Verfolger, als die missbrauchte Sprache der antijüdischen Propaganda, der mörderischen Bürokratie und der faschistischen Politik für ihn darstellte. In dieser Sprache können alle Geschichten doppelt gelesen werden, als Erinnerung an die mit dieser Sprache verbundenen Schrecken und als ästhetische Konstruktion, die Erinnerung aufbewahrt.

Zwei Konsequenzen des gebrochenen Verhältnisses der genannten Autoren zur deutschen Sprache sind an der Oberfläche ihrer Texte beobachtet worden. Es sind bewusste *Abweichungen von unbefragt geltenden Normen*, z. B. Sprachspiele, und es ist ein *detailfixierter Blick auf wenig auffällige sprachliche Besonderheiten*. Bei Heine zeigt sich das als Sprachwitz, etwa die Ausnutzung von Doppelnotaten (Die Geliebte hat heimlich die Stadt durch das Stadttor verlassen, und der enttäuschte Liebhaber kommentiert: »Ein Thor ist immer willig, / Wenn eine Thörin will.«) oder den ›Kofferwörtern‹, die um eines entlarvenden Effekts willen zwei semantisch miteinander unvereinbare Begriffe wegen einer Übereinstimmung auf der Ebene des Lautstandes verknüpfen. Eines der bekanntesten Kofferwörter Heines ist »famillionär« für das Verhalten des Salomon Rothschild gegenüber dem kleine Juden und Lotterieeinnehmer Hirsch. »Aristokrätzig« kritisiert die jüdische Anpassung an adelige Verhaltensmuster in einem Wort. Der Erzähler, der diese Begriffe benutzt, distanziert sich mit ihrem Gebrauch von den so beschriebenen oder bewerteten Figuren.[8]

Bei Kafka ist es das Spiel mit einer nicht-juristischen Semantik juristischer Begriffe, etwa der »Prozess« oder die »Verhaftung« Josef K.s, die auch eine psychische Bedeutung haben könnten, oder mit Formulierungen, durch die der Sprecher sich unfreiwillig von sich selbst distanziert, wie Gregor Samsa, der von der Fürsorge seiner Schwester spricht, während der Leser seinen Worten das Gegenteil entnehmen kann:

> Aber die Schwester bemerkte sofort mit Verwunderung den noch vollen Napf, aus dem nur ein wenig Milch ringsherum verschüttet war, sie hob ihn gleich auf, zwar nicht mit den bloßen Händen, sondern mit einem Fetzen, und trug ihn hinaus. Gregor war äußerst neugierig, was sie zum Ersatz bringen würde, und er machte sich die verschiedensten Gedanken darüber. Niemals aber hätte er erraten können, was die Schwester in ihrer Güte wirklich tat. Sie brachte ihm, um seinen Geschmack zu prüfen, eine ganze Auswahl, alles auf einer alten Zeitung ausgebreitet. Da war altes halbverfaultes Gemüse; Knochen vom Nachtmahl her [...]. Außerdem stellte sie zu dem allen noch den wahrscheinlich ein für allemal für Gregor bestimmten Napf, in den sie Wasser gegossen hatte. Und aus Zartgefühl, da sie wußte, daß Gregor vor ihr nicht essen würde, entfernte sie sich eiligst und drehte sogar den Schlüssel um, damit nur Gregor merken könne, daß er es sich so behaglich machen dürfe, wie er wolle.[9]

Bei Celan schließlich ist diese Sprachbehandlung die Basis des hermetischen Wortgebrauchs schlechthin. Hier nutzt jemand die Sprache nicht als Instrument zu Mitteilungszwecken, sondern er löst Wörter aus syntaktischen Verknüpfungen, verändert ihre morphologische Substanz, kombiniert und variiert, so dass sich geläufige syntaktische, morphematische und semantische Kategorien verwirren. Dabei entstehen Begriffskombinationen, die Heines Kofferwort-Technik bis zum Rätselspiel weiterführen. In den Gedichten, die ich näher besprechen werde, kommt z. B. das zusammengesetzte Wort »klagegerastert« vor, ähnlich die Adjektive »lichtbärtig« oder »namenwach, handwach«, die Substantive »Schneetrost« oder »Finster-Lisene«. Eine ironische Distanzierung durch den Gebrauch solcher Wörter oder Redeweisen ist nicht mehr zu erkennen. Im Gegenteil, der Leser hat den starken Eindruck, dass hier jemand nach Worten sucht und dass ihm die geläufigen nicht zur Verfügung stehen.

Es ist meine Absicht zu zeigen, dass beide genannten sprachlichen Indikatoren für das Mauscheln des Marranen etwas mit der Sprachtheorie der Kabbala zu tun haben. Um diese Überzeugung nicht im luftleeren Raum stehen zu lassen, möchte ich einige Bruchstücke aus kabbalistischen Aussagen über die göttliche Sprache der Schöpfung vorstellen. Ausgangspunkt ist die generelle Einschätzung der Sprache, die – so formuliert es Kafka – »für alles außerhalb der sinnlichen Welt nur andeutungsweise, aber niemals auch nur annähernd vergleichsweise gebraucht werden [kann], da sie, entsprechend der sinnlichen Welt, nur vom Besitz und seinen Beziehungen handelt.«[10] Hier wird Sprache gespalten in die kommunikativ-funktionale Rede zur Verständigung der Menschen in der sinnlichen Welt alltäglicher Lebensvollzüge und die Sprache, die sich auf geistige Vorgänge, also auf Religion, Existenz, auch auf Dichtung bezieht. Für die erstere gilt das Lexikon und die Grammatik, sie tendiert zur Eindeutigkeit. Für die andere Sprache, die sich »außerhalb der sinnlichen Welt« bewegt, gilt nicht die eindeutige Bezeichnung, sondern der »andeutungsweise« Gebrauch. Andeutungen aber bedürfen des ständigen Kommentars. In unendlichen Kommentaren bemühen sich die Ausleger der heiligen Schriften, den unendlich differenzierten göttlichen Sinn zu ergründen. Oft sind ihre Bemühungen, sagt der Geistliche in Kafkas Prozess-Roman, zugleich die Zeichen der Verzweiflung über die Unveränderlichkeit der Schrift selbst.

Folgende – manchmal befremdlichen – Beobachtungen, die ich der inzwischen umfangreichen Literatur über Kafka, Celan, Heine und die Kabbala entnommen habe, scheinen mir wichtig zu sein. Ich stelle sie vor, ohne sie im einzelnen – unter Berufung auf Forscher wie Kilcher, Briegleb, Landwehr, Grözinger, Firges – aus Quellenzitaten ›abzuleiten‹.[11]

a) Jedes Wort, jeder Buchstabe ist Ausdruck geistiger Kräfte. Die ›Wahrheit der Worte‹ besitzt magische Macht: Wischt der Rabbi den ersten Buchstaben des Wortes ›aemeth‹ [= Wahrheit], das den Golem zum Leben erweckte, fort, so bleibt ›meth‹, Tod, und der Golem stürzt in sich zusammen.

b) Jeder Text entfaltet seine Wahrheit nach der Art, wie er gelesen [d. h. in welche Kontexte er gestellt] wird. Die Leser sind für den Sinn, der sich ihnen auftut, verantwortlich. Wahrheitsforschung als Sprachbeobachtung führt also nicht zu eindeutigen, sondern oft zu paradoxen Resultaten: »Das Wort ›sein‹ bedeutet im Deutschen beides: Dasein und Ihmgehören.« (Kafka)

c) Wörter in Texten bilden Netze untereinander. Sie beziehen ihren Sinn nicht von den Sachverhalten, die sie ›benennen‹ sollen, sondern von Wörtern, in deren Umfeld sie auftauchen: »Zwischen verschwiegenen Zeilen / das Nichtwort / im Leerraum / leuchtend« sagt Rose Ausländer in ihrem Gedicht »In Memoriam Paul Celan«. Das Gesagte bildet einen Leer-Raum, in dem das Nichtgesagte zur Sprache gebracht werden kann.[12]

d) Phonetische Ähnlichkeiten sind bedeutungstragend und bedeutungsgenerierend. ›Beten‹ ist von ›betten‹ nur durch die Vokalquantität, ›denken‹ ist von ›danken‹ nur durch das Minimalpaar <e>-<a> getrennt. Als ähnlich klingende Lautgebilde entfalten sie in den Texten oft auch semantische Verwandtschaften. Paronomasien oder Reime sind dementsprechend nicht nur Ähnlichkeiten des Klanges, sondern auf eine esoterische Weise auch sinnverweisend aufeinander.

Um die Metapher vom archäologischen Lesen an diesem Punkte noch einen Schritt weiter zu verfolgen und dabei zu präzisieren, sei jetzt schon gesagt:

Ich suche nach Bildern, auffälligen Wortspielen, Metaphern, metonymischen Verknüpfungen, die aus der Bild- und Vorstellungswelt der jüdischen Tradition, speziell der jüdischen Theologie des Mittelalters und der ostjüdischen mystischen Tradition stammen (können), in den Texten der assimilierten, deutsch schreibenden Söhne und Enkel und frage mich, inwieweit diese Bilder sich zu einem Netz von Anspielungen verknüpfen (z. B. zur Selbstreflexion des gezwungenermaßen assimilierten Juden aber auch zur Artikulation der Erfahrung des Holocaust), inwieweit sie darüber hinaus die Rolle des Dichters als des Sachwalters der Erinnerung des eigenen Volkes thematisieren.

Diese poetologische Schicht lässt mir die Texte der drei Autoren oftmals wie Träume erscheinen. Jeder Träumer, das wissen wir seit Freud, träumt von sich und nur von sich. Aber er tut es in Bildern, die er den Erfahrungen des Tages oder den Erfahrungen der Kindheit entnimmt. Dichter sind besondere Träumer. Dichter träumen von sich in Szenen aus Texten. Diese Bilder stammen aus den nationalsprachlichen Traditionen. Jüdische Autoren, die deutsch schreiben, schöpfen aus zwei Traditionen, die manchmal quer zueinander liegen. Ihre Erinnerungsarbeit mündet in ästhetische Konstruktionen. Sie mischen Bildelemente aus der jüdischen mit solchen aus der deutschen Tradition. Eine Erzählung Kafkas kann an eine chassidische Legende und zugleich an ein Grimmsches Märchen erinnern, in einem Gedicht Paul Celans sich der (als jüdisch gedachte) Mandelbaum in den Grimmschen Machandelbaum verwandeln. Daher resultiert die erhöhte Komplexität ihrer Texte für Leser, die nur in einer der beiden Traditionen sprachlich und kulturell beheimatet sind.

1. Doppelte Bedeutungen in Konstellationen des Ich und seiner Umwelt

> Ein Fichtenbaum steht einsam
> Im Norden auf kahler Höh'.
> Ihn schläfert; mit weißer Decke
> Umhüllen ihn Eis und Schnee.
>
> Er träumt von einer Palme,
> Die, fern im Morgenland,
> Einsam und schweigend trauert
> Auf brennender Felsenwand. (DHA I, 165)

Wir erinnern uns an das, was Karl Kraus über das Gedicht gesagt hat: Es sei keine Offenbarung im Anschauen der Natur (wie bei Goethe), sondern es sei Heines Kulisse für eigene Gefühle, eine »Attrappe im Laden eines Konditors«. Von der Konzeption des Erlebnisgedichts her gedacht, ist das eine herbe Kritik. Aber es kommt Kraus an keiner Stelle die Idee, dass das Gedicht etwas anderes artikulieren könne als ein lyrisches Empfinden angesichts der belebt gedachten Natur. So sieht Kraus auch Heines »Loreley«, deren Empfindungstiefe er eher der Silcherschen Musik zuweist. Was aber würde Kraus sagen, wenn er erkennen müsste, dass hinter dem Schiffer im Kahn einer steht, der den Rhein als Lebensstrom befährt und der in dessen Klippen und Stromschnellen untergeht, weil er der Faszination des golden in der romantischen Abendsonne leuchtenden Felsens und des zauberischen Gesangs erliegt, und dass der Traurige, dem das alte Märchen nicht aus dem Sinn geht, es mit Reimen aufschreibt (Zeiten – bedeuten), die auf die jüdisch-rheinische Sprechweise hindeuten, so dass hinter der Begegnung am Felsen auch der Traum des jüdischen Rheinländers Heine von seiner Begegnung mit der deutschen Lyrik thematisiert ist? Was würde er sagen, wenn er hinter der Opposition Norden – Kälte – Fichte vs. Süden – Hitze – Palme und den zugeordneten Empfindungen träumen – trauern die inhaltliche Konstellation Deutschland – Palästina und damit Deutschland, ein Wintermärchen, und Palästina, eine Wüste, erkennen würde? Kraus müsste zugeben, dass er bei seiner Bewertung einen falschen Maßstab angelegt hat. Vielleicht ist das Thema der Heineschen romantischen Liebeslyrik gar keine Naturempfindung, sondern die »weiße Decke« (nicht: der weiße Schnee, sondern das weiße Blatt Papier), unter der ein ganz anderer Traum geträumt wird, derjenige von der Korrespondenz deutscher Sprache und jüdischer Kultur? Lesen wir das Gedicht so, dass es eine exoterische (romantische Liebeslyrik) Bedeutung und eine esoterische (das in Heine selbst angelegte kulturelle deutsch-jüdische Erbe) umfasst, so haben wir uns einen neuen Reim auf die alten Verse gemacht.[13]

Während der bewusst handelnde Heinrich Heine noch glaubt, in der Zusammenarbeit mit den Berliner Freunden vom Verein für jüdische Kultur die Integration vorantreiben zu können, porträtiert der Lyriker bereits den großen Juden-Schmerz, nämlich das Bewusstsein, dass ein Zusammenfügen der sich national gerierenden deutsch-nordischen (die Fichte assoziiert zugleich den Philosophen des deutschen Nationalismus, Johann Gottlieb Fichte!) und der morgenländisch-jüdischen Kultur (die Palmen rufen das Gespräch der Liebenden aus dem Hohen Lied Salomos [Kap. 7] herauf: »Dein Wuchs ist hoch wie ein Palmbaum, und deine Brüste gleich den Weintrauben«) ein Traum und ein Trauern bleiben wird. Es ist wahrscheinlich, dass diese Bedeutungsschicht von Heine selbst nicht intendiert war, aber warum der unreine (aber auch nicht volkstümlich dialektale) Reim in der Fichtenbaum-Strophe »Höh' – Schnee«? Die Antwort: Beide Bäume sind nicht Abbild irgendeiner symbolisch zu deutenden Naturszene, sondern Worte, deren Konnotationen die nicht genannten Begriffe Deutschland und Palästina ergeben. Jedes Wort hat in dieser Konstellation eine andere Bedeutung, ohne ein anderes zu werden. Das ist nicht die »Gewalt einer fertigen, präparierten Sprache«, wie Theodor W. Adorno kritisch anmerkte, sondern die Maskierung des Marranen, die Andeutung eines zweiten Sinns unter der Oberfläche des erborgten und benutzten ›Zeitungsdeutsch‹.

Das hier sichtbare Verfahren der Vertextung und der dazu gehörigen Lektüre finden wir bei Paul Celan wieder. Sein Gedicht »ICH TRINK WEIN« scheint dunkel.

ICH TRINK WEIN aus zwei Gläsern
und zackere an
der Königszäsur
wie Jener
am Pindar.

Gott gibt die Stimmgabel ab
als einer der kleinen
Gerechten,

aus der Lostrommel fällt
unser Deut.[14]

Was ist »zackern«, was die »Königszäsur« und Gott, der die Stimmgabel abgibt, und was der »Deut«, der da aus der Lostrommel fällt? Ich weiß, es ist ein spätes Gedicht und es geht offenbar um existenzielle Fragen. Insofern ist es eher mit den Heineschen »Lamentazionen« zusammen zu sehen als mit dem eben vorgestellten Gedicht aus dem »Buch der Lieder«. Jemand zieht Bilanz. »Pindar« schlägt eine Brücke zu Hölderlin. Celan hat 1970 an den Feiern zu Hölderlins zweihundertstem Geburts-

tag in Tübingen teilgenommen. Das Verb ›zackern‹ ist ein schwäbisches Dialekt-
wort für ›schwer arbeiten‹. In einem Brief, aus dem möglicherweise zitiert wurde,
schreibt der Homburger Hofrat Isaak Gerning über den ›verrückten‹ Hölderlin,
dass er »am Pindar zackere«. Der regionale Begriff für Feldarbeit ist also metaphorisch für die Arbeit des Dichters und Übersetzers eingesetzt. Und so wie Hölderlin
sich mit der Symbiose von Deutschland und Griechenland quält, so quält sich Celan
mit der »Königszäsur«, die zwischen Deutschen und Juden existiert und im Kontext des Holocaust zu jener verschärften Trennung geführt hat, die auch durch die
Gedächtnis-Arbeit des Dichters nicht zu überwinden ist. Gleichzeitig trinkt der
Sprecher Wein aus zwei Gläsern. Auch das kann nun metaphorisch gelesen werden
als die zwei Kulturen, aus denen er lebt. Und in dieser Lektüre thematisiert Celan
im Rückgriff auf Hölderlin den gleichen Gedanken, den wir auch in Heines Gedicht gefunden hatten. Die Schlussverse fügen sich in diese Deutung. Die Lostrommel kann als Bild des Schicksals genommen werden: Fortuna, die unsere Le-
benslose herumwirbelt. »Deut« ist etymologisch unsicher, es ermöglicht spekulative
Verknüpfungen mit ›Deut / Diet‹, dann hieße es soviel wie ›Volk‹ und die Aussage
wäre, dass das Volk der Juden, dem Celan zugehört (»unser Deut«), aus dieser
Trommel herausfällt. ›Deut‹ kann aber auch mit der Redewendung ›keinen Deut
sagen‹ für ›schweigen‹ zusammengebracht werden. Dann wäre die Aussage der zwei
Zeilen, dass in jener Lostrommel Schweigen herrscht, weil alles Sagbare herausge-
fallen ist. Schließlich kann ›Deut‹ mit ›deutsch‹ zusammengesehen werden oder mit
›Deutung‹. Was also aus der Trommel herausfällt und damit nicht mehr im Spiel
ist, könnte auch das Deutschtum und könnte auch der Sinn der Wörter sein.

Die mittlere Strophe gehört von den Kernformulierungen her eindeutig in die
jüdische Tradition. Die »kleinen Gerechten« sind jene unbekannten 36 Träger göttlichen Lichtes, die das geistige Fundament der einmal geschaffenen Welt bilden. In
anderen Gedichten Celans ist von der »Leuchtsaat« die Rede, die diese Gärtner
aussäen. Von der Lichtsymbolik ist hier nichts erkennbar, aber das ›Abgeben der
Stimmgabel‹ kann gelesen werden als Hinweis darauf, dass der, der den Ton der
Sphärenharmonien angab, zurücktritt. Ohne die Beziehungen zur vulgären Alltags-
metaphorik (›den Löffel abgeben‹) weiter verfolgen zu können, ist es doch möglich,
den Sinn dieser Aussage zu erfassen: Gott, der Schöpfer, hat sich zurückgezogen. Er
ist nun ebenso unkennbar geworden wie die im Geheimen wirkenden kleinen Gerechten.[15]

Es geht hier nicht darum, durch akribisches Forschen im Umfeld der Wörter
den ›richtigen‹ Sinn (die vom Autor verschlüsselte Bedeutung) zu rekonstruieren,
sondern aufzuzeigen, welche Phantasiebahnen die neu modellierten Wörter des Gedichts freisetzen. Und es geht darum zu zeigen, dass das Leiden an den nicht kom-
patiblen zwei Kulturen, aus denen doch Menschen wie Heine oder Celan leben, zu

vergleichbaren lyrischen Strukturen führt: einem antithetisch angelegten Grundbild mit gemeinsamer Grundstimmung. Der Sehnsucht / Trauer bei Heine entspricht Melancholie / Verlusterfahrung bei Celan.

Um zu belegen, dass diese Strukturierung des Themas ›inkompatible Traditionen‹ spezifisch ist für die jüdisch-deutsche Mischkultur, deren Trägern ihre Orientierung zwischen beiden Teilen zum Problem geworden ist, verweise ich auf ein kleines Erzählfragment Kafkas. Es ist titellos, Max Brod nannte es »Eine Kreuzung«.[16] Ein Erzähler erbt ein seltsames Tier und weiß nichts damit anzufangen. Hier schon ist das beschriebene hybride Tier, teils Katze, teils Lamm, symbolisch zu lesen. Hinter dem Katze-Teil hat bereits Hermann Pongs das aggressive väterliche Erbteil Kafkas, hinter dem Lamm das sanftere mütterliche gesehen, hinter dem Tier, für das das Fleischermesser eine Erlösung wäre, vermutete er ein Selbstbild des Autors.[17] Aber wer ist dann der Erzähler, der dieses Tier aus seines Vaters Erbe übernommen hat? Das von Heine her kommende Lektüremuster der zwei Kulturen würde eine andere Symbolisierung nahelegen. Das heterogene Tier ist das Erbteil, das dem Erzähler hinterlassen wurde. Es besteht aus Katze und Lamm, also dem domestizierten Löwen Juda und dem Lamm des Christentums.[18] Dieses Erbe ist ohne Verwandte, es wird, wie ein Marrane bei der Taufe, den Nachbarskindern zur sonntäglichen Besuchsstunde vorgeführt, es scheint zu leiden. Alles das sind Aussagen, die untereinander zu einem Netz verknüpft werden können und dann die Reflexionen Kafkas über jüdisches und christlich geprägtes literarisches Erbe darstellen. Das unausgesprochene Begehren nach dem Selchermesser bezöge sich als Urteil auf die Lebensfähigkeit der deutsch-jüdischen Mischkultur. Kafka verzichtet auf Gefühle wie Melancholie oder Trauer. Er verhält sich wie der Erzähler seiner Parabel: Er zeigt vor, was er Seltsames ererbt hat.[19] Sonst nichts. Und das Erbstück muss warten, »bis ihm der Atem von selbst ausgeht«.

2. Thematisieren der ›Pest‹: das Eigene gegen das Fremde zur Sprache bringen

Zur Zeit, als der junge Heinrich Heine sich mit dem Gedanken herumschlug, wie es ihm gelingen würde, die Rolle des Marranen als sein Schicksal anzunehmen, als er viel über die altspanische Mischgesellschaft vor der katholischen Reconquista las, als er die Figur des Almansor erfand, der lachend sein Haupt über das Taufbecken neigt, und – in Anlehnung an die Sarazenen-Ballade »Don Gayferos« Fouqués – die Ballade von Donna Clara und dem Sohn des Rabbi Israel von Saragossa verfasste, in der der Jude Rache nimmt für alle die sein Volk betreffenden Fehlurteile der Christen[20], schrieb er, gleichzeitig mit dem Fragment des »Rabbi von Bacherach«, auch die Gedichte »An Edom!« und »Brich aus in lauten Klagen« (DHA I, 526 f.).

Ironisch wird da von der ungleichen brüderlichen Duldung zwischen Deutschen und Juden geredet.

> Ein Jahrtausend schon und länger,
> Dulden wir uns brüderlich,
> Du, du duldest daß ich athme,
> Daß du rasest dulde Ich.
>
> Manchmal nur, in dunkeln Zeiten,
> Ward dir wunderlich zu Muth,
> Und die liebefrommen Tätzchen
> Färbtest du mit meinem Blut'.
>
> Jetzt wird unsre Freundschaft fester,
> Und noch täglich nimmt sie zu;
> Denn ich selbst begann zu rasen,
> Und ich werde fast wie Du.

Dafür, dass die Juden ›geduldet‹ werden, müssen sie ertragen, dass die Christen gegen sie zuweilen ›rasen‹. Dann wird – ebenfalls ironisch gebrochen – die Assimilation thematisiert: »Und ich werde fast wie Du.« Assimilation als Transfiguration wird ein Heinesches Prinzip des ästhetischen An-sich-Bringens kultureller Bestandteile sein.[21] Das zweite Gedicht bietet eine poetologische Auflösung. Es ist ein Märtyrerlied, das den »tausendjährigen Schmerz« artikuliert, der sich mit der Verfolgung der Juden in Deutschland seit den Kreuzzügen angesammelt hat. Die ob dieser Beschwörung der Schmerzen geweinten Tränen fließen »in den Jordan hinein«.

> […]
> Und alle die Thränen fließen
> Nach Süden, in stillem Verein,
> Sie fließen und ergießen
> Sich all' in den Jordan hinein.

Dieses poetologische Programm des Dichters, der Stimme seines Volkes sein will und durch die Macht seiner Verse Mitempfinden dort weckt, wo Vergessen war, hat Celan als ein ihm zugesprochenes Programm verstanden. Daher nimmt er ein Zitat aus »An Edom!« zum Motto, um über sich selbst zu sprechen. Auch die Zitation ist ironisch: »Manchmal nur, in dunkeln Zeiten« bezieht sich nicht mehr – wie bei Heine – auf das dunkle Mittelalter, sondern zugleich auf die blutige Gegenwart des Holocaust, den Celan durch das Gedicht in Tränen verwandeln will. Das Prinzip der Transfiguration schiebt bei ihm die Zeiten ineinander. Zwar verwendet er auch

Zitate aus anderen Autoren (im Titel z. B. die selbstironische Rede des François Villon, der seinen kleinen Geburtsort Pontoise über das große Paris stellt), um das Örtchen der frommen Chassidim, Sadagora, aus dem seine Mutter stammt, gegenüber der Hauptstadt Czernowitz hervorzuheben. Aber das ist eher intertextuelles Spiel und Maskerade. Im Zentrum steht das Gedenken an die Verfolgung, die Pogrome.

EINE GAUNER- UND GANOVENWEISE
GESUNGEN ZU PARIS EMPRÈS PONTOISE
VON PAUL CELAN
AUS CZERNOWITZ BEI SADAGORA

Manchmal nur, in dunkeln Zeiten
Heinrich Heine, An Edom

Damals, als es noch Galgen gab,
da, nicht wahr, gab es
ein Oben.

Wo bleibt mein Bart, Wind, wo
mein Judenfleck, wo
mein Bart, den du raufst?

Krumm war der Weg, den ich ging,
krumm war er, ja,
denn, ja,
er war gerade.

Heia.

Krumm, so wird meine Nase.
Nase.

Und wir zogen auch nach *Friaul.*
Da hätten wir, da hätten wir.
Denn es blühte der Mandelbaum.
Mandelbaum. Bandelmaum.

Mandeltraum, Trandelmaum.
Und auch der Machandelbaum.
Chandelbaum.

Heia.
Aum.

Envoi

> Aber,
> aber er bäumt sich, der Baum. Er,
> auch er
> steht gegen
> *die Pest.* (I, 229 f.)

Der Galgen ordnet das Oben und Unten, Judenbärte werden gerauft, der Weg, den der ewige Jude gehen muss, ist gerade, wenn er krumm ist wie seine Nase. Das sind Stammtisch-Stereotypen, großmäulige Landsknechtreden (das zitierte Landsknecht-lied hält auf »Friaul« das Reimwort »großes Maul« parat). Die Assoziation führt weiter von Friaul über die dort blühenden Mandelbäume und den für Celan so wichtigen Dichter Ossip Mandelstam zu den bitteren Träumen des Machandel-baums (des Grimmschen Märchens, in dem Menschen geschlachtet und verspeist, ihre Knochen in Tüchlein gesammelt werden) und zum Kunstwort des Chandel-baums, wobei ›Chandel‹ sowohl ›chandel, also Kerze, also Leuchter‹ bedeuten könnte als auch Klangähnlichkeiten mit ›Schande, also Schandpfahl‹ aufweist. Der »Envoi«, das von Villon übernommene Verfahren, dem Gedicht einen Adressaten zuzuschreiben, belegt uns noch einmal die gespürte Verwandtschaft zu Heine. Der Baum, von dem da die Rede war, Leuchter oder Schandpfahl, ist ein jüdischer Baum, er bäumt sich auf gegen das, was den Juden geschieht. Auch er steht gegen die »Pest«, genauer gesagt gegen die Ereignisse, die nach Heines Darstellung zu Be-ginn des »Rabbi von Bacherach« zur Zeit der großen Pest begannen und die sich selbst zu einer Pest entwickelten, die der modernen Geschichte angehört.

Celan stellt sich mit seinen Zitationen in diesem programmatischen Gedicht in die Tradition Heines. Wir werden das im Folgenden noch weiter sehen, bis hin zu dem Versprechen, dass die Tränen auch seiner Gedichte in den Jordan fließen.

3. Unser eigentliches Geheimnis haben wir nie ausgesprochen: Vertextung als Verrätselung

Ein Gedicht Celans, ohne Kommentar gelesen, ist dunkel. Das Dunkel lichtet sich, wenn der Entstehungskontext geklärt werden kann. Oft sind es intertextuelle Be-züge, Querverweise, die es ermöglichen, einen Sinn aufzubauen. Es soll damit nicht behauptet werden, man könne Übersetzungen der Gedichte in Mitteilungssprache anbieten. Wohl aber sind Suchpfade gelegt. Das Rekonstruieren von Bedeutung gleicht einer Schnitzeljagd: Immer führen Indizien und als Zeichen zu lesende Be-griffe weiter. Es ist zu beachten, dass bei dieser Text-Reise die Zeichen oftmals in zwei Richtungen weiterweisen, so dass sich der Text aus einer Landkarte der Be-deutungen schnell in ein Labyrinth verwandeln kann. Das entspricht talmudischer

Tradition. Immer schon sind heilige Texte daraufhin gelesen worden, dass sie Wegzeichen enthalten, die verschiedene Text-Wanderer auf unterschiedliche Wege schicken.

Der Reiz der Konstruktion einer Botschaft, die sich vom 20. Jänner herschreibt und dem Leser »zuspricht« (so formuliert es Celan in der »Meridian«-Rede[22]), liegt oftmals in dem Aufrufen von Erinnerungsspuren, die durch andere Texte gelegt worden sind. Eine solche Konstruktion ist Celans Gedicht »FRANKFURT, SEPTEM-BER«. Es ist einerseits die Umsetzung einer Buchmesse-Erinnerung: Ein Plakat zeigte Freuds Gesicht aufgerastert. Es ist andererseits eine Erinnerung an Kafka, der auf dieser Messe beim gleichen Verlag (Suhrkamp / Fischer) ausgestellt war. Es ist drittens die Umsetzung der schon von Kafka klar formulierten Überzeugung, dass die Sprache für alles, was außerhalb der sinnlichen Welt liegt, nur andeutungsweise gebraucht werden kann. Das Zitat, »Zum letztenmal Psychologie«, lenkt von dem Bild des Psychologen zu den Aphorismen des Autors Kafka. In der Konstruktion dieses Gedichts ist das erinnerte Zitat ›memoria‹ und zugleich Transfiguration des Fremden ins Eigene. Denn Celan hat den Kafkaschen Ausspruch zum Zeitpunkt der Niederschrift des eigenen Gedichts mit Sicherheit als Formulierung eigener Erfahrung gebraucht, hatte er doch eben einen Klinikaufenthalt hinter sich. Gleichzeitig sucht er »in eines Anderen Sache« zu sprechen.

FRANKFURT, SEPTEMBER

Blinde, licht-
bärtige Stellwand.
Ein Maikäfertraum
leuchtet sie aus.

Dahinter, klagegerastert,
tut sich Freuds Stirn auf,

die draußen
hartgeschwiegene Träne
schießt an mit dem Satz:
»Zum letzten-
mal Psycho-
logie.«

Die Simili-
Dohle
frühstückt.

Der Kehlkopfverschlußlaut
singt. (II, 114)

Ein Käfertraum kommt bei beiden Autoren vor: bei Freud als Traum-Beispiel für ›Verdichtung‹, bei Kafka als Zentralmetapher der Erzählung »Die Verwandlung«. Auch die Stichwörter ›Dohle‹ und ›Kehlkopf‹ sowie die in ihrem Umfeld stehenden Begriffe von ›essen‹ und ›singen‹ verweisen auf Kafka. Heine kommt diesmal nicht vor. Nicht auf der Ebene der Anspielungen, der Reminiszenzen und Zitationen. Aber er ist anwesend auf der Ebene der poetologischen Aussage, dass da etwas nicht ausgesprochen wird, dass da ein Geheimnis bleibt und dass jemand mit verschlossenen Lippen ins Grab steigt. Die Freudsche Verdichtung verrätselt harmlose Maikäfer, die Kafkasche Metamorphose des Gregor Samsa in ein Ungeziefer und des Dichters selbst in eine Dohle oder des Volks der Juden in das der Mäuse, um dem Deutenden Stoff zum Nachdenken zu geben, in einer Sprache, die nicht mehr nur »vom Besitz und seinen Beziehungen« handelt.

Die Celansche Verdichtung spricht von der »hartgeschwiegenen Träne«, die mit dem Satz »Zum letztenmal Psychologie« anschießt. Tränen vergießen und das Geheimnis wahren sind bei Heine eins. Es ist eine Konstellation, die den Berliner Juden Günter Kunert 1972 zu seinem Rückgriff auf Heines Brief inspirierte.[23] Es ist kein psychologisch, sondern ein eher theologisch fundiertes Sprach-Geheimnis, das gleiche, das Kafkas Mäuse-Erzähler auch im Pfeifen der Josefine zu spüren glaubt: »[...] mitten in den schweren Entscheidungen [...] fast wie die armselige Existenz unseres Volkes mitten im Tumult der feindlichen Welt.«[24] Es ist in Celans Poetik umschrieben als »wachere[r] Sinn für die Ellipse« und »Neigung zum Verstummen«.[25]

4. Auffinden möglichst kleiner Bestandteile: Paradoxien des Schreibens

TÜBINGEN, JÄNNER

Zur Blindheit über-
redete Augen.
Ihre – »ein
Rätsel ist Rein-
entsprungenes« –, ihre
Erinnerung an
schwimmende Hölderlintürme, möwen-
umschwirrt.

Besuche ertrunkener Schreiner bei
diesen
tauchenden Worten:

Käme,
käme ein Mensch,
käme ein Mensch zur Welt, heute, mit
dem Lichtbart der
Patriarchen: er dürfte,
spräch er von dieser
Zeit, er
dürfte
nur lallen und lallen,
immer-, immer-
zuzu.

(»Pallaksch. Pallaksch.«) (I, 226)

Frankfurt und September, Freud und Kafka, Tübingen und Januar, Büchner und Hölderlin. Die Konstellationen scheinen vergleichbar. Wieder geht es um Rätsel, die das Schreiben aufgibt und die das Schreiben verwaltet. Der im Tübinger Turm dahinlebende Hölderlin soll, wenn er erregt und unwillig war, das Wort »Pallaksch« gebildet haben. Büchners Novelle »Lenz«, die mit dem Satz schließt, dass der dem Wahnsinn verfallene Dichter »so hin« lebte, beginnt mit einem Januar-Datum, dem zwanzigsten, das für Celan tiefere Bedeutung besaß, ist es doch das Datum der Wannsee-Konferenz, die auch sein Schicksal bestimmte. Aber was klären alle diese Wissensbruchstücke? Gelingt es, wie Kafka hofft, daraus eine Deutung aufzubauen wie ein Haus, das man aus dem Abbruch-Material des alten, unsicher gewordenen konstruiert? Die Antwort ist bei Kafka zu lesen: »Was folgt ist Irrsinn«.[26]

Für die Untersuchung der versteckten Beziehungen zwischen den deutsch schreibenden jüdischen Autoren besagt das: Auch dieses Gedicht verwaltet sein Geheimnis, dadurch dass es den Lesenden auffordert, lesend und wiederlesend einen Sinn aufzubauen, ohne doch den Sinn in diskursiver Darstellung selbst zu enthalten. Biografische und literarische Bruchstücke, Splitter aus einem zerbrochenen Kaleidoskop, können zu unterschiedlichen Spurensuchen anleiten. Die zur Blindheit überredeten Augen z. B. könnten die Augen Hölderlins sein, der den Wahnsinn dem weiteren Blick in die geschichtliche Entwicklung nach Napoleon vorzog, es könnten die blindgeweinten Augen der Schechina sein, auch die des Sprechers selbst wären denkbar. denn sie bewahren die Erinnerung an jenen Turm am Neckar, in dem Hölderlin die letzten Jahre seines Lebens als Schützling des Schreinermeisters Zimmer wohnte. Was wäre von einem Messias, einem in der Tradition der Patriarchen stehenden, neu Geborenen über die jetzigen »finsteren Zeiten« zu sagen: Er müsste die Rede verweigern, wie einst Hölderlin die Rede über die seinige, er dürfte nur lallen, so wie auch dies Gedicht über den Januar in Tübingen als ein Lallen endet: »Pallaksch. Pallaksch«.

Das Sprechen wird Lallen, das Schreiben »versagt sich«, sagt Kafka, es versagt sich auch Celan. Nur der spricht anders über diese Erfahrung. Er findet ein Koffer-wort, nutzt eine Sprachtechnik, die er von Heine her kennt: Zwei lautlich ähnliche Wörter werden semantisch zu einem überraschend neuen zusammengebaut, so als steckte in der Abfolge der Buchstaben ein tieferer Sinn, der dem ›signifiant‹ ein eigenes ›signifié‹ zuerkennt, das mit der üblichen Bezeichnungsfunktion nichts zu tun hat. Aus Januar (»Jänner«) und ›eingesperrt‹ oder ›eingekerkert‹ wird »einge-jännert« gebildet. Die »bedornte Balme« ist ebenfalls ein Neologismus Celans, die Alliteration fügt zusammen eine Höhle (Balme), die vielleicht unter Dornen verbor-gen liegt. Vielleicht weisen die Dornen aber auch auf Qual hin, auf Verletzungen, die Menschen von Menschen zugefügt werden. Die assoziative Brücke zum »be-dornten« Haupt des Gekreuzigten liegt nahe. Celan soll mit diesem Ausdruck sein Einzimmerappartement in Paris gemeint haben, in dem er allein dahin lebte.

> EINGEJÄNNERT
> in der bedornten
> Balme. (Betrink dich
> und nenn sie
> Paris.)
>
> Frostgesiegelt die Schulter;
> stille
> Schuttkäuze drauf;
> Buchstaben zwischen den Zehen;
> Gewißheit. (II, 351)

Der in Klammern hinzugesetzte Satz legt diese Deutung nahe. Die von der Schul-ter an durch die herrschende Kälte gelähmte Hand kann nicht schreiben. Einzelne Buchstaben rutschen ab und verfangen sich zwischen den Zehen (nicht den Zäh-nen, was bei einer Aussage über gesprochene Sprache näher gelegen hätte). Es bleibt das Wort »Gewißheit«, vielleicht die Gewissheit, in der Pariser Höhle nichts mehr schreiben zu können, vielleicht aber auch die Bedeutung, die das Wort in Kafkas Aphorismus hatte, der davon spricht, dass es nichts gibt als eine geistige Welt, was uns die Hoffnung nimmt, aber »die Gewißheit gibt«.[27]

5. Jerusalem, der sterbeletzte Seufzer und das Licht-Wort

Das Wort ›Schuttkauz‹ kann als skurrile Metapher für den Propheten Jeremia oder auch für Heines Jehuda ben Halevy gelten, die auf den Trümmern Jerusalems ihre Klagen um das Schicksal Israels anstimmen. Es handelt sich dabei um eine mythische

Urszene, die den jüdischen Dichter in seiner Existenz betrifft. Die andere Haltung ist die des Liebhabers der unglücklichen Stadt. Beide finden sich bei Heine, beide bei Celan.

> I.
>
> »Lechzend klebe mir die Zunge
> An dem Gaumen, und es welke
> Meine rechte Hand, vergäß' ich
> Jemals dein, Jerusalem – «
> [...] (DHA III, 130)

> II.
>
> [...]
> Lange schon, jahrtausendlange
> Kocht's in mir. Ein dunkles Wehe!
> Und die Zeit leckt meine Wunde,
> Wie der Hund die Schwären Hiobs.
> [...] (DHA III, 136)

Jerusalem ist der thematische Komplex, bei dem im Gedicht am ehesten Jüdisches auch an der Oberfläche des Textes zu erwarten ist. »Jerusalem« ist Thema eines Gedichtzyklus von Celan, den er 1968 im Vorgriff auf seinen Aufenthalt in Palästina (1969) schrieb. Es gibt versteckte Affinitäten zu Heines Thematisierung Jerusalems in den »Hebräischen Melodien«, besonders in den Balladen »Prinzessin Sabbath« und »Jehuda ben Halevy«. Nicht nur, dass beide Autoren die Verbindung des Juden zur Stadt Jerusalem spiritualisieren und mit Liebesbeziehungen analogisieren, beide verbinden das geistige Jerusalem auch mit der Idee der Translation, d. h. der Idee einer Übergabe der kulturellen Hegemonie vom Morgenland an den Westen. Jerusalem ist das Zentrum des Judentums. Die Juden werden vertrieben und über Europa verstreut. Überallhin in den Occident nehmen sie ein Stück Jerusalem mit. Sie sind die eigentlichen Träger des Transfers. Die Wanderung der Kultur vom Orient in den Occident ist bei Heine exemplarisch am Schatzkästlein des Darius und der Perlenkette der Königin Atossa beschrieben. Ebenso wie die mittelalterliche translatio imperii und der Weg, den die Erziehung des Menschengeschlechts bei Lessing nimmt, führt sie von Babylon, Ägypten und Palästina nach Rom und Spanien, um schließlich – vorläufig – in Frankreich zu enden. Ironisch-satirische Wendung: Von den Königinnen des Morgenlandes, Roms und Spaniens gelangt die Perlenkette an die (jüdische) Bankiersgattin.

> III.
>
> [...]
> Diese weltberühmten Perlen,
> Sie sind nur der bleiche Schleim

Eines armen Austerthiers,
Das im Meergrund blöde kränkelt:

Doch die Perlen hier im Kästchen
Sind entquollen einer schönen
Menschenseele, die noch tiefer,
Abgrundtiefer als das Weltmeer –

Denn es sind die Thränenperlen
Des Jehuda ben Halevy,
Die er ob dem Untergang
Von Jerusalem geweinet –

Perlenthränen, die verbunden
Durch des Reimes goldnen Faden,
Aus der Dichtkunst güldnen Schmiede
Als ein Lied hervorgegangen.
[...] (DHA III, 146 f.)

Eine dritte translatio spielt sich auf dem Gebiet der Dichtung ab. So wie Heine die jüdische Dichtung der Psalmen und des Hohen Liedes Salomos in das Goethesche Muster des »West-östlichen Divan« einfügt, indem er die Perlenkette der Atossa kurzerhand metaphorisiert zur Tränen-Perlenkette der Lieder des Jehuda ben Halevy, die dieser über den Untergang Jerusalems geweint und gedichtet, so verknüpft Celan die dem Untergang anheimgegebenen Verteidiger von Massada mit den Moorsoldaten des KZ Papenburg-Börgermoor. Transferiert wird der Anspruch auf Heimat gegen das historische Faktum des Lebens in der Diaspora.

DENK DIR

Denk dir:
der Moorsoldat von Massada
bringt sich Heimat bei, aufs
unauslöschlichste,
wider
allen Dorn im Draht.

[...]
Denk dir:
das kam auf mich zu,
namenwach, handwach
für immer,
vom Unbestattbaren her. (II, 227)

DIE POLE
sind in uns,
unübersteigbar
im Wachen,
wir schlafen hinüber, vors Tor
des Erbarmens,

ich verliere dich an dich, das
ist mein Schneetrost,

sag, daß Jerusalem i s t,

sags, als wäre ich dieses
dein Weiß,
als wärst du
meins,

als könnten wir ohne uns wir sein,

ich blättre dich auf, für immer,

du betest, du bettest
uns frei. (III, 105)

Die dichterische Klage um Jerusalem wandert bei Heine von Jeremia über Jehuda
ben Halevy bis zu ihm selbst und seinen »Lamentazionen« im Stile Hiobs. Bei Celan
wandert der Preis des geistigen Jerusalem von dem Propheten Jesaia über die Mystik des Meister Eckhart zu ihm selbst. Das Gedicht »DU SEI WIE DU, immer« spiegelt diesen Weg auch sprachlich. Es besteht aus einem Geflecht von drei Sprachen,
dem Hochdeutschen, das der Sprecher benutzt, dem Mittelhochdeutschen, das als
Zitat aus den Predigten Eckharts stammt, und dem Hebräischen des Jesaia 60.1. Es
geht um die Gotteserfahrung des assimilierten Juden. Wer das »Band« zerschnitt,
den ›Bund‹ des HERRN mit Israel aufkündigte (wie die Westjuden Heine, Kafka
oder auch Celan im Prozess der Emanzipation), knüpft es neu »in der Gehugnis«
(Gedächtnis). Poetologisch gewendet bedeutet das die Fortsetzung des geistigen
Jerusalem durch die dichterische Sprache über die Generationen und den Prozess
der Säkularisierung hinweg.

DU SEI WIE DU, immer.

Stant vp Jherosalem inde
erheyff dich

Auch wer das Band zerschnitt zu dir hin,

> *inde wirt*
> *erluchtet*
>
> knüpfte es neu, in der Gehugnis,
>
> Schlammbrocken schluck ich, im Turm,
>
> Sprache, Finster-Lisene,
>
> *kumi*
> *ori* (II, 327)

Heines Lobgesang auf Jehuda ben Halevy gehört in die Tradition der Psalmen und zugleich in die der historischen Balladen und Romanzen, mit deren Hilfe die europäischen Nationen im 19. Jahrhundert jeweils ihre nationale Identität als eine den anderen Völkern überlegene feiern und festigen. Heine hat in diese ›volkstümlichen‹ deutschen Textmuster jüdische Themen eingefügt. (»Donna Clara«, »Belsatzar«). Sein »Jehuda« könnte in diesem Sinne ein jüdisches Nationalepos in deutscher Sprache und Textart genannt werden. Als charakteristisch wird für die jüdische Nation das Leiden, die Unterdrückung, aber auch das Festhalten am Jerusalem-Traum herausgestellt. Der kulturelle Weg des Kästchens und der um Jerusalem geweinten Tränen-Perlen sind dann ein nationales Vermächtnis.

Auch Celans Jerusalem-Gedichte sind solche Gedächtnis- und Vermächtnistexte. Aufgezeichnet anlässlich der Bedrohung der Stadt im 7-Tage-Krieg 1967, sprechen sie begeistert vom Wiederaufleben der historischen Verheißung. Die Finsternis säumt an die benutzte deutsche Sprache, der sich die Licht-Prophetie bedienen muss, in der der Sprecher »Schlammbrocken« schlucken musste und sich – wie Hölderlin – im Turm eingesperrt fand.

Das Gedicht »DIE POLE« akzentuiert die Umsetzung der Beziehung des jüdischen Dichters zu Jerusalem in das Bild einer erotischen Beziehung. Das geistige Jerusalem ist auch die Verbindung der Braut mit ihrem Bräutigam, der Gemeinde (Schechina) mit dem HERRN, ihrem König, die der Prinzessin Sabbat mit dem Prinzen Israel. Heine erzählt sie als balladenhaft entfaltete Erzählung über die Sabbatfeier (»Prinzessin Sabbath«), Celan evoziert sie im Rückgriff auf seine Jerusalemer Beziehung zu seiner Führerin durch Jerusalem, Ilana Shmueli. Die Trennung zwischen den Kulturen, in denen Dichter wie Heine oder Celan leben (die schon im Bild von den zwei Gläsern, aus denen Wein getrunken wird, angedeutet war), ist im Wachzustand nicht zu überwinden, wohl aber im (Bei-)Schlaf. Der führt beide vor das Tor des Erbarmens, wo die bestatteten Jerusalemer Juden den Messias (den Bräutigam) als erste erwarten. Schnee und Weiß sind die Farben der Erlösung und des Lichts, über die das Gedicht »DIE POLE« weiter handelt. Die Partner sind einander das Licht, sie erlösen sich gegenseitig. Das Blättern im (heiligen) Buch und das Aufdecken der Geliebten, beten und betten, gehen ineinander über, weil ja die Sprache selbst diesen Übergang als lautliche Ähnlichkeit vorgibt.

Thematisch gibt es keine Verbindung zwischen Heines und Celans Jerusalem-Gedichten. Aber es herrscht eine vergleichbare Atmosphäre. Jerusalem ist, ganz wie im jüdischen Selbstverständnis angelegt, eine Realität und eine Geschichte von Verlusten, Zerstörung und Demütigung. Zugleich ist Jerusalem Chiffre einer Verheißung. Für Celan konkret: die Hoffnung auf Heimat für die in Rauch aufgegangenen Opfer des Holocaust. »Sag, daß Jerusalem ist«. ›*Steh auf, werde Licht, denn dein Licht kommt*‹. Das ist der gleiche Ton. In der emphatischen Rede, die der Mystiker Meister Eckart aus den alttestamentlichen Propheten entnimmt, kommt hier ebenso vor wie bei Heines Jehuda ben Halevy, der als Troubadour Jerusalem, die spirituelle Geliebte, besingt, und in Celans »DU SEI WIE DU, immer«, das Eckhart zitiert. Jerusalem ist ganz in die Rolle der Geliebten gerückt. Jerusalem ist erkämpfte Heimat und Jerusalem steht für Angedenken und Gedächtnis.

Anmerkungen

[1] Zu Kafkas Zeit stammten nahezu alle bekannten deutsch schreibenden Literaten Prags aus jüdischen Familien. Vgl.: Deutschsprachige Literatur aus Prag und den böhmischen Ländern 1900–1925. Hrsg. von Jürgen Born. München u. a. 1993/1997.

[2] The Jewish Reception of Heinrich Heine. Hrsg. von Mark H. Gelber. Tübingen 1992; Paul Peters: Die Wunde Heine. Zur Geschichte des Heine-Bildes in Deutschland. Darmstadt 1997.

[3] Klaus Briegleb: Bei den Wassern Babels. Heinrich Heine, jüdischer Schriftsteller in der Moderne. München 1997, S. 5–20

[4] Karl Kraus: Heine und die Folgen [1910]. – In: Ders.: Werke. Hrsg. von H. Fischer. München 1960. Bd. VIII, S. 200.

[5] Theodor W. Adorno: Die Wunde Heine. – In: Ders.: Noten zur Literatur I. Frankfurt a. M. 1958, S. 144–152.

[6] Brief an Max Brod vom Juni 1921. – In: Franz Kafka: Briefe 1902–1924. Hrsg. von Max Brod. Frankfurt a. M. 1958, S. 336 f.

[7] Vgl. Karlheinz Fingerhut: Die Funktion der Tierfiguren im Werke Franz Kafkas. Offene Erzählgerüste und Figurenspiele. Bonn 1969, S. 104 f., 144, 194 f.

[8] Vgl. dazu Almuth Grésillon: La règle et le monstre: le mot-valise. Interrogations sur la langue, à partir d'un corpus de Heinrich Heine. Tübingen 1984.

[9] Franz Kafka: Die Verwandlung. – In: Ders: Sämtliche Erzählungen. Hrsg. von Paul Raabe. Frankfurt a. M. 1975, S. 72.

[10] Franz Kafka: [Betrachtungen über Sünde, Leid, Hoffnung und den wahren Weg] Nr. 57. – In: Ders.: Hochzeitsvorbereitungen auf dem Lande. Hrsg. von Max Brod. Frankfurt a. M. 1954, S. 45.

[11] Vgl.: Andreas B. Kilcher: Die Sprachtheorie der Kabbala als ästhetisches Paradigma. Die Konstruktion einer ästhetischen Kabbala seit der Frühen Neuzeit. Stuttgart, Weimar 1998; Klaus

Briegleb [Anm. 3]; Helmut Landwehr: Der Schlüssel zu Heines »Romanzero«. Hamburg 2001; Karl Erich Grözinger: Kafka und die Kabbala. Das Jüdische im Werk und Denken von Franz Kafka. Frankfurt 1992; Jean Firges: Vom Osten gestreut, einzubringen im Westen. Jüdische Mystik in der Dichtung Paul Celans. Anweiler 2000; Jean Firges: Den Acheron durchquert ich. Einführung in die Lyrik Paul Celans. Tübingen 1999.

[12] Rose Ausländer. Edition »Lyrik-Bühne« VI, Heft 24. Esslingen 2001 (Zusatz: »Kurz nach seinem Tod geschrieben und in der F.A.Z. erschienen«).

[13] Jost Hermand: Ahasvers Rheinfahrt. Heines »Loreley«. – In: Ders.: Mehr als ein Liberaler. Über Heinrich Heine. Frankfurt a. M. 1993, S. 29–36.

[14] Paul Celan: Gesammelte Werke in fünf Bänden. Hrsg. von Beda Allemann. Frankfurt a. M. 1983, Bd. III, S. 108.

[15] Vgl. Firges: Vom Osten gestreut [Anm. 11], S. 154 ff.

[16] Kafka [Anm. 9], S. 302 f.

[17] Hermann Pongs: Franz Kafka. Dichter des Labyrinths. Heidelberg 1960, S. 60.

[18] Vgl. Kurt Weinberg: Kafkas Dichtungen. Die Travestien des Mythos. Bern/München 1963, S. 123 ff.

[19] Karlheinz Fingerhut: Intelligenter Eklektizismus. Über die fachdidaktische Anwendung literaturwissenschaftlicher Methoden. – In: Der Deutschunterricht 46 (1994), H. 5, S. 32–47.

[20] Karlheinz Fingerhut: Auf den Flügeln der Reflexion in der Mitte schweben. Desillusionierung und Dekonstruktion. – In: Der Deutschunterricht 47 (1995), H. 6, S. 40–55; Joseph A. Kruse: Heine und Fouqué. Romantischer Ausgangspunkt mit emanzipierten Folgen. – In: Heinrich Heine und die Romantik. Hrsg. von Markus Winkler. Tübingen 1997, S. 15–39.

[21] Jürgen Fohrmann: Heines Marmor. – In: Heinrich Heine. Neue Wege der Forschung. Hrsg. von Christian Liedtke. Darmstadt 2000, S. 286–290.

[22] Paul Celan: Der Meridian. – In: Gesammelte Werke [Anm. 14], Bd. III, S. 196 ff.

[23] Günter Kunert: Wir schreiben gemeinsam ein Gedicht [zu einem Auszug aus Heines Kondolenzbrief an Karl August Varnhagen von Ense vom 5. Februar 1840]. – In: Neue deutsche Literatur 20 (1972), H. 11, S. 6: »Die Tränen, die wir einmal fließen lassen, / sie werden schon nicht heiß und heftig rinnen. / Die Nachgeborenen dürften ohnehin nicht fassen / – sind wir erst einmal ganz von hinnen – // Was wir gewollt, was wir gelitten / wofür wir lebten und wofür wir starben […]«.

[24] Franz Kafka: Josefine die Sängerin oder das Volk der Mäuse. – In: Ders.: Sämtliche Erzählungen [Anm. 9], S. 172–185.

[25] Celan: Der Meridian [Anm. 22], S. 197.

[26] Franz Kafka: »Das Schreiben versagt sich mir. Daher der Plan der selbstbiographischen Untersuchungen. Nicht Biographie, sondern Untersuchung und Auffindung möglichst kleiner Bestandteile. Daraus will ich mich dann aufbauen so wie einer, dessen Haus unsicher ist, daneben ein sicheres aufbauen will, womöglich aus dem Material des alten. […]«. – In: Nachgelassene Schriften und Fragmente II. Hrsg. von Jost Schillemeit. Frankfurt a. M. 1992, S. 373.

[27] Kafka [Anm. 10], Nr. 62, S. 127.

Heines Lyrik in China – vom Anfang bis 1949

Von Liu Min, Peking

I.

Heinrich Heine wurde zur Zeit der chinesischen antiimperialistischen und antifeudalen Neue-Kultur-Bewegung der 4.-Mai-Ära[1] am Anfang des 20. Jahrhunderts zusammen mit zahlreichen anderen westlichen Dichtern von den Vertretern der neuen chinesischen Literatur rezipiert und vermittelt. Es war gerade die Zeit, wo die chinesische Kultur sowohl in der eigenen Entwicklung als auch durch das Eindringen westlicher Einflüsse eine beispiellose Krise durchmachte und deswegen Selbstveränderung und Selbsterneuerung benötigte. Die Elite der chinesischen Intellektuellen suchte im Reflektieren über die traditionelle und die westliche Kultur sowie im Vergleich beider Kulturen einen Ausweg aus der nationalen Krise. Das nationale Geistesleben durch Lernen von der westlichen Kultur zu modernisieren, wurde die Aufgabe der Neue-Kultur-Bewegung, wobei Literatur die Hauptrolle spielte. So ist die neue chinesische Literatur unter fremdem Einfluss aus dem Mutterschoß der Tradition geboren. Die Rezeption westlicher Literatur einschließlich der Heine-Rezeption in China gewann daher eine kulturelle Bedeutung und spiegelte die Unterschiede zwischen chinesischer und westlicher Kultur wider.

Eine tief verwurzelte alte Kultur wie die chinesische kann im Zusammenstoß mit einer fremden Kultur ihre Identität nicht verlieren. Sie sucht aus und rezipiert entsprechend eigenen Bedürfnissen sowie eigener Empfindungs- und Verstehensweise. Der heimatliche kulturelle Hintergrund spielt also die entscheidende Rolle in der Rezeption der fremden Kultur. Heinrich Heine wurde zuerst als romantischer Liebeslyriker und dann auch als politischer Dichter in China aufgenommen. Seine Gedichte erfreuen sich in China großer Beliebtheit und haben in gewissem Maße Einfluss auf die chinesische neue Poesie ausgeübt, was mit chinesischen geschichtlichen und kulturellen Hintergründen eng zusammenhängt. Allerdings sind die in China bewunderten und einflussreichen Besonderheiten der Lyrik Heines andere als in Deutschland. Die Heine-Rezeption in China ist also von tief chinesischer Prägung.

Über die Rezeption und Wirkung fremder Literatur hat der Literaturkritiker Georg Lukács eine treffende Bemerkung gemacht, die der Heine-Rezeption in China genau entspricht:

Die weltliterarisch bedeutenden Schriftsteller haben so eine Doppelwirkung: einerseits tragen sie die heimatliche Kultur in die Fremde, machen ihre Kultur dort bekannt und heimisch, zum organischen Bestandteil jener Kultur, in der sie erscheinen. Es handelt sich also niemals um einen abstrakten Internationalismus, um eine Weltliteratur im allgemeinen, sondern um eine konkrete gegenseitige Kenntnis innerhalb der Kulturvölker. Zudem ist dieser Nationalcharakter, der sich hier offenbart, weder einfach mit dem wirklichen Nationalcharakter identisch noch mit dem, durch welchen ein großer Schriftsteller in seiner Heimat wirksam geworden ist. Seine soziale und literarische Genesis verblasst, verschwindet zuweilen ganz. Daraus entstehen immer Verzerrungen seines Bildes, zugleich aber treten bestimmte seiner wesentlichen Züge oft prägnanter hervor als in der Kultur seines Vaterlandes. Andererseits muss nochmals betont werden, dass das primäre Element der Wirkung eben die Notwendigkeit der Aufnahme, das literarische Bedürfnis des fremden Landes ist. Jede große Literatur, so viel Fremdes sie auch zu rezipieren vermag, hat ihre eigene, organische, durch heimatliche gesellschaftlich-geschichtliche Bedingungen bestimmte Linie des Wachstums.[2]

II.

China gilt als Land der Lyrik, und Lyrik blieb bis in die neuere Zeit die beliebteste dichterische Ausdrucksform, was neben anderen Gründen vor allem in der chinesischen Sprache die Wurzel hat. Die erste Gedicht- bzw. Liedsammlung ist das »Shijing« (Das kanonische Liederbuch), eine Sammlung von Poesien, die im Zeitraum zwischen dem 12. und 7. Jahrhundert vor Christus entstanden und somit eines der frühesten Zeugnisse chinesischen Geistes ist. Die im »Shijing« aufgenommenen 305 Lieder stammen aus den verschiedenen Gesellschaftsschichten. Inhaltlich haben sie eine große Mannigfaltigkeit aufzuweisen: neben schlichten Volksliedern finden wir politische Oden und Satiren, neben harmlosen Liebesliedern sind feierliche Preis- und Opfergesänge vertreten. Das ganze innere und äußere Leben des Volkes, sein Fühlen und Empfinden, seine Freuden und Leiden, seine Sitten und Bräuche, seine politischen und sozialen Verhältnisse: das alles zieht in so greifbar anschaulichen, in so lebendig bewegten Bildern an unseren Augen vorüber, dass das »Shijing« neben seinem dichterischen Wert zugleich den einer kulturgeschichtlichen Quelle beanspruchen darf. Und die zutiefst soziale Tendenz der chinesischen Kultur zeigt sich schon darin: Es gibt keine klare Trennungslinie zwischen Privatleben und Sozialleben. Liebe, das persönlichste Gefühl, wurde als ein Teil des Gesellschaftslebens angesehen. Und das politische Bewusstsein, das in China unmittelbar zum Gemeinschaftsgefühl gehörte, war eng verbunden mit der Dichtung.

Das erste Lied des »Shijing« mit dem Titel »Guanju« ist ein Liebeslied:

> *Guan guan*, schreit der Fischadler
> Auf der Insel im Fluß;
> Lieblich ist diese edle Frau,
> Eine gute Braut für den edlen Mann.

Mal länger, mal kürzer wächst die Seemalve,
Zu beiden Seiten pflücken wir sie;
Lieblich ist diese edle Frau,
Wachend und schlafend sehnte er sich nach ihr.

Er sehnte sich nach ihr und konnte sie nicht erlangen,
Dachte an sie Tag und Nacht.
In quälender Sehnsucht
Wälzte er sich hin und her.

Mal länger, mal kürzer wächst die Seemalve,
Zu beiden Seiten pflücken wir sie;
Lieblich ist diese edle Frau,
Mit Zithern und Lauten tritt er ihr nahe.

Mal länger, mal kürzer wächst die Seemalve,
Zu beiden Seiten pflücken wir sie;
Lieblich ist diese edle Frau,
Glocken und Pauken erfreuen sie.[3]

Es sind nicht nur zahlreiche Lieder der freien, heiteren Liebe zu lesen, sondern auch
eine ganze Anzahl politischer Oden und Satiren. Klagen über die Not der Bevölkerung sowie Kritik an rücksichtslosen Herren sind die Stoffe, die hier mit Vorliebe
behandelt werden, und zwar mit Offenheit und Freimut. Das »Shuoshu« (Die Ratte)
stammt aus dem gemeinen Volk und beklagt die Habgier eines Herrschers, der mit
der Ratte verglichen wird:

Ratte, Ratte, nun fürwahr
rühr nur nicht meine Hirse an!
Gefüttert hab ich dich drei Jahr,
und hast nie Gutes mir getan.
Nun laß ich dich, nun zieh ich fort
und such mir einen andern Ort,
ein Land der Freude, Seligkeit.
Dort will ich hin für alle Zeit.
[…][4]

Das schon vor Konfuzius (551–479 v. Chr.) vorhandene »Shijing« wurde von ihm
geschätzt und diente ihm als Lehrmaterial für die Ausbildung seiner Schüler. Die
Nachwelt hat Konfuzius zu einem Heiligen gemacht. Seine ursprüngliche Gestalt
war aber die einer reichen, echt menschlichen Persönlichkeit, sehr wirklichkeitsnahe
und liberal. Die menschlichen Gefühle wie Liebe wurden von ihm als natürlich betrachtet. Und in den Schriften seines besonders wichtigen Nachfolgers Menzius
(372–289 v. Chr.) steht geschrieben: »Essen und Sex liegen in der menschlichen

Natur.«[5] Konfuzius war ein großer Weiser, der Überlieferer der alten chinesischen Kultur, die er in klassische Form gegossen hat. Der Grundzug der konfuzianischen Philosophie war eine äußerst sozialbewusste feudale Ethik. Die Konfuzianer interessierten sich vor allem für die menschliche Gesellschaft und für deren Organisationsform. Sie strebten nach Festigung der gegenseitigen Beziehungen zwischen Menschen und darüber hinaus nach sozialer Gerechtigkeit bzw. Solidarität und Stabilität. Dementsprechend musste der Einzelne stets Selbstbeherrschung üben und die anderen berücksichtigen, so dass die Interessen der Gemeinschaft gewahrt wurden. Das Individuum ist also kein Ziel an sich, der Mensch wird immer nur als Teil einer übergreifenden Gemeinschaft – der Familie, des Clans oder des Staates – gesehen und politisch eingeordnet.

Doch sobald sich eine Lehre etabliert hat, ist sie in Gefahr, eine Institution zu werden. Nicht selten wird sie auch ideologisiert. So war es im Fall des Konfuzianismus, der in der Han-Dynastie von dem Kaiser Wudi (reg. 140–87 v. Chr.) unter Zurückweisung aller anderen Schulen zur Staatslehre erhoben wurde und im Laufe der Zeit zunehmend Politik und Moral in China bestimmte. Der Konfuzianismus war die Quelle und das Fundament der Erziehung und Bildung des gesamten Volkes, insbesondere der Politiker, der Beamten und Gelehrten. Er beherrschte das private, öffentliche und soziale Leben. Er gab der Literatur Gedanken, Form und Ziel. China ist ohne den Konfuzianismus nicht zu verstehen. Und sobald der Konfuzianismus eine geistige Stütze für die feudale Herrschaft wurde, nahm er einen Weg der Schematisierung und Dogmatisierung.

Die Hochschätzung des »Shijing« durch Konfuzius hat dazu beigetragen, dass die mit Recht als »volkstümlich« bezeichnete Dichtung des »Shijing« im Zuge der Festigung der staatlichen Herrschaft und Bürokratie von offizieller Seite übernommen und kanonisiert wurde. Die Liedersammlung wurde in die »Wujing« (Fünf kanonische Bücher) des Konfuzianismus aufgenommen und gehörte zum festen Bildungsbestand der Literatenschicht, aus der sich die Beamtenschaft rekrutierte. Im alten China galt das Amt als der einzige legitime Weg zu Ruhm, Ansehen und hoher Stellung. Um Beamter werden zu können, musste der Bewerber die kanonischen Bücher, und darunter auch das »Shijing«, studieren und geschickt handhaben. Der Beamte, Amtsanwärter und Würdenträger, der als der eigentliche, zumindest als der wichtigste Träger der literarischen Überlieferung Chinas gelten konnte, prägte den Literaturbegriff. So wurde gefordert, dass sich die Literatur der offiziell anerkannten Moral zu fügen und dieser nicht zuwider zu laufen habe. Der Zweck der Literatur bestand in weitem Umfang in der ethischen Erziehung des Volkes.

Und mit der Institutionalisierung und Ideologisierung des Konfuzianismus wurden viele Lieder des »Shijing«, weitgehend unabhängig von ihrer ursprünglichen Bedeutung, schon sehr bald zu erzieherischen und sozialen Zwecken verwendet und entsprechend gedeutet. Der moralisierenden Umdeutung waren ganz besonders naive Liebeslieder unterworfen, was sich am Beispiel des bereits zitierten Liedes »Guanju« verdeutlichen lässt. Eine der Auslegungstraditionen sieht in dem Lied eine Preisung der Gattin des Gründers der Zhou-Dynastie, König Wen. Diese Tradition kann sich auf den Kommentar von »Maoshi« (Das kanonische Liederbuch in der Überlieferung des Mao[6]) berufen, das das *guan guan* der ersten Zeile als den Ruf eines getrennten Fischadlerpärchens versteht. Die »edle Frau« des Liedes wird mit der Frau des Königs Wen identifiziert, die in ihrer Zurückgezogenheit »die Tugend des Fischadlers« besessen habe und daher gerade die rechte Gefährtin für diesen Herrscher gewesen sei. Einer anderen Deutung nach sind mit der »edlen Frau« nicht die Königin selbst, sondern die Palastdamen gemeint, die von ihrer tugendhaften und eifersuchtlosen Herrin als zusätzliche Partnerinnen für den König ausgesucht werden. Es sei also die Königin, die sich nach den »edlen Frauen« als Haremsdamen für ihren Herrn sehnt. Die verschiedenen Auffassungen und Auslegungsweisen zielten also meist in die gleiche Richtung, nämlich die Tugend einer vorbildlichen Frau zu preisen.

Die entstellenden und verfälschenden Interpretationen einfacher Liebeslieder des »Shijing« im staatsethischen Sinne deuten auf die spätere Entwicklung der chinesischen Liebesauffassung und Liebesdichtung hin. Liebe, das elementarste und dynamischste aller menschlichen Gefühle, wurde immer mehr durch die konfuzianische Ethik gefesselt und behindert. Die Konfuzianer erblickten in der Erotik vor allem das Verführerische, das von der Hingabe an den Herrscher und die Staatsgeschäfte ablenkt. Überdies wurde die Ehe von den Eltern und unter Beachtung eines strengen Rituals abgeschlossen. Damit entfiel ein wichtiges Motiv für das Liebesgedicht. Auch die zwei anderen wichtigen Geistesströmungen wie der Taoismus und Buddhismus haben nicht zur Entfaltung einer Liebesdichtung beigetragen. Der Taoismus befriedet das Gemüt. Demnach soll man jegliche Anhänglichkeit aufgeben, die Begierden vernichten, das Herz leer, indifferent machen, um die absolute Freiheit zu erlangen. Für den Buddhisten schließlich bedeutet der Geschlechtstrieb die stärkste Fessel an jene Welt, die er zu überwinden trachtet. So fand die Liebesdichtung ihren Rückhalt eher im natürlicher denkenden Volk.

Es war eines der besonderen Merkmale der Kultur des traditionellen China, dass man zwischen volkstümlicher und niederer Literatur und Dichtung einerseits, und der Literatur für die Gebildeten andererseits unterscheiden wollte, jedoch nicht wirklich streng unterscheiden konnte. Während die Literatur für die Gebildeten an orthodoxer Stelle stand, war deren Austausch mit volkstümlicher Literatur äußerst rege und vielfältig. Die Literaten und Dichter gestalteten die ursprüngliche Volkspoesie zur orthodoxen Kunstdichtung um, und dieser Entwicklungsprozess fand erst in der Tang-Zeit (618–907) seinen endgültigen Abschluss.

Wenn der Chinese vom Zeitalter der Tang-Dynastie redet, so denkt er dabei in erster Linie an die Glanzperiode der lyrischen Dichtung, die in dieser Zeit formal und stilistisch ihre Vollendung fand. Lyrik wird, allgemein gesprochen, als das edelste Erzeugnis chinesischer Literatur angesehen. So kam es, dass man seit langem die Tang-Periode als das goldene Zeitalter der chinesischen Literaturgeschichte bezeichnet. Fragt man nun nach den Ursachen, welche diese Blütezeit heraufführten, so muss man zuerst auf den allgemeinen Kulturaufstieg hinweisen, der mit dem Höhepunkt der gesunden Entwicklung des Feudalismus einsetzte. Die Tang-Dynastie gilt als die befreiteste und aufgeschlossenste Zeit im alten China. Die feudalen Herrscher waren aufgeklärt und selbstsicher, so dass sie keine Angst vor dem Interesse des Volkes vor allem an Liebe und Politik hatten. Und die konfuzianische Ethik wurde mit Milde betrieben. Die Tang-Lyrik fand sowohl in den oberen Ständen als auch unter dem gewöhnlichen Volk eine große Verbreitung. Sie verkörperte den Zeitgeist der Tang-Dynastie, nämlich den Unternehmungsgeist der sozial und politisch verantwortungsbewussten Gebildetenschicht mit weitem Blickfeld im Aufstieg des Feudalismus zum Höhepunkt. Die politische Lyrik stand im Mittelpunkt. Auch Liebeslyrik tauchte nicht selten auf. Doch heiterer und unbeschwerter Liebesausdruck ohne jegliche Reflexion war keineswegs häufig. Als hilflose Stimme der ethischen Unterdrückung sind die chinesischen Liebesgedichte »gekennzeichnet durch Zurückhaltung und Rätselhaftigkeit. Sie sind indirekt und verschleiert, haben häufig den Abschied, den Kummer, die Trauer und die Sehnsucht zum Inhalt«[7]:

> Schwierig ist das Treffen und ebenso die Trennung,
> Der Ostwind nimmt ab und hundert Blumen verwelken.
> Die Frühlingsseidenraupe spinnt Fäden bis in den Tod,
> Die Kerze vergießt Tränen bis zur Asche.
> [...][8]

Das »Wuti« (Gedicht ohne Titel) des Tang-Lyrikers Li Shangyin (ca. 813–ca. 858) hat den Abschied und die traurige Liebe zum Thema. Der erste Vers ist die Variation einer chinesischen Redewendung: »Einfach ist die Trennung und schwierig das Treffen«. Im ersten Vers wird »schwierig« betont. Eben weil das Treffen schwierig ist, fällt der Abschied den Liebenden besonders schwer. Der zweite Vers stellt eine traurige Stimmung dar. In der dritten und vierten Zeile werden die innig Liebenden mit einer spinnenden Seidenraupe und mit einer sich verzehrenden Kerze verglichen. Und im Chinesischen ist »Seidenfaden« ein Homonym für »Sehnsucht«. Es wird also verzehrende Sehnsucht bis in den Tod geschildert, doch das Wort »Liebe« oder »Sehnsucht« kommt im Gedicht nicht vor. Und das »ohne Titel« deutet die zweifelhafte Stelle freier Liebe und freier Partnerwahl in der orthodoxen

Ideologie an. Die konfuzianische Ethik wirkte schließlich auf den spontanen und direkten Ausdruck der Liebesgefühle hemmend. »Aber die menschliche Natur lässt sich nicht unterdrücken; sie findet andere Möglichkeiten, ihre Gefühle auszudrücken, durch Anspielungen und Andeutungen, durch Allegorien und Vergleiche.«[9] Daraus entwickelte sich eine diskrete, verhüllende, aufs Erratenlassen gestellte Kunst, die viel zu denken und zu phantasieren gibt und einen dauerhaften Nachgeschmack hinterlässt.

In der Tang-Zeit hat die chinesische Lyrik den Höhepunkt ihrer Blüte und in gewissem Sinne auch zugleich ihren Abschluss erreicht. Lyrische Dichtung als orthodoxe Literatur der Gebildeten gründete eigentlich auf der Feudalherrschaft. Als der Feudalismus in der Tang-Dynastie den Höhepunkt erreichte und zugleich zum Niedergang tendierte, verlor die orthodoxe Literatur allmählich ihre Schöpferkraft und Vitalität. Die aufstrebende städtische Literatur trat nach und nach in den Vordergrund und wurde die neue Hauptströmung in der Literaturgeschichte.[10]

Während der Feudalismus immer mehr in Verfall geriet, tendierte die orthodoxe Ideologie und Literatur mehr und mehr zur Alterung. Und die in der Warenwirtschaft aufsteigende Städterschicht brachte eine neue Ideologie und Literatur mit sich. Die städtische Literatur in Form der Ci-Dichtung, des Dramas und der erzählenden Dichtung verlieh einerseits dem Geschmack und den Bedürfnissen der Städter nach Unterhaltung Ausdruck, andererseits unterschied sie sich von der ursprünglich volkstümlichen Literatur dadurch, dass die literarisch Gebildeten an dem Schaffen beteiligt waren. Die in volkstümlicher Literatur übliche und in orthodoxer Literatur nicht gut entwickelte Liebesdichtung wurde nun ein wichtiges Thema. Und die in der Städterschicht wachsenden neuen Ideen kontrastierten nicht nur mit den gealterten orthodoxen Ideologien, sondern sie dienten auch als eine wichtige Stütze der Antiorthodoxie in der Literatenschicht. Der radikalste Kritiker war der Philosoph Li Zhi aus der Ming-Zeit (1368–1644), dessen Lehre vom kindlichen Gemüt sich direkt gegen die gealterte Gesellschaft richtete. Zurück zur menschlichen Ursprünglichkeit, zur Naivität, um neue Möglichkeiten und neue Hoffnung zu finden: Das war der Kerngedanke von Li Zhi. Kindliches Gemüt sei wahres Gemüt und wird der falschen Gesellschaft entgegengesetzt. Die feudale Kultur entfernte sich nämlich auf ihrem Entwicklungsweg immer weiter von der Zeit des »Shijing«, wie ein deutscher Sinologe am Anfang des 20. Jahrhunderts dargestellt hat: »Und verwundert gewahren wir, dass das Volk jener Tage [des »Shijing«] uns menschlich näher steht als der heutige Chinese mit seiner geschraubten Unnatur, dem unerquicklichen Produkt eines durch Alter und Autorität geheiligten sozialen Komments.«[11] Die Gedanken von Li Zhi fanden bei seinem Zeitgenossen Tang Xianzu einen dichterischen Ausdruck. Tang Xianzu's Singspiel »Mudanting« (Die

Päonienlaube), das auch unter dem Titel »Huanhunji« (Die Rückkehr der Seele) bekannt ist, ist erfüllt von romantischer Liebe. Du Liniang, die Tochter eines Gouverneurs, sieht im Traum die Gestalt des jungen Liu Mengmei. Aus Sehnsucht nach ihm stirbt sie. Drei Jahre später erblickt Liu zufällig Liniang's Selbstbildnis und verliebt sich. In der Folge kommt es zu Traumbegegnungen zwischen beiden. Schließlich kann die junge Frau aus der Unterwelt wieder zurückkehren, und nach einigen Verwicklungen und Widrigkeiten kommt das Stück zu einem glücklichen Ende. Der Autor hat durch diese außergewöhnliche Geschichte die gegenseitige Zuneigung und Liebe sehr stark betont und damit erklärt, dass die menschliche Natur nicht zu unterdrücken ist. Während der Lehrer Liniang mit dem »Guanju«-Lied des »Shijing« in verfälschender Interpretation ethisch belehrt, erkennt sie es intuitiv als ein glühendes Liebeslied. So dient die ethische Erziehung ironischerweise im Gegenteil als eine Aufklärung der Liebe. Und je mehr die Eltern ihre Tochter in strenge Zucht nehmen, um so heftiger verlangt Liniang nach den wahren und natürlichen Gefühlen, so dass sie gemütskrank wird und aus vergeblicher Sehnsucht nach der geträumten Liebe stirbt, wodurch das Zerstörerische der feudalen Ethik bloßgelegt wird. Das »Mudanting« gehört also zu »den ersten Signalen des Verlangens nach einer Befreiung des Individuums«.[12]

Die Erschütterung der Orthodoxie wurde verursacht durch deren Falschheit und Unmenschlichkeit. Während der chinesische Feudalismus nach dem Gesetz der historischen Entwicklung seinem Untergang entgegenging, verstärkten die feudalen Herrscher die geistige Kontrolle und Unterdrückung, um ihre Herrschaft zu konsolidieren. Literarische Prozesse wurden geführt gegen sogenannte »ketzerische Schriften«. Und nicht allein die literarische Schaffenskraft, sondern mit ihr zugleich auch das gesamte geistige und sittliche Leben kamen zum Stillstand.

III.

Als sich der chinesische Feudalismus am Rande des Abgrundes befand, trug die militärische und wirtschaftliche Aggression der westlichen Mächte zur Zerstörung der Einheit des Reiches bei. Auf Grund der in mehreren verlorenen Kriegen offenbar gewordenen Unterlegenheit gegenüber dem Westen musste sich die chinesische Führungsschicht darüber Gedanken machen, wie sie der westlichen Herausforderung begegnen könnte. Die Bedrohung durch den Westen bestand in der Überlegenheit der westlichen Waffen und industriellen Produktion, wobei diese nur die äußere Manifestation der Überlegenheit westlichen Denkens im naturwissenschaftlich-technischen Bereich waren. Daher konnte auch die Antwort auf die westliche Herausforderung nur in einer grundsätzlichen Auseinandersetzung mit dem west-

一棵松樹在北方……

一棵松樹在北方
孤單單生長在枯山上。
冰雪的白被把它包圍，
它沉沉入睡。

它夢見一棵棕櫚樹，
远远地在东方的國土，
孤單單在火熱的岩石上，
它默默悲伤。

Heinrich Heine: »Ein Fichtenbaum steht einsam«
Chinesische Übersetzung von Feng Zhi

lichen Denken gefunden werden, und diese Auseinandersetzung musste notwendig die Substanz der chinesischen Kultur berühren und in Frage stellen. So ist die chinesische Geistesgeschichte seit der Mitte des 19. Jahrhunderts durch ein Hin- und Herschwanken zwischen Tradition und Modernisierung gekennzeichnet.

In der zweiten Hälfte des 19. Jahrhunderts erfolgte in China der Versuch der Rezeption der Militärtechnologie und des Wissens für den Aufbau einer industriellen Infrastruktur. Die Hintergründe der militärischen und ökonomischen Überlegenheit des Westens wurden von der politischen Führungsschicht damals noch nicht gesehen. Ausdruck des Scheiterns dieser partiellen und zugleich konservativen Modernisierung war die Niederlage Chinas im Krieg gegen Japan 1895. Erst dann erkannten Teile der politischen Führungsschicht, dass die Überlegenheit des Westens nicht nur in seiner Technologie begründet war, sondern auch in seinen politischen Systemen, und dass beide Bereiche offenbar zusammengehörten. Demzufolge erlebte das Reich die ersten Versuche politischer und institutioneller Reformen: Die Reform der 100 Tage von 1898, die Abschaffung des Prüfungssystems 1905 und die Versuche der Einführung einer konstitutionellen Monarchie am Ende der Dynastie. Doch blieben alle diese politischen Reformversuche erfolglos, und die Entwicklung endete mit der von Sun Yat-sen vorangetriebenen bürgerlich-demokratischen Xinhai-Revolution von 1911, die zum Sturz der Qing-Dynastie führte.

Da die Revolution von 1911 die Zustände Chinas nicht geändert hatte, kamen viele chinesische Intellektuelle zu der Erkenntnis, dass die Gründe für die militärische und ökonomische Überlegenheit des Westens noch tiefer lagen, nämlich in der Entwicklung des Denkens in Europa seit der Renaissance. So begann sich dann in den 1920er Jahren das Interesse der Chinesen auch auf die grundsätzlichen Unterschiede zwischen chinesischem und westlichem Denken, zwischen chinesischer und westlicher Kultur zu richten. Zentrum dieses Umbruchs war die Peking-Universität. Chen Duxiu, der Dekan der Philosophischen Fakultät und späterer Mitbegründer der Kommunistischen Partei Chinas, wies in seinem Artikel »Die grundsätzlichen Unterschiede im Denken zwischen östlichen und westlichen Nationen«[13] darauf hin, dass man im Osten die Gemeinschaft und im Westen eher das Individuum betont. In der Neue-Kultur-Bewegung im Gefolge der 4.-Mai-Bewegung 1919 stellten die chinesischen Intellektuellen schließlich das gesamte kulturelle Erbe in Frage, und vor allem den Konfuzianismus. Er wurde nun als Last angesehen – als geistige Fessel, die eine Modernisierung des Landes verhindere. Bei der Modernisierung des Landes kam es vor allem auf die Befreiung und Modernisierung des Menschen an. So wurde die neue Literatur durch eine Literaturrevolution ins Leben gerufen, um das Bewusstsein des Volkes zu verändern und die Krankheit Chinas zu heilen. Neu war diese Literatur, die eine Emanzipation des Menschen forderte, statt der feudalen Ethik und Moral zu dienen. Modern war diese neue Literatur, die sich in jeder

Hinsicht in bewusster Abwendung von der Vergangenheit und den alten Traditionen verstand, sowohl hinsichtlich der Sprache als auch in bezug auf die verwendeten Formen und ihre Inhalte.

Um so eine neue Literatur zu schaffen, lehnte man sich an ausländische Vorbilder an. Von der Begegnung mit dem Denken und der Literatur der ganzen Welt versprach man sich ein Erwachen und eine Erlösung Chinas. In der Verbreitung der westlichen Ideale bei der Masse der Bevölkerung sah man das Mittel zur Überwindung des chinesischen »Mittelalters«, und viele glaubten, nur auf diesem Weg könne eine Renaissance eingeleitet werden.

Die neue Literatur zur Zeit der 4.-Mai-Bewegung ist gekennzeichnet durch das Überwiegen politischer und sozialer Themen und durch eine Konzentration auf private Gefühle und persönliche Beziehungen. Das Individuum und seine Empfindungen standen also im Vordergrund. Dabei spielte die Forderung nach freier Liebe und freier Partnerwahl sowie nach einer Befreiung der Frau eine wesentliche Rolle. Die ausländische Liebesdichtung einschließlich der Heines übte daher eine große Wirkung aus. Das Verlangen nach einer Befreiung des Individuums begann aber nicht erst mit der 4.-Mai-Bewegung, sondern es geht bis in die spätere Ming-Zeit zurück. Die fremden Einflüsse wurden also durch die Befreiung heimischer latenter Kräfte wirksam. Denn, wie Georg Lukács sagt,

> eine große Wirkung fremder Literatur ist fast unmöglich, wenn im heimischen Land nicht – wenigstens unterirdisch – analoge Strömungen vorhanden sind. Damit aber wird erst die Fruchtbarkeit der Wirkung erhöht: echte Wirkung ist stets eine Umwandlung im Sinne der Befreiung latenter Kräfte. Gerade diese, die unterirdischen Energien erweckende Wirkung macht die großen fremden Schriftsteller zu Bestandteilen nationaler Literaturentwicklungen, während die ephemer wirksamen nur die Oberfläche flüchtig streifen.[14]

Die goldene Zeit der 20er Jahre für die freie kulturelle Diskussion und Auseinandersetzung fand infolge der heftigen ideologischen und kulturpolitischen Kämpfe in der Zeit des Zerwürfnisses zwischen der Kommunistischen Partei und der Kuomintang (Nationalpartei) ein baldiges Ende. Die literarische Entwicklung wurde durch den Bürgerkrieg zwischen Kommunisten und Kuomintang-Reaktionären (1927–37), den anschließenden Chinesisch-Japanischen Krieg (1937–45) und den erneuten Bürgerkrieg (1946–49) nachhaltig geprägt. So trat seit Ende der 20er Jahre an die Stelle der Betonung des Individuums das Thema der sozialen Umwälzung. Die literarische Szene wurde von einem Linkstrend erfasst, und die literarische Revolution wandte sich der revolutionären Literatur zu. Heines politische Lyrik diente nun als eine Waffe gegen die Reaktion der Kuomintang und die japanischen Invasoren, und viele fortschrittliche Schriftsteller ließen sich in Form und Inhalt von Heine inspirieren.

Zwei Jahre vor seinem Tode hat Heinrich Heine in den »Geständnissen« seinen großen Kollegen Goethe beneidet, dessen Werther und Lotte damals schon in China bekannt waren, während seine Gedichte noch nicht in chinesischer Übersetzung vorlagen. Doch ungefähr 60 Jahre später, im Jahr 1913, erschien zum ersten Mal ein Liebesgedicht von Heine in chinesischer Übersetzung in »Liumei Xuesheng Nianbao« (Jahrbuch der in den USA Studierenden). Es war »Ein Fichtenbaum steht einsam« aus dem »Lyrischen Intermezzo« des »Buchs der Lieder«. Der Übersetzer Hu Shi, ein Vorläufer der neuen Literatur, machte dazu die Bemerkung:

> Der deutsche Dichter Heine ist 1797 geboren und 1856 gestorben. Er war ein Meister des kleinen Liedes, und seine Lieder sind ehrlich und tief betrübt und äußerst rührend. Dieses Lied z. B. ist ein Liebeslied. Der nordische Fichtenbaum in der Kälte spielt auf die Situation des Dichters an; die südliche Palme kommt seiner Sehnsucht allegorisch entgegen; der Kontrast von *Eis* und *brennend* deutet die Unerreichbarkeit und Unüberbrückbarkeit an: Im Effekt ähnelt es der chinesischen Tradition von Anspielung und Andeutung, Allegorie und Vergleich. Und ein mildes und echtes Gefühl offenbart sich ganz natürlich im Lied.«[15]

Hu Shi schätzte also das Gedicht hoch nach dem Maßstab der chinesischen traditionellen Ästhetik.

Im Jahr 1914 erschienen zwei weitere Liebesgedichte von Heine in »Zhonghua Xiaoshuojie« (Monatsmagazin der chinesischen Schriftstellerkreise): »Aus meinen Thränen sprießen« und »Die blauen Veilchen der Aeugelein«, ebenfalls aus dem »Lyrischen Intermezzo«. Der Übersetzer war Lu Xun, Begründer der modernen chinesischen Literatur. Sein Bruder Zhou Zuoren, auch ein Vorläufer der neuen Literatur, nahm die Gedichte in seinen Aufsatz »Yiwen Zahua« (Notizen zur schönen Literatur) auf und sagte: »Heine ist ein deutscher Dichter. Er kann in allgemeinverständlicher Sprache tiefe Gedanken ausdrücken. Die Wörter sind klar und einfach, und die Verse zugleich elegant und rhythmisch. Das kann man nicht nachahmen.«[16]

Über die Lu Xuns Übersetzung der zwei Heine-Gedichte hat der chinesische Germanist Zhang Yushu folgendes Urteil:

> Als Land der Poesie hat China eine jahrtausendelange Tradition der Lyrik. Doch im Joch feudaler Bräuche und Riten wurden menschliche Gefühle unterdrückt. Unter dem Einfluss des Konfuzianismus und Buddhismus wurden alle Sinnenfreuden als Sünde betrachtet. So war die Hypokrisie, die scheinbaren Heiligkeit und innerliche Verdorbenheit schon gang und gäbe unter der feudalen herrschender Klasse geworden. Es war nichts Außergewöhnliches, Dirne und Nebenfrau ganz offen zu nehmen. Die echte Liebe zwischen Mann und Frau aber wurde als Unzüchtigkeit angesehen. Deswegen konnte sich Liebeslyrik in China nicht sehr gut entwickeln. Diese Gefühlswelt des Menschen wurde als verbotenes Gebiet betrachtet, das man sehr selten zu betreten wagte. Doch drei Jahre nach der Xinhai-Revolution übersetzte Lu Xun Heines Liebesgedichte schon ins Chinesische, was sehr mutig und revolutionär zur damaligen Zeit war. Und er tat es aus demselben Anlass wie Guo Moruo, der zehn Jahre später Goethes

»Die Leiden des jungen Werthers« ins Chinesische übersetzte. Heine hat zeitlebens die katholische Kirche bekämpft. Der Hauptgrund dafür war die Hypokrisie ihrer Doktrinen:

»Ich spreche von jener Religion, in deren ersten Dogmen eine Verdammniß alles Fleisches enthalten ist, und die dem Geiste nicht bloß eine Obermacht über das Fleisch zugesteht, sondern auch dieses abtödten will um den Geist zu verherrlichen; ich spreche von jener Religion durch deren unnatürliche Aufgabe ganz eigentlich die Sünde und die Hypokrisie in die Welt gekommen, indem eben, durch die Verdammniß des Fleisches, die unschuldigsten Sinnenfreuden eine Sünde geworden, und durch die Unmöglichkeit ganz Geist zu sein, die Hypokrisie sich ausbilden mußte«.

In Heines Liebeslyrik wird die Liebe so schön und rührend geschildert, dass man sie als edel und herrlich erkennt, als einen sehr wichtigen Faktor, durch den der Mensch Mensch wird. Man muss sich nicht für sie schämen. Sie ist keine Sünde. Die Liebe ist ein edles Recht des Menschen und Blüte des Lebens. […] Die Liebe und die Geliebte unmittelbar zu besingen war damals in China noch sehr selten. Die für lange Zeit niedergedrückten Chinesen, wenn auch gefühlsmäßig nicht völlig erstickt, drückten ihre Sehnsucht meistens durch Metaphern gewunden und implizit aus. Wie hätten sie ihre Gefühle so direkt und unverhüllt zu äußern gewagt. […] Der Grund, warum Lu Xun die zwei Liebesgedichte übersetzte, liegt offensichtlich nicht nur in den schönen Versen, sondern auch in den Gedanken.[17]

Zhang bezieht sich mit Recht auf »Muoluo Shili Shuo« (Über die Poesiekraft der Teufelgruppe), eine wichtige literarische Schrift von Lu Xun, in der er die europäischen Dichter der sogenannten Teufelgruppe mit Byron an der Spitze vorstellt, die den finsteren Kräften gegenüber starken Widerstandsgeist haben. Wie die anderen Vertreter der neuen Literatur wollte Lu Xun damit »im fremden Land nach neuen Tönen suchen«, um den Nationalgeist zu erneuern. Da er damals Heinrich Heine bloß als einen Liebeslyriker kannte, hat er den Dichter nicht in die Teufelgruppe eingereiht. Aber Heines Liebesgedichte waren auch für ihn »neue Töne«.[18] Und bis zum Ende der 20er Jahre war Heine in den Augen der Chinesen vor allem ein romantischer Liebeslyriker.

Liebe ist eigentlich ein gemeinsames und ewiges Thema in der Literatur aller Nationen. Im klassischen China wurde sie jedoch immer mehr von der konventionellen Ethik gefesselt und in die volkstümliche und niedere Literatur verdrängt. So war sie in der chinesischen klassischen Literatur bei weitem nicht so wichtig wie in der westlichen. Die Neue-Kultur-Bewegung trachtete nach der Befreiung des Individuums von der feudalen Ethik und daher vor allem nach der Entwicklung eines neuen, modernen erotischen Bewusstseins. Liebe war nicht mehr eine verführerische Sünde und Schande, sondern ein legitimer Ausdruck der Lebenskraft. Ihre Würde und ihr Wert mussten anerkannt werden. Vor diesem Hintergrund gewann die Rezeption von Heines Liebeslyrik eine antifeudale Bedeutung. Die chinesischen Leser erlebten darin individuelle Gefühle und eine Befreiung des Individuums, denn die empfindsame Überschwänglichkeit, die Unverhülltheit und Unbekümmertheit des spontanen Ausdrucks sind sehr selten zu finden in der klassischen chinesischen

Poesie. Außerdem ist die Liebeslyrik Heines durch die volksliedhafte Form und die einschmeichelnde Melodie so faszinierend, dass sie immer wieder zum Lesen mit hohem ästhetischem Genuss einlädt. Heinrich Heine verstand mit einem seltenen Genie seine Gedichte so fein und leicht zu formen, dass der Zwang des Verses kaum empfunden wird: Die Wortstellung ist fast wie in der Prosa; die Wortwahl ist so einfach wie möglich. »Heine verstand sich als Volksdichter, der auch für Ungebildete schrieb, und nicht als Esoteriker, der nur für Eingeweihte dichtete.«[19] Sein Streben nach leichter Verständlichkeit war geistesverwandt mit dem Bestreben der chinesischen neuen Literatur, statt mit altertümlichem Ausdruck in allgemeinverständlicher moderner Literatursprache zu schreiben, um den Massen den Zugang zur Literatur zu eröffnen.

Kein Wunder, dass Heine als ein romantischer Liebeslyriker während der 4.-Mai-Bewegung bei chinesischen Lesern und Dichtern beliebt war, obwohl seine Gedichte selten und nur vereinzelt in chinesischer Übersetzung erschienen. Guo Moruo, einer der Gründer der chinesischen neuen Literatur und Vertreter der neuen Poesie, betrachtete seine erste Berührung mit Heine und Tagore als ein »Erwachen des Gedichtes«.[20] Er gab zu, dass seine ersten lyrischen Versuche wie »Lusi« (Seidenreiher), »Xinyue yu Qinghai« (Neumond und Heitermeer), »Chunchou« (Frühlingsleid) u. a. »eindeutig noch unter Tagores und Heines Einfluss standen«. Guo liebte Heines Liebesgedichte: »Seine Gedichte brachten das reichlich Weltliche zum Ausdruck. Im Vergleich zu Tagores überweltlichen fand ich jene noch natürlicher.«[21] Übrigens übersetzte Guo selber auch Gedichte von Heine wie »Am fernen Horizonte«aus der »Heimkehr« und »Meeresstille« aus dem »Nordsee«-Zyklus des »Buchs der Lieder« ins Chinesische.

Ein anderer bekannter Dichter namens Wang Jingzhi hat in den Jahren 1920–22 das »Hui de Feng« (Wind der Kahnorchis) geschrieben. Das Manuskript dieser Gedichtsammlung wurde von Lu Xun durchgesehen und ein wenig verbessert. Später behauptete der Dichter in seinem Vorwort zur neuen Ausgabe von 1957, dass er damals am liebsten Heine las: »Zwar gab es nicht mehr als zehn Liebesgedichte Heines (in chinesischer Übersetzung), aber sie übten den größten Einfluss auf mich aus.« Und weiter: »Die jahrtausendelang von der feudalen Moral und Ethik unterdrückte Jugendseele wurde von der 4.-Mai-Bewegung erweckt. Und wie ein gerade erst befreiter Festgebundener sang ich ganz unbefangen, frei und zügellos. In der antifeudalen Strömung verlangten die Jugendlichen damals nach freier Partnerwahl, deswegen waren meine Gedichte meistens Liebesgedichte.«[22] Zhu Ziqing, ein großer Meister der modernen chinesischen Prosa, verglich das »Hui de Feng« mit einer in die alte Ethik geworfenen Bombe.[23] In Bezug auf die Lyrikform sagte Wang: »Damals haben wir eben die Fesseln der alten Reimdichtung gesprengt und erwarteten einen ganz natürlichen, leicht verständlichen, volksliedhaften Stil, den Heines Lyrik gerade hat.«[24] In den folgenden Versen z. B. hat Wang die Sehnsucht nach Liebe im Volksliedton ausgedrückt:

> Lieblich singt eine Lerche im Baum,
> Nach ihr sehnt sich ein Fisch im Wasser.
> Ich bin der Fisch und du bist die Lerche,
> Ich sehe dich an vom Wasser, und du mich vom Baum,
> Nur können wir nie Hand in Hand gehn![25]

Die ganz in die personifizierte Natur verlagerte Liebesthematik und das Motiv der Trennung erinnern an zwei bekannte Liebesgedichte aus dem »Buch der Lieder«, nämlich an die unerfüllbare Liebe zwischen der Lotosblume und dem Mond (»Die Lotosblume ängstigt / Sich vor der Sonne Pracht«) und an die unerfüllbare Sehnsucht des nordischen Fichtenbaums nach der morgenländischen Palme (»Ein Fichtenbaum steht einsam«).

Wang Jingzhi war einer der vier Lyriker der berühmten »Gruppe am See«, die konzentriert Liebeslyrik schrieben. Die »Gruppe am See« war ein Kind der Neue Kultur-Bewegung. Ihre Mitglieder waren von der 4.-Mai-Bewegung erweckte neue Menschen, die Windungen und Wendungen in der Welt noch nicht erlebt hatten, und mit kindlicher Einfalt und Naivität die Liebe frisch und leidenschaftlich besangen. Die 4.-Mai-Ära galt als der Beginn der modernen chinesischen Liebesdichtung und zugleich auch als deren Aufschwung. Die Geburt des modernen erotischen Bewusstseins kennzeichnete das Erwachen des Individuums. Und die neue Poesie übernahm selbstverständlich die Führung der modernen Liebesdichtung und artikulierte als erste die wahre Stimme des erwachenden Menschen. Neben den Lyrikern der »Gruppe am See« schrieben auch viele andere Schriftsteller wie Lu Xun, Guo Moruo, Zhu Ziqing, Feng Zhi u. a. vortreffliche Liebesgedichte.

Feng Zhi wurde von Lu Xun als »der hervorragendste Lyriker in China«[26] zur Zeit der neuen Literatur bezeichnet. Er war auch ein berühmter chinesischer Germanist und ein wichtiger Heine-Übersetzer. Im Jahr 1928 übersetzte er Heines »Harzreise« einschließlich der Gedichte darin ins Chinesische. Seine Frühlyrik lässt sich in gewisser Hinsicht mit der Frühlyrik von Heine verbinden. Ein gutes Beispiel ist »Das kann ich nicht mehr ertragen«:

> Das kann ich nicht mehr ertragen,
> Meine Brust schnitt ich auf,
> Und nahm das blutrote Herz heraus,
> Das ich mit beiden Händen zur Menschenmenge trug.
>
> Da ging mancher hohnlächelnd fort,
> Mancher mit Furcht;

> Nur ich allein war noch da,
> Und konnte nur langsam fort.[27]

Dieses Gedicht ähnelt frappierend Heines 2. Sonett »An meine Mutter, B. Heine, geborne v. Geldern«:

> [...]
> Die Liebe suchte ich auf allen Gassen,
> Vor jeder Thüre streckt' ich aus die Hände,
> Und bettelte um gringe Liebesspende, –
> Doch lachend gab man mir nur kaltes Hassen.
>
> Und immer irrte ich nach Liebe, immer
> Nach Liebe, doch die Liebe fand ich nimmer,
> Und kehrte um nach Hause, krank und trübe.
> [...] (DHA I/1, 117 ff.)

In beiden Gedichten wird die vergebliche Suche nach Wärme in einer abweisenden Gesellschaft zum Ausdruck gebracht. Es ist zwar nicht zu beweisen, dass Feng Zhi bei seinem Gedicht von Heine beeinflusst wurde, aber die Ähnlichkeit zwischen beiden Gedichten ist bemerkenswert.

Wie man während der europäischen Renaissance durch die Bresche der Liebesdichtung den Feudalismus angriff, so hatte das Aufblühen der 4.-Mai-Liebesdichtung auch seine historische Notwendigkeit. Wie ein unaufhaltsamer mächtiger Strom brach die Liebeslyrik das jahrtausendealte asketische Schleusentor und änderte darüber hinaus die anspielende und allegorische Tradition der alten Liebeslyrik. Viele Gedichte zeigten mit offener und mutiger Liebeserklärung die Herausforderung der feudalen Ethik sowie rebellischen Geist. Doch die geschichtliche Beschränktheit ließ sich nicht ganz beseitigen. Liang Shiqiu, ein berühmter Autor der modernen chinesischen Literatur, hat den Gefühlskult der neuen Literatur so kritisiert:

Die moderne chinesische Literatur ist voll vom Lyrismus.

Die in den letzten Jahren geschaffenen Liebesgedichte sind unzählbar. Es gab keine einzige Zeitung oder Zeitschrift, die kein Liebesgedicht aufnahm. Die Liebesgedichte hatten sich eigentlich unerwartet ergeben, sind aber später Gewohnheit und notwendiger Schmuck geworden. Liebesgedichte sind also in Mode gekommen, das ist eine Tatsache, aber wo liegt der Grund? Wir Chinesen legten den größten Wert auf die Ethik. [...] So schien das chinesische Gefühlsleben zur Verarmung zu tendieren. In letzter Zeit entstand unter fremdem Einfluss die sogenannte Neue-Kultur-Bewegung, die in jeder Hinsicht nach Ausdehnung, nach Befreiung und Freiheit verlangte. Wie ein im Käfig eingesperrter wilder Tiger hat das Gefühl nicht nur die mehrfachen Fesseln der Ethik zerbrochen, sondern es hat auch die beaufsichtigende Ratio niedergeschlagen. Das zügellose Gefühl lodert in allen Herzen auf. Einige konnten sich nicht zurückhalten, ein paar Liebesgedichte zu schreiben. Wie ein Steppenbrand aus einem Funken entstand, schreiben plötzlich alle Liebesgedichte. Das für die Jugendlichen wichtigste Gefühl ist die erotische Liebe. Deswegen schweift man in der neuen Poesie vermutlich nie von der Liebesthematik ab. Jemand hat eine Gedichtsammlung untersucht. Den statistischen Angaben zufolge wird in ungefähr jedem vierten Gedichte einmal geküsst. Nach der Erläuterung der Psychologen wäre die ganze neue Poesie fast reiner Ausdruck der Begierde.[28]

Die übertriebene Gefühlshuldigung zeigte sich wirklich sehr deutlich in der frühen neuen Literatur, die gerade von den Fesseln der Tradition befreit und mitten im Erwachen der Jugend war. Das gilt als der Pubertät ähnliche Sozialpsyche während der 4.-Mai-Ära, und zwar als ein normaler Prozess, wenn man mit dem historischen Blick auf die Zeit und die Sozialpsychologie alle Aspekte in Erwägung zieht. Und das erklärt andererseits, warum die tränenfeuchte, um Tränen werbende Sentimentalität der Heineschen Liebesgedichte eine starke Anziehungskraft für viele chinesische Leser dieser Zeit hatte.

Die erwachten Intellektuellen suchten mit Leidenschaft und Sehnsucht nach neuen Wegen, gerieten aber bald in einen Konflikt zwischen Ideal und Wirklichkeit und wurden desillusioniert. Depressionen, Verwirrungen und Schwankungen wurden eine Krankheit der Zeit, was auch in der Literatur einen Ausdruck fand. Eine wichtige Thematik war die erotische Depression. Und der junge Schriftsteller Yu Dafu erregte mit seiner gewagten Beschreibung der erotischen Depression großes Aufsehen in der ganzen literarischen Welt Chinas.

1913 begann der 17jährige Yu Dafu sein Studium in Japan, in einem Alter, wo man sich nach Erotik sehnt. Aber die Demütigungen, denen er als Angehöriger einer schwachen Nation ausgesetzt war, ließen ihn die erotische Desillusion schmerzlich empfinden. Sein berühmtes Werk »Chenlun« (Zugrunde Gehen) bezog den Stoff aus dem Studienaufenthalt in Japan. Der junge Student, »Er« in der Erzählung, schreibt ganz offen in sein Tagebuch:

> Das Wissen will ich nicht. Die Ehre will ich nicht. Ich will nur ein Herz, das mich trösten kann und für mich Verständnis hat. Ein glühendes Herz! Und die Sympathie dieses Herzens!
> Und die Liebe aus der Sympathie!
> Was ich will ist die Liebe![29]

Das gilt als berechtigtes und natürliches Streben nach dem Lebensglück. Es wird also sehnsüchtig nach Sympathie und Trost verlangt, wenn man sich in nationaler Würde und persönlichem Stolz gedemütigt fühlt. Doch dieses Verlangen wird bei den Japanern nur missachtet und kühl behandelt. Er ist melancholisch und einsam, will aus Selbstachtung lieber ein zurückgezogenes Leben führen. Aber vor brennender Begierde verliert er oft die Selbstbeherrschung, so dass er häufig masturbiert, eine badende Frau heimlich beobachtet, eine wilde Kopulation belauscht, und schließlich ins Bordell geht. Er bereut es bitter und macht sich Vorwürfe. Am Ende stürzt er sich verzweifelt ins Meer und ruft:

> Vaterland, Vaterland! Meinen Tod hast du mir zugefügt!
> Werde schnell reich und stark!
> Du hast noch viele leidende Kinder! [30]

Das ist der Schrei eines leidenden Schwachen, der nicht zugrunde gehen will, der aber nicht vermag, sich aus der Notlage zu befreien. Unter dem Aspekt der erotischen Depression hat der Autor eine Zeitkrankheit und deren Ursachen aufgezeigt. In der Mitte der Erzählung hat der Held auf einer Zugreise Heines »Buch der Lieder« bei sich und zitiert die letzte Strophe des »Prologs« der »Harzreise«:

> Lebet wohl, Ihr glatten Säle!
> Glatte Herren, glatte Frauen!
> Auf die Berge will ich steigen,
> Lachend auf Euch niederschauen. [31]

Yu Dafu hat Heines Gedicht absichtsvoll für sein eigenes Schaffen benutzt. Verse wie »Ach, wenn sie nur Herzen hätten! // Herzen in der Brust, und Liebe, / Warme Liebe in dem Herzen« (DHA I/1, 335) entsprechen genau dem Verlangen des Helden nach Sympathie und Liebe. Mit der zitierten Strophe wird der Wunsch, sich aus der erotischen Depression zu befreien, und zugleich die Feindschaft gegen die Umwelt geäußert.

Über Heine und sein »Buch der Lieder« hat Yu Dafu später so gesprochen:

> Heine ist zwar der größte Lyriker nach Goethe, sein fröhliches Lachen und wütendes Schimpfen sind zwar sämtlich glänzende Poesie, aber es scheint ein bisschen zu eintönig zu sein, wenn man den ganzen Text der Liedersammlung ins Chinesische übersetzt. [32]

Yu Dafu hörte also im »Buch der Lieder« zu Recht zwei Stimmen, die des Gesangs und die der Polemik. Und er hielt Heine für einen Wortkünstler in beiden. Außerdem war er sich des engen thematischen Spektrums bewusst, auf das Heine verschiedentlich selbst hingewiesen hatte. Heine schrieb am 10. Juni 1823 an Immermann, alle seine Dichtungen seien »nur Variazionen desselben kleinen Themas«: die unglückliche Liebe. [33] Doch den Zauber Heinescher Zyklenbildung hat Yu Dafu offensichtlich nicht gekannt. »Was Kritiker immer wieder als Monotonie und Serienproduktion angeprangert haben, [...] entspringt in Wirklichkeit einem kunstvollen, ästhetischen Arrangement, das die Liedersammlung zu einem durchkomponierten Ganzen gemacht hat, in dem der Sinn eines jeden Einzelgedichts letztlich durch seine Stellung im Gesamtgefüge bestimmt wird.«[34] Heines dichterisches Selbstbewusstsein stützt sich also nicht allein auf die Qualität der einzelnen Gedichte, sondern auch auf die Kunst, sie besonders arrangieren und präsentieren zu können. Er verstand sich als »Meister in der Anordnung«[35], schenkte »der äußern Anordnung viel Zeit und Nachdenken« und war überzeugt, dass er sich eben dank dieser zusätzlichen Mühe von vielen seiner Dichterkollegen positiv unterschied: »Die Gedichtesammlung so vieler deutschen Dichter würde das Publikum mehr anziehn, wenn sie nicht durch Anarchie der Anordnung den barbarischen Geist ihrer Verfasser verriethe.«[36] Schließlich ist Yu Dafu ein Dichter, der ein feines Gefühl für Heines Lyrik hat, und kein wissenschaftlicher Heine-Forscher, der Heinesche Lyrik umfassender kennt.

In Bezug auf die Rezeption und Wirkung von Heines Liebeslyrik während der 4.-Mai-Bewegung hat die chinesische Germanistin Sun Fengcheng mit Recht behauptet:

> Im Allgemeinen wurde Heinrich Heine mit der Übersetzung der zwei Heineschen Gedichte durch Lu Xun bis zum Ende der zwanziger Jahre als ein romantischer Dichter in China eingeführt, in einer Zeit, die gerade die revolutionäre Periode der antiimperialistischen und antifeudalen Vierte-Mai-Bewegung und auch die des Aufschwungs der Bewegung der Neuen Kultur erlebte, wo China im großen Maßstab die neuen ideologischen Strömungen und die neue Kultur aus dem Ausland aufnahm, so daß Byron, Shelley, Heine, Ibsen und andere als Protestierende, Reformisten, Zerstörer und Liberalisten dem chinesischen Publikum vermittelt wurden. Zwar wurde Heine damals als Lyriker bezeichnet, aber die heftige Leidenschaft, die eleganten Verse und wunderschönen Melodien seiner Gedichte faszinierten und bewegten viele chinesische Jugendliche. Die Unzufriedenheit mit der bestehenden Gesellschaft und das Befremden über seine Zeit, die seine Gedichte ausdrücken, fanden bei vielen Lesern dieser Zeit ein starkes Echo und übten eine tiefgreifende Wirkung auf sie aus.[37]

Parallel zu der Neue-Kultur-Bewegung in China vollzog sich eine epochale Änderung des internationalen Kulturhintergrundes. Durch die Oktoberrevolution 1917 in Russland wurde der erste sozialistische Staat in der Weltgeschichte gegründet, was die Wirkung des Marxismus erhöhte. So wurde der Marxismus zusammen mit anderen westlichen Gedankenströmungen auch in China eingeführt. Am Anfang war er nur ein Faktor in der ganzen ideologischen Sphäre. Doch mit der Entwicklung der sozialen Revolution trat er allmählich in den Vordergrund.

Im Jahr 1921 wurde die Kommunistische Partei Chinas gegründet. Einige Vorläufer der Neue-Kultur-Bewegung wie Chen Duxiu und Li Dazhao waren auch Mitbegründer der Kommunistischen Partei. Ende 1923 begann eine Gruppe Kommunisten in die neue Literatur einzugreifen und regte revolutionäre Literatur an. Gegen Ende der 20er Jahre wurde die soziale Revolution die Hauptaufgabe der Zeit, und das Proletariat trat in die politische Arena. Die Richtung und Tendenz der neuen Literatur wurden geschichtlich reguliert, und die literarische Revolution wandte sich der revolutionären Literatur zu.[38]

Vor diesem Hintergrund wandelte sich das Heine-Bild in China. Heinrich Heine war in den Augen der Chinesen nicht mehr bloß ein romantischer Liebeslyriker. Ein revolutionär-demokratisches Heine-Bild wurde immer deutlicher. Durch die 1928 von Feng Zhi übersetzte »Harzreise« haben die chinesischen Leser Heines scharfe Gesellschaftskritik und meisterhafte Satire kennen gelernt. In Franz Mehrings »Literatur-Kritik« (Übersetzer: Feng Xuefeng), die 1930 im Shuimo-Verlag in Shanghai erschien, wurde Heine zu den sozialistischen Lyrikern gezählt. 1933 übersetzte Lu Xun »Heine und die Revolution« von O. Biha aus dem Japanischen ins Chinesische und sagte in seinem Nachwort zu der Übersetzung: »Heine, den wir bisher als einen Dichter der Liebe und der Leidenschaft betrachten, hat auch eine revolutionäre Seite.«[39] 1936 erschien in der Monatsschrift »Tushu Zhanwang« (Aussichten für die Bücher) eine Festschrift »Der Dichter des Jungen Deutschlands Heine – zu seinem 80. Todestag«. Der Verfasser Zhi Yun gab einen Überblick über Heines Leben und Werk und beurteilte den Dichter relativ allseitig:

> Er ist ein genialer Lyriker, ein Sohn der Romantik und der Revolution; ein Träumer und auch ein Realist – voll von Leidenschaft für die menschliche Freiheit; er besingt das schöne Märchenland und beschreibt auch die Leiden des gemeinen Volkes. Wie Byron hat seine Persönlichkeit auf das ganze Europa gewirkt. Sechzig bis siebzig Jahre nach seinem Tod blieb er immer noch eine umstrittene Figur in Deutschland. Viele stimmten ihm herzlich zu und viele widersprachen ihm gehässig. Vielleicht keinem europäischen Dichter der Neuzeit wurde so leidenschaftlich zugestimmt und widersprochen wie ihm.[40]

In der chinesischen Tradition stand die Literatur eigentlich immer im Dienste der feudalen Ethik und Moral. So stand auch die revolutionäre neue Literatur, die als Waffe dazu dienen sollte, das revolutionäre Bewusstsein der Bevölkerung zu schärfen, ganz in der Tradition einer Politisierung der Dichtung. Nur war die alte politische Dichtung immer mehr von dem chinesischen Feudalismus unterdrückt worden. Stimmen des Widerstands und der Revolution waren schließlich kaum zu hören. Und eben deswegen hatte Heines politische Lyrik mit ihrer Glut und ihrer Tiefe, mit Hass und Verachtung, mit ihrer kritischen Abrechnung mit den Machthabern der Zeit, sowie mit der Ablehnung aller Stützen des feudalistischen Systems eine aufrüttelnde Wirkung auf die chinesischen Leser. So konnte sie sogar als Vorbild für die chinesischen revolutionären Gedichte dienen.

1931 begann der bekannte Philosoph Ai Siqi als erster mit der Übersetzung des Versepos »Deutschland. Ein Wintermährchen« ins Chinesische. Die Arbeit wurde in Shanghai fortgesetzt und im Jahr 1945 in dem revolutionären Stützpunktgebiet Yan'an beendet. 1946 erschien die Übersetzung in Chongqing. Dazwischen war in

China die Zeit des Bürgerkrieges und des antijapanischen Widerstandskrieges. So ging es dem Übersetzer darum, der chinesischen Intelligenz eine Waffe gegen die Reaktion der Kuomintang und die japanischen Invasoren zu liefern.

Im Verlauf des Übersetzens schrieb Ai Siqi den Artikel »Heines politische Lyrik«, der im Juli 1934 in Shanghai in »Zhonghua Yuebao« (Chinesische Monatszeitung) erschien. Der Autor bedauerte, dass er bisher noch keine politischen oder satirischen Gedichte von Heine, sondern fast nur seine Liebesgedichte in chinesischer Übersetzung erscheinen sah, obwohl Heines Name schon lange in China bekannt sei. Ai Siqi behauptete in seinem Artikel:

> Heine ist nicht nur ein ausgezeichneter Sänger der Liebe, sondern auch ein Soldat in den sozialen Kämpfen. Er wünschte sich keinen Lorbeerkranz für Dichter auf seinem Sarg, sondern das Schwert des Soldaten, das wissen alle. [...] Er streckte seine sauberen Hände in die schmutzige Realität aus, um die Hässlichkeit der untergehenden Klasse bloßzustellen. Hier findet sich freilich keine reine Kunst oder Kunst des »freien Menschen«, und eben deswegen zeigt Heine seine Größe.[41]

Einen »freien Menschen« nannte sich seinerzeit der Literaturtheoretiker Hu Qiuyuan, der die Freiheit der Literatur und Kunst forderte und dagegen auftrat, dass Literatur und Kunst als Grammophon der Politik dienten. Hus Meinungen wurden von den linken Literaturtheoretikern bekämpft. Sie behaupteten, dass die über den Klassen stehende Freiheit der Literatur und Kunst in der Klassengesellschaft unmöglich sei. Ai Siqis Beschäftigung mit der politischen Lyrik Heines richtete sich daher in gewissem Sinne gegen die liberalistischen Literaturgruppen in den 1930er Jahren. In seinen Augen ist Heine ein »bürgerlicher Liberaler«, der aber »progressive bürgerliche Ideologien« vertritt.[42]

> Wie eine geworfene Leuchtbombe hat sein Werk die Rückständigkeit der Gesellschaft völlig enthüllt; über die Zukunft der Gesellschaft war er sich aber noch unklar. [...] Die Zeit und die Geschichte haben ihn beschränkt; aber innerhalb der geschichtlichen Beschränktheit hat er eine große Aufgabe erfüllt.[43]

In diesem Sinne stellt Ai Siqi Heine und Balzac zusammen. Und »Heines Sozialismus in seinen Gedichten ist ein utopischer« unter dem Einfluss des Saint-Simonismus.[44] Es wurden Strophen aus dem »Wintermährchen« zitiert:

> Wir wollen auf Erden glücklich seyn
> Und wollen nicht mehr darben;
> Verschlemmen soll nicht der faule Bauch
> Was fleißige Hände erwarben.

> Es wächst hienieden Brod genug
> Für alle Menschenkinder,
> Auch Rosen und Myrten, Schönheit und Lust,
> Und Zuckererbsen nicht minder. (Caput I)[45]

Heine fordert hier nicht die Emanzipation einer bestimmten Klasse, sondern die der ganzen Menschheit im umfassendsten Sinne[46], meinte Ai Siqi mit Recht. Weiter betrachtete der Autor die geschichtliche und klassenmäßige Basis als die Ursache für die Verbindung von »Realistischem und Romantischem, Wirklichem und Visionären, Schwärmerei und Witz«[47] in Heines Gedichten.

> Heines bürgerlicher Klassencharakter lässt ihn schwanken. Er steht den zukünftigen Menschen etwas skeptisch gegenüber, ist aber zugleich durch sie berührt. Er erblickte die Wahrheit der Wirklichkeit und ist nicht fest davon überzeugt. [...] So muss er in Träumereien Befriedigung suchen. Er verspottet einerseits mit beißendem Witz die alte Wirklichkeit, andererseits schwärmt er für seine Träume.«

Ai Siqi betrachtete einerseits die Verbindung von Traumbildern und Wirklichkeit als »eine eigenartige Form«, die sich aus dem Romantischen in Heine notwendig bildet und der Satire dient. Andererseits hielt er es für Heines durch seine geschichtliche und klassenmäßige Beschränktheit verursachte Schwäche, dass der Dichter »in den Visionen aufhört, bevor er in die tiefere Wirklichkeit geht«. Seiner Meinung nach ist Heines Kunstform mit dessen Weltanschauung organisch verbunden, so dass er repräsentativer Dichter seiner Zeit wurde und deswegen auch viel Ungenügendes für China hat: »Von Heine zu lernen ist bei weitem nicht so gut wie von den sowjetischen Dichtern zu lernen, denn die letzteren haben Fortschrittlicheres geleistet.« Allerdings fand Ai Siqi, dass die Heine-Forschung eine antifeudale Bedeutung hatte und deswegen aktuell war für China als das größte Nest des Feudalismus. Die Heine-Forschung ist also nicht aufzugeben, und »das Thema der Heinezeit müssen die modernen fortschrittlichen Menschen fortsetzen und vollenden«. Nur braucht man in China »ein noch kräftigeres Schwert als Heine«, nämlich »den wahreren, tieferen Realismus statt Heinescher Visionen, Träume und Trivialitäten«.[48]

Zusammengefasst ist Heine nach Ai Siqis Ansicht einerseits ein Soldat in den sozialen Kämpfen, dessen Kampflieder den Kampfwillen des chinesischen Volkes anspornen können, andererseits ist Heine ein fortschrittlicher bürgerlicher Dichter mit seiner geschichtlichen Beschränktheit und daher für das damalige China nicht so gut wie die sowjetischen Dichter. Offensichtlich legte Ai Siqi mehr Wert auf Heines politische und geschichtliche Bedeutung als auf seine künstlerische Qualität.

Diese Literaturkritik, gemäß der man die Beziehung zwischen Literatur und Gesellschaft betont, ist notwendig und auch sinnvoll für die moderne chinesische Gesellschaft der sozialen Revolution. Sie spielte seit Ende der 1920er Jahre in der modernen chinesischen Literaturkritik eine führende Rolle, hat aber auch ihre Beschränktheit: Während die soziale und politische Funktion der Literatur einseitig betont wird, vernachlässigt man die Autonomie der Kunst sowie andere Aspekte der Kritik wie z. B. den ästhetischen oder den psychologischen, was zweifellos ungünstig ist für die weitere Entwicklung und das Aufblühen der Literaturkritik. Und diese Tendenz entwickelte sich in den 1960er bis 1970er Jahren ins Extreme, so dass man einen Schriftsteller bloß nach dem Klassencharakter und dem politischen Standpunkt beurteilte.

Viel früher als Ai Siqi, schon im Jahr 1901 erwähnte eine wichtige kulturelle Persönlichkeit namens Gu Hongming in seiner englischen Schriftensammlung »Papers from a Viceroy's Yamen« Heines Verse aus dem »Wintermährchen«. Gu hatte von dreizehn Jahren an in England, Frankreich, Deutschland und Italien studiert, und das Studium hatte elf Jahre gedauert. Nach der Rückkehr beschäftigte er sich mit dem Konfuzianismus. Später war er als Anglistik- und Lateinprofessor an der Peking-Universität tätig. In der kulturellen Diskussion und Auseinandersetzung nahm Gu Hongming einen eigenartigen konservativen Standpunkt ein. Er beherrschte westliche Wissenschaften und kannte die Nachteile der westlichen Zivilisation. Daher machte er die Vorteile der traditionellen chinesischen Kultur klar und kritisierte zugleich die Nachteile der westlichen Kultur. Doch er war zu konservativ, so dass er auch die Nachteile der traditionellen Kultur verteidigte und gegen die Neue-Kultur-Bewegung wie die Literaturrevolution kämpfte. Wegen seiner Unzeitgemäßheit wurde er von den Vorläufern der Neue-Kultur-Bewegung wie Hu Shi und Zhou Zuoren als »Sonderling« bezeichnet. Gu schrieb meistens in Fremdsprachen. Er war am Jahrhundertanfang eine weltbekannte Persönlichkeit. Nach dem ersten Weltkrieg war sein Ruhm in Deutschland besonders groß. Doch seine Landsleute kannten ihn leider nur oberflächlich. Heutzutage findet Gus kulturelles Denken immer größere Aufmerksamkeit in China.

In »Papers from a Viceroy's Yamen« verteidigt Gu die chinesische Zivilisation und Monarchie. Und in einer der Schriften kritisiert er die Zivilisation und Politik der westlichen Länder einschließlich Deutschlands. Er schreibt:

After Frederick, Germany is Prussia. Germany is the Scotland of Europe. The Prussian is the Lowland Scot who, living in a flat country, is devoid of imagination. Moreover, the climate in Prussia is much more severe. Therefore, the Prussian, besides want of imagination, has – a terrible appetite. [...]

Heine's picture of the Prussian Puritan, the hard unimaginative Lowland Scot, drilled and put into the uniform of Marschal »Vorwärts«, is very bitter, but it is a true picture even to this day.

Noch immer das hölzern pedantische Volk,
Noch immer ein rechter Winkel
In jeder Bewegung u. im Gesicht
Der eingefrorene Dünkel.

Sie stelzen noch immer so steif herum
So kerzengrade geschniegelt,
Als hätten sie verschluckt den Stock,
Womit man sie einst geprügelt.[49]

Bei der Kritik an den Religiösen, die unter dem Mantel der Frömmigkeit ihre selbstsüchtigen Eigeninteressen förderten, zitiert Gu Heines Verse:

Ich kenne die Weise, ich kenne den Text,
Ich kenne auch die Verfasser
Ich weiss, sie tranken heimlich Wein
Und predigten öffentlich Wasser.[50]

Heines treffende und scharfsinnige Zeitsatire hat Gu also tief beeindruckt. Weiter übt Gu eine scharfe Kritik an deutscher Selbstsucht und an der Kolonialpolitik und verteidigt anschließend das chinesische Volk:

But the Chinese are not heathen. The real heathen of to-day is the *sneak*, the *cad*, the *Cockney*, the *bourgeois*, the *Philister*, the *Streber*, the *Kolonial Politiker*, the political person who wants to make Jesus Christ a carnivorous animal! The religion of the Chinese people cannot be better expressed than in the words of Heine, –

Wir wollen auf Erden glücklich sein,
Und wollen nicht mehr darben;
Verschlemmen soll nicht der faule Bauch,
Was fleißige Hände erwarben.

Es wächst hienieden Brot genug
Für alle Menschen Kinder,
Auch Rosen u. Myrten, Schönheit u. Lust,
Und Zuckererbsen nicht minder.

Und Zuckererbsen für Jedermann,
Sobald die Schoten platzen!
Den Himmel überlassen wir
Den Engeln und den Spatzen.[51]

Schließlich heißt es:

[…] Heinrich Heine, tried to save the German nation, and for thanks, got kicked out of Germany, had his back brocken and died as a Parisian »gamin« in the streets of Paris. Heine called himself a *Ritter in dem Menschheit-Befreiung's Kriege*, a Knight in the War for the Emancipation of the Human Spirit: –

> Nun so schau mich an, mein Kindchen,
> Küsse mich und schaue dreist;
> Denn ich selber bin ein solcher
> Ritter von dem heil'gen Geist.[52]

Trotz entgegengesetzter Ansicht in der Kulturfrage empfand Gu Hongming aber auch große Hochachtung für Heine wie seine Gegner, die Vertreter der Neue-Kultur-Bewegung.

In den 1940er Jahren wurden viele politische Gedichte von Heine ins Chinesische übersetzt. Die 1942 von der Wenhui-Buchhandlung in Guilin herausgegebene Gedichtsammlung mit dem Titel »Sammlung Heinescher Gedichte« z. B. nahm 56 Zeitgedichte auf. Der Übersetzer Lei Shiyu setzte in seinem Vorwort Heinrich Heine und Karl Marx in dem Sinne gleich, dass die beiden »in der Zeit der Unruhe und Unsicherheit um die Beglückung und Befreiung der leidenden Menschheit unbeugsam gekämpft hatten«.[53] Seiner Meinung nach geht Heines beißende Satire von der Vaterlandsliebe und daher von der Unzufriedenheit mit den rückständigen politischen Verhältnissen in Deutschland aus. Heines Satire zielt auf alle politischen Maden. So schätzte Lei Heine und seine Zeitgedichte hoch.

Die 1949 in Hongkong veröffentlichte Gedichtsammlung mit dem Titel »Weberlied« nahm fast nur Heines Zeitgedichte auf, damit die chinesischen Leser seine »politische Empfindlichkeit und künstlerische Ausdruckskraft«[54] erkennen sollten, schreibt der Übersetzer Lin Lin im Nachwort. Und im Vorwort schrieb sein Freund Jing Wen:

> Heine wird von den Kritikern als der große deutsche Lyriker nach Goethe bezeichnet. Diese Lobpreisung verdankt sich wohl seiner schlichten frühen Lyrik, die Liebe und Leid der Jugend besingt. Selbstverständlich schätzen wir auch solche Lieder hoch. Sie sind recht edler und delikater Saft, der aus dem menschlichen Kopf entspringt. Sie sind berauschend. Aber heute lieben wir mehr seine späteren sozialpolitischen Gedichte, denn wir leben gerade in einer Zeit des heftigen sozialpolitischen Kampfes. Wir brauchen eher Militärmusik als die Hirtenflöte. Wir brauchen das »Heulen der Wölfe« (die Symbolik stammt aus einem Heine-Gedicht). Das Lied der Nachtigall sollen wir doch in einer anderen Zeit genießen. Die Heinesche Lyrik vom »Buch der Lieder« zu den »Neuen Gedichten« wird durch seine geistige Entwicklung geprägt. Heute müssen wir den gereiften Heine achten. Wir wollen seine rücksichtslos verspottenden und beschimpfenden Lieder laut singen! Das ist die Flamme! Das ist das Schwert![55]

Jing Wen sprach noch von den offensichtlichen Widersprüchen bei Heine, die das Mitleid der chinesischen Intellektuellen des Übergangszeitalters erregten.[56] Weiter meinte er, Heine habe trotz seiner Widersprüche doch einen Zentralpunkt in seiner Persönlichkeit und Kunst: »Er kämpfte gegen die Unterdrückung und hasste das Philistertum«[57]; er liebte die Freiheit, »strebte einem neuen Ideal und neuen Gesellschaftssystem nach«. Und »in der Weltliteraturgeschichte gehört er zu den wenigen Schriftstellern, die bis zum Tod ihre politische Integrität bewahrten«.[58] Neben Heines Widersprüchen fand Jing Wen seine Vaterlandsliebe auch bemerkenswert. Heine wurde zwar von den Nazis und den japanischen Imperialisten als »undeutsch« verleumdet, aber Jing Wen hielt ihn für »einen Internationalisten und einen wahrhaftigen Patrioten zugleich«.

> Doch der wahrhafte Patriot wird in der Regel als Verräter betrachtet. Denn an der Wende der Gesellschaft muss der Fortschritt eines Staates bzw. einer Nation für die Privilegierten sehr ungünstig sein und wird zwangsläufig die konventionellen, verkommenen Kulturen negieren. So müssen die am Fortschritt Festhaltenden durch die bestehenden Mächte angegriffen, eingekreist und verfolgt werden. Sie werden ›Verbrecher‹ des Vaterlandes.[59]

Übrigens bewertete Jing Wen Heines Freundschaft mit Karl Marx und Friedrich Engels hoch.[60]

In Bezug auf die Verbindung von Realität und Visionen in Heines politischen Gedichten bezog sich Jing Wen auf eine Meinung des berühmten Dramatikers Xia Yan, der einmal Heines politische Lyrik als den Beweis für seine These angesehen hatte, dass übertriebene Satire nicht unbedingt dem Realismus der Werke schadet:

> In vielen seiner politischen Gedichte führt Heine durch seine eigenartigen romantischen Mittel die Leser in eine phantastische Welt. Trotzdem können die Leser die Realität in »Deutschland. Ein Wintermährchen« erkennen durch die Kritik an der Realität und den Hass gegen Hässlichkeit.[61]

Anders als Ai Siqi, der das Romantische in Heines politischer Lyrik auf die geschichtliche und klassenmäßige Beschränktheit des Dichters zurückführte und einen wahreren, tieferen Realismus für fortschrittlicher hielt, fanden Jing Wen und Xia Yan, dass Heines »halbromantischer und halbrealistischer«[62] Stil in seinen satirischen Werken eine große künstlerische Wirkung habe und zur Wucht und Schlagkraft seiner politischen Gedichte beitrüge.

Dass man dem Realistischen und dem Romantischen in Heines Lyrik besondere Aufmerksamkeit schenkte, hing mit der bisherigen chinesischen literarischen Welt eng zusammen. In der 4.-Mai-Ära war Realismus zwar die Hauptströmung, aber die ganze Zeit atmete den Hauch der Romantik, so dass jemand die damalige Literatur auch als »romantisch« bezeichnete. Seit Ende der 1920er Jahre wurde der Realismus allmählich zum Höchsten erhoben, und bis in die 40er und 50er Jahre

西利西亞的紡織工人*

憂鬱的眼裏沒有眼淚，
他們坐在織机旁，咬牙切齒：
"德意志，我們在織你的尸布，
我們織進去三重的詛咒——
　　我們織，我們織！

"一重詛咒給那个上帝，
飢寒交迫時我們向他求祈；
我們希望和期待都是徒然，
他對我們只是愚弄和欺騙——
　　我們織，我們織！

"一重詛咒給闊人們的國王，
我們的苦难不能感動他的心腸，

117

他榨取我們最後的一个錢幣，
还把我們像狗一样槍斃——
　　我們織，我們織！

"一重詛咒給虛假的祖國，
这裏只繁荣着恥辱和罪惡，
这裏花朵未開就遭到摧折，
腐尸和糞土养着蛆虫生活——
　　我們織，我們織！

"梭子在飛，織机在响，
我們紡織着，日夜匆忙——
老德意志，我們在織你的尸布，
我們織進去三重的詛咒，
　　我們織，我們織！"

1844

* 1844年，西利西亞(Schlesien)地方的紡織工人不堪剝削者的壓迫，遂行反抗，是德國早期工人運動中的大事件。海涅的詩就是為声援这次運動而寫的。

118

Heinrich Heine: «Die schlesischen Weber»
Chinesische Übersetzung von Feng Zhi

gliederte man die Literatur sogar in realistische und antirealistische auf. »Antirealismus« galt als eine politische Straftat.[63] Die Stellung des Realismus in der literarischen Welt hat die Heine-Rezeption beeinflusst, indem man den realistischen Maßstab an Heines politische Lyrik anlegte. Ai Siqi hielt einseitig das Romantische in der Heineschen Lyrik für geringwertig gegenüber dem Realistischen. Jing Wen und Xia Yan fanden aber gerechtfertigt, dass die romantischen Mittel in seiner Lyrik ihre Basis in der Realität haben und daher mit dem Realistischen gut zusammenwirken. Zum Schluss schrieb Jing Wen:

> Der großartige chinesische Befreiungskrieg ist im Gange. Eine neue Gesellschaft und Kultur lässt sich schaffen. Wir begrüßen den Sohn der Revolution herzlich. Wir begrüßen seine für die Freiheit und Emanzipation des Volkes geschriebenen Gedichte![64]

Heines Befürchtung, aus seinem »Buch der Lieder« werde man in der neuen Gesellschaft Tüten für Kaffee oder Schnupftabak machen, hielt Jing Wen für unbegründet: »Seine lebhaften Verse werden in naher Zukunft unbedingt von der unendlich breiten Masse des freien Weltvolks gesungen. Und es sind eben diese schmutzig Gekleideten oder Mistbauern, die seine Kunst richtig verstehen können.«[65]

Nach der Gründung der Volksrepublik China hat der chinesische Germanist Feng Zhi im Vorwort zu seiner Übersetzung »Heines ausgewählte Gedichte« auf die Rezeption von Heines politischer Lyrik zur Zeit der neuen Literatur zurückgeblickt:

> In der Zeit des antijapanischen Widerstandskrieg und des chinesischen Befeiungskriegs wurden Heines politisch-satirische Gedichte ins Chinesische übersetzt. Die gründliche und scharfe Entlarvung des Wesens der reaktionären Kräfte in den Gedichten entsprach in vieler Hinsicht der damaligen chinesischen Situation. Wir können sagen, dass diese Gedichte auch an dem Kampf des chinesischen Volkes beteiligt waren.[66]

IV.

Als Lyriker wollte Heinrich Heine seinerzeit so populär wie Bürger, Goethe, Uhland usw. werden[67], und es ist ihm gelungen: Nicht nur in Deutschland ist er populär, sondern auch im Ausland. In China gehört er zu den bekanntesten deutschen Autoren, und zwar vor allem als Liebeslyriker und politischer Lyriker zugleich. Die Rezeption und Wirkung der Lyrik Heines in China vor der Gründung der Volksrepublik 1949 hat den Grundton des chinesischen Heine-Bildes im 20. Jahrhundert bestimmt, das in den Stürmen der chinesischen Geschichte Verzerrungen und Wandlungen erlebte. Heinesche Lyrik hat also vor dem fremden Kulturhintergrund anders gestrahlt als vor seinem heimatlichen, und eben darin zeigt sich der relative Sinn des literarischen Werkes.

Anmerkungen

Die Zitate aus der chinesischen Literatur wurden, wenn nicht anders gekennzeichnet, von der Verfasserin übersetzt.

[1] Nach dem ersten Weltkrieg nahmen die Siegerstaaten im Jahre 1919 in Paris an der »Friedenskonferenz« teil. China, auch ein Siegerstaat, wollte, dass die Sonderrechte anderer Länder in China aufgegeben werden sollten, und dass Japan China die chinesische Provinz Shandong zurückgeben sollte. Aber diese Forderungen wurden abgelehnt, was unter dem chinesischen Volk eine Protestbewegung auslöste. Am 4. Mai 1919 demonstrierten daraufhin Studenten in Peking unter der Parole: »Verteidigt die Staatsmacht, bestraft die Landesverräter!« Aus dieser Studentenbewegung entwickelte sich schließlich ein landesweiter Kampf gegen den Imperialismus und den Feudalismus. Und mit der 4.-Mai-Bewegung von 1919 werden zumeist die Neue-Kultur-Bewegung und die neue Literatur in dieser Zeit gleichgesetzt.

[2] Georg Lukács: Tolstoi und die westliche Literatur. Düsseldorf 1954. S. 8.

[3] Die Übersetzung folgt mit kleinen Abweichungen der von Helwig Schmidt-Glintzer: Geschichte der chinesischen Literatur. Bern, München, Wien 1990, S. 28–29.

[4] Chrysanthemen im Spiegel. Klassische chinesische Dichtungen. Übers. von Ernst Schwarz. Berlin 1969, S. 70.

[5] Zit. nach Zhang Yushu: Chinesische und Heinesche Poesie – zur Beliebtheit Heines in China. – In: HJb 1994, S. 181.

[6] Gemeint sind hier Mao Heng und Mao Chang aus der Han-Dynastie.

[7] Zhang Yushu [Anm. 5], S. 181.

[8] Li Shangyin: Wuti (Gedicht ohne Titel). – In: Lexikon der Tang-Lyrik mit Interpretationen. Hrsg. von Xiao Difei u. a. Verlag für Lexika. Shanghai 1983, S. 1172.

[9] Zhang Yushu [Anm. 5], S. 181.

[10] Vgl. Lin Geng: Kurze Geschichte der chinesischen Literatur. Verlag der Peking-Universität. 1995, S. 290, S. 430.

[11] Wilhelm Grube: Geschichte der chinesischen Literatur. Leipzig 1902, S. 53.

[12] Lin Geng [Anm. 10], S. 607.

[13] In: Qingnian zazhi (Jugendmagazin). Beijing. vol.1, Nr. 4, Dezember 1915.

[14] Lukács [Anm. 2], S. 9.

[15] Hu Shi: Übersetzung eines Heineschen Gedichts. – In: Liumei Xuesheng Nianbao (Jahrbuch der in den USA Studierenden). Nr.2, 1913.

[16] Zhou Zuoren: Yiwen Zahua (Notizen zur schönen Literatur). – In: Zhonghua Xiaoshuojie (Monatsmagazin der chinesischen Schriftstellerkreise) Nr. 2, 1914.

[17] Zhang Yushu: Lu Xun und Heine. – In: Journal der Peking-Universität Nr. 4. 1988. Verlag der Peking-Universität. S. 4. Zitat des Heine-Textes aus »Die romantische Schule. (DHA VIII, 126 f.).

[18] Vgl. ebd., S. 1–3.

[19] Gerhard Höhn: Heine-Handbuch. Zeit, Person, Werk. Stuttgart 1987. S. 45.

[20] In: Moruo Wenji (Moruo Werke). Bd.VIII. Volksliteraturverlag, Beijing 1958, S. 281.

[21] Guo Moruo: Der Verlauf meines Dichtens. – In: Moruo [Anm. 20], Bd. XI, S. 141.

[22] Wang Jingzhi: Vorwort zu Hui de Feng (Wind der Kahnorchis). Volksliteraturverlag, Beijing 1957, S. 2 f.

[23] Vgl. ebd., S. 3.

[24] Zit. nach He Shan: Über die künstlerischen Eigenarten der früheren Lyrik Heines. – In: Heine-Studien. Schriftensammlung des Heine-Symposiums '87 in Peking. Hrsg. von Zhang Yushu. Verlag der Peking-Universität, S. 153 (in chinesischer Sprache).

[25] Wang Jingzhi [Anm. 22], S. 7.

[26] Lu Xun: Vorwort zum 2. Erzählungsband des »Großen Systems der neuen chinesischen Literatur«. – In: Lu Xun: Qiejieting-Essays 2. Volksliteraturverlag, Beijing 1973. S. 23.

[27] Feng Zhi: Ausgewählte Gedichte. Sichuan 1980. S. 4.

[28] Liang Shiqiu: Die romantische Tendenz der modernen chinesischen Literatur. – In: Essays zur modernen chinesischen komparatistischen Literatur (1919–1949). Hrsg. vom Institut für komparatistische Literatur der Peking-Universität. Verlag der Peking-Universität 1989, S. 125 f.

[29] Yu Dafu: Chenlun (Zugrunde Gehen). – In: Auslese der modernen chinesischen Erzählungen. Yu Dafu-Band. Schensi 1996. S. 24.

[30] Ebd., S. 52.

[31] Vgl. ebd., S. 30. Text des Gedichts nach DHA I/1, 337.

[32] Yu Dafu: Blick auf die deutsche Literatur nach Goethe. – In: Xiandai Wenxue Pinglun (Zeitschrift zur Kritik der modernen Literatur). Oktober 1931.

[33] HSA XX, 91.

[34] Höhn [Anm. 19], S. 50.

[35] Brief an Campe vom 12. August 1852; HSA XXIII, 221.

[36] Brief an Campe vom 22. März 1852; HSA XXIII, 192 f.

[37] Sun Fengcheng: Vergangenheit, Gegenwart und Zukunft – Heine in China. – In: Heine-Studien [Anm. 24], S. 27 (in chinesisher Sprache). Übers. von Zhang Yushu in: Heine in China [Anm. 5], S. 188.

[38] Vgl. Feng Guanglian / Liu Zengren(Hrsg.): Die Entwicklungsgeschichte der chinesischen neuen Literatur. Volksliteraturverlag 1994. S. 39–43.

[39] In: Xiandai (Monatsschrift der Moderne) vol. 4, Nr. 1, November 1933.

[40] Zhi Yun: Der Dichter des Jungen Deutschlands Heine – zu seinem 80. Todestag. In: Tushu Zhanwang (Aussichten für die Bücher) vol.1, Nr.7. Zhejiang 1936. S.17.

[41] Ai Siqi: Heines politische Lyrik. – In: Ai Siqi: Über Kultur und Kunst. Volksverlag. Ningxia, S. 184.

[42] Ebd., S. 186.

[43] Ebd., S. 184.

[44] Vgl. ebd., S. 186.

[45] Ebd., S. 186 f.(in chinesischer Sprache). Heine-Text nach DHA IV, 92.

[46] Vgl. ebd., S. 187.

[47] Ebd., S. 188.

[48] Ebd., S. 188 ff.

[49] Ku Hung-Ming: Papers from a Viceroy's Yamen. Shanghai 1901, S. 112 ff. Heine-Zitat aus »Deutschland. Ein Wintermährchen«, Caput III, mit Abweichungen.

[50] Ebd., S. 116. Heine-Zitat aus »Deutschland. Ein Wintermährchen«, Caput I, mit Abweichungen.

[51] Ebd., S. 126. Heine-Zitat aus »Deutschland. Ein Wintermährchen«, Caput I, mit Abweichungen.

[52] Ebd., S. 127. Heine-Zitat: »Bergidylle«, V. 109–112.

[53] Lei Shiyu: Vorwort zu Lei Shiyu (Übers.): Sammlung Heinescher Gedichte. Guilin 1942.

54 Lin Lin: Nachwort zur Übersetzung: Weberlied. Hongkong 1949, S. 245.

55 Jing Wen: Vorwort zu Lin Lin (Übers.): Weberlied, S. 20 f.

56 Vgl. ebd., S. 5.

57 Ebd., S. 10.

58 Ebd., S. 28 f.

59 Ebd., S. 18.

60 Vgl. ebd., S. 5 f., S. 31 f.

61 Ebd., S. 26. Vgl. Xia Yan: Geschichte und Allegorie. – In: Xia Yan: Essays. Beijing 1980. S. 1–6.

62 Ebd., S. 25.

63 Vgl. Wu Zhongjie: Die Geschichte der modernen chinesischen literarisch-künstlerischen Strömung. Verlag der Fudan-Universität, Shanghai 1996. S.266.

64 Jing Wen [Anm. 55], S. 33.

65 Ebd., S. 31.

66 Feng Zhi: Ausgewählte Gedichte von Heine. Vorwort. Volksliteraturverlag, Beijing 1956, S. 2.

67 Vgl. DHA I/1, 578.

Emanzipation und Akkulturation
Ein nicht ganz typisches Beispiel:
Ludwig Börne

Von Inge Rippmann, Basel

»... das unverdiente Glück, zugleich ein Deutscher und ein Jude zu sein«
(74. Brief aus Paris)

Das Zitat, das den folgenden Ausführungen leitmotivisch vorangestellt ist, muss heute befremdlich klingen. Auch für die zeitgenössischen Leser Börnes entbehrte diese Formulierung nicht der – vom Autor durchaus intendierten – Provokation. Anders in den 60er und 70er Jahren des 19. Jahrhunderts: Für Ludwig Geiger und seine liberalen Zeitgenossen konnte die Geschichte der Assimilation als eine zwar noch nicht vollkommen abgeschlossene, aber zukunftsgewisse »Specialgeschichte« der »allgemeinen Cultur- und Geistesgeschichte« angesehen werden und damit als »Zeichen des frischen, gesunden Lebens« gelten.[1] Der heutige Versuch einer Vergegenwärtigung dieser »Specialgeschichte« hingegen wird das ihn begleitende Bewusstsein der tiefen historischen Zäsur des Holocaust nur mit Mühe ausschalten können.

Zwei unterschiedlich bekannte Texte sollen ins Zentrum unserer Thematik führen. 1839 blickt Karl Gutzkow auf die Jahre des politischen und geistigen Umbruchs nach der Pariser Juli-Revolution von 1830 zurück.

> Die Literatur nahm damals in fast allen ihren Richtungen die Farbe des Zeitgeistes an. Die harmlose poetische Thätigkeit, welche früher unter Hollunderzweigen ihre Lieder nur gesungen hatte, um mit der Lerche zu wetteifern, verstummte entweder, oder wurde nicht mehr gehört.

Nachdem er die postromantische Literaturproduktion jener Jahre um 1830 gestreift hatte, fuhr Gutzkow fort:

> Verdunkelt wurden alle diese Erfolge von Heine und Börne. [...] Die Neigung die ihnen entgegen kam, war weit geringer, als der Erfolg, den sie durch eine oft nur neutrale Annäherung an ihre Schriften allerdings zuletzt nach sich zogen. Ihre Erscheinung blendete; aber man ließ noch auf ihnen das Auge nicht mit längerem Wohlgefallen verweilen. Es gab viel zu überwin-

den, ehe sich der Blick dauernd an diese beiden Gestalten gewöhnte; denn kein geringes Hinderniß ihrer Festsetzung mußte bei den Deutschen schon ihre israelitische Herkunft sein. Wenn wir auch reif genug waren, mit ungetheilter Hingebung von einem Israeliten harmlose Dichtungen harmlos aufzunehmen und wohl nie bei Moses Mendelsohn daran gedacht haben, seine Religion zum Maaßstabe seiner Philosophie zu machen, so war hier ein anderer Fall eingetreten. Zwei Israeliten hatten in ihre Schriften den ganzen Verlauf der neuern Geschichte aufgenommen, sprachen von den allgemeinsten Interessen der Nation, von Christenthum, von Politik, von bürgerlichem Leben. Sie tranken, so wie wir und brachen das Brot wie wir. Sie hatten nicht nur denselben blauen Himmel, dieselbe Nachtigall, denselben Mond, der sich im stillen See spiegelt, dieselbe Tanne auf dem Harze wie wir, sondern Welt, Staat, Kirche, Geschichte, alles sprachen sie mit demselben Rechte an, auf das wir bisher mit so vieler Eifersucht gewacht hatten. Es dauerte lange, bis hier eine unbedingte Hingebung erfolgen konnte.[2]

Diese kritischen Reflexionen eines jungen Zeitgenossen von Börne und Heine erinnern sozusagen an die Außenansicht des Assimilationsproblems jener Krisenzeit. Die zögernd distanzierte Wahrnehmung der damaligen Berliner Studenten des Einbruchs zweier jüdischer Schriftsteller in ihre als christlich-deutsch definierte Geisteswelt, diese Außenansicht also soll durch eine Innensicht ergänzt werden: Es handelt sich allerdings um keine intime Äußerung; für den bürokratischen Zweck knapp und nüchtern formuliert, findet sie sich in dem Gesuch um Namensänderung, das Dr. Louis Baruch im April 1818 an den Senat seiner Heimatstadt Frankfurt richtete:

Ich bin willens eine in dem Auslande herauszugebende, vorzüglich staatsrechtlichen und politischen Erörterungen gewidmete Zeitschrift zu unternehmen. Da außer dem Drange, meine Ansichten auszusprechen, auch der Wunsch, mir eine Erwerbsquelle zu eröffnen, mich zu diesem literarischen Unternehmen bestimmt, so darf ich nichts unbeachtet lassen, was hierbei Gedeihliches oder Hinderliches eintreten könnte. Aber ein Umstand letzterer Art wäre der Name, den ich führe, indem er mein Religionsverhältnis zu unverkennbar bezeichnet und dem Zutrauen des lesenden Publikums in den Weg tritt, das ich gleich zum voraus in Anspruch nehmen muß, um den mit der Herausgabe einer Zeitschrift zu verbindenden ökonomischen Vorteil mir durch die Bildung einer Abonnentenliste sicher zu stellen. Es ist nicht etwa, als traue man meinen Glaubensgenossen nicht zu, in der Literatur etwas Würdiges zu leisten, aber man glaubt, und wohl nicht ganz mit Vorurteil, annehmen zu müssen, daß ihre Ansichten über politische Dinge dem Geiste und den Forderungen der Zeit nicht entsprechen können.[3]

In den beiden hier mitgeteilten Dokumenten ist die Problematik der jüdischen Akkulturation in der ersten Hälfte des 19. Jahrhunderts bereits im Wesentlichen angesprochen. Gutzkow nennt in seinem Rückblick nicht zufällig den Namen Moses Mendelssohns, mit dem allgemein der Eintritt jüdischen Geistes in die deutsche Bildungswelt verbunden war und noch verbunden wird. Doch er erwähnt nicht nur – und das mit Respekt – den Namen des jüdischen ›Sokrates‹ des 18. Jahrhunderts, er weist gleichzeitig auf die unübersehbare Schwelle hin, die es zwischen dem rein philosophischen Anspruch und Auftreten des Verfassers des 1767 erschienenen

»Phaedon« und der vollkommen neuartigen, ja irritierenden Erscheinung der jüdischen (1831 allerdings längst getauften) Autoren Börne und Heine in nachnapoleonischer Zeit zu überwinden galt; irritierend deshalb, weil sie als Deutsche zu Deutschen über deutsche Angelegenheiten zu sprechen wagten.

Die Erwähnung Mendelssohns legt es nahe, die wesentlichen Stationen jüdischer Emanzipation im deutschen Sprach- und Kulturraum bis in die 20er Jahre des 19. Jahrhunderts kurz in Erinnerung zu rufen. Auf diesem Hintergrund gewinnen Weg und Position Ludwig Börnes um so deutlicher Relief. Moses Mendelssohn wurde – aus nichtjüdischer Sicht – lange Zeit mit einer gewissen Selbstverständlichkeit für die deutsche Aufklärung in Anspruch genommen, nicht zuletzt auf Grund seines freundschaftlichen Diskurses mit Lessing und der öffentlichen Kontroverse mit dem Zürcher Theologen Lavater. Dass Mendelssohn sich selbst jedoch in erster Linie als Förderer der Haskala, der innerjüdischen Aufklärung, verstand, geht allein schon daraus hervor, dass er Hebräisch für ein jüdisches Publikum schrieb, ja dass er seine deutsche Bibelübersetzung (die übrigens auch grundlegend für Louis Baruchs erste Unterweisung war) in hebräischen Lettern drucken ließ. Ihm, dem jüdischen Philosophen, war bekanntlich vor allem die geistige und soziale Emanzipation seiner Glaubensgenossen angelegen, anders gesagt: ihre Fähigkeit zur Integration in die westeuropäische Welt. (Bezeichnend ist es, dass Mendelssohn das Getto-Hebräisch, das vor allem im Osten gesprochene Jiddisch, durch reines Hochdeutsch, wenn auch in hebräischen Buchstaben, zu verdrängen suchte.) Mit dem Erscheinen seines Deutsch gefassten, in Form und Fragestellung an Plato anknüpfenden, in der Argumentationsweise auf die vorkantische deutsche Philosophie gestützten »Phaedon« erst wurde er zum populären Autor auch der deutschen gebildeten Lesewelt. Doch mit dem popularphilosophischen Dialog über die Unsterblichkeit der Seele bewegte sich der jüdische Autor außerhalb, genauer: über jedem religiös-konfessionellen oder gar politischen Horizont.

Stand für ihn als gläubigem Juden dabei die Unantastbarkeit des jüdischen Zeremonialgesetzes in seinem Symbolgehalt außer Frage, so setzte die Generation seiner Schüler und Nachfahren bereits andere, unterschiedliche Prioritäten. Während die Kantianer Salomon Maimon (1753–1800) und Lazarus Bendavid (1762–1832) weitgehend im Raum von Mathematik und Logik arbeiteten, trat der Berliner Buchhändler und philosophische Publizist Saul Ascher (1767–1822) in den ersten Jahrzehnten der Französischen Revolution bereits in die aktuelle historisch-politische Diskussion ein. Ascher, in seiner Bildungsformation ein Gelehrter nach damaligem deutschen Verständnis, lehnte die Einhaltung des Zeremonialgesetzes für sich ab und definierte das Judentum im Sinn eines historisch zu verstehenden religiösen Ethos. Mit überlegener Entschiedenheit begegnet der Aufklärer Ascher der romantischen Judenschelte, wie sie vor allem von dem Kreis der Berliner »Christlich-teutschen

Tischgesellschaft« praktiziert wurde. Er sah die geschichtliche Aufgabe des deutschen Volkes gerade nicht in der Stärkung des sich entwickelnden nationalstaatlichen Bewusstseins, vielmehr in der Auflösung aller Nationalitäten und damit in der Heraufführung einer neuen Ära des Kosmopolitismus.[4] Diesem Gedanken werden wir vor allem beim späten Börne wieder begegnen.

Pragmatischer gingen die der gleichen Generation angehörenden Vertreter des Reformjudentums vor: Der Mendelssohn-Verehrer David Friedländer aus Königsberg, Seidenhändler, Übersetzer deutscher Poesie ins Hebräische, Gründer der jüdischen Freischule und Verfasser zahlreicher Bürgerrechtsvorstöße, sah im jüdischen Zeremonialgesetz das Haupthindernis für die gesellschaftliche Integration seiner Glaubensgenossen. Sein »Sendschreiben einiger Hausväter jüdischer Religion an den Probst Teller« (1799), in dem er die Bereitschaft zur Taufe ohne Übernahme dogmatischer Glaubensverpflichtungen signalisierte, blieb allerdings ohne Erfolg. Ähnliche Zielsetzungen verfolgte der braunschweigische Hofbankier und Landesrabbiner Israel Jacobson, dem die Aufhebung des als besondere Demütigung empfundenen Judenleibzolls zu verdanken war. (In die Diskussion um Jacobsons »unterthänigsten« Protest gegen die neue Frankfurter Judenordnung von 1808 wollte der junge Louis Baruch mit seinem ungedruckt gebliebenen Memorandum eintreten.) Mit der Einrichtung jüdischer Freischulen (die erste von später 17 Schulen wurde 1778 in Berlin gegründet, ähnliche Institute entstanden in Dessau, Frankfurt am Main und Seesen) und mit der Modernisierung des israelitischen Kultus – der Einführung von Orgel und Chorgesang sowie der deutschen Predigt – wollten die Reformer ihre Glaubensgenossen kulturell ihrer christlichen Umgebung annähern. In gleichem Sinn etwa empfahl Friedländer das Studium der Landesgeschichte der jungen jüdischen Generation als vorrangig vor dem Studium des Talmud. 1818 wurde in Hamburg im Kreis aufgeklärter Juden ein Reformtempelverein gegründet; den dort entwickelten Ritus praktizierte man bald darauf in Berlin im Haus von Jacob Herz Beer, dem Vater des Komponisten Meyerbeer. Dem Protest des orthodoxen Flügels der Berliner Judenschaft war es schließlich zuzuschreiben, dass diese vor allem norddeutschen Reformbestrebungen unterbunden wurden: 1823 verbot eine königliche Kabinettsorder die als sektiererisch qualifizierten deutschen (genauer: jüdisch-deutschen) Gottesdienste.

Einen anders orientierten Neuansatz erfuhren die jüdischen Reform- und Integrationsbestrebungen 1819 mit der Gründung eines »Vereins für Cultur und Wissenschaft der Juden« in Berlin. Schon 1817 waren der Vereinsgründung clubartige Zusammenkünfte vorausgegangen, in denen auch nichtjüdische Themen diskutiert wurden. Den äußeren Anstoß zur offiziellen Assoziation scheinen die antisemitischen Pöbelausschreitungen des Sommers 1819 gegeben zu haben. Das großangelegte Programm der Gruppe junger Intellektueller, zu denen neben dem Historiker

Leopold Zunz, dem Juristen Eduard Gans, dem Philosophen und Pädagogen Immanuel Wolf (Wohlwill) und dem Bankkaufmann und autodidaktischen Universalgelehrten Moses Moser ab 1822 auch dessen Freund Heinrich Heine gehörte, galt der Erneuerung und Läuterung des Judentums und sollte alle Bereiche jüdischen Lebens umfassen. Zunächst allerdings arbeiteten die enthusiastischen jungen Männer in Vorträgen und Zeitschriftenpublikationen am Aufbau der Kernzelle des Unternehmens, dem »Institut für die Wissenschaft des Judentums«.[5]

Wenn auch die hervorragendsten Vertreter der älteren Generation, Friedländer und Bendavid, zu ihren Mitgliedern zählten, so nahmen doch die in das 19. Jahrhundert Hineingeborenen einen grundsätzlichen Paradigmawechsel vor: Hatten die aufgeklärten Schüler und Nachfolger Mendelssohns Rabbinismus und Zeremonialgesetz als Haupthindernisse der Assimilation gesehen und abzuschaffen gesucht, ja sogar die Taufe, wenn ohne Dogmenzwang und mit Vernunftargumenten gestützt, in Erwägung gezogen, so anerkannten die Kulturvereiler, die sich zum Wissenschaftsglauben des Zeitgeists bekannten, die Religion zwar nicht mehr als verbindlich, waren jedoch keineswegs bereit, dem Judentum abzuschwören. Ziel ihrer Bildungs- und Erneuerungsarbeit war die Harmonisierung des Judentums mit der zeitgenössischen europäischen Bildung. War das jüdische Leben dank seiner erzwungenen und zugleich selbstgewählten Abgeschlossenheit über Jahrhunderte unabhängig vom Gang der Geschichte in seinen mittelalterlichen Strukturen erhalten geblieben, so galt es jetzt, ihm den Zugang zur europäischen Entwicklung zu öffnen. Die projektierte vielschichtige Bildungsarbeit des Vereins sollte dementsprechend alle Bereiche des geistigen, kulturellen und sozialen Lebens der nichtjüdischen Welt einbeziehen und gleichzeitig diese Welt um ihr Judesein bereichern. Hatte die Aufklärung den Juden, so Gans, »zwar in ein Reich einer gewissen Freiheit geführt«, so hatte sie ihn zugleich der Geschlossenheit und »Gediegenheit des jüdischen Lebens beraubt«.[6]

In den Vorlesungen der in diesen Jahren glänzend besetzten Berliner geisteswissenschaftlichen Disziplinen waren die führenden Köpfe des Kulturvereins vom neuen Geist nicht nur der Hegelschen Philosophie, sondern auch von dem von der Historischen Schule vertretenen nationalstaatlichen Gedanken berührt worden. Auch aus dieser Sicht schwebte ihnen eine Erneuerung des Judentums nicht in erster Linie in religiösem, vielmehr in nationalem Sinne vor. Das Judentum sollte keineswegs, wie es die jüdischen Aufklärer als Fernziel gedacht hatten, in der europäischen Kultur unter-, sondern vielmehr aufgehen. Im Sinn der idealistischen Philosophie der Zeit und ihrer dialektischen Spannung von Ganzheit und Individualität sollte ein neues, verjüngtes Judentum, zum Bewusstsein seiner selbst und seines Reichtums an Geschichte und Poesie gekommen, sich in den Prozess des Weltgeistes eingliedern und aktiv an der Ganzheit auch des deutschen nationalen Lebens teilhaben.

Und diese Aktivität, über Jahrhunderte – wollte man von dem in diesem Kreis ver-
pönten Handel absehen – nicht gerade eine jüdische Eigenschaft, galt es zu wecken.
Doch schon in den Reden von Eduard Gans zeigte sich die Problematik, den diese
Individuation und Integration zugleich anstrebende nationale Zugehörigkeit her-
aufbeschwor. Dass Börne, wenn er sie denn wahrgenommen hat, eine so konzipierte
Zielsetzung nicht teilen konnte, wird sowohl an seiner frühen kosmopolitischen
Selbstpositionierung wie an seiner späten Vision eines jüdisch-christlichen Univer-
salismus deutlich werden.

Fanden die skizzierten Bestrebungen des Kulturvereins zwar kaum Resonanz
und Unterstützung in den elitären Kreisen der reichen jüdischen Gesellschaft Berlins, so konnten sie sich doch auf ein realpolitisches Fundament, auf das preußische
Judenedikt von 1812 stützen.[7] Dass der Erlass der für die Durchführung des emanzipatorischen Edikts notwendigen Ausführungsbestimmungen an der nach den Befreiungskriegen zunehmend antisemitischen Stimmung sowohl in preußischen Re-
gierungskreisen wie in der Bevölkerung scheiterte, signalisierte ja bereits die schon
erwähnte Hepp-Hepp-Welle, die Deutschland im Sommer 1819 durchlief. So blieb
auch weiterhin der Zugang zu den meisten akademischen Berufen, zu Schule und
Universitätsämtern dieser Generation intellektueller Juden verschlossen, sofern sie
sich nicht zu dem vom Verein verpönten Zugeständnis der Taufe bereitfanden, wie
es ein Jahr nach Auflösung des Vereins zwei seiner hervorragenden Mitglieder, Gans
und Heine, taten.[8] Die Grundanliegen des Vereins waren jedoch mit seiner resig-
nativen Auflösung keineswegs vergessen oder aufgegeben: Die »Wissenschaft des
Judentums« war geboren und fand vor allem in Leopold Zunz ihren hervorragenden Vertreter.[9]

Bislang sind nur die Emanzipationsbestrebungen von jüdischer Seite angesprochen worden. Es ist noch einmal auf das 18. Jahrhundert zurückzukommen, um an
eine entsprechende Initiative von nichtjüdischer Seite zu erinnern. 1781, gerade ein
Jahr vor dem josephinischen Judenedikt, erschien die Schutzschrift des preußischen
Geheimen Kriegsrats Christian Wilhelm von Dohm »Über die bürgerliche Verbesse-
rung der Juden«. Dohm, der noch keineswegs an eine bürgerlich-rechtliche Gleichstellung der jüdischen Bevölkerung dachte, forderte jedoch die Voraussetzungen
dafür: gesellschaftliche, pädagogische und wirtschaftliche Emanzipation, für die er
sich sowohl auf die Vernunft wie auf die christliche Nächstenliebe berief. In Preußen
von Seiten der Regierung unberücksichtigt geblieben, regte Dohms Schrift bekanntlich eine weitere einschlägige Publikation durch den kurze Zeit darauf Preußen in
geheimer Mission bereisenden Grafen Mirabeau an: »Sur Moses Mendelssohn, sur
la Réforme politique des Juifs«, London 1787.

Nahezu alle soeben erwähnten Emanzipations- und Integrationsbestrebungen
von Mendelssohn bis zum Kulturverein nahmen ihren Ausgang aus dem nord-

deutschen Raum. Es muss kaum erwähnt werden, dass in der preußischen Haupt-
stadt schon vor der Jahrhundertwende die Salons der geistvollen Berliner Jüdinnen
Henriette Herz, Rahel Levin, Sarah Levi und anderer eine herausragende gesell-
schaftlich-kulturelle Rolle gespielt hatten. Intellektuelle, Künstler und gebildete
Aristokraten fanden hier wie sonst nirgends in der nüchternen Residenzstadt ein
Forum geistigen und freundschaftlichen Austauschs. Für die öffentlich-rechtliche
Stellung der Juden in Preußen blieben die dort geknüpften Verbindungen ohne
Konsequenzen; im Gegenteil, in der Folge der nachrevolutionären Kriege und deren
Begleiterscheinungen litt nicht nur das gesellschaftliche Leben Berlins ganz allgemein; in das sich steigernde nationale Bewusstsein der antinapoleonischen Front
mischten sich zunehmend antisemitische Töne, die die christlich-jüdischen Beziehungen der Vorkriegszeit empfindlich beeinträchtigten. Die Solidarität der jüdischen
Frauen, die in den Jahren nach 1806 eine preußisch-deutsche Identität zu entwickeln
begannen, wurde durch die aggressive Haltung einiger ihrer christlichen Freunde –
zum Teil Habitués der jüdischen Salons – auf eine harte Probe gestellt.[10]

*

Auf dem Hintergrund der hier nur knapp umrissenen Frühgeschichte von Eman-
zipation und Akkulturation wird man die jüdisch-deutsche Problematik Ludwig
Börnes sehen müssen. Im Folgenden werden die Akzente auf jene biographischen
Perioden und Publikationen Börnes gesetzt, die, nicht nur expressis verbis, sondern
auch ursächlich mit seinem Verhalten und seinen Äußerungen zum Judentum, zum
Deutschtum und zum Weltbürgertum verbunden sind. Das trifft naturgemäß auf
sein Herkommen und seine Jugendgeschichte, punktuell auf seine Publizistik zu
Beginn der 20er Jahre, dann wieder, intensiviert, auf den Sensation und Wider-
spruch erregenden Pariser Briefschreiber nach 1830 zu. Schließlich soll versucht
werden, Ludwig Börne als getauften Christen ernst zu nehmen.
Löw oder Louis Baruch – so bis 1818 – entstammte einer wohlhabenden und
angesehenen israelitischen Familie Frankfurts, der Stadt, die für ihre Judenpolitik
unrühmlich bekannt war. Sein Großvater war Hoffaktor am Sitz des Deutschen
Ordens in Mergentheim, später am Kurfürstlichen Hof in Köln. Der Vater, Jakob
Baruch, Wechselmakler, hatte zeitweilig das Amt des Vorstehers der Israelitischen
Gemeinde Frankfurts inne und nahm deren Interessen am Wiener Kongress wahr.
Selbst ein aufgeklärter Weltmann, ließ er seine vier Kinder (Louis war der zweit-
älteste Sohn) in orthodoxer Tradition erziehen. Einzig ein aufgeschlossener junger
Hauslehrer vermittelte dem Knaben Löw gelegentlich einen Blick über die geisti-
gen Mauern des Gettos hinaus. Vierzehnjährig zum ersten Mal aus der Isolation
eines strengen und gefühlskalten Elternhauses hinausgetreten, verbrachte der bis

dahin nur von Privatlehrern Unterrichtete knapp zwei Jahre in einem gymnasialen Institut im nahen Gießen, noch immer überwacht von den väterlichen Argusaugen und gelenkt von elterlichen, auch ritualen Anordnungen.

Einen ersten tiefgreifenden Wechsel des sozialen Umfelds erfuhr der Sechzehnjährige mit seinem Eintritt in das Haus des Berliner Arztes und Kantianers Marcus Herz. Gewissenhaft betreut und in den Sprachen unterrichtet von der Frau des Hauses, in Mathematik und Logik von dem jüdischen Gelehrten Bendavid, sollte sich Louis die Voraussetzungen für das Medizinstudium erwerben, dem einzigen akademischen Beruf, der einem Juden der Zeit offen stand. Zwar hatte der Vater, wohl auf Anraten des dem Berliner Reformjudentum nahestehenden Jacob Sachs, ein jüdisches Haus für die Weiterbildung seines Sohnes gewählt; es war aber ein keineswegs jüdisches Milieu, von dem sich der introvertierte, emotional unausgeglichene Jüngling umgeben fand. Die Möglichkeiten, die sich ihm in diesem Haus, einem der Zentren geistiger Geselligkeit in der preußischen Residenz, boten, wusste der gesellschaftlich unerfahrene, bildungsmäßig noch rückständige Louis Baruch noch kaum zu nutzen. Salon, Theater, Stadteindrücke, selbst sexuelle Initiation treten in seinen Briefen und diarischen Zeugnissen zurück gegenüber den leidenschaftserfüllten Äußerungen des aufbrechenden Gefühlslebens: Im Mittelpunkt der Berliner Monate stand allein die bis zur Selbstmorddrohung gesteigerte Anbetung seiner Wirtin und Mentorin Henriette Herz.

Die soziale Problematik des Judesein wurde dem »faulen Louis« (so Schleiermacher) auch in Halle, dem nächsten Ort seiner Studien, zunächst kaum bewusst. Nach dem plötzlichen Tod ihres Mannes hatte die Herz ihren Schützling mit Zustimmung von Vater Baruch dem befreundeten Hallenser Physiologen Johann Christian Reil anvertraut, in dessen Familie der noch immer nicht immatrikulierte Jüngling die nächsten Jahre lebte. Obwohl zum ersten Mal in einer nichtjüdischen Umgebung, empfand Louis Baruch das gesellschaftliche Gefälle, an Berlin gemessen, in dem unkonventionellen Klima des provinziellen Professorenhaushalts stärker, als dass er sich als Jude angesprochen fühlte. Mit einiger Enttäuschung nimmt er zwar wahr, dass der von ihm verehrte Reil in seinem Pensionär »weiter nichts als – den reichen Juden« sieht (IV, 95); wenig später aber spottet er selbst beim ersten Besuch der Frankfurter Judengasse nach nahezu siebenjähriger Abwesenheit über deren Bewohner: »Drei Dinge sind, die sie zu schätzen wissen, erstens: Geld, zweitens: Geld, und drittens: Geld.« (IV, 121) Es ist also die materialistische Denk- und Verhaltensweise, von der er sich bei Christen wie Juden abgestoßen fühlt; sie wird seinem kritischen Blick auch späterhin nicht entgehen.[11]

Das Wissen um die Introspektion des sensiblen spätpubertierenden, in seiner nächsten Umgebung bewusst provokativ Auftretenden verdankt sich dem über Jahre aufrecht erhaltenen ungewöhnlich offenen Briefwechsel mit seiner Berliner Ziehmutter Henriette, einer Quelle, die Börnes erstem Biographen Karl Gutzkow noch unbekannt war.[12] Baruchs soziale Selbstfindung, wie sie sich bereits in dem sarkastischen Bericht vom Besuch des Elternhauses spiegelt (I, 7 ff.), verrät zugleich Nähe und Distanz zur Herkunft aus der Judengasse, intime Kenntnis der jüdischen Mentalität, beobachtet aus einer neugewonnenen kritischen Perspektive. Doch diese Distanz empfindet der Neunzehnjährige im Blick auf seine zwischenmenschlichen Beziehungen überhaupt: Sie ist – so seine masochistisch anmutende Selbsteinschätzung – das Problem seiner Existenz und wird es auch weiterhin bleiben: »Mich liebt und mich kennt Niemand. Bald zwanzig Jahre irre ich nun herum ohne Freund, und mein Leben wird verstreichen, ohne daß ich mein eigner werde.« (IV, 116)

Erst der Eingriff des politischen Geschehens in das private und universitäre Leben weckt in dem bisher nur um sich selbst Kreisenden neue, nach außen gerichtete und nach Bewährung drängende kämpferische Emotionen. Offensichtlich ist es der näherrückende Krieg, der seinen Jünglingsmut entflammt, ihn aber gleichzeitig seiner physischen und psychischen Schwäche innewerden lässt. Den von Pathos durchstürmten Zeilen vom 26. Juli 1806 ist noch schwer zu entnehmen, ob die Kampfeslust auch dem äußeren Feind, ob nur den persönlichen Gegnern gilt; den letzteren jedoch mit Sicherheit; denn antisemitische Angriffe müssen die Verletzbarkeit des von nationaler Begeisterung Erfüllten aufs Tiefste getroffen haben: »Wie beneidenswert finde ich mich und alle Jünglinge, daß wir in einer Zeit geboren worden, wo wieder Götter auf Erden walten, und kein Zufall unser Herr ist. Ja glücklich fühle ich mich, daß ich sagen darf: Ich *bin*, was ich *will*.« (IV, 146 f.) Die Fortsetzung des Briefs allerdings indiziert eine neue Aggressionsrichtung:

> Wenn sie erst kommen und dir sagen, daß du ein Jude bist, wenn sie den Mauschel beohrfeigen, daß man sich kranklachen möchte. O, wenn ich dies bedenke, wie ein Sturm braust es in meinem Innersten, es möchte die Seele aus ihrem Wohnhaus stürzen, und sich den Leib eines Löwen suchen, daß sie den Frechen begegnen könnte mit Klaue und Gebiß.« (IV, 148)

Kurze Zeit darauf verfügte Napoleon die Schließung der Universität Halle, und Louis verbrachte die nächsten Monate in Berlin. Der erste Brief nach seiner Rückkehr erwähnt eine »Rede an die Juden«, die Baruch in Halle drucken lassen wollte, die aber die Zensur nicht passierte. Ob es sich um eine Schutzschrift oder um einen patriotischen Appell gehandelt hat, kann nicht mehr eruiert werden. Offensichtlich jedoch war Louis Baruch mit dem Erwachen seines männlichen Selbstbewusstseins zugleich seiner jüdischen Identität innegeworden.

Es scheint in diesem Zusammenhang naheliegend, noch einmal auf die Judengasse zurückzukommen, auf diese »Wiege« seiner Kindheit, wie Börne die Örtlichkeit mit bitterer Ironie nennt. Dass das Frankfurter Getto in der Literatur, auch in autobiographischer Sicht, nahezu einen Topos bildet, ist nicht nur durch das satirisch verfremdet Bild des Frankfurter Judenviertels im »Rabbi von Bacherach« bekannt. Heine, dessen Sozialisation in Düsseldorf einen wesentlich anderen, freieren Charakter als die Börnes hatte, lernte die ominöse Gasse erst 1815 kennen, als ihre Mauern längst gefallen waren. Sein Interesse an der spezifisch jüdischen Thematik wurde wohl weniger dort als zur Zeit seines Engagements im Kulturverein geweckt.

Aufschlussreicher für unseren Zusammenhang sind die rückblickenden Schilderungen des Frankfurter Gettos aus der Feder zweier gebürtiger Frankfurter: die Jugenderinnerungen des aus protestantischer und damit regierungsfähiger Familie stammenden Wolfgang Goethe und diejenigen der Katholikin Bettina Brentano, deren Glaubensgenossen bis in die Zeit der Französischen Revolution in Frankfurt noch nicht ratsfähig waren. Der junge Patriziersohn, dessen Wissbegierde zuerst das ahnungsvolle Grauen vor den mittelalterlichen Überlieferungen, aber auch den abstoßenden Eindruck von Schmutz, Lärm und Zudringlichkeit zu überwinden hatte, ehe er das »auserwählte Volk Gottes« in seinen Ritualen kennen zu lernen wagte, vermerkte dabei nicht ohne Selbstgefälligkeit die Aufmerksamkeit, die seiner Person in diesem Milieu zuteil wurde, nicht zuletzt auch das Interesse, das er bei den hübschen Judenmädchen erregte.[13]

Bettina, nicht wie der junge Goethe von Neugier geleitet, sondern von der früh entwickelten Neigung, »Beschützerin der Unterdrückten« zu sein, nimmt in einem 1808 verfassten, erst Jahrzehnte später publizierten Essay ihren Besuch bei »des weisen Nathan Brüder« zum Ausgangspunkt eines imaginären Streitgesprächs mit dem regierenden Fürstprimas von Dalberg. In diesem Dialog erweist sich die Schwester des Antisemiten Clemens Brentano tatsächlich als »Protektor und kleiner Nothelfer der Juden«, wie sie sich selbst 1808 in einem Brief an Goethe nennt. Vor allem aber zeugt ihre blumenspendende Zuwendung zu den Kindern der übervölkerten Gasse von mehr als theoretischem Interesse: »Sind sie nicht dieselben, von denen Christus sagt, lasset sie zu mir kommen?«[14]

Wie prägend sich Börnes eigene Kindheitseindrücke aus der Judengasse auf sein Lebensgefühl und die kritisch engagierte Grundierung seines Denkens ausgewirkt hatten, das artikuliert er in den verschiedenen Perioden seines Lebens in aller Deutlichkeit, wenn auch, der Situation entsprechend, mit wechselnden Akzentsetzungen. Dass er sich in den späten Studienjahren intensiv mit Geschichte und Bürgerrechtsfragen der Juden beschäftigt hatte, geht aus einem unveröffentlichten umfangreichen Konvolut im Frankfurter Börne-Archiv hervor: Die dort versammelten Exzerpte aus Dokumenten der Judengesetze und Judenverfolgungen vom Mittelalter bis zu den zeitgenössischen Bestimmungen bildeten offenbar die Vorarbeit für das Memorandum, mit dem der eben zum Dr. phil. Promovierte auf Veranlassung des Vaters beziehungsweise der Israelitischen Gemeinde Frankfurts in die Diskussion um die 1808 erneuerte »Judenstättigkeit« eintreten wollte.

Diese neue Judengesetzgebung, mit der der Napoleon-Freund Dalberg die Hoffnungen der Judengemeinde herb enttäuschte, war noch immer wesentlich stärker
von reichsstädtischem Geist, als von modernem Toleranzdenken geprägt; so forderte sie umgehend den wenn auch unterwürfig formulierten Protest des bereits zitierten Judenbürgerrechtlers Jacobson heraus. Auf dessen Protestschrift ebenso wie
auf einen anonymen judenfeindlichen Kritiker Jacobsons reagierten Baruchs »Frei-
mütige Bemerkungen über die neue Stättigkeits- und Schutzordnung für die Judenschaft in Frankfurt am Main«. (I, 14–72)[15] In seinen sowohl von sachlicher Argumentation wie von beißender Ironie geprägten Ausführungen, die auch die Schwächen
der eigenen Religionsgenossen nicht schonten, finden sich Passagen von anrührender Solidarisierung – so ein Appell an die mitfühlenden Leser, ihn auf einem Gang
durch die Judengasse zur Zeit seiner Kindheit zu begleiten.

Es war 11 Uhr, als wir in die Judengasse traten, und wir hatten den Sabbatvormittag gewählt,
als die Zeit, wo sich alles darin in der größten Herrlichkeit zeigt. Am Eingange der Straße war
ein Adler hingepflanzt, sonst das Symbol der Freiheit und Hochherzigkeit, hier ein Zeichen der
Knechtschaft und der Schwäche. Es ist ein kaiserlicher Adler, den die Juden als Denkmal ihrer
Dankbarkeit für den Deutschen Kaiser hingesetzt hatten, weil er sie so oft gegen die Wut der
Frankfurter Bürgerschaft in Schutz genommen. *Vor* uns eine lange unabsehbare Gasse, *neben*
uns grade soviel Raum, um den Trost zu behalten, daß wir umkehren könnten, sobald uns die
Lust dazu ankäme. *Über* uns ist nicht mehr Himmel, als die Sonne bedarf, um ihre Scheibe
daran auszubreiten; man sieht keinen Himmel, man sieht nichts als Sonne. Ein übler Geruch
steigt überall herauf, und das Tuch, das uns vor Verpestung sichert, dient auch dazu, eine
Träne des Mitleids aufzufangen oder ein Lächeln der Schadenfreude zu verbergen dem Blicke
der lauernden Juden. Mühsam durch den Kot watend dient der verzögerte Gang dazu, unsrer
Beschauung die nötige Muße zu verschaffen. Scheu und behutsam wird der Fuß aufgesetzt,
damit er keine Kinder zertrete. Diese schwimmen in der Gosse herum, sie kreuchen im Kote
umher, unzählig wie ein Gewürm von der Sonne Kraft dem Miste ausgebrütet. Wer gönnte
nicht den armen Knaben ihre kleine Lust? Haben sie doch keinen Hofraum, kein Gärtchen im
Innern des Hauses, wo sie ihre kindlichen Spiele ausüben könnten. Wohl, wenn der Kindheit
Spiel das Vorbild ist von des Lebens Ernst, dann muß die Wiege *dieser* Kinder das Grab sein
alles Mutes, aller Hochherzigkeit, aller Freundschaft und jeder Lebensfreude. (I, 46 f.)

Im Epilog dieser seinerzeit nicht publizierten, weil offensichtlich von der Gemeinde nicht genehmigten Schutzschrift bekannte der Verfasser im Blick auf die kaum
gelockerten Restriktionen der Stättigkeit von 1616:

Wir konnten uns des Schmerzensrufes nicht enthalten, da man uns, die wir kaum begannen,
den süßen Namen *Vaterland* zu lallen, grausam der Zunge beraubte. (I, 69)

Fünfundzwanzig Jahre später begegnet man in Börnes privater Korrespondenz noch
einmal der bitteren Erinnerung an sein »Kinderparadies«. Während einer Schweiz-

reise im Sommer 1833 führte ihn zur Zeit der Weinlese ein Spaziergang in die Reb-
berge oberhalb von Château Clarens, in

> ein Paradies – für einen, der es mitbringt [...]. Als ich die Kinder des Gutsbesitzers sich auf der
> Wiese herumwälzen sah und dann ins Kelterhaus gehen und aus den breiten Fässern zer-
> quetschte Trauben naschen [...] – vor mir den See und die ernsten erhabenen Savoyer Gebirge,
> rückwärts die sanften Hügel, mit Wäldern, Weinbergen, Sennhäusern, Dörfern bedeckt – da
> wünschte ich, was ich immer wünschte an solchem Ort: hier möchte ich geboren worden sein.
> Und dann die Brust gefüllt mit dieser himmlischen Luft, immerhin hinaus in das dürre Leben.
> Die Erinnerung meines Kinderparadieses hinge mir wie eine Feldflasche an der Seite, aus der
> ich trinke, sooft mich dürstet. O ich weinte vor Gram und Zorn. Wenn ich jetzt mein Kin-
> derparadies öffne, stinkt es! (V, 576)

Börnes Initiation in das bewusste Leben blieb im Rückblick verbunden mit den im
Abstand und durch Kontrast jeweils neu evozierten schmerzlichen Demütigungen
der frühkindlichen Umgebung. Dass diese Ausgangslage traumatische Spuren an
Seele und Körper hinterließ, daran wurde er nicht zuletzt durch seine physische Ge-
brechlichkeit immer von neuem erinnert (so an Jeanette Wohl; IV, 1098).

*

Wollte man jedoch das Trauma der Frankfurter Judengasse einseitig überbetonen,
so würde man ein falsches Bild von Ludwig Börnes Selbstverständnis gewinnen.
Schon ein in den Studienjahren angelegtes Aphorismenheft zeugt von seinem dezi-
dierten Willen, die belastende Problematik der deutsch-jüdischen Ambiguität rational zu überwinden. Baruch notierte dort:

> Wenn ich nicht selbst ein Jude wäre, so wollte ich manches zum Lobe der Juden sagen; aber
> die deutsche Eitelkeit zwingt mich, Bescheidenheit zu affektieren. (I, 142, Aph. 24)

Doch dieses Spiel mit der doppelten Identität wurde wieder gestrichen zugunsten
eines später formulierten neuen Gedankens:

> Eins ist, was mir Freude macht: nämlich daß ich ein Jude bin. Dadurch werde ich zum Welt-
> bürger und brauche mich meiner Deutschheit nicht zu schämen. (I, 145, Aph. 41)

In dieser Variante wird die bipolare Spannung in einer nahezu Hegelschen Synthese
aufgehoben in eine höhere Kategorie, in die des die nationalen Divergenzen inte-
grierende des Weltbürgers. (Es liegt nahe, sich hier an den anfangs zitierten Berliner
jüdischen Aufklärer Saul Ascher zu erinnern.) Dieses früh entwickelte weltbürger-
liche Bewusstsein wird, mit einigen Brüchen, Börnes Denken und Schreiben ein

Leben lang begleiten. Zwischen dem sentenzenhaften Bekenntnis des Studenten und dem nicht weniger bekenntnishaften Statement des späten Börne – »Keine Freiheit ist möglich, solang es Nationen gibt« (III, 758) – liegen nahezu dreißig Jahre; in diesem Zeitabschnitt sind die europäische Geschichte wie das sie kritisch verfolgende Schreiben des Publizisten Börne von tiefgreifenden Bewegungen gezeichnet.

*

In Börnes Auseinandersetzung mit dem Judentum lassen sich zwei Ebenen unterscheiden: eine emotionale, die ihren Ursprung in seinem Getto-Trauma hat; sie ist von bitterem Sarkasmus, gelegentlich auch von anklagendem Pathos getragen, gegründet, wie er selbst es in anderem Zusammenhang formuliert, in einem über Generationen vererbten »ungeheuren Judenschmerz«. (I, 286) Auf der anderen Ebene, der rationalen, bewegt sich der demokratische Publizist sachlich argumentativ. Hier bleibt der leitende Gedanke von 1816 – also noch vor Beginn seiner eigentlichen publizistischen Tätigkeit – bis in die dreißiger Jahre der gleiche:

> Die Sache der Juden muß aus einem Gegenstande der Empfindung zu einem Gegenstande der Überlegung gemacht werden. (I, 171)

Diese Forderung erhebt Börne im Zusammenhang mit den Frankfurter Verfassungskämpfen nach dem Wiener Kongress, als die bürgerrechtliche Stellung der jüdischen Gemeinde eine hartumstrittene Rolle spielte. Seinen publizistischen Stellungnahmen im aktuellen Bürgerrechtskampf der Judengemeinde stellte Börne 1819 einen abschließenden Grundsatzartikel »Für die Juden« voran; bereits mit dem einleitenden Satz: »Für Recht und Freiheit sollte ich sagen« will er auf die verhängnisvolle Rolle der nachnapoleonischen Judenpolitik als einer Ersatzhandlung für die verlorene staatliche Einheit der Deutschen hinweisen. Wahre Freiheit und Einheit, so Börne, können nicht, selbsttäuschend, mit Unterdrückung statt mit Integration einer Minderheit erkauft werden.[16]

Die aus dem Kampf jener Jahre resultierende Strategie, die gleichzeitig etwas über seine Zielsetzung aussagt, wird der Pariser Briefschreiber, als der er nach der Julirevolution gefeiert und befehdet wurde, wie folgt formulieren: Man müsse, um den Juden zu helfen, »ihre Sache mit dem Rechte und den Ansprüchen der allgemeinen Freiheit in Verbindung bringen«. (III, 757 → I, 1032) Dass sich die beiden angesprochenen Ebenen in Börnes Schreiben nicht immer voneinander trennen lassen, hängt nicht nur von seinem Temperament, sondern weitgehend von den seine Reaktion auslösenden Faktoren ab. Von den frühen Auftragsarbeiten abgesehen, thematisiert der liberale Publizist Ludwig Börne das Judenproblem kaum je ohne aktuellen Anstoß.

Wenn kürzlich der Jerusalemer Historiker Mosche Zimmermann erklärte: »spätestens seit der Entstehung des modernen Antisemitismus war die Definition des Judentums von der Auseinandersetzung mit der Judenfeindschaft geprägt«[17], so trifft das bereits auf die publizistische Argumentation Börnes zu. Auch Zimmermann bestätigt im selben Zusammenhang, dass die Solidarisierung mit dem Judentum immer wieder eine durch Diskriminierung erzwungene sei. Die Taufe im Jahr 1818, auf die noch zurückzukommen sein wird, spielt für Börnes Position hier keine Rolle. Er hatte diesen Schritt in Frankfurt nicht einmal bekannt gemacht, so dass sein Gesuch um Aufnahme in die von Frankfurter Bürgergeist und Klassenbewusstsein – Börne spricht sogar von Kastenbewusstsein – geprägte Lesegesellschaft abgelehnt wurde.[18]

Wenn oben die für Börnes Biographie und Bewusstseinsbildung bedeutsamen Bewegungen der allgemeinen Geschichte angesprochen wurden, so ist zunächst an die napoleonischen Kriege und ihre Folgen für die innerdeutschen sowohl politischen wie mentalen Veränderungen zu denken. Mit der Einführung französischen Rechts in den besetzten Gebieten erfuhr die jüdische Bevölkerungsgruppe Frankfurts eine erste bürgerliche Emanzipation. Ihr verdankte der inzwischen im Fach Kameralistik promovierte Dr. Baruch eine Anstellung bei der Justiz- und Polizeiverwaltung seiner Heimatstadt. Wenige Jahre darauf verursachte der Sieg der restaurativen Mächte eine erneute Wendung der Frankfurter Judenpolitik und damit auch eine stufenweise Entlassung des jüdischen Aktuars aus dem Staatsdienst.

Man müsste nun annehmen, dass sich dieses politische Wechselbad und die damit verbundene Diskriminierung hemmend auf Baruchs Assimilationsbereitschaft ausgewirkt haben würde. Er selbst erinnert in den verschiedensten Zusammenhängen an die gängige Beweisführung, die die kurzlebige Gleichstellung der Frankfurter Juden als eine Institution des inzwischen besiegten Feindes wertete und schon damit als obsolet erklärte. Für die germanomanen Sieger gehörten dementsprechend Franzosen und Juden in die gleiche, negativ besetzte Kategorie. Börne wird einige Jahre später diese vom doppelten Wechsel des Kriegsglücks verschärfte Problematik in seinem einzigen Romanversuch thematisieren: Dort lässt er die Verbindung einer deutschen Aristokratin mit einem Offizier der napoleonischen Armee tragisch scheitern, als dieser sich als Jude zu erkennen gibt. (I, 696–707)

Zunächst jedoch bleibt es erstaunlich, dass Baruch (so Börnes Name bis 1818) im Jahr seiner Entlassung aus dem Polizeidienst, im Sommer 1814, im »Frankfurter Journal« einen Aufsatz veröffentlichte, der sich als Antizipation einer drei Jahre später auf dem Wartburgfest gehaltenen studentischen Rede lesen lässt. In dem appellartig formulierten Text unter dem leitmotivischen Titel: »Was wir wollen« identifiziert sich der (noch) jüdische Autor mit der deutschen Heldenjugend, die kurz zuvor über den Franzosenkaiser triumphiert hatte; mit dem anaphorisch wiederholten »Wir wollen« scheint er sich mit einer Geste nationalen Pathos' geradezu zum Sprecher der jungen deutschen Siegergeneration machen zu wollen. Ernst mahnt er zur Bewahrung und Bewährung der kämpferischen wie der zivilen Tugenden – in Abwehr allen »welschen« Einflusses! Er hält sich allerdings zurück mit der Einforderung politischen Mitspracherechts, wie sie drei Jahre später auf der Wartburg laut werden sollte. Vielmehr beschließt Baruch seinen patriotischen Aufruf mit einer uneingeschränkten Loyalitätserklärung gegenüber den Fürsten. (I, 163–168)

Es kann hier nicht der Ort sein, über Veranlassung und Absicht dieser überraschenden Publikation zu spekulieren. Dass Börne sie später keinesfalls zu unterdrücken beabsichtigte, dafür zeugt ihr Platz in seiner Werkausgabe letzter Hand. Ob der entlassene jüdische Polizeiaktuar der Frankfurter Öffentlichkeit seine deutsche Gesinnung beweisen wollte, ob er im Interesse der um ihr Weiterbestehen nach der Franzosenzeit kämpfenden »Loge zur aufgehenden Morgenröthe« (der sogenannten Juden- und Polizeiloge), deren Mitglied er war, schrieb, – diese Fragen werden letztlich kaum mit Sicherheit zu beantworten sein.[19]

Gewisse ›Wartburgzüge‹, wie ich es hier vereinfacht nennen will, sind in Börnes Denken und Schreiben auch der folgenden Dezennien erkennbar: Nicht Nationalstolz und Franzosenfeindschaft, jedoch ein asketisches Pochen auf Sittlichkeit und Wahrheitsliebe, auf Reinerhaltung der deutschen Sprache – am eindrucksvollsten in der Satire »Der Narr im Weißen Schwan« –, auf Verurteilung von Handelsgeist, Klassendenken und Titelsucht. Vor allem aber war es das Stichwort Freiheit, das, zur zentralen Metapher geworden, sein gesamtes publizistisches Œuvre durchzieht. Die Beschwörung der Freiheit allerdings, die 1814 – noch im Einklang mit der allgemeinen Stimmung – der nationalen Befreiung von Fremdherrschaft galt, galt nun der neubedrohten demokratischen Freiheit der Bürger, wie sie der Forderungskatalog vorwiegend der süddeutschen Liberalen neben die nationale Einheit stellte.

Die Jahre 1818–1821 waren in Börnes Vita, vor allem im Bereich der Tagespolitik, die politisch und publizistisch aktivsten: Als Herausgeber und Hauptautor seiner eigenen Zeitschrift, der »Wage«, besonders aber als Redakteur und zeitweiliger Editor zweier Frankfurter Tagesblätter lag er beständig im Streit mit der Zensur. In dieser Frühzeit der Demagogenverfolgung und der Verschwörungsgerüchte verteidigte Börne, getreu seiner Maxime, dass Freiheit nur dann wahre Freiheit sein kann, wenn sie Freiheit für alle bedeutet, die verdächtigten Patrioten – und prangerte gleichzeitig die antisemitische Stadtpolitik der Frankfurter Patrizier sowie die der konkurrenzneidischen Kaufmannschaft an. Neben anderen noch zu erörternden Motiven mag es Börnes in diesen Jahren intensivierte Inanspruchnahme durch die Frankfurter Lokalpolitik im gesamtdeutschen Spannungsfeld zwischen restaurativen und liberalen Kräften gewesen sein, die ihn die von den allgemeinen Medien kaum wahrgenommenen Reformbestrebungen des Berliner jüdischen Kulturvereins unbeachtet sein ließen.

*

Vor und gleichzeitig mit seiner zunehmend politiklastigen Publizistik hatte Börne, vor allem in der »Wage«, sein Debüt als Theaterrezensent gegeben. Im Bereich der dramatischen Literatur fand er zwar seltener Gelegenheit, die Problematik der gesellschaftlichen Stellung der Juden ins Visier zu nehmen; drei Besprechungen dürfen jedoch als bezeichnend für seine auch hier abwägende Haltung nicht unerwähnt bleiben.

Einen frühen Anlass bot die in Breslau bereits 1813 umkämpfte Uraufführung der anonym erschienenen Posse »Unser Verkehr«, die 1815 in Berlin unter dem Protest auch der dortigen Judenschaft, 1817 in Frankfurt in Szene ging, gerade zu der Zeit der heftigsten Diskussionen um das neue Bürgerrecht der Mainstadt. (I, 415–421). Bei dieser, wie Börne zu Recht konstatierte, literarisch wertlosen Produktion ging es um die karikierende Darstellung einer die Anpassung erstrebenden Judenfamilie, die sich in »christelnden« Manieren versucht. Der brillante Protagonist aller dieser Inszenierungen, der Schauspieler Alois Wurm, sah sich seines perfekten »Jüdelns« wegen dem Hass und der Verfolgung durch die örtlichen Judengemeinden ausgesetzt. Typisch für den unbestechlichen Gerechtigkeitssinn des Rezensenten ist es, dass er den weitgehend zu Unrecht verfolgten Mann in Schutz nahm, daneben aber von der »gerechten Selbstverteidigung« der Juden sprach, die mit guten Gründen die außerliterarische Wirkung des Stücks, die Anstachelung der antisemitischen Stimmung des christlichen Publikums, fürchteten. Durch seine sachliche Differenzierung zwischen Text und Darstellung und die Aufdeckung der emotionalen Wirkungsmechanismen suchte Börne hier Öl auf die hochgehenden Wogen zu gießen.

Ganz anders reagierte er auf die Wiederaufführung eines alten englischen Lustspiels, »Der Jude« von Cumberland. (I, 286–289). In der Titelfigur war ein dem Nathan Lessings verwandter mildtätiger und in seiner Demut anrührender alter Israelit gezeichnet. Dass dieses Schauspiel dem Zuschauer keine echte Erschütterung vermitteln konnte, führte der Rezensent auf die Darstellung des Juden als eines »abstrakten Begriffsmenschen« zurück, der »*so*, wie man sich ihn denkt, eigentlich gar nicht besteht, sondern nur die Schöpfung christlicher Vorstellung und Phantasie ist«. Eine Schöpfung allerdings, möchte man hinzufügen, die einem christlichen wie jüdischen Publikum offensichtlich durch ihre versöhnliche Tendenz Genüge tat.

Ging es bei dem Schewa Cumberlands um einen idealisierten, d. h künstlichen
Charakter, so handelt Börne, Jahre später, in einem Aufsatz über den »Kaufmann
von Venedig« von einer ganz anderen, mehrdimensionalen Figurenkonzeption. Eine
von Freunden besuchte Aufführung der Komödie gibt ihm Gelegenheit, Shakespeares Genie in der Gestaltung des Shylock zu feiern. (I, 499–505) Dass Dramaturgie und Interpretation dieses Stücks von jeher, nicht erst seit 1933, umstritten
sind, ist kein Novum. Der Protagonist der Hannoveraner Aufführung von 1829
hatte sich selbst beim Publikum für seine offenbar überzogene Darstellung des jüdischen Bösewichts, der so in der Wirklichkeit nicht existiere, entschuldigt. Dagegen soll der große englische Tragöde Edmund Kean schon 1814 dem Shylock ein
echtes tragisches Profil verliehen haben. Dieses Rollenverständnis dürfte Börnes eigener Auffassung bedeutend näher gekommen sein, denn, so seine Sicht,

Shakespeare tut nicht wie gewöhnliche Menschen und gewöhnliche Dichter, die, es ihrem Herzen oder ihrer Kunst bequem zu machen, lebende vermischte Dinge, gleich Scheidekünstlern,
in ihre toten Elemente auflösen, *reine Charaktere* darstellen, diese lieben, jene hassen, diese anziehen, jene abstoßen – so tut Shakespeare nicht.

Der Dichter erweist, wie Börne weiter ausführt, seine souveräne Unparteilichkeit,
indem er den Judenhass des Christen und den Christenhass des Juden zu rechtfertigen sucht. Mit dem rachedürstenden, von Antonio verachteten, getretenen und
bespieenen Shylock schafft Shakespeare keine einseitig Mitleid heischende Idealge-
stalt, so wenig wie er das leichtfertige Verhalten und die zweifelhaften Rechtsintri-
gen der christlichen Gegenspieler beschönigt. Wie in den meisten seiner dramatur-
gischen Skizzen geht Börne auch hier über die Analyse des Schauspiels hinaus; er
wünschte sich Shakespeares schilderndes Genie, um »die Geheimnisse« der Protagonisten auch der gegenwärtigen Börsenwelt aufzudecken.

*

In der Epoche vor und nach den napoleonischen Kriegen hatte Börne die Quelle
des, wie er meinte, künstlich geschürten Judenhasses im erwachenden Nationalbe-
wusstsein der Deutschen gesucht. An die tieferen Wurzeln des latenten, durch die
romantischen Germanomanen geweckten Antisemitismus wollte er nicht glauben,
– oder er gab aus taktischen Gründen vor, nicht daran zu glauben. Seine eigene
scharfe Judenkritik setzte in der Folgezeit an einer anderen Verbindung an:

Endlich war es der zur Zeit des Befreiungskrieges noch dunkle Trieb, der erst jetzt zur Klarheit
gekommen, daß nämlich alle das Streben und Kämpfen des deutschen Volks gegen die Aristokratie gerichtet sein müsse, dieser war es auch, welcher die Schriftsteller gegen die Juden feind-

lich stimmte. Denn die Juden und der Adel, das heißt Geld und Vorherrschaft, das heißt ding-
liche und persönliche Aristokratie, bilden die zwei letzten Stützen des Feudalsystems. Sie halten fest zusammen. Denn die Juden, von dem Volke bedroht, suchen Schutz bei den vorneh-
men Herrn, und diese, von der Gleichheit geschreckt, suchen Waffen und Mauern im Gelde.
(I, 876)

Selbst wenn er 1827 von dem »auserwählten Volke Gottes (auserwählt zu Staatspa-
piergeschäften und zu Marketendern der Aristokratie)« (II, 538) spricht, ist solche
Kritik an der Symbiose von Geld und Feudalherrschaft kaum als jüdischer Selbst-
hass zu werten. Seine satirische Gabe allerdings findet an dieser von ihm als ver-
hängnisvoll denunzierten Allianz reichen Stoff. Der wachsenden Enttäuschung im
Blick auf die Julimonarchie und ihre Entwicklung von der bürgerlichen Revolution
zur Herrschaft der jüdischen Hochfinanz, gibt er im Januar 1832 in einem brillan-
ten satirischen Tageskommentar Ausdruck:

> Rothschild hat dem Papste die Hand geküßt und beim Abschiede seine hohe Zufriedenheit mit
> dem Nachfolger Petri unter allergnädigsten Ausdrücken zu erkennen gegeben. Jetzt kömmt
> doch endlich einmal alles in die Ordnung, die Gott beim Erschaffen der Welt eigentlich hat
> haben wollen. Ein armer Christ küßt dem Papste die Füße, und ein reicher Jude küßt ihm die
> Hand. [...] Wie viel edler sind doch die Rothschild als deren Ahnherr Judas Ischariot! Dieser
> verkaufte Christus für dreißig kleine Taler, die Rothschild würden ihn heute kaufen, wenn er
> für Geld zu haben wäre. [...] Louis-Philippe, wenn er in einem Jahre noch König ist, wird sich
> krönen lassen; aber nicht zu Reims in St. Remi, sondern zu Paris in *Notre-Dame de la bourse*,
> und Rothschild wird dabei als Erzbischof fungieren. (III, 482 f.)

Es ist bezeichnend, dass Börne hier keinen bestimmten Rothschild nennt (der in
Neapel residierende Karl von R. war es, der die Papstaudienz erhielt; James de R.,
bei dem Heine verkehrte, stützte das Ministerium Périer in Paris; Nathan hatte gemeinsam mit seinen Brüdern von London aus in kühnen Finanzoperationen zum
alliierten Sieg über Napoleon beigetragen). Der frontale Angriff in den »Briefen aus
Paris« galt der internationalen Finanzmacht der Rothschild, mit deren Hilfe sich
das monarchische System weiterhin in Europa zu halten vermochte. Nicht der Jude
als solcher ist es, sondern die Stütze der restaurativen Politik, die zur Zielscheibe
von Börnes massiver Attacke wurde. Ähnlich hatte schon zehn Jahre zuvor Lord
Byron die zeitgenössischen Machtverhältnisse gesehen:

> Who hold the balance of the world? Who reign
> O'er congress, whether royalist or liberal?
> [...]
> Jew Rothschild, and his fellow-Christian, Baring
> [...]
> Are the true lords of Europe. [...].[20]

Auch in einem anderen aktuellen Bereich seines politischen Engagements setzte Börne überraschende Prioritäten: In seiner leidenschaftlichen Anteilnahme für die Sache der Polen. Während der russisch-polnischen Auseinandersetzung des Winters 1830/31 scheint es, als habe er die durchgängig dokumentierte antisemitische Haltung der Polen nicht wahrnehmen wollen.[21]

War in seiner frühen Publizistik besonders der Frankfurter Zeit Börnes Eintreten für die unterdrückten Juden in erster Linie paradigmatisch für den Kampf gegen Marginalisierung und Verfolgung aller Minderheiten, für die Anerkennung der Menschenrechte schlechthin, so richtete der in Paris zum Republikaner Gewandelte seine Waffen immer eindeutiger gegen das Feindbild »Feudalsystem«, gleich ob vertreten durch die christliche Hocharistokratie oder die jüdische Hochfinanz.

Börnes zugespitzte Kritik am jüdischen Einfluss auch auf die Politik des französischen Juste-Milieu hinderte seine deutschen Rezensenten jedoch nicht, die Motivation seiner zeitgleichen Deutschlandkritik in seiner jüdischen Herkunft zu suchen. Das galt, zu Börnes eigener Überraschung und Erbitterung, nicht nur für seine reaktionären Gegner, sondern traf auch auf vermeintliche Gesinnungsfreunde zu, die ihn noch kurz vor der Julirevolution in Berlin gefeiert hatten.[22]

Über Wochen verfolgt er die Reaktionen der deutschen Blätter auf die erste Folge seiner Ende 1831 erschienenen »Briefe aus Paris«, um mit Erstaunen und Ironie das weite Spektrum der Kritik und ihrer zwischen höflich verbrämter Ermahnung und ungeschminkt verächtlichen Invektiven wechselnden Sprache zu registrieren. Im Februar schließlich glaubt er eine erste Summe ziehen zu können: zunächst in einer auf den Grundtenor der verschiedensten Stimmen im Chor seiner Kritiker fokussierten Replik. Als Angelpunkt von zögerndem Lob und herabsetzendem Tadel erwies sich unweigerlich sein Judentum und, daraus abgeleitet, seine angebliche Franzosenhörigkeit, – ein Zusammenhang, der sich, wie schon angedeutet, noch immer der Zeitstimmung der napoleonischen Kriege verdankte.

> Es ist wie ein Wunder! Tausend Male habe ich es erfahren, und doch bleibt es mir ewig neu. Die einen werfen mir vor, daß ich ein Jude sei; die andern verzeihen mir es; der dritte lobt mich gar dafür; aber alle denken daran. Sie sind wie gebannt in diesem magischen Judenkreise, es kann keiner hinaus. (III, 510)

Dem hielt Börne ein emphatisches Bekenntnis zu den Grundgegebenheiten seiner Existenz als Jude und als Deutscher entgegen:

> Nein, daß ich ein Jude geboren, das hat mich nie erbittert gegen die Deutschen, das hat mich nie verblendet. Ich wäre ja nicht wert, das Licht der Sonne zu genießen, wenn ich die große Gnade, die mir Gott erzeigt, mich zugleich ein Deutscher und ein Jude werden zu lassen, mit

schnödem Murren bezahlte [...]. Nein, ich weiß das unverdiente Glück zu schätzen, zugleich
ein Deutscher und ein Jude zu sein, nach allen Tugenden der Deutschen streben zu können
und doch keinen ihrer Fehler zu teilen. (III, 511)

(Eine ähnliche Standortbestimmung findet sich, wie man sich erinnern wird, schon
im Aphorismenheft des Studenten Baruch!)
  Gleichzeitig leitete er aus seiner Gettoherkunft die entscheidende Motivation
für das kämpferische Engagement ab, das – an die burschenschaftliche Zielsetzung
gemahnend – der freien und geeinten deutschen Sprachnation galt:

> Ja, weil ich in keinem Vaterlande geboren, darum wünsche ich ein Vaterland heißer als ihr, und
> weil mein Geburtsort nicht größer war als die Judengasse und hinter dem verschlossenen Tore
> das Ausland für mich begann, genügt mir auch die Stadt nicht mehr zum Vaterlande, nicht
> mehr ein Landgebiet, nicht mehr eine Provinz; nur das ganze große Vaterland genügt mir, so-
> weit seine Sprache reicht. [...] und hätte ich die Macht, ich duldete nicht, daß nur ein einzi-
> ges deutsches Wort aus deutschem Munde jenseits der Grenzen zu mir herüberschallte. Und
> weil ich einmal aufgehört, ein Knecht von Bürgern zu sein, will ich auch nicht länger der Knecht
> eines Fürsten bleiben; ganz frei will ich werden. (ebd.)

Dem wiederholten Vorwurf, den Franzosen den Vorzug zu geben, begegnet der Briefschreiber aus Paris mit einer Allusion auf Lessings »Duplik«:

> Austauschen, nicht tauschen sollen wir mit Frankreich. Käme ein Gott zu mir und spräche: Ich
> will dich in einen Franzosen umwandeln mit allen deinen Gedanken und Gefühlen, mit allen
> deinen Erinnerungen und Hoffnungen – ich würde ihm antworten: Ich danke, Herr Gott. Ich
> will ein Deutscher bleiben mit allen seinen Mängeln und Auswüchsen; ein Deutscher mit sei-
> nen sechsunddreißig Fürsten, mit seinen heimlichen Gerichten, mit seiner Zensur, mit seiner
> unfruchtbaren Gelehrsamkeit, mit seinem Demute, seinem Hochmute, seinen Hofräten, seinen
> Philistern – – auch mit seinen Philistern? – – – Nun ja, auch mit seinen Philistern. (III, 513)

Ein Jahr später allerdings wird diesem polemisch überspitzten Bekenntnis zum
Deutschsein eine dem Kontext entsprechend andere Facette abgewonnen. Noch
ehe ihm Menzel 1836 mangelnden Patriotismus vorwerfen wird, antizipiert Börne
bereits im Februar 1833 seine an Herders Gedanken zu Fürsten- und Völkerfreund-
schaft erinnernde Argumentation aus dem »Franzosenfresser«.

> Keine Freiheit ist möglich, solang es Nationen gibt. Was die Völker trennt, vereinigt die Für-
> sten; [...] Deutsche! Franzosen! [...] Weil man euere Vereinigung fürchtet, soll wechselseitiges
> Mißtrauen euch ewig getrennt halten. Was sie als Vaterlandsliebe preisen, ist die Quelle eures
> Verderbens. (III, 758)

Börne wendet sich hier gegen den Missbrauch des Patriotismus als Instrument des
Machterhalts, des Patriotismus in seiner aggressiven Form, nicht gegen die Vater-

landsliebe, die, wie er in seinem Bekenntnis vom 7. Februar 1832 zum Ausdruck brachte, auf Nationaleitelkeit verzichten kann. Die Nationalstolzdebatte in der politischen Öffentlichkeit der Bundesrepublik des Jahres 2001 hat dieser von Rahel Varnhagen bereits 1819 notierten Problematik neue Aktualität verliehen.[23]

Der nationalen Überheblichkeit der Germanomanen hatte Börne einen besonderen Essay gewidmet, der die zum zornigen Pathos stilisierte Abrechnung mit den Kritikern seiner Pariser Briefe gewissermaßen als Satyrspiel begleitete: Er nannte diese »Schüssel« voller geistreicher Einfälle und blitzender Ironie »Herings-Salat« im Blick auf seinen dort arg zerzausten prominentesten Gegner Georg Wilhelm Häring alias Willibald Alexis. In einer witzigen Hyperbel führt Börne seine Abstammung auf den »großen Bör«, einen Urvater der germanischen Mythologie zurück. In einem absurden Zeitsprung lässt er, zweitausend Jahre vor Christus, seinen hünenhaften Ahnen gegen die Preußen des neunzehnten Jahrhunderts zu Felde ziehen. Doch angewidert von der Feigheit des ihm zwergenhaft erscheinenden Volks der Hofräte und dessen als Opernliebhaber persiflierten Königs, Friedrich Wilhelm III., verzichtet der Riese Heimdallr (als dessen späten Nachkommen der besonders kleingewachsene Börne sich selbst ironisiert) auf den ungleichen Kampf, vor allem als die jungen Helden der Befreiungskriege sich durch den bekannten Aufruf »Ruhe ist die erste Bürgerpflicht« widerstandslos entwaffnen lassen. Einen Spross des germanischen Hünen lässt nun Börne eine schöne Jüdin aus Mergentheim, dem Sitz seines Großvaters (!), heiraten und mit ihr eine Stadt am Main gründen:

> Also waren es Juden, die Frankfurt gegründet, und S. T. der Herr Senator Dr. Schmid Wohlgeboren waren daher im größten Irrtum, als sie gegen mich, der die Rechte der Juden verteidigte, vor einigen Jahren im Gelehrtenvereine bemerkten: die Juden könnten keine Bürger sein in Frankfurt, weil es vor 1500 Jahren Christen gewesen, welche Frankfurt erbaut. Gerade im Gegenteile. Wenn hier die Religion ein Recht geben oder nehmen könnte, wären die Frankfurter Juden die einzigen Bürger, und die Christen wären bloß Schutzchristen, welche die Juden in eine Christengasse einsperren und ihnen verbieten dürften, mehr als zwölf Ehen jährlich zu schließen, damit sie nach und nach aussterben und den Handel der Juden nicht ganz zugrunde richten. (III, 529f.)

Indem er sie so ad absurdum führt, gelingt es Börne, das ganze menschenverachtende Ausmaß der Frankfurter Judenpolitik anzuprangern. Diese Satire, mit der er sich den Namen des deutschen Swift erneut verdient hatte, ist jedoch mehr als nur ein geistreicher Gegenschlag; in ihr wird gleichzeitig die tiefe Verletztheit deutlich, aus der heraus der immer wieder als Jude angesprochene Autor reagierte.

*

Börnes mit echter Betroffenheit geführte Auseinandersetzung mit den antisemi-
tisch argumentierenden Kritikern seiner »Briefe aus Paris« gibt Anlass, auf eine im
Zusammenhang mit der Assimilationsproblematik wichtige Frage einzugehen, auf
die Frage nach Börnes Taufe und seiner persönlichen Einstellung zum Christentum. Helmut Bock hatte 1962 in seiner grundlegenden, noch keineswegs überhol-
ten Monographie in Börne mehr als nur einen Deisten Voltairescher Prägung gesehen, vielmehr den Vertreter eines unabhängigen Christentums, »einer Religion der
Liebe und Humanität«, die ihm »gemütvolles Bedürfnis« war.[24] Dem ist grundsätzlich zuzustimmen. Wolfgang Labuhn dagegen will (1980) Börnes »innere Hin-
wendung zum Christentum« im engeren Sinn erst in seiner überzeugten Zuwendung
zum religiösen Sozialismus Lamennais' erkennen und damit in seiner Abwendung
vom Protestantismus, – wenn überhaupt von einer konfessionellen Bindung bei dem
einstigen Lutherverehrer die Rede sein kann.[25] Als gänzlich peripher sieht Bernhard
Budde (1998) Börnes Konversion zum lutherischen Christentum an: »nicht religiös,
sondern gesellschaftlich-lebenspraktisch motiviert«, wobei Budde offensichtlich
Motivation und Gewichtung der Taufe mit derjenigen des vorausgegangenen Na-
menswechsels gleichsetzt.[26]

Es kann hier nicht darum gehen, die vielfach kontextabhängigen Äußerungen
von Börnes religiöser Überzeugung im einzelnen zu verfolgen; diese differenzierte
Problematik ist aufs engste mit seinen geschichtsphilosophischen, ebenso wie mit
seinen pragmatisch-politischen Überlegungen verbunden, in den späteren Jahren
vor allem mit seinem metahistorischen Verständnis der Revolution. In unserem
Zusammenhang interessiert in erster Linie Börnes Stellung innerhalb des jüdisch-
christlichen Diskurses seiner Zeit und seines persönlichen Umfelds. Gemeinhin
wurden in der ersten Hälfte des 19. Jahrhunderts Taufe und Namenswechsel bürgerlicher Juden als obligater Akt gesellschaftlicher Anpassung verstanden. Heinrich
Heine, Eduard Gans sowie der Jurist und Gründer der Berliner Mittwochsgesell-
schaft Eduard Hitzig (Isaak Itzig) könnten hier beispielhaft genannt werden. In
jüdischen Kreisen Berlins und Frankfurts sprach man geradezu von einer »Taufepi-
demie«. Von der negativen Aufnahme dieser Anpassungswelle war bereits in zwei-
facher Weise die Rede: Die Posse »Unser Verkehr« signalisierte die antisemitische
Reaktion, auf der anderen Seite lehnte man im Berliner jüdischen Kulturverein die
Taufe verächtlich als Akt des Verrats an der jüdischen Identität ab.

Die weitgehend in der Literatur vertretene Meinung, auch Börnes Taufe sei
nichts anderes als ein Akt opportunistischer Anpassung gewesen, stützt sich vor
allem auf einen Brief vom Dezember 1831. Dort hatte Börne im Zusammenhang
der Auseinandersetzung mit seinen Kritikern gereizt ausgerufen:

Jude, Jude! das ist der letzte rote Heller aus der armseligen Sparbüchse ihres Witzes. Aber nach
allem, ich wollte, es gäbe mir einer die drei Louisdor zurück, die ich für mein Christentum

dem Herrn Pfarrer verehrt. Seit achtzehn Jahren bin ich getauft, und es hilft mich nichts. Drei Louisdor für ein Plätzchen im deutschen Narrenhause! Es war eine törichte Verschwendung. (III, 419)

Als dieser Aufschrei echter Verzweiflung ein Jahr später durch den Druck bekannt wurde, äußerten die Freunde in Frankfurt ihr Befremden. Börnes nur in einem Privatbrief überlieferte Antwort spricht für sich selbst:

> Wegen meiner Äußerung, daß ich bedauerte, drei Louisdor an den Pfarrer gewendet zu haben, die dem Schmitt auffiel, kann ich Ihnen wirklich nichts sagen. [...] Sie wissen, wie das gemeint ist, und das ist genug. Ich glaube nicht, daß es viele Leute gibt, die an meiner aufrichtigen christlichen Gesinnung oder meiner Religiosität überhaupt zweifeln. (V, 452)

Die christliche Gesinnung, auf die sich Börne seiner Jüdin gebliebenen Freundin gegenüber beruft[27], gründet in seiner Überzeugung von der existenziellen Notwendigkeit von Glauben überhaupt. Glauben bedeutet für ihn nicht Bindung an eine bestimmte Religion oder gar Konfession, er ist vielmehr Grunddisposition seines Charakters. Mit Selbstverständlichkeit wendet sich Börne dem Christentum als der Religion der »Liebe und Versöhnung« zu, erschienen als Remedium einer kranken – und noch immer kranken – Welt. Für ihn ist die Christus-Religion in ihrem Kern eine weltverändernde Botschaft von Freiheit und Gleichheit, während achtzehnhundert Jahren missverstanden und vom Machtdenken ihrer offiziellen Vertreter verraten und pervertiert.

Hatte Börne lange Zeit in Luther, dem Vorkämpfer deutscher Geistesfreiheit, ein emanzipatorisches Leitbild, ja beinahe eine Identifikationsfigur gesehen, erfuhr sein Werteverständnis im Lauf der dreißiger Jahre eine radikale Wende. Der eist gefeierte Reformator wurde zum Prototyp des weltfremden deutschen Gelehrten und Fürstenknechts, während Börne nun in dem christlichen Sozialisten Lamennais den neuen Propheten des Völkerfrühlings begrüßte.[28] Dabei ging es nicht, wie mehrfach behauptet, um eine konfessionelle Wandlung Börnes, sondern um sein neudefiniertes Verständnis von Emanzipation der Basisgesellschaft im Gewand christlicher Nächstenliebe, – Fragestellungen, die, wie Gutzkow 1839 zutreffend schrieb, »Christentum und bürgerliches Leben«, »Welt, Staat und Kirche« betrafen, – jedenfalls keinen christlich-jüdischen Dialog.

Börne, bei dem Glauben und Wissen im Gleichgewicht miteinander stehen mussten, lag der Indifferentismus der aus opportunistischen Motiven Getauften ebenso fern wie der fromme Fanatismus der intellektuellen Konvertiten seiner Zeit, die die Vernunft in mystischem Glaubenseifer desavouierten. Wie die Aufklärer des achtzehnten Jahrhunderts stand er christlichem Dogmatismus gleich ablehnend wie rabbinischen Gesetzesforderungen gegenüber. Als Student hatte er durch den »Sokrates« Schleiermacher das Christsein als eine Kodifizierung der Sittlichkeit erfahren, als Freimaurer sich mit Lessings Unbedingtheit der Wahrheitssuche in Einklang gefunden. In Zeiten des Zweifels oder der Verzweiflung trauerte er der Weltanschauung der Alten, der Heiden, nach, einer Welt ohne Sündenbewusstsein und Jenseitsglauben, in der die Gegenwart ihr Recht gegenüber Vergangenheit und Zukunft geltend machen durfte. In solchen Zeiten suchte er Trost in Lessings hoffnungspendendem Fingerzeig auf ein Drittes Testament, ein Goldenes Zeitalter, in dem sich christliche Erlösung mit heidnischer Gegenwartsfreude verbinden würde. (I, 710 ff.) Dass ein solcher Glaube das Bekenntnis zur Toleranz einschließen musste, versteht sich beinahe von selbst. »*Der* Glaube ist der rechte, der, daß er der rechte bleibe, nicht gezwungen ist, einen andern irrgläubig zu finden.« (I, 606)

*

Vor wie nach seiner Taufe publizierte oder entwarf Börne Schutzschriften für seine jüdischen Mitbürger; eine letzte, die Beitrittserklärung der Juden Frankfurts zum liberalen Pressverein, im Krisenjahr 1832. (III, 579–583) Wo immer er die Rechte seiner ehemaligen Glaubensgenossen verletzt oder gefährdet sah, trat er, meist vehement, für sie ein. Seine Motivation blieb immer die gleiche; 1831 kleidete er sie, als Antwort an einen antisemitischen Rezensenten, in eine rhetorische Frage:

> Wenn ich nicht kämpfte für das geschändete Recht und die mißhandelte Freiheit aller Menschen, dürfte ich ein Herz haben für die Leiden eines Volks, eines Geschlechts, für meine eignen allein […]. (III, 364)

Bereits seit 1810, also lange vor seiner Taufe, finden sich weder in Börnes Publikationen noch in seiner Korrespondenz sprachliche Identifikationen mit den – ihm vielfach befreundeten – jüdischen Mitbürgern. Sein »wir« gehört – in Ernst, Scherz oder Ironie – den Christen oder den Deutschen, – mit der einen provozierten Ausnahme allerdings, derjenigen im 74. Brief aus Paris. Nicht ein Judenfreund will er sein, sondern ein Freund aller Menschen. Daher seine Erbitterung, wenn er, besonders nach 1830, immer wieder als Glied einer Gemeinschaft angesprochen wird, von der er sich im religiösen wie im nationalen Sinn längst entfernt hatte. Damit wird auch der Abstand deutlich, der Börne von den Vertretern des Kulturvereins trennt. Seine kosmopolitische Einstellung ist den jüdischen Aufklärern wie dem bereits erwähnten Saul Ascher näher als etwa einem Gabriel Riesser, der bewusst als Jude die deutsche Nationalzugehörigkeit erstrebte und nach 1848 auch politisch vertrat.

Schon in seiner eingehenden Besprechung des Hauptwerks des bedeutenden liberalen Staatswissenschaftlers von Soden gewinnt Börnes heute wieder modern anmutende Sicht vom Verhältnis Judentum / Christentum Profil. Zustimmend zitiert er Soden:

> Wenn also der Christ die mosaische Gesetzgebung, mit Ausschluß der lokalen und temporellen politischen Anordnungen, verehrt, so zeigt sich, daß beide Religionen, die christliche und die jüdische, *an sich* zusammentreffen. ... (II, 657)

In diesem Sinn bejaht Börne beide in ihrem historischen Kern zusammengehörenden Religionen, deren sittliche Forderungen er in ihrer geschichtlichen Entwicklung vielfach verraten sah. Früh losgelöst vom rabbinischen Judentum, konnte er darin, verbunden mit den Traumata seiner Kindheit, nur eine düstere Gesetzesreligion sehen, die schon die Generation von Friedländer und Jacobson zu reformieren strebte. Für den poetischen Gehalt der Haggada, den Heine in seiner Berliner Zeit für sich entdeckte, fehlte Börne jedes Interesse. Obwohl er, wie das halachische Judentum, auch die christlichen Fehlentwicklungen ablehnte, hielt er die neutestamentliche Botschaft für die »größte bekannte Revolution, welche die Menschheit erlitten«. (I, 593) An die – national wie sozial – grenzüberschreitende Universalität des Christentums endlich knüpfte er seine kosmopolitische Freiheitsvision:

> [...] die Nationalität der Juden ist auf eine schöne und beneidenswerte Art zugrunde gegangen; sie ist zur Universalität geworden. Die Juden beherrschen die Welt, wie es ihnen Gott verheißen; denn das Christentum beherrscht die Welt, dieser schöne Schmetterling, der aus der garstigen Raupe des Judentums hervorgegangen. [...] Die Juden sind die Lehrer des Kosmopolitismus, und die ganze Welt ist ihre Schule. Und weil sie die Lehrer des Kosmopolitismus sind, sind sie auch die Apostel der Freiheit. Keine Freiheit ist möglich, solang es Nationen gibt. (III, 758)

Aus dem Vorausgegangenen wird deutlich geworden sein, dass Börnes Akkulturation nicht dem gängigen Muster der Intellektuellen seiner Zeit entsprochen hat. Christ geworden, verleugnete er nicht seinen jüdischen Ursprung; sich zum Deutschtum bekennend, lehnte er jeden Nationalismus, auch den der Juden ab; als »Apostel der Freiheit« wollte er Menschen wie Institutionen, so auch die Religionen, an dem Beitrag messen, den sie zur Befreiung der Menschheit leisten.

Anmerkungen

Börne-Zitate werden im laufenden Text nach der Ausgabe: Ludwig Börne: Sämtliche Schriften und Briefe. 5 Bde. Düsseldorf/Darmstadt 1964/1968 nachgewiesen.

1 Ludwig Geiger: Geschichte der Juden in Berlin. Berlin 1871, S. VI und 207.

2 Karl Gutzkow: Vergangenheit und Gegenwart. – In: Jahrbuch der Literatur. 1. Jg. Hamburg 1839, S. 12 und 14 ff.

3 Ludwig Geiger: Das junge Deutschland. Studien und Mitteilungen. Berlin 1917, S. 59. – Zitat nach: Ludwig Börne: Sämtliche Schriften. Bd. V, S. 635 f.

4 Saul Ascher: Die Germanomanie. Skizze zu einem Zeitgemälde. Berlin 1815. – Dazu Walter Grab: Saul Ascher. Ein jüdisch-deutscher Spätaufklärer zwischen Revolution und Restauration. – In: Jahrbuch des Instituts für Deutsche Geschichte VI. Tel Aviv 1977, S. 131–179.

5 Vgl. Siegfried Ucko: Geistesgeschichtliche Grundlagen der Wissenschaft des Judentums (Motive des Kulturvereins vom Jahre 1819). – In: Zeitschrift für die Geschichte der Juden in Deutschland. Berlin 1934, S. 1–34. – Edith Lutz: Der »Verein für Cultur und Wissenschaft der Juden« und sein Mitglied Heinrich Heine. Stuttgart/Weimar 1997. Lutz bietet im Anhang eine Auswahl von Quellentexten zum Kulturverein.

6 Zitat nach Ucko [Anm. 5], S. 27. – Teilabdruck aus den Reden von Gans bei Adolf Strodtmann: Heinrich Heines Leben und Werke. 3. Aufl. Hamburg 1884, Bd. I, Kap. Das junge Palästina, S. 299 ff. – Zu Gans' Engagement im Kulturverein s. auch Hanns Günter Reissner: Eduard Gans. Ein Leben im Vormärz. Tübingen 1965, Kap. 7, 8, 12.

7 Zum persönlichen Hintergrund von Wilhelm von Humboldts Einsatz für die preußische Judenemanzipation s. Hans Liebeschütz: Juden und deutsche Umwelt im Zeitalter der Restauration. – In: Das Judentum in der deutschen Umwelt 1800–1850. Tübingen 1977, Kap. 1.

8 Zur zeitgenössischen Beurteilung der Übertritte vgl. Hans Otto Horch: Auf der Suche nach der jüdischen Erzählliteratur. Die Literaturkritik der »Allgemeinen Zeitung des Judentums« (1837–1922). Frankfurt a. M. 1985, Kap.: Die Wiedergewinnung zweier verlorener Söhne, S. 104 ff. – S. auch Liebeschütz [Anm. 7], S. 17 ff.

9 Die mit den Anliegen des Kulturvereins gegebenen Ansätze fanden besonders nach 1850 in der Arbeit des Breslauer Theologischen Seminars unter Zacharias Frankel ihre Fortführung und Ausgestaltung. Die Einflüsse der Historischen Schule und Hegels einerseits, die kritische Bibelphilologie der Tübinger Schule andererseits wurden von Frankel und Abraham Geiger für die Wissenschaft des Judentums fruchtbar gemacht, vgl. Liebeschütz [Anm. 7], Kap. 6.

10 Dazu Deborah Hertz: Jewish High Society in Old Regime Berlin. Yale University 1968; deutsch: Die jüdischen Salons im alten Berlin. Frankfurt a. M. 1998, Kap.: Christlicher Patriotismus. – Steven Lowenstein: The Berlin Jewish Community. Enlightenment, Family, Crisis. 1770–1830. New York / Oxford 1994.

11 Börnes oft persiflierende Kritik an jüdischen Zeitgenossen blieb zeitlebens dem intimsten Briefwechsel vorbehalten.

12 Briefe des jungen Börne an Henriette Herz. Leipzig (Brockhaus) 1861. – Ludwig Geiger (Hrsg.): Briefwechsel des jungen Börne und der Henriette Herz. Oldenburg / Leipzig 1905.

13 Johann Wolfgang von Goethe: Dichtung und Wahrheit. 1. Teil, 4. Buch. – In: GGA. Zürich 1948, Bd. X, S. 166 f.

14 Bettina von Arnim: Dies Buch gehört dem König. Frankfurt a. M. (Insel) 1962, S. 459 f.

[15] Dieser umfangreichen Schutzschrift Baruchs widmet sich ein Artikel von Bernhard Budde: Verwahrung aufklärerischer Vernunft. – In: Forum Vormärz Forschung. Jahrbuch 1998. Bielefeld 1999, S. 111–140.

[16] Zur historischen Situation nach dem Wiener Kongress vgl. Siegfried Scheuermann: Der Kampf der Frankfurter Juden um ihre Gleichberechtigung (1815–1824). Kallmünz 1933. – Der (leicht gekürzte) Text »Für die Juden« erschien als Jubiläumsgabe zu Börnes 200. Geburtstag 1986 in: Archiv Bibliographia Judaica. Frankfurt a. M. 1986, hrsg. von Renate Heuer. In ihrem eingehenden, biographisch orientierten Nachwort widmet sich die Herausgeberin vor allem dem Prozess der Ablösung Börnes vom Judentum. – Die publizistischen Stellungnahmen Börnes zum Judenproblem sind nachgewiesen in: Inge Rippmann: Börne-Index. Historisch-biographische Materialien zu Ludwig Börnes Schriften und Briefen. Ein Beitrag zu Geschichte und Literatur des Vormärz. Berlin/ New York 1985. Bd. I, S. 361 f.

[17] Neue Zürcher Zeitung Nr. 277 vom 27./28.11.1999, S. 99.

[18] Dazu Rippmann [Anm. 16], Bd. I, S. 185 f.

[19] Dazu: Inge Rippmann: »Allen stümpernden Liebhabern der Nationalehre«. Spuren des Wartburgfests bei Ludwig Börne. – In: Burghard Dedner (Hrsg.): Das Wartburgfest und die oppositionelle Bewegung in Hessen. Marburg 1994, S. 258 ff.

[20] Lord Byron: Don Juan. Canto XII, v. V/VI. Dazu Rippmann [Anm. 16], Bd. I, S. 80. – Zu Rothschild ebd., Bd. II, S. 657 ff.

[21] Dazu Rippmann [Anm. 16], Bd. I, S. 378 f.: Juden in Polen. – Obwohl er hier mit seiner Freundin Jeanette Wohl übereinstimmte, scheint Börnes fehlende jüdische Parteilichkeit in seinem persönlichen Frankfurter Umfeld aufgefallen zu sein, vgl. Karl Gutzkow: Börnes Leben. 1 Aufl. Hamburg 1840, S. 25.

[22] S. III, 534. Dazu Joachim Bark: Härings-Salat. Alexis und Börne im Streit. – In: Willibald Alexis (1798–1871). Ein Autor des Vor- und Nachmärz. Hrsg. von Wolfgang Beutin und Peter Stein. Bielefeld 2000.

[23] Rahel Varnhagen: Tagebuchblatt, »Berlin, den 3. November 1819. Es wird eine Zeit kommen, wo Nationalstolz ebenso angesehen wird wie Eigenliebe und andere Eitelkeit; und Krieg wie Schlägerei. Der jetzige Zustand widerspricht unserer Religion.« Zit. nach Friedhelm Kemp (Hrsg.): Rahel Varnhagen. Briefwechsel. München 1979. Bd. IV, S. 203.

[24] Helmut Bock: Ludwig Börne. Vom Gettojuden zum Nationalschriftsteller. Berlin 1962, S. 362.

[25] Wolfgang Labuhn: Literatur und Öffentlichkeit im Vormärz. Das Beispiel Ludwig Börne. Königstein i. T. 1980, S. 259 f.

[26] Budde [Anm. 15], S. 113.

[27] Am Rande mag hier erwähnt sein, dass Börnes galante Neigungen im wesentlichen jüdischen Frauen galten: Henriette Herz, Jeanette Wohl und zeitweilig auch der in Berlin und Wien umschwärmten Mariane Saling.

[28] Zu Börnes gewandeltem Luther-Verständnis vgl. Rippmann [Anm. 19], Exkurs S. 285 ff.

Kleinere Beiträge

»Ein mutiger Trommler der Revolution« Zur Heinrich Heine-Rezeption in der Sowjetunion (1917–1953)

Von Constanze Wachsmann, Dresden

I. Einführung in die erste Phase, 1918–1929

Schon im 19. Jahrhundert war die Heinrich Heine-Rezeption in Russland weniger von formalen als vielmehr von inhaltlichen Fragen bestimmt. An Heine schieden sich die Geister: Die einen würdigten ihn als Verfasser verspielter romantischer Gedichte, die anderen sahen den Dichter als Vertreter einer gegenwartsbezogenen, politischen Literatur. Der in den fünfziger und sechziger Jahren zeitweise heftig geführte Streit um Heine wurde auch über das Umbruchsjahr 1917 hinaus fortgeführt. Dabei markierte der Oktober 1917 eine Zäsur im politischen System wie auch in der gesellschaftlichen Entwicklung. Während die Revolution für einen Großteil der Intelligenz den Gang ins Exil bedeutete, sollten dem weitgehend analphabetischen Volk durch den Umbruch zumindest auf lange Sicht neue Bildungs- und Aufstiegschancen ermöglicht werden.

Nach dem Ausbleiben der von den Bolschewiki erhofften Erhebung des Weltproletariates erkannten diese bald die Notwendigkeit, aus eigener Kraft eine sozialistische Gesellschaftsordnung durchzusetzen. Deswegen intensivierte man ab der Mitte der zwanziger Jahre die schon nach der Revolution begonnene Bildungs- und Aufklärungsarbeit. Sie hatte das Ziel, die kulturelle Rückständigkeit des Volkes als das Haupthindernis für die notwendige sozioökonomische Modernisierung des Landes zu beseitigen und Schlüsselpositionen in der sozialistischen Gesellschaft durch das sowjetrussische Proletariat zu besetzen. Dazu ließen die Bolschewiki – 70 % der Bevölkerung konnten weder lesen noch schreiben – Alphabetisierungskampagnen durchführen. Außerdem strukturierten sie das Bildungswesen neu.[1]

Für den Literaturbetrieb schuf dieses staatliche Engagement neue Perspektiven. Jetzt bestand Aussicht auf Generierung einer Massenleserschaft, die sich unmittelbar nach ihrer Alphabetisierung erstmals mit Literatur beschäftigen konnte. An neu gegründeten und umstrukturierten Bildungseinrichtungen begann die Ausbildung von politisch loyalen Spezialisten, die als Lehrer, Journalisten oder Kritiker eine wichtige Rolle bei der Vermittlung von Literatur innehaben sollten. Die Aktivität im Bildungsbereich versprach darüber hinaus ein Betätigungsfeld für eine neue Generation von Literaturwissenschaftlern.

Der politische Umbruch gestattete es den Bolschewiki auch, die neu entstehenden Lesergruppen des Massen-, des Spezialisten- und eines marxistisch orientierten wissenschaftlichen Lesers zukünftig differenziert mit Publikationen zu bedienen. Schon in ihren ersten Dekreten nach der Revolution hatten sie das Pressewesen unter ihre Aufsicht gestellt. Entschlossen nahmen sie auch Zugriff auf das Verlagswesen. Die auf lange Sicht angestrebte Sicherung des Meinungsmonopols mündete schon bald nach der Revolution in einer Neugründungswelle von staatlichen Periodika und Verlagen. Diese verfügten über ein eigenes Profil und hatten den Auftrag, ein bestimmtes Publikum zu bedienen. Über staatlich festgelegte Preise und Auflagenhöhen sowie den vom Staat organisierten Vertrieb dieser Publikationen wurde sichergestellt, dass jede Veröffentlichung ›ihr‹ Publikum tatsächlich erreichte. Die reglementierte, restriktive Verleihpraxis in öffentlichen Bibliotheken diente als weiteres Instrument der Lesersteuerung.[2]

II. Die erste Phase, 1917–1929

Im November 1918 begann man in Sowjetrussland, erste Texte über Heinrich Heine zu veröffentlichen. Dabei blieben die in der ersten Phase der sowjetischen Heine-Rezeption publizierten Äußerungen quantitativ überschaubar, fehlte es der durch Revolution und Bürgerkrieg zerrütteten Wirtschaft doch an Fachpersonal und intakten Druckereien, vor allem aber an Papier.

Unter den Verfassern dieser ersten sowjetischen Texte ließen sich drei Gruppierungen unterscheiden, die an die russische Heine-Rezeption des 19. Jahrhunderts auf unterschiedliche Weise anknüpften.

Die erste dieser Gruppen wurde von Anatolij Lunačarskij, dem kulturpolitisch einflussreichen Volkskommissar für das Bildungswesen, geprägt. Im November 1918 hielt er die Festrede bei der Enthüllung des Heine-Denkmals vor der Petrograder Universität. Dieses erste sowjetrussische Monument für den Dichter – ein zweites folgte 1919 in Moskau – war auf Anregung des Revolutionsführers Lenin errichtet worden, der ein großer Heine-Liebhaber war. Es ehrte einen Dichter, der,

Eröffnung des Heine-Denkmals vor der Petrograder
Universität am 17. November 1918
1. A[natolij] Lunačarskij   2. [Grigorij] Zinov'ev
3. Leščenko   4. [Natan] Al'tman   5. Šternberg

Heinrich Heine: »Ich bin das Schwert, ich bin die Flamme« [Hymnus].
Russische Übersetzung

192 Constanze Wachsmann · »Ein mutiger Trommler der Revolution«

so der Wortlaut des Denkmal-Dekretes, den großen Persönlichkeiten des Sozialismus und der Revolution zuzurechnen sei.[3] Anlässlich der Denkmalfeier verfasste Lunačarskij einen Artikel in der neu gegründeten Parteizeitung »Petrogradskaja Pravda« [Die Wahrheit Petrograds]. In diesem Artikel wurde der ungelöste Widerspruch zwischen dem Ziel der Revolution, die bürgerliche Ordnung zu zerstören, und der pragmatischen Linie führender Bolschewiki, die die Aneignung von Teilen des bürgerlichen Erbes durch das Proletariat propagierten, deutlich. Lunačarskij, der die Pflege des Erbes verteidigte, unterrichtete seine Leser zunächst mit grundlegenden biografischen Informationen über den Dichter, bevor er eine Bewertung vornahm. Dabei griff der Volkskommissar den in der russischen Rezeption geprägten Topos der Zweiteilung Heines auf und unterschied zwischen einem romantischen und einem politischen Heine. Lunačarskij schätzte den Dichter als zärtlichen Lyriker jedoch ebenso als bissigen Satiriker. Dem Proletariat empfahl er die Heine-Lektüre aus zwei Gründen – sie bereite Vergnügen, und der Dichter könne »[...] heute allen und besonderes dem Proletariat ein dringend benötigter Lehrer sein«.[4]

Ähnlich äußerte sich Lunačarskij sechs Jahre später gegenüber einem anderen Publikum. Zu diesem Zeitpunkt unterrichtete er die angehende sowjetische Intelligenz an der von den Bolschewiki neu gegründeten Kommunistischen Sverdlov-Universität im Rahmen einer Vorlesung über die Geschichte der westeuropäischen Literatur und stellte ihr dabei auch Heinrich Heine vor. Vor den jungen Kadern stellte Lunačarskij fest: Heine war weder ein richtiger Romantiker noch ein wirklicher Revolutionär. Lunačarskij führte diese Einschätzung auf die Umbruchsphase zurück, in der Heine gelebt habe. Deswegen sei Heine noch Romantiker und doch schon keiner mehr gewesen, deswegen habe er einen utopischen Sozialismus unterstützt und die Revolution im nächsten Moment wieder verspottet. Lunačarskij forderte von seinen Hörern eine kritische Aneignung des Dichters, die diesen im Spiegel seiner Zeit bewertete. Er plädierte für die Rezeption des ›ganzen Heine‹.[5]

Wenige Wochen nach der Denkmalfeier wurde in der vom Petrograder Arbeiter- und Soldatensowjet kostengünstig für den Massenleser herausgegebenen Zeitschrift »Plamja« [Die Flamme] eine andere Sicht auf Heine formuliert. Diese stand stellvertretend für die zweite Gruppierung der sowjetischen Heine-Rezeption. Die »Plamja« sah im Dichter – wie schon die radikale Intelligenz des 19. Jahrhunderts – vor allem den Kämpfer und politischen Weggefährten. Deswegen wählte die Redaktion überwiegend politische Texte aus Heines Werk aus und rahmte diese durch rezeptionssteuernde Illustrationen ein, die den Dichter und sein Werk in einen revolutionären Kontext stellten. So verfuhr man z. B. mit der Textvariante »Gimn« [Hymnus] aus dem »Ludwig Börne«. Sie wurde ganzseitig in großen Lettern abgedruckt und stimmte den Leser auf die nachfolgenden Seiten über Heinrich Heine ein. Zwei Illustrationen am oberen und unteren Seitenrand – sie zeigen ein tosendes, schäumendes Meer und eine noch von Rauchschwaden bedeckte, zerstörte Stadt – legten den Schluss nahe, Heine als Mitstreiter im revolutionären Kampf zu verstehen. Diese Interpretation wurde durch den sich anschließenden Rezeptionstext von Petr Soljanyj unterstrichen. Durch die kommentarlose Aneinanderreihung von Passagen aus unterschiedlichen Heine-Werken, in denen sich der Dichter zuversichtlich über eine bevorstehende Revolution äußert, erklärte Soljanyj den Dichter einseitig zum Propheten der Weltrevolution.[6] Er schlug zugleich einen Bogen zur Gegenwart und erklärte, dass Heines Prophetie mit der Oktoberrevolution endlich ihren Anfang genommen habe. Soljanyj wertete Heine als Revolutionär und Wegbereiter der Oktoberrevolution – eine Sichtweise, die die Teilnehmer an der Denkmalfeier offensichtlich teilten. Ein Foto von der Feier, das zu Soljanyjs Beitrag gehört, zeigt neben politischer Prominenz auch verdiente Persönlichkeiten der Oktoberrevolution, sowie die Ehrenwache des 1. Revolutionsregimentes.

Das Votum der »Plamja« für den revolutionären Heine wurde sechs Jahre später von G. Lelevič aufgegriffen und aktualisiert. Lelevič verfasste das Vorwort zur ersten sowjetischen Textausgabe mit ausgewählten Gedichten Heines für ein Massenpublikum. Dieser auch als »Narodnaja serija« [Volksausgabe] bezeichnete Typ einer Werksammlung erschien zu einem Zeitpunkt, da rivalisierende literarische Gruppierungen – von der Öffentlichkeit weitgehend unbeachtet – heftig über den literaturpolitischen Kurs in der Sowjetunion stritten. Dabei wurde die Diskussion von der Frage bestimmt, ob man den Verfechtern einer proletarischen Literatur oder den auf Ausgleich mit dem bürgerlichen Erbe bedachten Literaten den Vorzug gewähren solle.[7] Lelevič, der die Vorherrschaft einer proletarischen Literatur frei von bürgerlichen Einflüssen forderte, radikalisierte die Heine-Rezeption der »Plamja«. Er stand dem Bourgeois Heine grundsätzlich kritisch gegenüber, würdigte aber zwei von dessen Werken – das Gedicht »Die schlesischen Weber« und das Poem »Deutschland. Ein Wintermährchen«. Diese gehörten nach Lelevičs Auffassung in die »[…] Reihe der herausragendsten Wegbereiter der proletarischen Poesie«.[8] Lelevičs Begründung dafür war einfach: Beide Werke seien während der Bekanntschaft Heines mit Marx und unter dessen direktem Einfluss entstanden. Lelevič verdankte sein Wissen über die Zusammenarbeit des Dichters mit Marx in Paris den seit 1924 in russischer Sprache vorliegenden Heine-Essays von Franz Mehring. Anders als beim abwägend formulierenden Mehring[9] – man hatte diesen 1918 zum Ordentlichen Mitglied der Sozialistischen Akademie der Gesellschaftswissenschaften der Russischen Sozialistischen Föderativen Sowjetrepublik ernannt – stand für Lelevič die Einflussnahme von Marx auf Heines Dichtung außer Frage. Dadurch wertete er Heine, vor allem aber die in der Sowjetunion umstrittene zeitgenössische proletarische Poesie auf, der Lelevič durch die Anknüpfung an den vermeintlichen Wegbereiter Heine zu einer eigenen, glanzvollen Tradition verhalf.

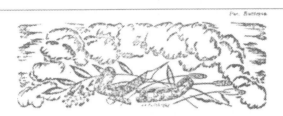

Стихотворенія Генриха Гейне.

1649 — 1793 *) — ??

СИЛЕЗСКІЕ ТКАЧИ.

Vier Gedichte von Heine in russischer Übersetzung: »Die Britten zeigten sich sehr rüde« [1649–1793–???], »Herz mein Herz, sey nicht beklommen«, »Die schlesischen Weber« und »Das Herz ist mir bedrückt, und sehnlich«

»Heinrich Heine über die Deutschen« aus der Zeitschrift »Leningrad« (1942)
mit Heine-Zitaten aus »Deutschland. Ein Wintermährchen« und dem Gedicht
»Die Wahl-Esel«

Die Reduzierung Heines auf einen Revolutionär in einigen Organen für das Massenpublikum provozierte schon bald die Kritik vor allem bürgerlich geprägter Intellektueller. Sie repräsentierten die dritte Gruppierung in der sowjetischen Heine-Rezeption. Voller Spott äußerte sich z. B. der bedeutendste Dichter des russischen Symbolismus Aleksandr Blok. Blok kooperierte nach der Oktoberrevolution mit den neuen Machthabern und betreute im neu gegründeten Verlag Vsemirnaja literatura [Weltliteratur] die erste sowjetische Heine-Gesamtausgabe. Nur zwei Bände dieses ehrgeizigen Projektes konnten realisiert werden. Sie gehörten zur vergleichsweise kostspieligen »Osnovnaja serija« [Basisserie] des Verlages und sprachen damit ein gebildetes Publikum an. Während einer Redaktionssitzung kritisierte Blok 1919 die aus seiner Sicht falsche Heine-Rezeption der radikalen Intelligenz des 19. Jahrhunderts. Sie hätte aus Heine zu Unrecht einen Revolutionär gemacht. Dieses Heine-Verständnis, so Blok mit Blick auf die »Plamja«, sei auch in der Gegenwart aktuell. Dort, stellte er ironisch fest, habe man eine Reihe von angeblich revolutionären Gedichten Heines, darunter auch »Gimn«, in einer derart schlechten vorrevolutionären Übersetzung veröffentlicht, dass die Textvariante zu einem »Leitartikel in der ›Roten Zeitung‹«[10] gemacht worden sei. Ein Jahr später wiederholte Blok seine Kritik und konstatierte, dass der Dichter nie der Revolution, sondern stets nur der Literatur gedient habe. Diesem Urteil schloss sich später, 1921 und 1927, der Formalist Jurij Tynjanov in zwei Rezeptionstexten an.[11]

Die Vielfalt der Aussagen über den Dichter insgesamt und auch innerhalb der Textgruppen für die einzelnen Zielpublika kennzeichnete die Heine-Rezeption bis zum Ende der zwanziger Jahre. Erst mit dem Beitrag des Philologen und Archivleiters des Marx-Engels-Institutes Fedor Šiller wurde die Vereinheitlichung und Konformierung der sowjetischen Rezeptionstexte initiiert. Šiller verfasste einen Teilbeitrag über Heine in der »Literaturnaja ènciklopedia« [Literaturenzyklopädie], dem ersten Nachschlagewerk der jungen marxistischen Literaturwissenschaft. Dort knüpfte auch Šiller an Mehrings Heine-Essays an. Ähnlich wie Lelevič setzte sich der Philologe über Mehrings Zurückhaltung hinweg und stellte fest, dass sich Heine erst dank »[…] seines genialen Freundes […]«[12] Marx als politischer Dichter betätigt habe. Damit wertete Šiller alle um 1843/44 entstandenen Werke Heines zu mustergültigen Beispielen politischer Dichtung auf. Diese – »Zeitgedichte« und das »Wintermährchen« – sicherten Heine, so der Philologe, einen Ehrenplatz unter den vom Proletariat geschätzten revolutionären Dichtern. Šillers Veröffentlichung konnte nachhaltig auf die sowjetische Heine-Rezeption einwirken, weil sie zu einem dafür günstigen Zeitpunkt veröffentlicht wurde: Die sowjetische Politik stand vor einem bedeutenden Umbruch, von dem das literarische Leben und der Literaturbetrieb direkt betroffen sein würden.

III. Einführung in die zweite Phase, 1930–1953

Bereits mit dem »Plan für den Kulturaufbau«[13] von 1927 hatte sich ein Kurswechsel in der sowjetischen Kulturpolitik angekündigt. Ihr kam jetzt die Aufgabe zu, den ökonomisch ehrgeizigen Fünfjahresplan (1929) zu unterstützen und seinen Erfolg abzusichern. Mit einem »kul'turnyj pochod« [Kulturfeldzug] wollte man offensiv gegen die noch immer ungelösten Probleme vorgehen, die den radikalen Umbau der sowjetischen Wirtschaft behinderten: das nach wie vor niedrige Bildungsniveau und den noch immer unbewältigten Massenanalphabetismus. Zu diesem Zweck verstärkte die politische Führung abermals ihr Engagement beim Ausbau des Bildungswesens. Die ganze Bevölkerung wurde mobilisiert, um den wachsenden Bedarf der Wirtschaft an qualifizierten Fachkräften schnellstens zu befriedigen. Auch der Literaturbetrieb musste sich ganz in den Dienst des wirtschaftlichen Umbaus stellen. Das Buch hatte nun die Aufgabe – so formulierte es Lunačarskij 1933 in einer Rezension der ersten Heine-Biographie für den Massenleser – »[...] Waffe für den Kampf und den Aufbau [des Sozialismus]«[14] zu sein.

Der neue Kurs in der Kulturpolitik kam der Heine-Rezeption in ihrer Quantität zugute. Die Zahl der über den Dichter veröffentlichten Texte stieg deutlich an; etwa 2/3 aller zwischen 1918 und 1953 publizierten Dokumente erschienen in den dreißiger Jahren. Spezielle Heine-Ausgaben, z. B. für Schulkinder oder Studenten, kamen neu auf den Markt; ihre Auflage erreichte erstmals die Zahl von 100 000 Exemplaren. Diese Texte fanden jetzt ihre Leser, denn endlich hatten die Alphabetisierungsbemühungen den gewünschten Erfolg: Gegen Ende der dreißiger Jahre konnte vermeldet werden, dass der Analphabetismus besiegt sei. Das bedeutete zugleich, dass jetzt die Bedürfnisse einer literarisch unerfahrenen Massenleserschaft befriedigt werden mussten. Auch der Umbau des Bildungswesens verlief erfolgreich. Die um die Jahrhundertwende geborenen Kader, die die sowjetischen Bildungseinrichtungen in großer Zahl als Absolventen verließen, standen bereit, um die alte marxistische Intelligenz, repräsentiert etwa durch den 1875 geborenen Lunačarskij, wie auch die bourgeoise Elite zu ersetzen. Die in literarischen Fragen bewanderten und geschulten Spezialistenleser waren als Multiplikatoren von enormer Wichtigkeit für den sowjetischen Literaturbetrieb. Aufgrund ihrer politischen Loyalität waren sie willens, ihre Tätigkeit als Literaturkritiker, Journalist, Lehrer oder Herausgeber den Zielen des gesellschaftlichen Umbaus unterzuordnen. Dabei wurde potenzielles Abweichlertum durch die unter Stalin noch einmal verstärkte Kontrolle des Presse- und Verlagswesens ausgeschlossen. Durch den Sozialistischen Realismus als offizieller Kunstmethode der sowjetischen Literatur hatte die Literaturkritik seit 1934 darüber hinaus ein weiteres flexibel einsetzbares Überwachungsinstrument zur Verfügung. Die inhaltlich biegsamen, der jeweils aktuellen politi-

schen und ideologischen Linie unterworfenen Konstanten dieser Methode wurden
als Vorwand genutzt, um einen einheitlichen Kurs durchzusetzen und missliebige
Positionen im Literaturbetrieb als ideologische Abweichung zu diffamieren. Das betraf auch die Literaturwissenschaft, die wie der gesamte Wissenschaftsbetrieb jetzt
noch stärker reglementiert wurde. Hier konnte sich gegen die bürgerliche Wissen-
schaftselite eine an sozialistischen Bildungseinrichtungen erzogene Wissenschaftler-
generation durchsetzen, die die dritte Lesergruppe, den marxistischen wissenschaftlichen Leser, stellte. Diese Wissenschaftler teilten das pragmatische Verständnis der
politischen Führung von wissenschaftlicher Arbeit und waren bereit, ihre Tätigkeit
auf die gesellschaftlichen Erfordernisse abzustimmen.[15] Damit bedeutete der kul-
turpolitische Kurswechsel für die sowjetische Heine-Rezeption auch eine qualitative
Veränderung: Ihre inhaltliche Vielfalt der zwanziger Jahre wurde jetzt durch Kon-
formität ersetzt.

IV. Die zweite Phase, 1930 bis 1953

Nach Šillers Rezeptionstext von 1929 widmeten sich alle Rezeptionstexte einem einzigen Thema – Heine und Marx. Damit begann eine Phase in der sowjetischen
Heine-Rezeption, die im Dichter vor allem den Marx-Freund und revolutionären
Dichter sah. In den Texten für den Massen-, den Spezialisten- und den wissenschaftlichen Leser betonte man einmütig, dass die um 1843/44 verfassten Heine-Texte
unter dem Einfluss von Marx entstanden seien und den Höhepunkt im Gesamtwerk
des Dichters darstellten.

Bei aller inhaltlichen Übereinkunft verstand man es jedoch, das Thema Heine
und Marx für jedes Zielpublikum differenziert aufzubereiten. Als erste griff die
Literaturkritikerin Evgenija Knipovič die Anregung der marxistischen Literaturwissenschaft auf und veröffentlichte 1930 im Organ führender sowjetischer Schriftsteller und Kritiker »Krasnaja nov'« [Rotes Neuland] den Aufsatz »Genrich Gejne i
Karl Marks« [Heinrich Heine und Karl Marx]. Damit bediente Knipovič eine
intellektuelle Leserschaft, bei der als Folge der neuen Kulturpolitik der größte Zu-
wachs an Heine-Rezeptionstexten zu verzeichnen war. Knipovič setzte sich kritisch
mit Heines Kommunismusskepsis auseinander, die sie dank Marx neu zu bewerten
wusste. Marx habe Heines politische Unzulänglichkeiten stets nachsichtig kommentiert, da er im Dichter vor allem einen Gegner reaktionärer Kräfte gesehen habe. Außerdem müsse man Heines Kritik im Spiegel ihrer Zeit beurteilen. Für die
Gegenwart bedeute dies, so Knipovič, sich bei der Bewertung Heines der Geschichte zu erinnern und dem Freund und Verteidiger des Dichters, Karl Marx, Gehör zu
schenken.[16] Aleksandr Dejč, Philologe und produktivster Verfasser von Rezeptions-

texten für das Massenpublikum, erschloss seinen Lesern die Begegnung zwischen Heine und Marx dagegen eher volkstümlich. Der Massenleser wurde in der kleinformatigen, kostenlosen Beilage der Massenzeitschrift »Ogonek« [Das Flämmchen] erstmals über das Zusammentreffen der beiden Persönlichkeiten informiert. Dejč trug dabei den geringen Vorkenntnissen seines Publikums Rechnung. Er vermittelte ihm grundlegende biografische Kenntnisse über Heine und Marx und präsentierte eine Vielzahl von Zitaten aus Heines politischer Dichtung. Zugleich emotionalisierte Dejč die historische Begegnung: Er stilisierte Marx zum gutmütigen und weisen Übervater des Dichters, der seinerseits als bedauernswert hilflose Gestalt porträtiert wurde. Marx musste dem Massenpublikum als Retter Heines erscheinen, und Dejč zog das Fazit: Wen Marx liebte, den muss auch das sowjetische Proletariat schätzen.[17]

Ebenfalls 1931 meldete sich noch einmal Šiller zu Wort. Er verfasste den Aufsatz »Gejne i Marks« [Heine und Marx], den er in der wissenschaftlichen Zeitschrift »Literatura i marksizm« [Literatur und Marxismus] publizierte. Abermals unterstrich Šiller mit diesem Beitrag seinen persönlichen, aber auch den allgemeinen Einfluss der marxistischen Literaturwissenschaft auf die Heine-Rezeption in der Sowjetunion. Šiller sah es als seine Aufgabe an, die Arbeiten seiner Vorgänger Knipovič und Dejč zu kritisieren und sachliche Fehler, wie etwa falsche Datierungen von Heine-Texten bei Knipovič – zu korrigieren. Kritik übte Šiller jetzt erstmals auch an Mehring. Ihm warf Šiller vor, in seiner Marx-Biografie ein negatives Urteil über Marx' Einschätzung der Weberunruhen in Schlesien gefällt zu haben.[18] Šiller verbat sich jede Kritik an Marx und widerlegte Mehring durch Zitate aus den Schriften von Marx und Engels.[19] Ihre Aussagen über den Dichter sollten nach Šillers Wunsch verbindlich für die gesamte Rezeption werden. Die Folge dieser von der Literaturwissenschaft initiierten Orthodoxisierung von Marx und Engels war, dass in keiner anderen Zeit der sowjetischen Heine-Rezeption der politischen Dichtung Heines so eindeutig das Primat eingeräumt wurde. Deshalb wurde die vor 1843/44 entstandene Dichtung als romantisch und damit als politisch konservativ abgewertet.

Erst in der zweiten Hälfte der dreißiger Jahre begann man, sich stärker auch für die vor 1843/44 veröffentlichten Heine-Texte zu interessieren. Die Aussage, Heine sei ein revolutionärer Dichter gewesen, wurde zwar aufrechterhalten; allerdings gestand man Heine erstmals zu, sich schon eher, in seiner frühen Prosa, als revolutionärer Dichter gezeigt zu haben. Diese Entwicklung war die Folge einer neuer Etappe in der sowjetischen Literaturpolitik – der Einführung des Sozialistischen Realismus 1934. Für die neue sowjetische Literaturmethode suchte man Vorbilder, eine Tradition, und fand sie auch in Heines Prosa. Das Verlagswesen reagierte prompt auf den neuen Kurs: Zum ersten Mal in der Geschichte der sowjetischen Heine-

Rezeption verlegte es Textausgaben, die nur Prosatexte des Dichters umfassten. Diese richteten sich an alle Zielpublika, die jedoch erneut differenziert über das Verhältnis von Heines Werk und dem Sozialistischen Realismus aufgeklärt wurden. Wieder ging der Impuls dabei von der Literaturwissenschaft aus. Ihr Vertreter Grigorij Jur'ev veröffentlichte im Verlag der Akademie der Wissenschaften der Sowjetunion eine gebundene Ausgabe über Heine und Börne. Dort charakterisierte Jur'ev Heine als einen Dichter, der sich von der Romantik löse und statt ihrer eine gegenwartsbezogene, gesellschaftlich engagierte Literatur fordere. Erstmals habe Heine in den »Reisebildern« begonnen, sein für seine Zeit revolutionäres poetologisches Programm umzusetzen. Dieses Programm bedeute »[…] faktisch die Äußerung von ›Parteilichkeit‹ und ›Tendenz‹ in der Literatur […]«.[20] Damit sah Jur'ev das Kardinalprinzip des Sozialistischen Realismus, die Parteilichkeit, bei Heine, wenn auch nicht vollendet, so doch schon formuliert. Die Verfasser für den spezialisierten Leser und den Massenleser griffen Jur'evs Interpretation auf, setzten dabei aber unterschiedliche Akzente. Während man dem Spezialistenleser die Vorreiterrolle von Heines Prosa für den Sozialistischen Realismus mit all ihren aus sowjetischer Sicht ideologischen Unzulänglichkeiten anhand von Beispielen erschloss, verzichtete man gegenüber dem Massenleser auf Argumente. Hier zog man direkte Parallelen zwischen der sowjetischen Literatur und Heines Prosa, ohne dies an Textbeispielen zu belegen. Heine habe von der revolutionären Dichtung »[…] Konkretheit, eine kämpferische Zielsetzung und Ideengehalt […]«[21] und damit genau die Eigenschaften gefordert, die auch die sowjetische Literatur auszeichneten – formulierte es Aleksandr Dejč für seine Leser.

Dieser durch die Einführung des Sozialistischen Realismus initiierte Prozess, sich dem ›ganzen Heine‹ zu öffnen, wurde in der zweiten Hälfte der dreißiger Jahre auch durch ein Phänomen außerhalb der Sowjetunion dynamisiert – den Nationalsozialismus und dessen Heine-Rezeption. Aufmerksam verfolgte man, dass Heines Werke in Deutschland verbrannt wurden und sein Name aus deutschen Anthologien verschwand. Diese Nachrichten stärkten den Anspruch der Sowjetunion, eine kulturbewusste Macht zu sein. Als solche wollte man dem ›ganzen Heine‹ Asyl gewähren. Davon profitierte vor allem das bis dahin geschmähte »Buch der Lieder«. In allen Rezeptionstexten war man sich einig, dass Heine bereits hier eine kämpferische, progressive Weltsicht entfaltet habe. Das in der sowjetischen Heine-Rezeption propagierte Bild von Heine als einem revolutionären Dichter wurde somit abermals, nun auch durch das lyrische Frühwerk, bestätigt. Als revolutionärer Dichter, Marx-Freund und Wegbereiter des Kommunismus war Heine auf dem besten Wege, ein Klassiker in der Sowjetunion zu werden.

Das bedeutete jedoch nicht, dass Heine aus der Sicht der sowjetischen Verfasser von Rezeptionstexten seine Aktualität eingebüßt hätte. Gerade in der Zeit des

Nationalsozialismus fand man in Heines Werk lebendige Bezüge zur Gegenwart. Dies betraf ausschließlich die Texte, die sich an den Massen- bzw. den Spezialistenleser richteten. Dort erklärte man, dass Heine wegen der Aktualität seiner Preußenkritik, etwa im »Wintermährchen«, von den Nationalsozialisten unterdrückt werde. Auch diese Einschätzung fand ein Echo im Verlagsprogramm – das Verspoem wurde nun sowohl in deutscher Sprache[22], in zweisprachigen Ausgaben als auch in russischer Übersetzung verlegt. Einige dieser Ausgaben versah man mit Illustrationen, die das Weiterleben preußischer Traditionen im Nationalsozialismus veranschaulichen sollten. Wann immer die Verfasser von Rezeptionstexten von den Nationalsozialisten sprachen, differenzierten sie bis 1941 zwischen der Herrschaftsriege der Nationalsozialisten und dem deutschen Volk, das sie als eigentliches Opfer des NS-Staates betrachteten. Beispielhaft fand Evgenija Knipovič auch noch wenige Wochen nach dem Überfall auf die Sowjetunion mitfühlende Worte für das deutsche Volk in »Oktjabr'« [Oktober], einer Zeitschrift für Schriftsteller. Seit acht Jahren, erinnerte Knipovič, »[…] unterjocht der Faschismus das deutsche Volk mit Betrug und Gewalt […], die eiserne Faust der faschistischen Ungeheuer und Kannibalen richtet sich gegen Arbeiter, Bauern, die Intelligenz«.[23] Die Literaturkritikerin formulierte diese Einschätzung unter Berufung auf Stalins Rundfunkrede vom 3. Juli 1941, in der Stalin den Sowjetbürgern versprach, dass die Sowjetunion im Krieg auch vom deutschen Volk Unterstützung gegen den Nationalsozialismus erwarten dürfe.

Das Vorrücken der Front und die direkte Konfrontation mit deutschen Soldaten zwangen dazu, diese Erwartung zu korrigieren. Die unter erschwerten Produktions- und Distributionsbedingungen veröffentlichten Rezeptionstexte hatten nur noch ein Publikum und ein Ziel: Die breite Öffentlichkeit, die gegen den Feind geführt werden sollte. Mit Heine mobilisierte man gegen die deutsche Wesensart und die Deutschen. Diese waren in den Augen derer, die Rezeptionstexte schrieben, keine Opfer, sie waren Täter. Aleksandr Dejč schrieb 1942 im einleitenden Vorwort zum »Wintermährchen« aus der Reihe »Deševaja biblioteka klassikov« [Die billige Klassikerbibliothek], die Deutschen seien »[…] Menschen, die auf das Niveau von wilden Tieren herabgesunken sind«.[24] Diese handlichen Textausgaben wurden bewusst auch den Soldaten der Roten Armee zur Verfügung gestellt. Das galt z. B. – glaubt man dem anonymen Rezensenten einer solchen Ausgabe – auch für das Heft »Genrich Gejne o prussačestve« [Heinrich Heine über das Preußentum].[25] In diesem Heft wurden Auszüge aus dem Verspoem »Deutschland«, aber auch Prosabruchstücke aus Heines Werk vorgestellt. Sie rubrizierte man unter den Überschriften »Patriotismus der Teutomanen« und »Sklavische Unterwürfigkeit [der Deutschen]«. Im einleitenden Vorwort stellte der Philologe Jakov Metallov den blinden Gehorsam der deutschen Soldaten heraus und urteilte:

Die Faschisten, die den blinden Gehorsam gegenüber ihrem ›Führer‹ predigen und in ihrem ›Merkbuch für den Soldaten‹ lehren, dass der deutsche Soldat niemals denkt und sich unterwirft, verstehen, wie schrecklich Heines unermüdliche, höhnische Spötteleien über die dumpfe Demut des deutschen Spießbürgerphilisters, über seinen sklavischen Gehorsam gegenüber den ›Vätern des Volkes‹ für sie sind [...]. Heine sprach davon, dass die Deutschen keine Römer sind und sich niemals erlauben können, wie Brutus [...] das Messer in die Brust des Tyrannen zu stoßen.²⁶

Die Heine-Lektüre wurde zum Vehikel, die Kampfkraft der Soldaten zu stärken. Sie sollten wissen, dass die Deutschen um jeden Preis aufgehalten werden mussten. Dass man das entschlossene Vorgehen gegen die Deutschen durch Heine zu legitimieren wusste, verdeutlichte, dass sowjetische Literaturkritiker und -wissenschaftler erfolgreich gearbeitet hatten: Der Deutsche Heine war naturalisiert, er durfte sich – so hatte schon 1934 ein sowjetischer Kritiker in der »Pravda« [Wahrheit] geurteilt – in der Sowjetunion zu Hause fühlen.²⁷

In der Nachkriegszeit veränderten sich die Anlässe, zu denen Rezeptionstexte über Heine erschienen. Für den Massen- und den Spezialistenleser schrieb man nur noch anlässlich von Jubiläen über den Dichter, die Wissenschaft betrachtete Heine als Forschungsgegenstand, über den man Dissertationen verfasste. Heine war zum Klassiker geworden. Dabei glichen sich die Texte in keiner anderen Zeit der sowjetischen Heine-Rezeption so stark inhaltlich an wie jetzt. Gemeinsam kritisierte man den Westen und stellte die Überlegenheit der Sowjetunion heraus. Im »Ludwig Börne« und in den »Englischen Fragmenten« fand man Äußerungen Heines, die man als Kritik des Dichters an den USA und Großbritannien sowie am Kapitalismus verstand. Heine wurde zum Kalten Krieger – man berief sich auf ihn, um gegen die Bizone oder auch gegen die Gründung der Bundesrepublik zu Felde zu ziehen. Jetzt waren es die Amerikaner, Briten und westlich orientierte deutsche Politiker, die aus der Sicht der Verfasser von Rezeptionstexten den Spott Heines fürchten mussten. Auch die Literaturwissenschaft engagierte sich in diesem Sinne. Ihr Niveau sank deutlich ab, setzte sie sich doch weniger mit Heine als mit Zitaten aus Stalin-Reden und der Stalin-Schrift »Marksizm i voprosy jazykoznanija« [Der Marxismus und Fragen der Sprachwissenschaft] von 1951 auseinander. Neue Impulse für die Heine-Rezeption waren von hier nicht zu erwarten. Man erschöpfte sich darin, die Topoi der sowjetischen Heine-Rezeption von neuem zu wiederholen und die Überlegenheit der Sowjetunion gegenüber dem Westen zu betonen. Aus diesem Selbstbewusstsein heraus beobachtete die Literaturwissenschaft aufmerksam die sich formierende Heine-Rezeption in der DDR. Als siegreiche Macht im Zweiten Weltkrieg, die dem Dichter erst die Heimkehr nach Deutschland ermöglicht habe, und als Schöpferin der als überlegen eingeschätzten Methode des Sozialistischen Realismus waren sowjetische Literaturwissenschaftler überzeugt, ihr

Dichter-Bild für das einzig richtige anzusehen.[28] Unter diesen Vorzeichen begann der Export des ›sowjetischen Heine‹.

Anmerkungen

[1] Oskar Anweiler: Erziehungs- und Bildungspolitik. – In: Kulturpolitik der Sowjetunion, hrsg. von Oskar Anweiler und Karl-Heinz Ruffmann. Stuttgart 1973, S. 1–144.

[2] Alfred Gerard Świerk: Zur sozialistischen Theorie und Praxis des Buchwesens in Osteuropa. Wiesbaden 1981.

[3] Izvestija Vsesojuznogo Central'nogo Ispolnitel'nogo komiteta [Mitteilungen des Zentralen Allunionsexekutivkomitees] 163, 2 avgusta [August] 1918 g. [Zitiert nach Istorija russkoj sovetskoj literatury [Geschichte der sowjetrussischen Literatur]. Moskau 1958, Band I, S. 541].

[4] Anatolij Lunačarskij: Genrich Gejne [Heinrich Heine]. – In: Petrogradskaja pravda [Die Wahrheit Petrograds] (Petrograd) 251, 17 nojabrja [November] 1918, S. 2.

[5] Anatolij Lunačarskij: Odinnadcataja lekcija. Bajron, Šelli i Gejne [Elfte Lektion. Byron, Shelley und Heine]. – In: Istorija zapadnoevropejskoj literatury v ee važnejšich momentach [Geschichte der westeuropäischen Literatur in ihren wichtigsten Momenten], hrsg. von A. L. Moskau 1924, Band II, S. 138–147.

[6] Dabei handelte es sich um Auszüge aus »Lutezia« (DHA XIV/I, 20) sowie aus der »Vorrede zur Vorrede« zu »Französische Zustände« (DHA XII/I, 451).

[7] Vgl. Karl Eimermacher: Die sowjetische Literaturpolitik zwischen 1917 und 1932. – In: Die sowjetische Literaturpolitik 1917–1932. Von der Vielfalt zur Bolschewisierung der Literatur. Analyse und Dokumentation, hrsg. von K. E. Bochum 1994², S. 27–138.

[8] G. Lelevič: Genrich Gejne. – In: Genrich Gejne. Izbrannye stichotvorenija [Ausgewählte Gedichte]. Moskau 1924, S. 17.

[9] Franz Mehring: (Heine-Biografie), August 1911. In: Franz Mehring. Gesammelte Schriften, hrsg. von Thomas Höhle u. a. Berlin (Ost) 1961, Band X, S. 455 f.

[10] Aleksandr Blok: Gejne v Rossii. O russkich perevodach stichotvorenij Gejne (1919) [Heine in Russland. Über die russischen Heine-Gedichtübersetzungen]. – In: Aleksandr Blok. Sobranie sočinenij [Gesammelte Werke]. Leningrad 1934, Band XI, S. 232.

[11] Jurij Tynjanov: Blok i Gejne [Blok und Heine]. – In: Ob Aleksandre Bloke [Über Aleksandr Blok]. Petrograd 1921, S. 237–264; J. T.: Portret Gejne [Heine-Porträt]. – In: Genrich Gejne. Satiry [Heinrich Heine. Satiren]. Leningrad 1927, S. 5–16.

[12] Fedor Šiller: Genrich Gejne [Heinrich Heine]. – In: Literaturnaja ènciklopedia [Literaturenzyklopädie]. Moskau 1929, Band II, S. 439.

[13] Pjatnadcatyj s"ezd' VKP. Moskva. 2–19 dekabrja 1927 g. Rezoljucii i postanovlenija s"ezda: O direktivach po sostavleniju pjatiletnego plana narodnogo chozjajstva [15. Parteitag der KPdSU. Moskau. 2.–19. Dezember 1927. Resolutionen und Beschlüsse des Parteitages: Über die Direktiven zur Begründung des Fünfjahresplanes für die Volkswirtschaft]. – In: KPSS v rezoljucijach i rešenijach s"ezdov, konferencij i plenumov CK [Die KPdSU in Resolutionen und Beschlüssen des Parteitages, Konferenzen und Vollversammlungen des Zentralkomitees]. Moskau 1984⁹, Band IV, S. 288.

[14] Anatolij Lunačarskij: Žizn' zamečatel'nych ljudej [Das Leben bedeutsamer Menschen]. – In: Izvestija [Nachrichten] (Moskau) 104, 20 aprelja [April] 1933 g., S. 4.

[15] John Barber: The establishment of intellectual orthodoxy in the U.S.S.R. 1928–1934. – In: Past & Present 83 (1979), S. 141–164; Nikolai Krementsov: Stalinist Science. New Jersey 1997.

[16] Evgenija Knipovič: Genrich Gejne i Karl Marks [Heinrich Heine und Karl Marx]. – In: Krasnaja nov' [Rotes Neuland] 8 (1930), S. 180.

[17] Aleksandr Dejč: Gejne i Marks [Heine und Marx]. Moskau 1931.

[18] Franz Mehring: Karl Marx. Geschichte seines Lebens. Leipzig 1918, S. 87 f.

[19] Fedor Šiller: Gejne i Marks [Heine und Marx]. – In: Literatura i marksizm [Literatur und Marxismus] 6 (1931), S. 47–73.

[20] Grigorij Jur'ev: Gejne i Berne [Heine und Börne]. Moskau, Leningrad 1936, S. 145.

[21] Aleksandr Dejč: Genrich Gejne i ego satira [Heinrich Heine und seine Satire]. – In: Genrich Gejne. Satiry [Heinrich Heine. Satiren]. Moskau 1936, S. 10.

[22] Hier handelte es sich um eine Textausgabe, die für die deutsche Minderheit in der Autonomen Sozialistischen Sowjetrepublik der Wolgadeutschen herausgegeben wurde.

[23] Evgenija Knipovič: Antifašistskaja nemeckaja literatura [Die antifaschistische deutsche Literatur]. – In: Oktjabr' [Oktober] 7/8 (1941), S. 223.

[24] Aleksandr Dejč: Predislovie [Vorwort]. – In: Germanija (Zimnjaja skazka) Genricha Gejne [Heinrich Heines Deutschland (Ein Wintermährchen)]. Taškent 1942, S. 5.

[25] ?: Genrich Gejne o prussačestve [Heinrich Heine über das Preußentum]. – In: Bloknot agitatora Krasnoj Armii [Das Notizbuch des Agitators der Roten Armee] 26 (1944), S. 32.

[26] Jakov Metallov: (Predislovie) [(Vorwort)]. – In: Genrich Gejne o prussačestve [Heinrich Heine über das Preußentum]. Moskau 1944, S. 5.

[27] Dmitrij Zaslavskij: Naš sovremennik (Genrich Gejne. Izbrannye proizvedenija) [Unser Zeitgenosse (Heinrich Heine. Ausgewählte Werke)]. – In: Pravda [Wahrheit] (Moskau) 202, 24 ijulja [Juli] 1934, S. 4.

[28] So etwa Aleksandr Dmitriev: Tvorčestvo Genricha Gejne v ocenke progressivnoj kritiki Germanskoj Demokratičeskoj Respubliki [Das Werk Heinrich Heines im Urteil der progressiven Kritik der Deutschen Demokratischen Republik]. – In: Vestnik Moskovskogo Universiteta [Bote der Moskauer Universität] 8 (1953), S, 141–145.

Der legislatorische Sonderweg des Rheinlandes oder Heine und der Fonk-Prozess

Von Ursula Broicher, Krefeld

Es ist nicht verwunderlich, dass sich Heinrich Heine, der Jurist, für das Rechtswesen interessierte, dass in seinem Werke auf Juristen und juristische Lehrer angespielt wird, dass Pandekten und das Corpus iuris zu seinem literarischen Vokabular, Scharfrichter und Auskultatoren zu seinem literarischen Personal gehören. Aber Heine war doch mehr Schriftsteller als Jurist. Demzufolge faszinierten ihn bei juristischen Ereignissen weniger speziell fachliche als vielmehr darüber hinaus gehende Gesichtspunkte politischer, ideologischer und gesellschaftlicher Art. Und dies auch schon zu einer Zeit, als er mitten im juristischen Studium war und während seines Berliner Aufenthaltes von April 1821 bis Mai 1823 die »Briefe aus Berlin« verfasste. Diese erschienen von Februar bis Juli 1822 im »Kunst und Wissenschaftsblatt«, der Beilage zum »Rheinisch-Westfälischen Anzeiger«. In ihnen berichtete Heine den Lesern in seiner Heimatprovinz über das öffentliche Leben in der preußischen Hauptstadt und ließ diese an den Konversationen in den Salons und an den Prozessen der Meinungsbildung teilnehmen, durch die sich ein selbstbewusstes Hauptstadtpublikum als Öffentlichkeit konstituierte.

Unter diesem Gesichtspunkt kommt Heine im dritten »Brief aus Berlin«, der das Datum vom 7. Juni 1822 trägt, auf den Fonk-Prozess zu sprechen, der, wie er schreibt, auch in Berlin ein »Thema der öffentlichen Unterhaltung«[1] sei. Damit lässt er sich auf einen aktuellen Gegenstand ein, den er nicht in der gewöhnlichen Weise der Zeitungen thematisieren möchte, wie er dies als Maxime für die gesamten »Briefe aus Berlin« verspricht. Auch die Darstellung soll in seinen »Mittheilungen aus der Residenz« keine übliche sein, nicht ausführlich und systematisch, wie dies in den Gazetten praktiziert wird. In Heines neuartiger feuilletonistischer Prosa soll »Assoziazion der Ideen« vorwalten, die ihre Richtlinien aus der Frage entwickelt: »Was soll ich nicht schreiben, d. h was weiß das Publikum schon längst, was ist demselben ganz gleichgültig, und was darf es nicht wissen?« (S. 9) Mit der letzten Frage allerdings lässt Heine bei dem Kotau vor dem Publikum zugleich den Satyrfuß sehen. Und deshalb darf man auch schon in dieser frühen Prosa für die Darstellung der Ideenassoziationen erwarten, dass der Verfasser auf die Leseinteressen des Publikums eingeht, es unterhält, aber immer wieder auch von einer höheren Ebene aus – als genial unge-wöhnlicher Zensor, Lehrer – zu seinen Lesern spricht. »Enfin, je veux instruire, sinon amuser« (DHA VI, 350) wird er 1834 in der »Préface« zur französischen Aus-gabe der »Reisebilder« schreiben. Und in einem Brief vom 18. Juli 1854 in Bezug auf die »Lutezia« wiederholen: »Hier wird nicht bloß amüsirt, sondern auch gelehrt« (HSA XXIII, 351), wobei in dieser letzgenannten Briefäußerung die Ebene des ›in-struire‹ eindeutig mit politischer Information verbunden wird.

*

Mit diesem Horazischen Prinzip des ›prodesse et delectare‹ operiert Heine bereits 1822 bei der Berichterstattung über den sogenannten Fonk-Prozess. Er widmet die-sem 47 Zeilen[2], in denen er seinen Lesern in der westfälischen Provinz die Meinung der Berliner zu dem Prozess gegen den Kölner Kaufmann Peter Anton Fonk und seinen Küfer Christian Hamacher wegen des Mordes an dem Krefelder Buchhalter Wilhelm Cönen, begangen am 9. November 1816, berichtet. Und die Gelegenheit wahrnimmt, für seine Leser ein Meinungsbildner zu sein bei der Einstellung zu dem Prozess, bei dem es für Heine nicht nur um die juristische Frage von Schuld oder Unschuld des Angeklagten ging, sondern um das vielschichtige Netz von Im-plikationen, die mit dem Prozess in der damaligen Zeit verbunden waren. Dies soll im folgenden dargestellt werden.

*

Heine gibt seinen Lesern keinerlei Informationen zu dem Prozess, geht weder auf die Anklagepunkte noch die angeklagten Personen ein noch auf den Ort, an dem der Prozess verhandelt wurde. Das war auch nicht nötig und entsprach Heines im ersten »Brief aus Berlin« formulierten Taktik, das nicht zu schreiben, was das Publi-kum schon längst weiß. Der sogenannte Fonk-Prozess war in den Jahren 1817 bis 1823 ein Prozess, der in Deutschland und über Deutschland hinaus Aufsehen er-regte und dessen Anklagepunkte genauestens bekannt waren. Für die heutigen Leser, die dieses Vorwissen nicht haben, sei die Vorgeschichte mit dem zur Anklage führenden Mord hier zunächst einmal wiedergegeben.

Die Vorgeschichte beginnt in Krefeld, wo der Destillateur Franz Schröder einen Betrieb hatte, in dem er Branntweine geringer Güte veredelte und als französische Trinkbranntweine in den Handel brachte. Dieses besorgte seit März 1815 als sein Gesellschafter der Kölner Kaufmann Peter Anton Fonk. Die Bücher über die An-schaffung und Versendung der Waren wurden in Krefeld, die über den Verkauf in Köln geführt. Einmal im Jahr, am 1. Januar, wurde die Buchführung des äußerst

CODE NAPOLÉON.

ÉDITION SEULE OFFICIELLE POUR LE
GRAND-DUCHÉ DE BERG.

DUSSELDORF,
Chez X. Levrault, Imprimeur du Gouvernement,
rue du Port, n.° 871.

1810.

Code Napoléon.
Französisches Titelblatt der offiziellen Ausgabe für das Großherzogtum Berg.
Düsseldorf 1810

gewinnträchtigen Geschäftes gegenseitig überprüft. Aber schon nach 19 Monaten, in denen die Gesellschafter die Bedingungen, die sie sich gegenseitig gestellt hatten, nicht genau befolgt hatten, waren die Spannungen so weit gestiegen, dass der Krefelder Destillateur Schröder, voller Misstrauen gegen die von Fonk vorgelegten Rechnungen, außerhalb des festgelegten Überprüfungstermins einen 28-jährigen Krefelder Buchhalter, Wilhelm Cönen, nach Köln schickte, um die von Fonk geführten Bücher zu kontrollieren. Diese Überprüfung lief zwar unter gegenseitigem Widerwillen ab, führte aber zu dem Ergebnis, dass die Verkäufe korrekt verbucht worden waren. Am 9. November 1816 wurde in der Wohnung Fonks eine Konferenz abgehalten, die am anderen Morgen mit einem Vergleich abgeschlossen werden sollte. Dieser Vergleich kam nicht zustande.

Am Abend des 9. November speiste Cönen mit dem Krefelder Firmenteilhaber Schröder und Fonks Buchhalter Hahnenbein in seiner Unterkunft in der Kölner Mühlengasse, begleitete den Buchhalter gegen zehn Uhr abends bis zum alten Markt – und ward von diesem Zeitpunkt an nicht mehr lebend gesehen. Am 19. Dezember 1816 wurde die Leiche Cönens, entstellt durch Spuren einer gewaltsamen Todesart, bei einer Landüberschwemmung des Rheins bei Friemersheim unweit Krefeld gefunden.

Der Kölner Generaladvokat von Sandt[3] wurde mit der Untersuchung des Falles beauftragt. Aufgrund der Verdachtsmomente ließ der Appellhof von Köln am 15. Februar 1817 Fonks Küfer Hamacher, am 19. Februar Fonk verhaften. Am 16. April legte Hamacher ein Geständnis ab, in dem er zugab, den Buchhalter Cönen, der gegen halb elf Uhr abends in das Haus Fonks zurückgekommen sein sollte, in der Nacht des 9. November im dortigen Packhaus erdrosselt zu haben, nachdem Fonk diesen mit einem Messer auf den Kopf geschlagen und durch einen Stoß zu Boden geworfen hätte. Fonk hätte die Leiche daraufhin in ein in seinem Packhause vorhandenes Fass gesteckt. Am Montag, den 11. November, hätte Hamacher, wie er weiter gestand, die mit einem Stein beschwerte Leiche Cönens bei Mülheim im Rhein versenkt.

Am 20. Juli 1817 widerrief Hamacher sein Geständnis vom 16. April gegenüber dem Generaladvokaten von Sandt mit dem Bemerken: »Nicht wahr, Herr Gnaden, ich habe Ihnen das zwar gesagt von dem Cönen damals; allein ich habe Ihnen doch bei jedem Punkte bemerkt, daß es doch nicht so wäre; es war Ihnen ja nur darum zu thun, die Sache so zu Papier zu bekommen.«[4] Auch Fonk hatte diesen Tathergang geleugnet und ein Alibi vorgelegt.

Die Wahrheitsfindung führte zu einem sechs Jahre dauernden Prozess vor den Gerichten von Köln, Koblenz und Trier, der dramatische Momente enthielt. Am 23. Juni 1818 wurde Fonk freigesprochen, am 12. Februar 1819 erneut verhaftet, am 24. Februar 1820 zum zweitenmal freigesprochen und aus der Haft entlassen. Nachdem Hamacher am 1. Oktober 1820 vom Assisenhof in Trier der Ermordung von Cönen für schuldig erklärt und zu lebenslanger Zwangsarbeit verurteilt worden war, wurde das Verfahren gegen Fonk wegen neu hinzugekommener Verdachtsmomente vor der Anklagekammer des rheinischen Appellationshofes in Köln wieder aufgenommen, Fonk am 25. und 26. Juni 1821 wieder verhört und im April 1822 vor die Geschworenen in Trier gestellt. Die Assisen dauerten vom 24. April bis zum 9. Juni 1822. Ein Geschworenengericht mit 12 Geschworenen hatte über schuldig oder nicht schuldig des Peter Anton Fonk zu bestimmen.

Dies ist die spannende Zeitphase, in der auch Heine von Berlin aus sich zum Fonk-Prozess äußert. In einem privaten Brief vom 15. Juni 1822 an den Regierungsreferendar Ernst Christian August Keller in Potsdam (HSA XX, 55 f.) und im dritten »Brief aus Berlin«. Einleitend informiert er seine Leser darüber, dass auch in der preußischen Hauptstadt der rheinische Prozess besprochen wird, und nennt die Gazetten und Broschüren, die in Berlin an der Meinungsbildung *für* den Angeklagten Fonk beteiligt waren.

> Fonks Prozeß ist hier ebenfalls ein Thema der öffentlichen Unterhaltung. Die sehr schön geschriebene Broschüre von Kreuser hat hier zuerst die Aufmerksamkeit auf denselben geleitet. Hierauf kamen noch mehrere Broschüren her, die alle für Fonk sprachen. Hierunter zeichnete sich auch aus das Buch vom Freyherrn v. d. Leyen. Diese Bücher, nebst den in der Abendzeitung und im Conversazionsblatte enthaltenen Aufsätzen über den Fonkschen Prozeß[5] und dem Werke des Angeklagten selbst, verbreiten hier eine günstige Meinung *für* Fonk. (S. 47)

Diese Schriften dürften auch den Lesern in der westfälischen Provinz bekannt gewesen sein. Am verbreitetsten war die von dem Angeklagten selbst veröffentlichte Broschüre »Der Kampf für Recht und Wahrheit in dem fünfjährigen Criminal-Processe gegen Peter Anton Fonk von Cöln von ihm selbst herausgegeben und seinen Mitbürgern zur Beherzigung gewidmet«, die in zwei Heften 1822 in Koblenz herauskam. Zahlreichen Lesern in der Rheinprovinz dürfte die Broschüre des Kölner Lehrers Jost Kreuser bekannt gewesen sein, der 1821 das Heftchen »Über Peter Fonk und das Gerücht von Cönen's Ermordung« veröffentlichte, vielleicht auch die Schrift des Krefelders von der Leyen, der als ein unmittelbarer Augenzeuge der Geschehnisse – er hatte die Leiche Cönens mit identifiziert – über das Ereignis berichtet hatte. Diese sprachen ebenso wie die von Heine erwähnten Berliner Blätter für den Angeklagten. Durch die Hervorhebung der Präposition *für* durch Kursivdruck weist Heine indirekt auch auf die Existenz von Meinungen *gegen* Fonk hin.

Deshalb ist es nicht anzunehmen, dass er von den publizistischen Auswüchsen, die dieser Prozess provozierte, keine Kenntnis hatte, zumal seit 1818 auch Berliner Zeitungen an den journalistischen Fehden teilnahmen, die sich die deutschen Blätter über den Fonk-Prozess lieferten. Neben den Berliner Gazetten waren die Hamburger Zeitungen, die »Kölnische Zeitung«, die Düsseldorfer Blätter, die »Trierer Zeitung«, »Hermann. Zeitschrift von und für Westfalen« und die »Zeitung für die elegante Welt« die wichtigsten Blätter, die sich an der Meinungsbildung für bzw. gegen Fonk mit Stellungnahmen zum Prozess und zu den in diesen Zeitungen dazu abgedruckten Artikeln überboten. Hinzu kam der gesamte nachwachsende deutsche Blätterwald der damaligen Zeit, der einem sensationslüsternen Publikum jede neue Entwicklung dieses dramatischen Prozesses und viele private Details über die Familie Fonk kolportierte. Bereits 1820 waren die Medien so hochgepeitscht, dass »keine Zeitung [war], auch aus den entfernten Gegenden, die nicht etwas von Fonck erwähnte«.[6] Darunter waren »namenlose Pamphlets und pasquillantische Zeitungs-Artikel«, mit denen »Fonks guter Ruf im In- und Auslande, bei Hohen und Niedern – nah und fern – gemordet«[7] wurde. Mehr noch als die Gazetten profitierte der gerade sich etablierende Druckmarkt von dem Fonk-Prozess. So war – um ein Beispiel zu nennen – 1822 in Köln eine Schrift »Criminal-Prozeß« [gegen Fonk] erschienen, in der Teile des Berichts auf Löschpapier gedruckt, manche Seiten doppelt oder defekt eingebunden waren und der Sachverhalt höchst unkorrekt wiedergegeben wurde[8] – die Schrift wurde dem Drucker aus den Händen gerissen. Das Lesepublikum stürzte sich auf alle Informationen, ließ sich in Erstarren setzen und die öffentliche Meinung zu der Frage, ob Fonk schuldig sei oder nicht, wogte hin und her.

Von diesen publizistischen Exzessen erwähnt Heine in der Textpassage nichts, und von den Beleidigungen des Pöbels nur so viel, als er braucht, um die Berichterstattung voranzubringen. Das Verschweigen dürfte also eine bewusste Zensur Heines gewesen sein, für die, meiner Meinung nach, zwei Ursachen in Frage kommen. Die eine ist künstlerischen, die andere privaten Ursprungs.

Als Heine die »Briefe aus Berlin« verfasste, war die Schriftstellerei für ihn noch ein neues Metier. Sein Selbstverständnis als Künstler, der er auch als Schriftsteller sein wollte, brachte er allerdings sehr früh mit Eigenschaften in Verbindung, die er mit »Ruhe und Besonnenheit« angab. Bereits im Februar 1821 spricht er von der »besonnene[n] Strenge gegen sich selbst« (HSA XX, 37), im April 1823 von der »höhere[n] Ruhe und Besonnenheit [...], die zur klaren Anschauung eines großen Lebensschauplatzes nöthig« seien (HSA XX, 73). Und in den »Französischen Zuständen« hinterfragt er Historienschreiber, ob sie »genug Gemüthsruhe besessen hätten«, um schreckliche Ereignisse »schön und meisterhaft zu beschreiben« (DHA XII, 133). Ruhe und Besonnenheit den darzustellenden Ereignissen gegenüber und Schönheit in der Darstellung dieser Ereignisse – diese Kriterien wurden für Heines künstlerisches Selbstverständnis bindend. Und dieses Kriterium zieht er auch bei der Beurteilung der Fonk-Broschüre von Kreuser heran, wenn er hervorhebt, dass sie »sehr schön geschrieben« sei. Die Publikationen zum Fonk-Prozess, die, von Verleumdung, Sensationsgier und Mißgunst geprägt, weder Besonnenheit gegenüber dem Sachverhalt noch Schönheit in der Darstellung kannten, verschweigt er.

Und verschweigt sie wohl noch aus einem anderen Grunde. Gerade zur Zeit der Berliner Briefe befindet er sich in einer Gemütslage, von der er aus Berlin am 14. April 1822 an den Freund Christian Sethe berichtet: »Des Tags verfolgt mich ein ewiges Mißtrauen, überall höre ich meinen Namen und hinterdrein ein höhnisches Gelächter.« (HSA XX, 50), Obsessionen eines Gemütes, das durch den Konkurs des Vaters und die dadurch unsicher gewordene eigene Lebenssituation aus der Bahn geworfen worden war. Und eines Menschen, der sich als jüdischer Neu-Berliner von vielen rheinischen Freunden verlassen fühlte, die dazu beitrugen, ihm die Berliner Luft zu verpesten.[9]

Heine wusste also zu diesem Zeitpunkt, was es hieß, von einer übel wollenden Öffentlichkeit verleumdet und verachtet zu werden. Und deshalb empfindet er die persönliche Situation des Angeklagten Fonk und seiner Familie besonders nach und nimmt es sogar hin, mit gefühlvollen Salondamen sozusagen unter einer Decke zu stecken.

Personen, die auch heimlich *gegen* Fonk sind, sprechen doch öffentlich für ihn, und zwar aus Mitleiden gegen den Unglücklichen, der schon so viele Jahre gelitten. In einer Gesellschaft erwähnte ich die fürchterliche Lage seines schuldlosen Weibes und die Leiden ihrer rechtschaffenen, geachteten Familie, und wie ich erzählte, man sage: daß der Cöllner Pöbel Fonks arme, unmündige Kinder insultirt habe, wurde eine Dame ohnmächtig, und ein hübsches Mädchen fing bitterlich an zu weinen, und schluchzte: »Ich weiß, der König begnadigt ihn, wenn er auch verurtheilt wird.« Ich bin ebenfalls überzeugt, daß unser gefühlvoller König sein schönstes und göttlichstes Recht ausüben wird, um so viele gute Menschen nicht elend zu machen; ich wünsche dieses eben so herzlich, wie die Berliner[10], obschon ich ihre Ansichten über den Prozeß selbst nicht theile. (S. 47 f.)

Aber die Identifizierung mit den Berliner Damen ist nur kurz. Nicht nur zu den Auswüchsen der Publizistik war Heine auf besonnene und schweigende Distanz gegangen, er nahm auch schnell wieder eine kritische Gegenposition ein zu der von Emotionalität geprägten Meinung der gefühlvollen Berlinerinnen und zu der doppelzüngigen öffentlichen Meinung, wie sie in den Berliner Salons vorgetragen wurde.

Mit der Aufklärung hatten sich für die bürgerlichen Schichten die Salons in besonderem Maße zu Orten entwickelt, in denen sich die gemischten Gesellschaften, Gelehrte und Vernünftler, Geschäftsleute und Frauenzimmer, diskutierend austauschten und in denen außer dem Erzählen und Scherzen noch eine Unterhaltung, nämlich das Räsonieren, Platz fand, wie Kant es in der »Kritik der praktischen Vernunft«[11] beschreibt.

Das Räsonieren wurde zu einem Leitwort der Aufklärung und der nachfolgenden Epoche. Es wurde zum Maßstab der Befreiung aus der selbstverschuldeten Un-

mündigkeit, sich seines Verstandes ohne Leitung eines anderen zu bedienen. Selbst-
verschuldet war diese, wenn die Ursache derselben nicht am Mangel des Verstandes,
sondern am Mangel der Entschließung und des Mutes lag, wie Kant es in seiner berühmten Abhandlung »Beantwortung der Frage: Was ist Aufklärung« darlegte. Somit
wurde nicht nur der Entschluss, sich seines Verstandes frei zu bedienen, zu einem
Kriterium der Aufklärung, daraus ergab sich auch das Postulat der Öffentlichkeit.
Kant verstand »unter dem öffentlichen Gebrauche seiner eigenen Vernunft denjenigen, den jemand als Gelehrter von ihr vor dem eigenen Publikum der Leserwelt
macht[e]«.[12]

Als Heine die »Briefe aus Berlin« schrieb, war die Aufklärung schon so weit fort-
geschritten, dass das öffentliche Räsonieren von breiten Kreisen praktiziert wurde,
nicht nur in den Salons, auch in den Gazetten, in denen die wichtigen Tagesereig-
nisse vor das Forum der öffentlichen Meinung gestellt wurden. Aber bei großen Teilen des Publikums fielen im Räsonieren – im Kantischen Sinne – Privatsphäre und
Öffentlichkeit nicht in eins, sondern fiel öffentliche Meinung – im Hegelschen
Sinne – wieder auf die Stufe eines subjektiven Meinens von vielen zurück. Dem hier
von Heine am Beispiel des Fonk-Prozesses erwähnten Räsonnement eignet nicht
jene Gelehrtheit, die dem öffentlichen Räsonieren erst die Qualität der Aufklärung
gab.

> Ueber letzteren habe ich erstaunlich viele Meinungen ins Blaue hineinraisoniren hören. Am
> gründlichsten sprechen darüber die Herrn, die von der ganzen Sache gar nichts wissen. (S. 48)

Bereits im Juli 1818 hatte sich der Anwalt Fonks, Aldenhoven, mit dem Bemerken,
ein großer Teil des Publikums sei Pöbel, und dazu würden alle gehören, die unbe-
sonnen genug seien, ohne Kenntnis der Sache über Ehre und Leben eines ihrer Mitbürger zu urteilen[13], über die Berichterstattung in »Hermann. Zeitschrift von und
für Westfalen« beklagt. Auch die westfälischen Leser durften sich also angesprochen
fühlen. Heine spielt hier, ohne dieses Faktum genauer zu lokalisieren, auf eine Be-
gleiterscheinung des Prozesses an, die seinen Zeitgenossen ebenso wie ihm bestens
bekannt war: der Fonk-Prozess zog einen Teil seiner Faszination für das Publikum
daraus, dass er zu dem Sachverhalt wurde, an dem sich die öffentliche Meinung als
öffentliche Institution schulte. Das Publikum stürzte sich mit der Forderung, über
alles informiert werden zu wollen, auf diesen Prozess und bildete sich eine Meinung
darüber, »ob die Untersuchungs-Beamten [...] anders hätten verfahren sollen und
können, als sie wirklich getan«.[14] Und es verschlang aufklärende Schriften, die ver-
sprachen, »aus dem letzten cölnischen Untersuchungs-Verfahren Dinge auf[zu]-
decken, welche dem Publikum begreiflich machen werden, durch welche Mittel
und Wege es gelungen, die öffentliche Meinung über diese Sache so lange irre zu

führen«.[15] Kants »Mut zum Verstandesgebrauch« war umgemünzt worden in die Forderung des Publikums nach einer allumfassenden Informationsbeteiligung und -beurteilung. In dieser aufgeheizten Atmosphäre waren vorschnelle Urteile, Meinungsbildungen ohne Nachdenken, ohne Kenntnis des Sachverhaltes, wie Heine ironisch beklagt, an der Tagesordnung. Und solche, die auf Vorurteilen basierten.

Um das zu demonstrieren, lässt Heine seinen »weisen« (!) Freund zu Wort kommen, einen Gerichtsreferendar, den der philisterhafte Standpunkt wie ein Buckel entstellt und der es aufgrund der Qualität des Räsonnements selbst zu verantworten hat, dass Heine ihm nach einer Zeit ins Wort fällt bzw. es ihm abschneidet und ihn einem Personenkreis zuordnet, dessen politisches Urteil in einem bedenklichen Abhängigkeitsverhältnis steht.

> Mein Freund, der bucklichte Auskultator, meint: wenn Er am Rhein wäre, so wollte er die Sache bald aufklären. Ueberhaupt, meint er, das dortige Gerichtsverfahren tauge nichts. »Wozu«, sprach er gestern, »diese Oeffentlichkeit? Was geht es den Peter und den Christoph an, ob Fonk oder ein anderer den Cönen umgebracht. Man übergebe mir die Sache, ich zünde mir die Pfeife an, lese die Akten durch, referire darüber, bey verschlossenen Thüren urtheilt darüber das Collegium und schreitet zum Spruch, und spricht den Kerl frey oder verurtheilt ihn, und es kräht kein Hahn darnach. Wozu diese Jury, diese Gevatter Schneider und Handschuhmacher? Ich glaube, Ich, ein studirter Mann, der die Friesische Logik in Jena gehört, der alle seine juristische Collegien wohl testirt hat, und das Examen bestanden, besitze doch mehr Judicium als solche unwissenschaftliche Menschen? Am Ende meint solch ein Mensch wunders, welch höchst wichtige Person er sey, weil so viel von seinem *Ja* und *Nein* abhängt! Und das Schlimmste ist noch dieser Code Napoleon, diese schlechte Gesetzbuch, das nicht mahl erlaubt, der Magd eine Maulschelle zu geben – « Doch ich will den weisen Auskultator nicht weiter sprechen lassen. Er repräsentirt eine Menge Menschen hier, die *für* Fonk sind, weil sie *gegen* das rheinische Gerichtsverfahren sind. (S. 48)

Heine tritt wieder als Zensor und Lehrer auf, lässt das Publikum die unqualifizierte Meinung des Auskultators nur begrenzt erfahren und belehrt es stattdessen – die Phänomene ordnend – darüber, zu welcher Kategorie der Jurist gehört: zu einer Personengruppe, die an die großen Themen der Menschheit – Recht, Freiheit – nicht mit mutiger Urteilskraft, sondern mit unfreien Vorurteilen herangeht.

Es ist nicht auszuschließen, dass Heine die letztgenannten Entgleisungen des Auskultators über den »Code Napoléon« in seinen Auswirkungen auf die Behandlung des Gesindels tatsächlich in einer der Diskussionen über den Fonk-Prozess gehört hat. Es war nämlich nicht nur die dramatische Frage nach dem ›schuldig oder nicht schuldig‹, die den Prozess um den Mord an Wilhelm Cönen zu dem international bekanntesten Mordprozess nach den Befreiungskriegen machte. Es war das rheinische Gerichtsverfahren, das diesem Prozess seine juristische und damit politische Brisanz gab. Die »Jahrbücher für die Preußische Gesetzgebung, Rechtswissenschaft und Rechtsverwaltung« fügten dem Jahrbuch 1822 eine Sonderbeilage, den Fonkschen Prozess betreffend, mit der Begründung hinzu, dass dieser Prozess bzw. dessen zu erwartendes Urteil »nicht bloß in juristischer, sondern auch in legislatorischer und politischer Beziehung zu wichtig«[16] sei.

Mit der Assoziation ›rheinisches Gerichtsverfahren‹ hatte Heine seine Leser zu den juristisch-historischen Implikationen des Prozesses geführt und eine Dimension angesprochen, zu der sich zwar jeder von ihnen, der sich mit dem Fonk-Prozess beschäftigte, eine Meinung gebildet hatte, die aber, wie Heine aus den tatsächlichen Auseinandersetzungen um das rheinische Gerichtsverfahren wusste, der Tragweite dieses Sachverhaltes möglicherweise nicht angemessen war.

Zu den rheinischen Besonderheiten, mit denen sich der preußische Staat bei der Eingliederung der Rheinprovinz nach dem Wiener Kongress konfrontiert sah, gehörte das von den französischen Machthabern während ihrer Herrschaft in den linksrheinischen Gebieten eingeführte französische Recht, der »Code civil« bzw. »Code Napoléon«. Dieser hatte zu einschneidenden Änderungen im bisherigen Rechtswesen geführt. 1798 wurden in den linksrheinischen Gebieten u. a. die Schwur- bzw. Geschworenengerichte eingeführt und mit ihnen die vom Freiheitsgedanken getragenen Verfahrensprinzipien der Mündlichkeit, Öffentlichkeit und Unmittelbarkeit. Das Allgemeine Preußische Landrecht, das seit 1794 in den preußischen Stammlanden Anwendung fand und nach dem Ende der französischen Herrschaft auch im Rheinland gelten sollte, wendete bei Kriminalprozessen das nichtöffentliche Inquisitverfahren an.

Aber nach der Etablierung der Rheinprovinz setzte der Staatskanzler von Hardenberg eine »rheinische Immediat-Justiz-Kommission« ein, die unter ihrem Vorsitzenden Christoph W. H. Sethe – niemand anderem als dem Vater von Heines Jugendfreund Christian Sethe – zu dem Ergebnis kam, dass wesentliche Teile der sogenannten ›Rheinischen Institutionen‹, darunter vor allem das Geschworenengericht, beibehalten werden sollten. Diesem Begehren wurde nachgegeben und gemäß Kabinettsordre vom 19. November 1818 im Rheinland die Einführung des preußischen Rechts bis zum Abschluss der Revision der gesamten Rechts- und Gerichtsverfassung in Preußen aufgeschoben. Das bedeutete, dass Teile des »Code civil« ihre Geltung nicht nur im gesamten linksrheinischen Gebiet behielten, sondern auch rechts des Rheins in dem in der preußischen Rheinprovinz aufgegangenen ehemaligen Großherzogtum Berg sowie in Baden.[17]

Damit war eine juristische Kluft zwischen der preußischen Rheinprovinz und den übrigen preußischen Ländern geschaffen worden, die sich in vehement geführten Auseinandersetzungen äußerte. Der 1817 begonnene aufsehenerregende Fonk-Prozess fiel in die Zeit der Entscheidung für oder gegen das rheinische Recht. Er wurde zu dem Prozess, an dem die Vor- bzw. Nachteile des Geschworenengerichtes bewiesen werden sollten, in dem fremdes Recht gegen deutsches Recht abgewogen wurde.

Auf diese legislatorische Sonderrolle der Rheinlande spielt der von Heine eingeführte Auskultator an, wenn er von Berlin aus über das »dortige Gerichtsverfahren« räsoniert. Er gehört zu den Gegnern des rheinischen Rechts, das für ihn wegen der Öffentlichkeit seiner Verhandlungen, der Mittätigkeit von Geschworenen nichts taugt, er wendet sich gegen die darin zum Ausdruck kommende bürgerliche Freiheit und Gleichheit und polemisiert gegen den »Code Napoléon« mit unqualifizierten Angriffen, die Heines Bewertung des Juristen als »weise« als Ironie erkennen lassen bzw. mehr als das: als zwar unterhaltend vorgetragene, aber scharf gemeinte Kritik an einem Akademiker, der über den Rand seines gelernten Wissens nicht hinausschaut und sich antiaufklärerisch verhält, weil er demonstriert, dass er von seiner Vernunft nur einen gehorsamen Gebrauch machen kann.

Heine greift in dessen Räsonieren mit einer belehrenden Aussage ein, mit der er diese als antiliberal entlarvt und als ein Missgönnen bewertet. Ebenso deckt er den Standpunkt, von dem aus der »Code Napoléon« abgelehnt wird, als beschränkt auf. Die hier demonstrierte Ablehnung nährt sich aus der Enge des Nationalismus, den der als Zensor agierende fingierte Verfasser der Briefe in all seinen Auswüchsen nicht wiedergibt, der aber seinen Lesern ebenso wie ihm selbst aus den Berichterstattungen in den Zeitungen bekannt gewesen sein dürfte.

Schon in der legislatorischen Entwurfsphase mischten sich bewertende Polarisierungen in die Auseinandersetzungen um das rheinische Recht, die sich auf drei Begriffspaare konzentrierten, die Heine als Aspekte in seine Darstellung einflicht. Als zu ›fremdrechtlich‹ griff 1818 der preußische Justizminister von Kircheisen den »Entwurf einer Verordnung über die Grundzüge zur künftigen Rechts- und Gerichtsverfassung der Rheinischen Provinzen« an, den der Gesetzgebungsminister von Beyme im Juni 1818 erstellt hatte, eine Vokabel, die während der kommenden Jahre weiter die Diskussion und die öffentliche Meinung dominierte und auch für den Fonk-Prozess herangezogen wurde. Am 26. Januar 1823 schrieb der Königlich Sächsische Hof- und Justizrat Johann Nikolaus Bischoff eben diesem Minister von Kircheisen, dass

> gerade diese [Fonksche] Untersuchung [...] Nutzen oder Schaden der Bonapart'schen Assisen und Geschworenen-Gerichte darbieten dürfte, und es den denkenden deutschen Rechtsgelehrten und Vaterlandsfreunden nicht gleichgültig seyn kann, ein fremdes Institut, aus solchen Händen noch weiter über sein Vaterland verbreitet zu sehen.[18]

Zu dem ›fremdrechtlich‹ gehörten schnell weitere Begriffe und Gegenbegriffe, die in einer Stellungnahme zum Geschworenen-Gericht in den »Jahrbüchern für die Preußische Gesetzgebung« Verwendung fanden. Dort heißt es: »Das Bemühen, eine so illiberale, unnationale und ungerechte Criminaljustizverfassung zu erhalten und wohl gar zu erweitern, kann nicht Liberalität genannt werden. Ächte Liberalität äußern vielmehr diejenigen, welche wünschen und hoffen, daß deutsche Bürger von einer solchen Mittelalter Criminaljustiz befreit werden, daß auch ihnen das besonnene, ruhige, gründliche mithin sichere, gerechte und liberale preußische Criminalverfahren geschenkt werde«.[19]

Der Jurastudent Heine könnte den zuletzt zitierten Aufsatz von 1818 aus den »Jahrbüchern für die Preußische Gesetzgebung, Rechtswissenschaft und Rechtsverwaltung« tatsächlich gelesen haben, so genau sind die Anspielungen. Diesen von nationalen Vorurteilen bestimmten Erklärungen, die öffentlich kursierten, stellt Heine seine eigene Deutung entgegen, die aus einer persönlichen Kenntnis der rheinischen Verhältnisse erwächst:

> Man mißgönnt dasselbe [das rheinische Gerichtsverfahren] den Rheinländern, und möchte sie gern erlösen von diesen »Fesseln der französischen Tyranney«, wie einst der unvergeßliche Justus Gruner – Gott hab ihn selig – das französische Gesetz nannte. (S. 48)

Heine fügt zu den Stimmen, die sich gegen das rheinische Gerichtsverfahren wenden, eine weitere ablehnende Stimme, die des 1814 zum preußischen General-Gouverneur des Großherzogtums Berg eingesetzten russischen Staatsrates Justus Gruner. Dessen gallophobische Haltung kannte Heine wohl noch aus eigenem Düsseldorfer Erleben und dessen daraus resultierende Tendenz, die (Rechts-)Hoheit der Franzosen in den Rheinlanden als ihr oktroyiertes Gegenteil zu interpretieren.

Damit bringt Heine den politischen Gesichtspunkt der Rheineroberung ins Spiel, der auch bei den Berichterstattungen über den Fonk-Prozess dominierte. Tatsächlich wurde die Rheinfrage, die als Folge der Orientkrise 1840 ganz Deutschland fanatisierte, bereits 1817 bis 1823 auf dem speziellen Sektor des rheinischen Rechts in aller Vehemenz diskutiert. Der Nationalismus, der – so Golo Mann – in Deutschland schon lange glimmte und in der Rheinfrage zur Explosion kam, hatte im Fonk-Prozess unmittelbar nach den Befreiungskriegen mit dem Kampf um das Rheinische Recht schon ein Forum gefunden. Bereits 1817 verband der Düsseldorfer Appellationsrat Schramm in seiner Abhandlung über die Geschworenengerichte die (juristische) Situation am Rhein mit dem Worte »Schmach[20], kämpfte ein anonymer Autor in den »Jahrbüchern für die Preußische Gesetzgebung« 1822 dafür, dass eine solche Justiz, wenigstens auf deutschem Boden, nicht gehandhabt werden möge.[21] Der sächsische Justizrat Bischoff gebrauchte 1823 in seiner Schrift den Terminus vom »Ufer des ehrwürdigen deutschen Rheins«, der bei einem Todesurteil für Fonk mit unschuldigem Blut befleckt würde.[22]

Damit begann der Kampf um den deutschen Rhein bereits unmittelbar nach der Etablierung der Rheinprovinz, und Heine hatte dank seines Gespürs für politische Entwicklungen die gefahrvolle Konstellation, für die der Fonk-Prozess eine Signatur war, bereits zwanzig Jahre vor dem Zeitpunkt erkannt, an dem sie ihren literarischen Höhepunkt erreichte.

Der 1840 von Nikolaus Becker in Reimform verbreitete Ruf »Sie sollen ihn nicht haben, / den freien deutschen Rhein« und die in Verse gebrachte Versicherung Schneckenburgers »Am Rhein, am Rhein, am deutschen Rhein / Wir alle wollen Hüter sein! / Lieb Vaterland, magst ruhig sein, / Fest steht und treu die Wacht am Rhein«[23], die neben zahlreichen anderen Rheingedichten und deren Vertonungen als sangbare Politlyrik den Nationalismus weiter anheizten, waren der Höhepunkt einer politischen Entwicklung, in der das Rheinland chauvinistisch reklamiert wurde. Auf beiden Seiten, sowohl auf der deutschen wie auf der französischen Seite. Denn auch die Franzosen ließen es sich nicht nehmen, in Prosa und Vers, auf den Rhein Bezug nehmend, »die ewige Dauer der Grenzverträge, die von Eroberern diktiert seien, in Frage zu stellen«. Und Nikolaus Becker zu erwidern: »Nous l'avons eu, votre Rhin allemand«.[24]

In seinen späteren Texten hat Heine diesen Nationalismus, diesen Nationalhass direkter angeprangert, zu Beginn seiner schriftstellerischen Tätigkeit dagegen solche Auswüchse vor seinem Publikum verschwiegen und in seinem Prosatext für seine eigene direkte Stellungnahme eine Form des Räsonierens präsentiert, die noch von dem Ideal der Aufklärung geprägt war. Heine lässt sich nicht auf die polemische und philisterhafte, d. h auf die gewöhnliche Ebene ein, auf der die Auseinandersetzungen um den Fonk-Prozess geführt wurden, setzt sich aber auch nicht von der rein fachlichen Ebene aus mit den juristischen Fakten auseinander, sondern wählt ein Räsonieren, durch das er – im Sinne Kants – »zum eigentlichen Publikum, der Welt«[25] spricht.

Heine beendet seine Berichterstattung über den Fonk-Prozess mit einer Option, einer Option in des Wortes elementarster Bedeutung, in der er die vergangene und gegenwärtige Situation des Rheinlandes in dessen Zukunft projiziert und deren Dauer wünscht:

> Möge das geliebte Rheinland noch lange diese Fesseln tragen, und noch mit ähnlichen Fesseln belastet werden! Möge am Rhein noch lange blühen jene ächte Freyheitsliebe, die nicht auf Franzosenhaß und Nazionalegoismus basirt ist, jene ächte Kraft und Jugendlichkeit, die nicht aus der Branntweinflasche quillt, und jene ächte Christusreligion, die nichts gemein hat mit verketzernder Glaubensbrunst oder frömmlender Proselitenmacherey. (S. 48)

Gerade 25 Jahre ist Heine alt, als er diesen Passus schreibt. Und entwirft bereits hier schon den festen Boden eines philosophischen Systems, das sein gesamtes späteres Werk prägen sollte, und das bestimmt ist durch Kosmopolitismus, Sensualismus und einen Glauben ohne den missionarischen Vormachtsanspruch einzelner Religionen.

Diese Positionen verbindet Heine mit einem Eigenschaftswort, das er gleich dreimal verwendet, dem Adjektiv ›echt‹. Die Möglichkeit, diese Leerstelle mit Inhalt zu füllen, geben die Negationen, die Heine diesen echten Positionen gegenüberstellt. Es sind die begrenzten Standpunkte und Lebensformen, die der Kosmopolit Heine ablehnt. Und die auch der Künstler Heine verwirft, wenn er 1844 im »Wintermährchen« das Rheinlied von Nikolaus Becker als »dummes Lied« (DHA IV, 101) bezeichnet und statt der politischen Stänkerreime ein »besseres Lied« (DHA IV, 92) verspricht, so wie er auch schon zu Beginn der »Briefe aus Berlin« darauf hinwies, dass seine Berichte sich von den gewöhnlichen Hauptstadt-Korrespondenzen unterscheiden.

Die ungewöhnliche Spannweite erreicht er in seiner Berichterstattung zum Fonk-Prozess dadurch, dass er das Ereignis unter verschiedenen Aspekten und auf qualitativ verschiedenen Meinungsebenen zeigt, ehe er seine Kritik an der öffentlichen Meinung zum rheinischen Recht dialektisch umwandelt in die Darstellung einer besseren, schöneren ›Welt‹.

In dem »Brief aus Berlin« geht er jugendlich so weit, das Rheinland als den realen Ort zu deklarieren, an dem diese Ideale verwirklicht sind und zukünftig verwirklicht werden sollen. Aber das Adjektiv ›geliebtes‹ Rheinland macht ebenso deutlich, dass Heine diesen realen Zustand idealisierte und seine Einstellung zu dieser Region von einem – dem politischen Räsonieren abträglichen – übermächtigen Gefühl geprägt war, das er, wie er in einem Brief vom 27. September 1835 an Heinrich Laube schrieb, »so viel als möglich vermeiden« möchte, weil es »uns [...] Klarheit des Schauens und Denkens raubt« (HSA XXI, 121), das aber seine Beziehung zu dieser Region bestimmte: Das Rheinland war, wie er Varnhagen von Ense am 13. Februar 1838 schrieb, der Boden, der ihm nicht ganz gleichgültig war, es war die Region, wo, »der Vogel zu Hause« ist. (HSA XXI, 253)

Dies führte dazu, dass er über die Rolle des Rheinlandes bzw. der Rheinländer bei der Entfaltung der Freiheit immer wieder räsonierte, aber, weil er »vor allem ein Poet [war], der sich zwar stets als homo politicus engagierte, letztlich aber wohl doch von seinen eher emotional geführten Gedanken leiten ließ«[26], diese wechselnd interpretierte. Die Darstellung der legislatorischen Sonderrolle des Rheinlandes am Beispiel des Fonk-Prozesses in den »Briefen aus Berlin« ist eines der frühesten Zeugnisse für Heines Einstellung zu seiner schon damals fernen Heimat.

Anmerkungen

1 Briefe aus Berlin. 1822. DHA VI, 9–53; über den Fonk-Prozess S. 47 f. Zitate aus den »Briefen aus Berlin« mit Angabe der Seitenzahl im Text.
2 Diese Zahlenangabe bezieht sich auf die DHA.

³ Es kommt sowohl die Schreibweise ›Sandt‹ als auch ›Sand‹ vor. Ebenso wird der Name Fonk
mal mit ›ck‹, mal mit ›k‹, der Name Cönen mal mit ›ö‹, mal mit ›oe‹ geschrieben.

⁴ Rudolf Kirch: Der Prozeß Cönen – Fonk – Hamacher. – In: Die Heimat 10, S. 49–52, S. 51.

⁵ Ich möchte hier auf die Erläuterungen von Jost Hermand im Apparat zu den »Briefen aus
Berlin«, DHA VI, S. 463, hinweisen.

⁶ Tagebuch des Peter Martin Herbertz aus Uerdingen. Zit. in: Karl Rembert: Nachträge zum
Criminalprozeß Coenen-Fonk-Hamacher. – In: Die Heimat 10, S. 114–118, S. 118.

⁷ D. Johann Nikolaus Bischoff: P. A. Fonk und Chr. Hamacher, deren Richter und die Riesen-
Assisen zu Trier in den Jahren 1820 und 1822, vor dem offenen, redlichen, deutschen Geschwor-
engericht der Vernunft, Wahrheit und Gerechtigkeit. Dresden 1823, S. 236.

⁸ Information aus: Bischoff [Anm. 7], S. 313.

⁹ In dem zitierten Brief vom 14. April 1822 an Sethe schreibt er: »Wenn du mich vergiften
willst, so bringe mir in diesem Augenblick die Gesichter von Klein, Simons, Bölling, Stucker, Plü-
cker und von bonner Studenten und Landsleuten vor Augen. Das miserable Gesindel hat auch das
Seinige dazu beygetragen, mir die berliner Luft zu verpesten.« (HSA XX, 50).

¹⁰ Tatsächlich wurde ein Jahr nach Heines Niederschrift zum Fonk-Prozess der Kölner
Kaufmann ebenso wie sein Küfer Hamacher durch die Kabinettsordre des preußischen Königs
Friedrich Wilhelm III. vom 10. August 1823 begnadigt. Die 12 Geschworenen in Trier hatten
Fonk mit 8 zu 4 Stimmen – andere Quellen sprechen von 7 zu 5 – für schuldig erklärt, Cönen
freiwillig und mit Vorsatz ermordet zu haben, Fonk wurde zum Tode verurteilt. Der König
machte nicht nur von seinem Begnadigungsrecht, sondern auch von seinem Recht als oberster
Richter Gebrauch. Er legte dar, dass das Alibi des Kaufmanns Fonk hinreichend festgestellt sei
und dass der Widerruf der Aussagen des Küfers Hamacher weit mehr begründet sei als die be-
schuldigende Aussage.

¹¹ Immanuel Kants Werke. Hrsg. v. Ernst Cassirer. Berlin. Bd.V, S.165. Zit. bei Jürgen Ha-
bermas: Strukturwandel der Öffentlichkeit (= Politica. Abhandlungen und Texte zur politischen
Wissenschaft. Hrsg. von Wilhelm Hennis und Roman Schnur. Bd. IV). Neuwied und Berlin
1969⁴, S. 121.

¹² Habermas [Anm. 11], S. 120.

¹³ Bischoff [Anm. 7], S. 206.

¹⁴ Artikel vom 11. Juli 1818 in einer Kölner Zeitung, abgedruckt in Bischoff [Anm 7], S. 297.

¹⁵ Bischoff [Anm. 7], S. 300.

¹⁶ Jahrbücher für die Preußische Gesetzgebung, Rechtswissenschaft und Rechtsverwaltung.
Hrsg. von Karl Albert von Kamptz. Berlin. XIX. Bd., 37. Heft (1822), S. 349. Im Folgenden zit. als
»Jahrbücher«.

¹⁷ Noch 1848 war für Marx und Engels das Rheinische Recht der ausschlaggebende Grund
dafür, die von ihnen gegründete »Neue Rheinische Zeitung« in Köln erscheinen zu lassen: »In Berlin herrschte das elende preußische Landrecht, und politische Prozesse kamen vor die Berufsrich-
ter; am Rhein bestand der Code Napoléon, der keine Preßprozesse kennt, weil er die Zensur vor-
aussetzt, und wenn man keine politischen Vergehen, sondern nur Verbrechen beging, kam man vor
die Geschworenen«. (MEW Bd. XXI, S. 19, zit. bei Bernd Füllner: »Die Presse ist das beste Mittel
der Propaganda«. Von der »Rheinischen Zeitung« zur »Neuen Rheinischen Zeitung« – zur Heine-
Rezeption im Vormärz. – In: An den Ufern jenes schönen Stromes. Kursorische Überlegungen zu
Heinrich Heine. Hrsg. von Joseph A. Kruse, Marianne Tilch und Jürgen Wilhelm, Düsseldorf
2000, S. 70–96, S. 78.

¹⁸ Bischoff [Anm. 7], S. XIX.

[19] [Anonym]: Über Geschworenen-Gerichte und einige andre Gegenstände des französischen Criminal-Verfahrens. – In: Jahrbücher. Bd. XI, 22. Heft (1818), S. 186.

[20] Ebd., S. 197.

[21] Literarische Beilage, den Fonkschen Prozeß betreffend. – In: Jahrbücher (1822), S. 357 f.

[22] Aus einem Briefe Bischoffs an Staatskanzler Hardenberg aus dem Jahre 1822, den Bischoff in seiner Fonk-Schrift [Anm. 7], S. XIX zitiert.

[23] Vgl. Deutsche Literatur in Entwicklungsreihen. Politische Dichtung III. Leipzig 1936, S. 141 f. und 143 f.

[24] Vgl. den Kommentar von Klaus Briegleb zu »Deutschland. Ein Wintermärchen« (B IV, 1034).

[25] Kants Werke. Zit. nach Habermas [Anm. 11], S. 120.

[26] Jürgen Wilhelm: Heinrich Heine und das Rheinland. Anmerkungen zu einem nicht unkomplizierten Verhältnis. – In: An den Ufern jenes schönen Stromes [Anm. 17], S. 5–24, S. 18.

1847: Ein »Anti-Musik-Verein« im Wohnhaus der Familie Heine

Von Horst Heidermann, Bonn

In Düsseldorf kam es erst 1867 zu einer Erinnerungstafel am Geburtshaus von Heinrich Heine. Waren vorher die Heine-Häuser in der Bolkerstraße in Vergessenheit geraten? Ein leider nur im Nachdruck überliefertes Dokument, kann zur Beantwortung dieser Frage beitragen.[1] Der Text lautet :

Diplom
Motto: Die Menge muß es bringen!
/:Plauderer:/
Wir von Gottes Ungnade Praesident und Stifter des zu Düsseldorf am frommen Rheinstrome im Geburtshause Heine's still und im verborgenen hausenden und wirkenden
»Anti-Musik-Verein's«
thun hiermit Kund und zu Wissen, daß Wir ohne lange vorhergehende Berathung in Erwägung, daß solche in der Regel zu nichts führt, nachdem Uns durch telegraphische Depesche des Groß-Consulats der Wallachei die höchsterfreuliche Nachricht zu Theil geworden, es sei unserm verdienstvollen Mitgliede *Hasenclever* auch Haas betitelt ein junger Sprößling geboren worden, *das sogenannte Häselein* kraft der discretionären Gewalt des hohen *Praesidii* hiermit rite & solenniter zum *Ehrenmitgliede* ernannt haben.[2] Also geschehen in der Residenz Sanssouci bei Penke im Jahre 1800 sieben und vierzig, vier Wochen nach dem neuen Maikäfermonate, und haben sämmtliche anwesenden Mitglieder solches in Urkunde durch ihr hochlöbliches Facsimile unterzeichnet und erhärtet; auch ist das Sigillum des Vereines zur größern Confirmation in figura beigefügt worden. In fidem des Vereins
Wingender, vulgo Stab

W Schmitz		Moritz Geisenheimer
Grallenberg		P. J. Engels (xxx)
F. Wieschebrink	xxx	Binsheil (?) Buddeus
F. W. Moll	Andreas Biergans	C. Bitz (?) Esser
xxx	Theodor Schmitz	C. Trowitz (?) C. Hilgers
P. Schwingen	Js Geert Langer (?)	Gärtners genannt Bajaz (?)
maler (?)	P. Engels	
Müller	L. Vogts Reinartz	
A. Vondey		xxx

Das Dokument ist mit Scherenschnitten von Wilhelm Müller geschmückt, die zeigen, wie die Hasenfamilie den Armen Geld gibt, damit sie Kohlen und Brot kaufen können. Der Maler Johann Wilhelm Preyer, mit der Familie Hasenclever eng befreundet, und

Frau Meinardus[3] als Paten danken dem Pfarrer für seine Bemühungen um den Täufling. Im Bild der Text: »Generalversammlung Punckt 8–(es folgen Uhrzeiger)«, unter den Bildern »Ueb immer Treu und Redlichkeit / Bis an dein kühles Grab etc.«

Nun ist zunächst anzumerken, dass die Mitglieder des die Urkunde stiftenden Vereins in der Wirtschaft von Daniel Penke tagten. Diese Wirtschaft war aber nicht, wie angenommen, im Geburtshause Heines, sondern in der Bolkerstraße 467[4], d. h in dem dem Geburtshaus gegenüber liegenden Wohnhaus der Familie, das sie von 1809 bis 1820 bewohnte.[5] Das war ein zwar naheliegender Irrtum, dennoch erstaunlich bei der Unterschrift von immerhin zwei prominenten Düsseldorfer Stadträten und mehreren Mitgliedern des »Vereins für demokratische Monarchie«.

Was wissen wir über diesen Stammtisch Düsseldorfer Künstler und Bürger, der sich im Rahmen der Karnevalsgesellschaft »Anti-Musik-Verein« gebildet hatte? Nach meiner Meinung wird schon in der Namensgebung deutlich, dass man die ›Philister‹ und die Maler, die mit ihnen ›gemeinsame Sache‹ machten in diesem Kreis nicht zu sehen wünschte. Der »Allgemeine Musikverein« war in Düsseldorf seit 1818 wichtiger Motor der Niederrheinischen Musikfeste. Das selbstbewusste Liebhaber-Ensemble meist gutbürgerlicher Musiker und Musikfreunde war seit der Zeit Friedrich August Burgmüllers und Felix Mendelssohn Bartholdys wichtiger und ständiger Partner der städtischen Musikdirektoren und für viele Maler nicht nur ein Ort, um ihrer Musikliebe Ausdruck zu verleihen, sondern auch, um die Bekanntschaft wohlhabender Düsseldorfer Bürger oder ihrer Töchter zu machen, die als Käufer, Auftraggeber oder zukünftige Ehefrauen in Frage kamen. 1847 wurde – nach Julius Rietz – Ferdinand Hiller städtischer Musikdirektor. Als Hiller nach Köln ging folgte ihm von 1850 bis 1854 Robert Schumann.

Anton Fahne, führend im Düsseldorfer Karneval aktiv und Vorstandsmitglied des »Allgemeinen Vereins der Carnevalsfreunde«, gibt allerdings in seiner Darstellung des Karnevals eine andere Deutung des Namens.[6] Er schreibt: »Keine Stadt der Welt hat, im Verhältnis, so viele heitere Gesellschaften als Düsseldorf.« Dazu gehörte auch der

Antimusikverein, deshalb so genannt, weil er keine herumziehende Bänkelsänger, Orgeldreher etc. duldet, und das Geld statt dessen für Arme verwendet. Zu diesem Ende läßt man an manchen Tagen eine geschlossene Büchse herumgehen, in welche jeder nach Belieben sein Scherflein hineinlegt. Die Gesellschaft kommt täglich abends von 8–10 in einem Locale bei einem Glase Bier zusammen. Komische Lieder werden gesungen, scherzhafte Fragen aufgeworfen und allerhand Exercicien ausgeführt, z. B. wird das ganze Exercicium eines Infanteristen durch geschicktes Behandeln der Bierglasdeckel täuschend nachgeahmt; man macht unter dem Titel: Beethoven'sche Symphonien, Musik, wobei allerhand Mundfertigkeiten, die über den Tisch schnarrenden Finger, der Ofenschirm und die Feuerzange sowie andere ähnliche Gegenstände die Instrumente bilden, mit denen man höchst spaßhafte und dabei Bewunderung erregende Sachen aufführt. Mitunter treten Unterhaltungen mit Marionetten ein, Verloosungen von allerhand scherzhaften Gegenständen, wobei die Loos-Einnahmen in die Armenkasse fließen.

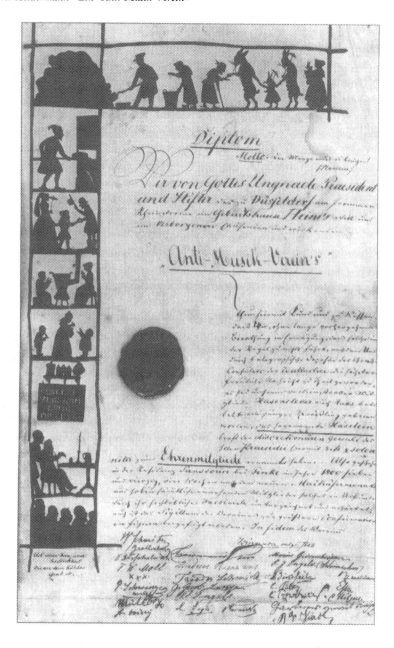

»Diplom«, mit dem Sohn Peter des Malers Johann Peter Hasenclever zum
Ehrenmitglied des Düsseldorfer »Anti-Musik-Vereins« ernannt wurde

Da Fahne keine andere der Düsseldorfer Gesellschaften so ausführlich schildert, darf man annehmen, dass er Mitglied des »Anti-Musik-Vereins« gewesen ist.

Wer waren die Teilnehmer des Stammtisches im Wohnhaus Heine? Wir können nur von den entzifferbaren Unterschriften ausgehen. Offenbar war Johann Peter Hasenclever[7], sozialkritischer Genremaler von hohen Graden, ein wichtiges Mitglied. Hasenclever war nicht nur im Karneval, sondern auch in den künstlerischen Vereinigungen Düsseldorfs aktiv. Im »Verein Düsseldorfer Künstler zur gegenseitigen Unterstützung und Hilfe« gehörte er als Gründungsmitglied (1844) seit 1847 dem Vorstand an. Er wurde ebenfalls Gründungs- und Vorstandsmitglied des »Künstler-Vereins Malkasten«. Ab August 1848 war er auch Vorstandsmitglied des »Kunstvereins für die Rheinlande und Westfalen«.[8] In der Düsseldorfer Bürgergarde wurde er stellvertretender Zugführer.

Zur Geburt des zweiten Kindes, des Sohnes Peter, schickten ihm die Freunde aus der Wirtschaft Penke[9] in der Bolker Straße das oben zitierte Dokument, in welchem der Sohn, das »Häselein«, zum Ehrenmitglied des Vereins ernannt wurde.

Als erste Unterschrift können wir Wingender erkennen, wahrscheinlich von dem Düsseldorfer Maler Carl Wingender aus Prüm, später in Elberfeld. Wingender war auch Mitglied des »Allgemeinen Vereins der Carnevalsfreunde«.

Peter Schwingen, der ebenfalls unterzeichnet hat, gehörte damals wie Hasenclever zu den führenden Genremalern Düsseldorfs. Er war Mitglied des »Allgemeinen Vereins der Carnevalsfreunde«, Gründungsmitglied des »Vereins Düsseldorfer Künstler« und später auch Gründungsmitglied des »Malkasten«.[10]

Unterzeichner ist auch Carl Hilgers, den Hasenclever etwa 1850 portraitierte, Gründungsmitglied des »Vereins Düsseldorfer Künstler«, Mitglied des »Allgemeinen Vereins der Carnevalsfreunde«, 1848 stellvertretender Hauptmann der Bürgerwehr.[11]

Weiter ist die Unterschrift von Franz Wieschebrink, zu erkennen, der sich um diese Zeit dem humoristischen Genre zugewandt hatte. Er war Mitglied des »Allgemeinen Vereins der Carnevalsfreunde« und später ebenfalls Gründungsmitglied des »Malkasten«.[12]

Auch der Scherenschneider Wilhelm Müller ist dabei. Seiner Unterschrift hat er als Erkennungszeichen eine Schere hinzugefügt, wohl auch, damit er nicht mit dem Arzt Dr. Wilhelm Müller (Wolfgang Müller von Königswinter) verwechselt wird. Müller wurde vor allem bekannt als Autor des im September 1848 entstandenen Scherenschnitts »Die Toten an die Lebenden« aus Anlass der Verhaftung Freiligraths, wegen eben dieses Gedichtes. Freiligrath wurde vom Geschworenengericht freigesprochen.[13] Hasenclever war bekanntlich Freiligrath eng verbunden.

Aber nicht nur Künstler sind vertreten. Neben anderen hat der Kaufmann Moritz Geisenheimer unterschrieben, der am 10. Mai 1848 als Nachfolger des in die Frankfurter Nationalversammlung gewählten Hugo Wesendonck Vorsitzender des

»Vereins für demokratische Monarchie« wurde. Dieser Verein war damals die größte politische Vereinigung Düsseldorfs mit über 2 000 Mitgliedern. Er trat für eine konstitutionelle Monarchie bei starker Beschränkung der Rechte des Monarchen ein.[14]

Der Wirt und Bierbrauer Lorenz Esser, einer der Mit-Unterschreiber, gehörte wie der ›Rentner‹ Andreas Biergans, ebenfalls diesem politischen Verein an. 1849 wurde er in den Stadtrat gewählt. In den Mai-Wahlen des Jahres 1848 konnte der Verein 17 von 19 Düsseldorfer Wahlkreisen gewinnen. Aus seiner Mitgliedschaft wurden der Advokat-Anwalt Hugo Wesendonck nach Frankfurt in die deutsche, Advokat-Anwalt Anton Bloem und Notar Josef Euler in die preußische Nationalversammlung nach Berlin gesandt.

Auf der Urkunde finden wir auch die Unterschrift von Reinartz. Der Düsseldorfer Arzt und Stadtverordnete seit 1846 Dr. Franz Reinartz gehörte zum »Allgemeinen Verein der Carnevalsfreunde«, seit 1846 zum Vorstand.[15] In Düsseldorf wurde er auch der »Größ-Doctor« genannt, weil er so bekannt war, dass er auf der Straße fast ununterbrochen nach beiden Seiten grüßen musste. Reinartz versuchte im November 1848 Laurentz Cantador im Gefängnis zu besuchen. Es musste aber beim Abgeben einer Visitenkarte bleiben.[16]

Nicht ganz deutlich ist die Unterschrift »Buddeus« zu erkennen. Es könnte sich um den bekannten Düsseldorfer Buchhändler Julius Buddeus handeln. Er war 1848 stellvertretender Zugführer der Bürgerwehr.

Alles in Allem war es ein Stammtisch, der reformorientierte Geister vereinte und der über den »Allgemeinen Verein der Carnevalsfreunde«, die »St. Sebastianus Schützenbruderschaft« und den »Verein für demokratische Monarchie« – mit zahlreichen Querverbindungen unter den Vereinen – dem Düsseldorfer Bürgertum durch ein dichtes Beziehungsnetz verbunden war. Die führenden Mitglieder dieser Vereine waren auch die Hauptleute und Zugführer bzw. deren Stellvertreter der Düsseldorfer Bürgergarde. Die Wahl des Tagungsorts im Wohnhaushaus der Familie Heine war eine »still und verborgene« politische Demonstration.

Anmerkungen

[1] Hanna Bestvater-Hasenclever: J. P. Hasenclever. Ein wacher Zeitgenosse des Biedermeier. Recklinghausen 1979, Abb. 16.
[2] Peter Hasenclever wurde am 8. April 1847 geboren.
[3] Möglicherweise die Ehefrau des Bildhauers Dietrich Meinardus (1804–1891).
[4] Adressbuch Düsseldorf 1847.
[5] Joseph A. Kruse: Heine und Düsseldorf. Düsseldorf ²1998, S. 193.

6 Anton Fahne: Der Carneval mit Rücksicht auf verwandte Erscheinungen. Ein Beitrag zur Kirchen- und Sittengeschichte. Köln / Bonn 1854. Neudruck Wiesbaden 1972, S. 269 f.

7 Zu Johann Peter Hasenclever vgl. Knut Soiné: Johann Peter Hasenclever. Ein Maler im Vormärz. Neustadt/Aich 1990.

8 Soiné [Anm. 7], S. 199.

9 Der Wirt Penke stand anscheinend dem Verein für demokratische Monarchie nahe. In seiner Wirtschaft lagen z. B. Adressen dieser Vereinigung zum Unterzeichnen offen. In der Unterschriftenliste zwecks Beschleunigung der gerichtlichen Untersuchung des Falles Cantador vom 16. 12. 1848 finden wir in unmittelbarer Nähe der Unterschriften von Hasenclever und Schwingen auch D. Penke. Es dürfte sich um den Wirt handeln. Vgl. Ottfried Dascher / Everhard Kleinertz (Hrsg.): Petitionen und Barrikaden. Rheinische Revolutionen 1848/49, Münster 1998., S. 208 und 347.

10 Zu Schwingen vgl. Horst Heidermann / Pia Heckes: Peter Schwingen (1813–1863). Leben und Werk. Hrsg. von der Peter-Schwingen-Gesellschaft e. V. Bonn 1995.

11 Es dürfte sich in der Tat um den mit Hasenclever befreundeten und von ihm portraitierten Maler und nicht um den Möbelfabrikanten gleichen Namens handeln.

12 Lexikon der Düsseldorfer Malerschule 1819–1918. Hrsg. v. Kunstmuseum Düsseldorf u. d. Galerie Paffrath Düsseldorf. München 1998, Bd. III, S. 418.

13 Bernd Kortländer: »…unendlich deutsch und komisch«. Der Malkasten und seine Dichter. – In: Künstler-Verein Malkasten (Hrsg.): Hundertfünfzig Jahre Künstler-Verein Malkasten. Düsseldorf 1998, S. 47 und S. 55, dort Abbildung des Scherenschnitts von Wilhelm Müller. Das Original befindet sich in der Lippischen Landesbibliothek Detmold.

14 Moritz Geisenheimer war auch Vorstandsmitglied des ersten Düsseldorfer Turnvereins, 1848 gegründet. Dieser Verein spielte bei der Durchführung des Einigungsfestes am 6. 8. 1848 eine wichtige Rolle im Festzug.

15 Reinartz nahm an den Abgeordnetenfesten 1843 und 1845 in Düsseldorf teil und gehörte 1848 dem Vorparlament an. Neben Lorenz Clasen war er einer der führenden Reformkonservativen. Vgl. Christina Frohn: Der organisierte Narr. Karneval in Aachen, Düsseldorf und Köln 1823–1914. Marburg 2000, S. 283, Anm. 465. 1848 war er auch im Vorstand der St. Sebastianus Schützenbruderschaft.

16 Dascher/Kleinertz [Anm. 9], S. 347.

Notiz

Heine beim Wort genommen: Vergeltung

Von Wilhelm Gössmann, Düsseldorf

Bei der Heine-Lektüre kann man auf Zitate stoßen, die in ihrer Aktualität nicht überlesbar sind. Dazu gehören seine Äußerungen über das Ende des Vergeltungsdenkens in der »Lutezia«, worauf einmal ausdrücklich hingewiesen werden soll.

Wir haben uns daran gewöhnt, dass im persönlichen oder im öffentlichen Bereich Vergeltung geübt wird, und meist nehmen wir es stillschweigend hin oder halten es sogar für selbstverständlich. Vergeltungsschläge hat es immer gegeben und wird es wohl auch in der Zukunft geben. Aber sie sind unter keinen Umständen politisch zu rechtfertigen. Handlungen aus der Motivation der Vergeltung sind letztlich Verstöße gegen die Menschenrechte.

Akte der Vergeltung stiften nie Frieden, sie fügen sich in das verhängnisvolle Schema von Aktion und Reaktion, eine Kette, die erst dann aufhört, wenn der eine oder der andere oder beide machtlos am Boden liegen. Hinter der Vergeltung steht der Zorn einer äußeren Gerechtigkeit: Wie du mir, so ich dir, meist noch gesteigert. Prinzipien wie Empörung oder Vorstellungen wie Blutrache wollen befriedigt sein. Dementsprechend ist dann auch die Motivierung und Argumentation.

Schon in der alttestamentlichen Tradition wird die Vergeltung den Menschen im Grunde aus der Hand genommen und Gott überlassen. Bei vielen biblischen Texten, in denen es so scheint, als wäre menschliches Vergelten schon göttliche Gerechtigkeit, kann man davon ausgehen, daß eine nachträgliche schriftstellerische Rehabilitierung vorliegt. Auch auf der menschlichen und politischen Ebene wird in den alttestamentlichen Texten die Willkür auf die Verhältnismäßigkeit reduziert.

In der Bergpredigt ist eine klare Position bezogen, die das Vergeltungsdenken radikal verurteilt. Es wird ein Anspruch erhoben, der die menschliche Kraft zu übersteigen scheint, gerade dadurch wird eine Signalwirkung ausgelöst:

> Ihr habt gehört
> daß gesagt
> und danach gehandelt wurde
> Aug um Auge – Zahn um Zahn

Ich sage und wiederhole –
widersetzt euch nicht dem Bösen
schlägt dich einer auf die Backe
so halte ihm noch die andere hin (vgl. Mt 5, 38–39)

Dieser vielzitierte Spruch will nichts anderes sagen, als dass die Kette von Aktion und Reaktion abgebrochen werden muss, dass sich Recht in Liebe verwandeln kann. Grundsätzlich geht es um die Überwindung des Vergeltungsdenkens. Heinrich Heine hat diese Zusammenhänge so klar aufgegriffen, wie es wohl kein Prediger oder Theologe im 19. Jahrhundert deutlicher hätte sagen können, mit all den Konsequenzen für eine politische Grundeinstellung, In »Gefängnißreform und Strafgesetzgebung« im Anhang zur »Lutezia« hat er sich mit den damaligen Straftheorien auseinander gesetzt, eine positive Auswirkung seines Jura-Studiums:

Wir sehen hier zunächst die sogenannte Vergeltungstheorie, das alte harte Gesetz der Urzeit, jenes Jus Talionis, das wir noch bey dem alttestamentalischen Moses in schauerlichster Naivität vorfinden: Leben um Leben, Aug um Auge, Zahn um Zahn. Mit dem Martyrtode des großen Versöhners fand auch diese Idee der Sühne ihren Abschluß, und wir können behaupten, der milde Christus habe dem antiken Gesetze auch hier persönlich Genüge gethan und dasselbe auch für die übrige Menschheit aufgehoben. Sonderbar! während hier die Religion im Fortschritt erscheint, ist es die Philosophie, welche stazionair geblieben, und die Strafrechtstheorie unserer Philosophen von Kant bis Hegel ist trotz aller Verschiedenheit des Ausdrucks noch immer das alte Jus Talionis. (DHA XIV/1, 115)

Heine kam es darauf an, das juristische Denken zu verändern, die Vergeltungstheorie abzuschaffen. Die Position Heines ist klar und wegweisend, in ihrer Bedeutung vielleicht zu vergleichen mit der juristischen Position Friedrich Spees, mit der er der Hexenverfolgung begegnen wollte: Nicht der Beschuldigte muss seine Unschuld beweisen, sondern die Schuld muss ihm nachgewiesen werden. Heine richtet sich mit der Abschaffung des Vergeltungsdenkens auch gegen solche Autoritäten wie Kant und Hegel, die das 19. Jahrhundert in dieser Hinsicht noch bestimmt haben. Schon Lessing hatte in seiner Dramentheorie das Gesetz der Vergeltung durch sein poetologisches Denken abgewandelt, indem er von poetischer Gerechtigkeit spricht. Annette von Droste-Hülshoff ist in ihrer Ballade »Die Vergeltung« so verfahren, ebenso auch Heine in seinem langen »Romanzero«-Gedicht »Vitzliputzli«. Bei der Vermittlung solcher Texte kommt es primär auf das literarische Verständnis an, auf den inneren Nachvollzug, keine Rehabilitierung der Vergeltung.

Bericht

Heine in Jerusalem

Von Joseph Anton Kruse, Düsseldorf

Bei Heine-Ehrungen haben wir es oft mit den größten Kapriolen zu tun. Wie der Dichter selbst ist seine Nachwirkung vor keinen Überraschungen sicher. Zu den größten Wundern in der an Liebe und Ablehnung wahrlich nicht geringen Wirkungsgeschichte des widerborstigen Romantikers zählt die jüngst in Jerusalem aus Anlass seines Geburtstags Mitte Dezember 2001 stattgefundene Konferenz, die gerechterweise ein Festival genannt zu werden verdient. Denn mit Musik und eigener Briefmarke, mit Straßenbenennung wie Ausstellungen, darunter eine nobel gestaltete historische Schau aufgrund der Bestände des Düsseldorfer Heinrich-Heine-Instituts, weiterhin mit allerlei beachtenswerten Aktualisierungen, z. B. durch bildnerische Arbeiten zum »Wintermährchen« von Yigael Tumarkin, geben sich wissenschaftliche Tagungen in der Regel nicht ab. Doch wurden Vorträge wie Podiumsdiskussionen von sogar in verschiedenstem Sinne orthodoxer Seite obendrein geliefert und durch die gewohnten schönen akademischen Bräuche liberaler Provenienz umrahmt.

Im stets gut besuchten Konrad-Adenauer-Zentrum des Mishkenot Sha'ananim, einer reizend gelegenen Tagungsstätte, die der Jerusalem Foundation zu verdanken ist und unweit der Windmühle Montefioris den Blick auf den Sionsberg hat, lag in den unterschwellig stets präsenten unruhigen Zeiten, die spürbar vor allem die Gemütslage der zahlreichen Gäste bestimmte, der Mittelpunkt der deutsch-französisch-israelisch dominierten Veranstaltungen. Für die Konzerte, unter anderem mit Wolf Biermann, gab es entsprechende Säle in der näheren Umgebung. Durch solche Flexibilität war für alles und alle gesorgt. Die Welturaufführungen neuer beschwingter Heine-Vertonungen von Shimon Cohen sowie eines musikalischen Porträts mit Schumann-Zitaten durch Haim Alexander wurden beispielsweise im zugehörigen Foyer von einer künstlerischen Foto-Hommage à Heine aus dem Düsseldorfer Atelier von Gabriele Henkel begleitet.

Was durch die angenehm bunte Mixtur des Programms und die ernste politische Situation gelegentlich ans Unwirkliche zu grenzen schien, wurde auf Grund

Titelblatt des Programmhefts der Internationalen Heine-Konferenz in Jerusalem,
10.–13. Dezember 2001

des immer wieder aufblitzenden Heineschen Humors und der gelassenen Freund-
lichkeit der Gastgeber zu einem Signal der Hoffnung. Heinrich Heine, 1997 zum
200. Wiegenfest in aller Welt und somit selbstverständlich auch im internationalen
Zirkel an der Hebräischen Universität gefeiert, war nun auch für die größere und
gemischte Öffentlichkeit in Jerusalem mit aller dazu gehörenden Medienpräsenz
angekommen. Dort hatte die im Jahre 2000 erschienene hebräische Heine-Biographie von Yigal Lossin, der seit langem eigentlich einen Film hatte drehen wollen,
was man damals jedoch für nicht wichtig genug hielt, dem deutschen Dichter
durch einen wochenlangen Platz auf der Bestsellerliste Tür und Tor geöffnet. Es war
also nicht etwa die aus Deutschland vertriebene Emigrantenschicht, die möglicherweise nostalgischen Gefühlen anhing. Ganz im Gegenteil konnte offenbar eine neue
Generation erreicht werden, die nicht mehr Deutsch liest und spricht, aber das Erbe
und die Botschaft Heinrich Heines kennen lernen möchte. Diese Beobachtung zielt
auf einen neuerdings auch sonst feststellbaren Kafka-Effekt, den man endlich auf
den Fall Heine anwenden kann: Die Bedingungen seiner Herkunft wie Zeit werden
zum Gleichnis, er wird als existenziell verwertbares Ereignis empfunden. Jerusalem
hat für eine solche Form der Akzeptanz an besonders heraus gehobener Position
den delikaten Beweis erbracht.

Dem Dichter selbst übrigens war durchaus klar, warum er es unweigerlich sein
Leben lang mit dieser Stadt zu tun haben würde. Auch wenn er es an seinem Geburtsort Düsseldorf trotz einiger Prügel, die diesen Gegenstand betrafen, noch nicht gelernt haben sollte, so doch spätestens in Berlin während seines Jurastudiums nach
einem Bonner und Göttinger Vorspann, als er dort auch Gast im Salon der Rahel
Varnhagen war. Wenn ich Dein vergäße, Jerusalem, hieß denn auch sein alttesta-
mentlicher Seufzer an einen Berliner jüdischen Freund. Jude zu sein in Deutschland, und zumal in Preußen, das sich später gerne auf die sogenannte deutsch-
jüdische Symbiose etwas zugute hielt, war kein Zuckerschlecken, auch nicht im
19. Jahrhundert, als von den emanzipatorischen Erfolgen ausgehen zu können die
höchste Hoffnung war. Die geistig-moralische Anstrengung sollte es bringen, jene
Eingliederung und Anerkennung, auf die der Mensch ein Grundrecht hat.

Von solchen Hoffnungen war Heinrich Heine erfüllt. Er ließ sich sogar zum
Abschluss seines Studiums im Jahre 1825 taufen. Was die Stimmen seiner Gegner
anging, war ihm diese Assimilation dann doch keine Hilfe. Die Taufe, die das En-
tree-Billett in die europäische Kultur sein sollte, hat ihm, was die eigene Herkunft
anging, auf Generationen hin die Anerkennung unter einer bewusst jüdisch gebliebenen Leserschaft erschwert. Das eben scheint sich, auch eingedenk mancher
untergründigen Anteilnahme zuvor, jetzt wesentlich geändert zu haben. Der Grenz-
gänger hat seine Lebensform als die mögliche Alternative zu den Bedingungen einer
problematischen Umwelt unter Beweis gestellt. Die späte sogenannte Bekehrung

tut für frömmere Gemüter das Ihrige hinzu. Heine ist darüber hinaus ein Autor der Weltliteratur. An ihm hat Jerusalem auf einfallsreiche Weise partizipiert. Michel Tournier war aus Frankreich angereist, um mit Stefan Heym aus Berlin – neben dem Heine-Preisträger Biermann – den literarischen Part zu bestreiten. Es ist ihnen gelungen. Der greise Heym erlebte in Jerusalem gar seinen letzten großen Publikumserfolg mit einer Abschlussrede auf Heine, die er vor amerikanischen Arbeitern im Jahre 1950 gehalten hatte. Er starb wenige Tage später an seinem Urlaubsort am Toten Meer.

Heinrich-Heine-Institut. Sammlungen und Bestände. Aus der Arbeit des Hauses

Ausstellungseröffnungen

Über Paul Celan in der rue d'Ulm

Von Jean-Pierre Lefebvre, Paris

Meine Damen und Herren, liebe Heine-Freunde in und aus Düsseldorf, es ist nicht nur eine große und echte Freude, dass ich heute in diesem Haus ein paar Eingangsworte zur Eröffnung dieser Ausstellung sagen darf. Es ist auch eine »meridionale« Angelegenheit, wie Paul Celan gesagt hätte, eine Konjunktur aus alten und neuen Zeiten, die mir nicht aus dem Sinn kommen will.

Als ich hier das letzte Mal an einem Sonntag war und sprach, vor etwa zehn Jahren, hatte ich am Samstag davor das vom todkranken Heine mit grauem Bleistift geschriebene Manuskript des Gedichts »Beine hat uns zwey gegeben / Gott der Herr« (Zur Teleologie) aus Frankreich nach Deutschland mitgebracht, die graphische Geburtsstätte eines mehrseitigen Spottgedichts auf den geistlosen Optimismus der Moderne, das ich gerne auswendig wüsste, wenn es nicht so lang wär …

Ich war auch von Herrn Kruse mit dem sonntäglichen Kommentar des Gedichts beauftragt worden und kann mich noch erinnern, dass ich mit einer Anspielung auf den 20. Jänner begonnen hatte, weil mein Zug am Samstagnachmittag, dem 20. Januar, aus mir heute unerklärbaren Gründen an den verschneiten Vogesen vorbeigefahren war.

Der 20. Jänner war mir damals schon ein Schibboleth, die Parole einer Genossenschaft, deren Mitglieder seitdem auf jede Art Teleologie verzichtet haben. Damals kannte ich aber nur sehr oberflächlich das Werk meines ehemaligen Deutschlehrers an der École Normale Supérieure in Paris, des Deutsch-Lektors Paul Celan. Ich wusste weder, dass, noch wie tief und schmerzlich dieses Datum ein tragischer Meridian seines Lebens war, dass ihm der 20. Jänner die Erinnerung an Büchners Lenznovelle, an die Ermordung seiner Mutter und an die Wannsee-Konferenz bedeutete, den erlebten Zusammenhang also von Kunst, Existenz und Geschichte.

Heute komm ich im wunderschneeigen Monat Mai und bringe keine Manuskripte mit. Es ist schon alles da. Heute heißt mir das Schibboleth ganz einfach Heine, weil ich in Sachen Celan weniger unwissend bin. Kein Wunder, dass die Ausstellung auf die Räume des Heinrich Heine Instituts und des Institut Français verteilt ist. Paul Celan ist auf beiden Ufern der Bilker Straße seit langer Zeit zu Hause.

Ich möchte also heute auf diesem einen Ufer keinen Vortrag über Paul Celans Lyrik halten, sondern nur von dem 45jährigen Mann in den 60er Jahren sprechen, der vor uns saß, unserem quasideutschen Lallen zuhörte, dem wir dann zuhörten, mit dem wir aber so gut wie nie ein Gespräch hatten, auf die nahe Fremdheit also eingehen, die unsere Beziehung war und die ich heute aufzuheben versuche, indem ich seine Gedichte übersetze.

Er war unser Deutschlehrer. Paul Celan war nämlich Lektor an der École Normale Supérieure, die man rue d'Ulm nennt, Ulmer Straße, oder zwiefach metonymisch einfach Ulm, von Oktober 1959 bis zu seinem Tod im April 1970. Die meisten Gedichte der letzten Jahre hat er dort in seinem Büro geschrieben. Er war 39, als er die Stelle antrat, 49 als er starb.

Seine Berufung in diese Funktion war dadurch möglich geworden, dass der für diese Lektorenstelle kandidierende Peter Szondi nicht rekrutiert werden konnte, weil der Direktor meinte, Deutsch könne nicht die Muttersprache eines gebürtigen Ungarn sein …

Dass der deutschsprachige Rumäne Paul Ancel sich dennoch bewarb, ist nicht verwunderlich. Es war eine für ihn sehr interessante Stelle. Der Deutschlektor verfügte, wie die andern Lehrkräfte der École, über ein geräumiges Büro im Erdgeschoss, dessen hohes Fenster auf einen baumreichen Hof blickte. Das Gehalt war bescheiden: 600 FF im Monat, aber er bekam einige Überstunden bezahlt, für die kein zusätzlicher Dienst verlangt wurde. Die Briefe des ehemaligen Direktors und berühmten Hegelianers Jean Hyppolite sowie des Generalsekretärs Jean Prigent beweisen, dass er von Seiten der Verwaltung der ENS eine echte Sympathie genoss, als ob einige Leute gewusst oder geahnt hätten, wer er war, und überzeugt waren, man müsse ihn, soweit es ging, in Schutz nehmen. Ansonsten nämlich war er ein einsamer Mensch in der Schule: Niemand kannte seine Geschichte, geschweige denn seine Gedichte. Erst als er gestorben war, erinnerten sich einige – ein Leitmotiv der Erinnerung – an seine »bescheidene schemenhafte Erscheinung«.

Er war der einzige Deutschlehrer im Haus: Der Lehrkörper bestand damals aus wenigen Leuten, sogenannten »Kaimanen« im Jargon der normaliens. Louis Althusser war der einzige Philosophie-Dozent. Sämtliche Fremdsprachen wurden von einem einzigen Anglisten und Shakespeare-Spezialisten vertreten: Jean Fuzier. Erst 1967 wurde ein Germanist herangeholt: der Übersetzer Bernard Lortholary, dessen

Nachfolger ich dann 1971 wurde. Es waren ja auch nur wenige Germanisten zu be-
treuen, im Durchschnitt zwei, drei Leute pro Jahrgangsstufe, also insgesamt acht
bis zwölf Studenten, davon die Hälfte im Ausland. Im letzten Studienjahr kamen
noch ein Paar Gasthörerinnen und Gasthörer hinzu, die die Vorbereitung auf das
französische Staatsexamen mitmachten. Die Deutschstunden fanden also in einem
sehr kleinen Kreis statt. Schwänzten ein paar Leute aus irgend einem Grund, so war
das eine Privatstunde. Es hätte zu persönlicheren Beziehungen führen können. Das
war aber nur selten der Fall. Wir haben den Lektor im Grunde nur maschinell
›benutzt‹, als wäre er eine Art Sprachdienststelle, als performativen Besitzer und
Versorger einer Muttersprache, die wir uns aneignen mussten, ohne zu wissen, wie
persönlich sie für ihn auch die Sprache der Mörder war: Wir übten und übten, ver-
zerrten die Syntax, verfehlten den richtigen Ausdruck, trafen nicht das richtige
Wort. Er verbesserte unsere Sprachbarbarei, verdeutschte sie.

Literatur hat er mit uns nie gemacht, obwohl immer wieder zu Beginn des Jahres ausdrücklich abgemacht worden war, man würde im Frühjahr Texte des Programms kommentieren. Wir machten mit ihm keine schriftlichen Hausarbeiten.
Die Arbeit war also keine Last im üblichen Sinne, aber immerhin ein langweiliges
Pensum. An Franz Wurm schreibt er am 8. Januar 1968 : »[...] mir ist, mit einem
Wort, ziemlich elend zumute, Paris ist mir eine Last – die ich nicht abschütteln
darf, ich weiß –, das Unterrichten freut mich nicht, (im Gegenteil) ...«. Oder, am
28. März 1968: »Mit dem Unterrichten gehts soso, lala, bald hab ich mir drei Wochen erostert ...«. Am 18. April 1968 dann: »es ulmt aufs neue.« Am 7. Mai 1968:
»[...] Vorhin – und vielleicht darum doch noch diese Zeilen – pfiff draußen einer
ein paar Takte der Warschowjanka – ich verulme, ich verulme – [...]«. 16. April
1969: »Und nun, schulauf, schulab gehts dem Sommer entgegen ...«. Im Grunde
war es ihm vielleicht eine Qual, dass er nun Deutschlehrer sein musste. Außerdem
wurde er auch manchmal gebeten, je nach Nachfrage, die sogenannten Nicht-Spe-
zialisten zu initiieren, die Fortgeschrittenen auf dem schon erworbenen sprachlichen Niveau zu erhalten. Soso, lala.

Meine Erinnerung besteht kaum aus Worten. Ich sehe ihn, wie er vor uns sitzt,
das Fenster im Rücken. Sein Gesicht im Schleier eines Schattens, er lutscht irgend-
was gegen Husten, ein Katechu-Bonbon. Das ist auch die Farbe seines Blickes: noir
cachou. Immer sehr präsent, die Stimme mild. Angenehm. Jetzt weiß ich, fünf-
unddreißig Jahre danach, dass er zu dieser Zeit ganz allein wohnte, in einer kleinen
Wohnung unweit von der École, dass er unter Depressionen litt. Das haben wir nie
wahrgenommen. Wir waren damals wahrscheinlich nicht dazu fähig, eine richtige
Trauer zu erkennen, oder wir haben uns unbewusst vor dieser Tragik geschützt.

Seine Übersetzungen waren echte Wunder, Kunstwerke. Eine halbe Stunde vor
Schluss las er seine eigene Übersetzung vor, die er niedergeschrieben hatte. Er wählte

sich immer moderne Texte zum Übersetzen aus. So zum Beispiel aus meiner eigenen Kladde: Ponge (»Le restaurant Lemeunier«), Albert Camus (»La pierre qui pousse«), Sarraute (»Tropismes«), Levy-Strauss (»Anthropologie structurale«), Sartre (»Écrire«), Valéry Larbaud, Baudelaire (»Fusées«), Henri Michaux (»La nuit des Bulgares«), Marguerite Duras (»Le vice-consul«), Proust (»L'annonce du voyage à Florence«), Choderlos de Laclos (»Les liaisons dangereuses«), J. H. Fabre (»La mante«), Valéry (»Lettre d'un ami«). Es gab damals noch keine Photokopie, kein anderes Vervielfältigungsmittel als die eigene Schreibmaschine, sechs Durchschriften auf Dünndruckpapier, die letzte Kopie schwer lesbar, die erste an sich schon ein Autogramm …

Und so ulmte es weiter von Woche zu Woche zwischen dem grauen November und dem wunderschönen Monat Mai. Manchmal musste er in die Klinik oder ließ sich aus gesundheitlichen Gründen beurlauben.

Wie verulmt er auch war, so wusste er zweifelsohne, dass diese École eine Art kulturelles Paradigma in der französischen Geschichte bedeutet. Er kannte die Vorteile einer solchen Position: nicht nur das geräumige Arbeitszimmer und die geringe Zahl der Studenten, sondern auch die Bibliothek zum Beispiel, und überhaupt die Atmosphäre dieses republikanischen Stiftes. Gleichfalls kannte er – wurde womöglich von anderen öfters daran im Gespräch erinnert – die Geschichte der Anstalt: die Gründung 1794, die Freidenkertradition, das Interesse für Deutschland, die nationalsozialistischen Lektoren während der Besatzung. Wusste vielleicht von seinem ehemaligen Kollegen Norbert von Hellingrath, dem Entdecker von Hölderlins Spätwerk, der hier 1911 Lektor gewesen, und fünf Jahre danach vor Verdun gefallen war.

Die meisten Hörsäle befanden sich damals im ersten Stock, hießen, heißen immer noch: Salle Jean Cavaillés, nach einem 1944 erschossenen Philosophen, oder »Salle des Résistants«. Heute heißen die neuen Hörsäle im Erdgeschoss: Paul Celan, Samuel Beckett (ein anderer Lektor) und Simone Weil. Ende 1969 wurde eine kleine Forschungsstelle unweit seines Büros gegründet : Sie hieß Equipe Henri Heine.

Mit uns, wie gesagt, machte er nur *eines* gerne : Übersetzen. Wir wissen jetzt, dass er sich auf diese Stunden sehr minutiös vorbereitet hat. Er hatte ungefähr hundertzwanzig äußerst schwierige Texte parat, mit entsprechender Übersetzung, und dazwischen aufgehäuften Vorstufen und Materialien. Selbst die von ihm ungeliebten Sprachkurse für Anfänger und dergleichen hat er mit großer Sorgfalt vorbereitet.

In Literatur wollte er überhaupt keinen Unterricht geben, obwohl er sich wiederholt auf diese Aussicht vorbereitete.

1961 stand »Maler Nolten« auf dem Programm. In Celans Nachlass findet man Belege einer ausführlichen Mörike-Lektüre. Fragt man aber seine Studenten von damals, so erinnert sich keiner an ein einziges Wort von ihm zu diesem Thema.

Es hätte 1967 anders ausfallen können. Das »Buch der Lieder« stand nämlich auf dem Programm des Staatsexamens. Paul Celan war nach langer Behandlung im Juni aus der Klinik entlassen worden. Es hatte wieder eine produktive Phase begonnen. Celan hatte den Fischer Verlag verlassen und sich im Dezember für Unseld entschieden. Es war also eine hoffnungsvolle Zeit, eine weniger pessimistische Phase, die aber am 25. Januar 1967 endete, nachdem Celan bei einer Veranstaltung im Goethe-Institut der Ywan Goll-Witwe, Claire Goll, zufällig begegnet war. Fünf Tage danach fand ein Selbstmordversuch mit einem Messer statt, das sein Herz nur knapp verfehlte. Nach der Operation an der linken Lunge wurde er im Februar in die psychiatrische Universitätsklinik eingewiesen. Von einer Wiederaufnahme des Unterrichts war natürlich in diesem Jahr nicht mehr die Rede.

Die Vorbereitung auf den Heine-Kurs war aber zwischen Oktober und Januar sehr intensiv gewesen, obwohl er sich – nach dem Nachlass zu urteilen – immer mehr zu entfernen schien. Zwar bearbeitet er zunächst das »Buch der Lieder«, liest aber und exzerpiert immer mehr aus Heines Prosa, vor allem aus der »Romantischen Schule« und aus »Zur Geschichte der Religion und Philosophie in Deutschland«, wo ganze Seiten mit Anstreichungen und Randbemerkungen versehen sind. Er unterstreicht dabei meistens Worte bzw. Wortgruppen, die mit dem Programm wenig zu tun haben, die aber jedem Celan-Leser wohlbekannt sind und wie Schibboleths klingen, so z. B. *Mandelbaum, Mandelkern, lallende Einfalt, Einhorn, Schibboleth* usw.

Die Lesespuren in der Heine-Ausgabe von Rudolf Frank (Leipzig 1923) entwickeln sich zu einem richtigen graphischen Kommentar. Unter verschiedene Passagen, die Deutschland betreffen, schreibt Celan in dicken wuchtigen Buchstaben »November 1966«. Er aktualisiert die Kritik an den deutschen Zuständen, eignet sie sich an. Was dabei entsteht, ist nicht das Material zu einer Vorlesung, sondern die Vorstufe von Gedichten, die er bis 1970 schreiben sollte.

Und so könnte auch das Stichwort der Besichtigung in den Heine-Räumen lauten: LESESPUREN. Nicht wegen der graphischen Substanz, sondern weil diese Striche die Energie einer Reaktion enthalten, will sagen, den dunklen Frühlingsschrei eines Schattens aus der Tiefe, das Nein an alle Ja-Sager, im Sinne etwa des 1955 erschienen Gedichts »SPRICH AUCH DU«:

> Sprich auch du,
> Sprich als letzter,
> Sag deinen Spruch.
>
> Sprich –
> Doch scheide das Nein nicht vom Ja.
> Gib deinem Spruch auch den Sinn: gib ihm den Schatten.

Gib ihm Schatten genug,
Gib ihm so viel,
Als du um dich verteilt weißt zwischen
Mittnacht und Mittag und Mittnacht.

Blicke umher :
Sieh, wie's lebendig wird rings –
Beim Tode ! Lebendig !
Wahr spricht, wer Schatten spricht.

Nun aber schrumpft der Ort, wo du stehst:
Wohin jetzt, Schattenentblößter, wohin?
Steige. Taste empor.
Dünner wirst du, unkenntlicher, feiner!
Feiner: ein Faden,

An dem er herabwill, der Stern:
Um unten zu schwimmen, unten,
Wo er sich schimmern sieht: in der Dünung
Wandernder Worte.

»Joseph Beuys. Texte«

Von Johannes Stüttgen, Düsseldorf

Hier in Düsseldorf über Joseph Beuys zu reden, ist immer ein besonderes Unterfangen. Als erstes muss man die *Nähe* entfernen, in welcher in dieser Stadt alles um seine Brisanz gebracht wird. Der andere ganz Große, mit dessen Namen sich Düsseldorf ja ebenfalls schmückt, Heinrich Heine, der wie kein zweiter Deutschlands Städte und Lande kannte, hat Düsseldorf mit neunzehn Jahren verlassen – zum Glück für die Stadt! So kam sie gut weg. Joseph Beuys – so könnte ein »altes Stück« zu Ende geschrieben werden – lieferte dem Freiheits- und Kampfgenossen, den er einmal den »ersten Fluxus-Künstler« genannt hat, buchstäblich all den Stoff nach, der diesem noch fehlte. Heine, wie gesagt, hat diese Stadt frühzeitig verlassen, Joseph Beuys sprang für ihn ein. Er wusste sehr wohl, dass sie ihn verlassen würde, wenn es darauf ankäme. Sie verzog sich, aber er blieb. Sogar dann noch, als er längst hinausgeschmissen worden war, nämlich im Oktober 1972 aus der Akademie. Wie hatte er drei Jahre vorher doch notiert?

> HIER IST NICHTS WAS ZU BEGREIFEN WÄRE
> IHR KÖNNT MICH NICHT EINFACH IN DIE ERDE
> KRATZEN[1]

»Hier ist nichts was zu begreifen wäre« – als erstes muss die falsche Nähe weg! Und wenn dennoch heute wiederum hier in dieser Stadt von Joseph Beuys die Rede sein soll, dann muss eine *ganz andere Nähe* ins Auge gefasst werden, eine, die nur über gebührenden Abstand, ja, einen *Abgrund* überhaupt zu haben ist. Auf sie und diesen Abgrund ist alles von Joseph Beuys angelegt; das machte seine unbegreifliche *Gegenwärtigkeit* aus.

Was hatte (und hat) es mit dieser Gegenwärtigkeit auf sich? Der folgende Text stammt nicht von Heinrich Heine, auch nicht von Friedrich Nietzsche (dessen Thema ja die Abgründe waren), sondern von Joseph Beuys:

> Ihr lacht mir zuwenig. Das ist für
> mich ein Zeichen dass ihr es nicht ernst meint
> wo ist das grosse homerische Gelächter
> das ihr dem grossen Gelächter entgegen-
> zusetzen hättet welches hinter jedem

Ding (hinter jedem Stein) über Euch
lacht. Das Lachen, der grossen negativen
Geister. Das bringt sie zu einem
fur[ch]tbaren Erschrecken wenn ihr lacht.
Das können sie nicht ertragen:
einen lachenden Menschen.[2]

Gegenwärtig, wie Joseph Beuys eben gegenwärtig war (und ist), ist nie die gewöhnliche Nähe – »Ihr lacht mir zuwenig. Das ist für mich ein Zeichen dass ihr es nicht
ernst meint«. Das endlich verschlägt uns die Sprache und alles dämliche Lachen,
das »Lachen« nicht genannt werden darf. Beuys' eigentümliche Gegenwärtigkeit
bestand (und besteht) darin, dass sie uns für die Wucht eines Augenblicks selbst in
die Gegenwärtigkeit versetzte. Der lachende Beuys – das war (und ist) die nicht zu
begreifende Präsenz des BEGRIFFS und seiner WÄRME. Die Intelligenz *hinter* oder
über der Intelligenz, nämlich hinter oder über – ja auch: *unter* der Intelligenz des
SYSTEMS.

> Wo wären wir hingekommen, wenn wir intelligent gewesen wären!

Wen meint er mit »wir«? Etwa uns? Nie jedenfalls meinte der lachende Beuys nur
sich selbst. Das haben die Menschen immer gespürt. Der sitzt nicht auf dem hohen
Ross, haben sie gesagt, er ist einfach da! Wenn wir auch *nichts* verstehen, verstehen
wir es doch. Joseph Beuys führte vor, wonach sich im Grunde jeder sehnte: wirklich da zu sein, sich zu zeigen – kühn, mitten im System gegen es. Nie ihm nahe,
aber ganz gegenwärtig, nie ihm zu Diensten, aber den *Menschen* – vor allem, um
ihnen zu zeigen, wie gelacht werden kann, wenn man es wirklich ernst meint und
eine IDEE hat – eine Idee, so gegenwärtig, wie es nur eine FETTECKE sein kann, so
gegenwärtig eben, dass es die »grossen negativen Geister [...] zu einem furchtbaren
Erschrecken« bringt.

Im Blick zurück, heute über fünfzehn Jahre nach dem Tod von Joseph Beuys,
kann diese erstaunliche Gegenwärtigkeit sogar ganz konkret an einem Beispiel belegt werden. Als er 1970 in der Andreasstraße 25 in der Düsseldorfer Altstadt, hier
nebenan, das Büro der »Organisation der Nichtwähler für freie Volksabstimmung«
– ein Jahr später in »Organisation für direkte Demokratie durch Volksabstimmung« umbenannt – eröffnete, wurde er von den meisten dafür abgekanzelt und
sogar verhöhnt. Was will der, wir haben doch eine Demokratie! hieß es. Heute, über
dreißig Jahre später, wissen wir mehr. Die Beuyssche Kennzeichnung unseres politischen Systems als »Parteiendiktatur« ist inzwischen in breiten Teilen der Bevölkerung tiefste Gewissheit und die Forderung nach Einführung des bundesweiten
Volksentscheids – ich will nicht sagen: in aller – aber in sehr vieler Munde. So wer-

den wir sie denn auch hoffentlich endlich realisieren. Was ich sagen will: Beuys ist überhaupt erst *jetzt* richtig da – und ich behaupte sogar: Er wird in Zukunft immer mehr da sein – nicht nur, was diese Demokratiefrage betrifft, sondern auch, was die Einschätzung der Lage unseres Bildungswesens, der Schulen und Hochschulen anbelangt, diesen verstaatlichten Vernichtungsanstalten von Kreativität und Menschensubstanz. Und insbesondere, was ein Wirtschafts- und Geldwesen betrifft, das immer mehr die Menschen (aber nicht nur die Menschen, auch die Tiere und Pflanzen) buchstäblich ausstülpt. Studieren Sie die Texte von Joseph Beuys von vor zwanzig, dreißig Jahren hier in dieser Ausstellung! Sie werden sich die Augen reiben und feststellen können, wie präzise und um wieviel präziser als alle Parteierklärungen (die der GRÜNEN inklusive) hier die Gegenwart *jetzt* gekennzeichnet wird. Und dies nicht als bloße Analyse, sondern als ganz konkret bis ins Detail ausgearbeitete und doch immer vor allem das Ganze ins Blickfeld rückende Vorschläge einer Alternative. Diese wird bewusstseinsmäßig immer gegenwärtiger, nicht freilich – ich wiederhole mich wieder – in der uns geläufigen Nähe, schon gar nicht in der aufdringlich alles in Beschlag nehmenden Bildschirmnähe der Parteien, sondern im immer ungetrübteren Blick auf den Abgrund – den zwischen uns und UNS SELBST. »Wähle dich selbst!«

Worauf ich hinaus will (und es gibt dafür noch viel zwingendere Beispiele als das mit Volksbegehren und Volksentscheid), ist, dass Joseph Beuys' Gegenwärtigkeit etwas mit ganz real anwesender *Zukünftigkeit* zu tun hat und eben dies auch das Geheimnis seiner AKTIONEN war. Dies gilt in gesteigertem Sinne allem voran für die Aktionen, die stolz und streng von allem »Politischen« abgeschirmt waren. Abgeschirmt nicht nur von allem »Politischen«, sondern überhaupt von jeglicher üblichen Nähe des Zeitzugriffs. Abgeschirmt von dem Zeitzugriff machte das ganz Andere ihre Gegenwärtigkeit aus: die Anwesenheit einer Zeit-Substanz »ÜBERZEIT«, die keine Vermischung verträgt. Was Joseph Beuys später den »erweiterten Kunstbegriff« genannt hat, war das Gegenteil einer Vermischung von Kunst und z. B. Politik. Vielmehr war es die rigorose, radikale Scheidung der Kunst von der Nichtkunst, aber eine Scheidung jenseits der gesellschaftlichen Übereinkünfte und deren systemtheoretischen Unterscheidungsmustern. Es war die Herauspräparierung eines KONZENTRATS, das als solches in dieser Gegenstandsunabhängigkeit noch nie in Erscheinung getreten war, nicht einmal bis dahin in der Kunst selbst. Dieses KONZEN-TRAT – von Joseph Beuys »Plastik« genannt – ist frei VON allem FÜR alles. So könnte der »erweiterte Kunstbegriff«, wie ihn Joseph Beuys gefasst und realisiert hat, ebenso gut der »verdichtete Kunstbegriff« genannt werden – Beuys: der »BEGRIFF PLASTIK«. Also der »erweiterte Kunstbegriff« nicht Politik? Nein, nicht Politik! Also auch jene »Organisation für direkte Demokratie« nicht Politik? Nein, auch sie nicht Politik! Wohl aber das Ergebnis der Berührung (nicht: Vermischung!) des Demokratiebegriffs mit jenem Konzentrat »PLASTIK«, das alles, was es berührt, aus seinen herkömmlichen Bezügen und Vorstellungsmustern isoliert und für ganz neue Formen freimacht – freimacht für die freie Gestaltung DIREKT durch das ICH. Es seiner Verantwortung DIREKT unterstellt (– das ist auch der eigentliche Sinn von »direkt« bei »direkter Demokratie«). Wie aber, könnte man sich jetzt fragen, war nicht gerade Joseph Beuys politisch? Wollte er nicht sogar in den Bundestag? Allerdings. Hatte er nicht den SCHWELLENSCHRITT »aus der Kunst heraus« in die Politik im Sinn? Das trifft sehr wohl zu. Nur eben nicht so simpel, wie man sich das denkt. Joseph Beuys – und das unterschied ihn von den Politikern ebenso wie von den »Künstlern« – trat in das politische Feld mit jenem REINEN KONZENTRAT, um es genau dort zur Wirksamkeit zu bringen und mit ihm alles in Berührung zu bringen. Eben diese Folgerichtigkeit ist das Erstaunliche und immer noch für viele Verwirrende: Ein Mensch tritt in das politische Feld mit Nicht-Politik! Er tritt hinein mitten in »Feindesland« als nichts als ein MENSCH und deswegen so gegenwärtig. Nicht weniger erstaunlich aber wie diese KÜHNHEIT ist die damit verbundene, an die Menschengrenze des überhaupt Verkraftbaren rührende Last.

In der Tat, »HIER IST NICHTS WAS ZU BEGREIFEN WÄRE« – aus der Kunstakademie Düsseldorf wird er hinausgetreten wegen »Politik«, der Einzug in den Bundestag – schon 1967 bei der Gründung der »Deutschen Studentenpartei« in der Akademie sein erklärtes Ziel – wird ihm verwehrt von den GRÜNEN, der von ihm selbst mitgegründeten Truppe, wegen »Kunst«. Was also nun, Kunst oder Politik oder beides oder nichts, also was? »Mach du dein Fett weiter! Du kostest uns Stimmen!«, kreischte es ihm am 23. Januar 1983 in der Landesversammlung der NRW-GRÜNEN in Geilenkirchen entgegen, wo ihm als Direktkandidat der GRÜNEN Düsseldorfs – er und Otto Schily – ein Platz auf der Landesliste verwehrt wurde. Otto Schily sollte es schaffen, und der ist mittlerweile in der SPD. Ganz nebenbei ist auch jenes Datum, der 23. Januar 1983, nicht ganz ohne symbolische Ladung; Joseph Beuys starb auf den Tag genau drei Jahre später.

In der Sendung im deutschen Fernsehen am 27. Januar 1980 in der Reihe »Lebensläufe« wurde Joseph Beuys von dem Moderator Hermann Schreiber folgende Frage gestellt:

SCHREIBER: Mögen Sie Clowns, Herr Beuys?
BEUYS: Ja, ich mag Clowns.
SCHREIBER: Auch traurige?
BEUYS: Vor allen Dingen traurige, weil ich glaube, daß das wesentliche Element, auch das zukünftige, das vorausschauende Element für die Gestaltung das tragische ist – also, daß man tief in die Kräfte und in das Wirken von Natur und Menschenschicksalen hineinschaut. Und das tut ja das Tragische. Ich finde aber, noch eine verstärkte Form des Tragischen ist die Tragikomödie. Die Tragiko-

mödie greift eigentlich noch tiefer. Wenn ich es einmal mit einem Pflug vergleichen soll, dann muß man doch eine Pflugschar tiefer ansetzen, um noch
mehr hervorzuholen von den wirkenden Kräften in der Welt, die sich ausdrücken kann durch Tragikomödie.

Das Thema der Ausstellung, die hier im Heinrich-Heine-Institut in Düsseldorf eröffnet wird, heißt »Joseph Beuys / Texte«. Einige Texte haben wir nun schon gehört.
Zum Schluss soll nun noch eine Aussage von Beuys selber zu seinen Texten zu
Gehör kommen. Joseph Beuys hat sich selbst als Bildhauer und Aktionskünstler bezeichnet. Auf die Frage einer Kunsthistorikerin im Dezember 1981 in der Akademie,
ob er auch schreibe, antwortete er:

Gelegentlich muß ich ja schreiben. Aber ich versuche, solange zu warten, bis die Sache sich
komprimiert quasi auf Weniges, so daß ich mit einer halben Schreibmaschinenseite oder mit
einer Schreibmaschinenseite auskomme. Also ich habe eher beim Schreiben das Gefühl, ich
muß es bis zu einer *Formel* bringen; es muß so verdichtet werden, daß es sozusagen ausstrahlt
als ein Funktionsglied. Also meine Fähigkeit ist nicht, so lange Geschichten zu erzählen. Ich
bin also insofern kein schneller Schreiber. Das bin ich nicht. Sondern ich entwickle die Sachen,
bis sie sich sehr stark verdichten auf ein paar Sätze oder auf ein Problempaket. Ja, eigentlich
müßte es soweit sein, daß man es auch in Stein irgendwo als Platte einmeißeln kann. Ja, es sollte
in sich dann auch eine Skulptur sein, so aus Worten. Das ist so meine Idee und ist auch meine
Fähigkeit.

In der Tat, überzeugen Sie sich in der Ausstellung hier selbst, man darf bei diesen
Texten und Sätzen, wie sie oft als Titel von Arbeiten oder Aktionspartituren wirklich wie gemeißelt – am liebsten würde ich sagen: ganz scharf herausgeschnitten
sind (oft allerdings auch modelliert) – eben einmal Skulptur, ein anderes Mal Plastik –, getrost davon ausgehen, dass sie von langem Atem sind. Atem wie »h« – »h«
wie das Plancksche Wirkungsquantum, für das Joseph Beuys kurzerhand »der
Mensch« setzt. Vor diesen Texten befindet sich unermesslich verdichtete Zeit – Zeit
aus ZEITERZEUGUNG, die »PLASTIK« hervorbringt.

> Erzeuger der Zeit: der Mensch (h)
>
> [...] die Formeln von Planck und Einstein
> bedurften dringend der Erweiterung,
> da sie ohne diese auch nur Raumhyper-
> trophie zu erzeugen in der Lage sind.
> Der Wert h läßt sich aus der
> Planck-Formel als »Der Mensch«
> identifizieren. h ist der Wert,
> auf den alle Zukunft zuläuft.[3]

Das sind wahrhaftig Sätze, mit denen man nicht auf einer Dichterlesung auftritt, wohl aber in den Schützengräben an der Front, z. B. in den Laboratorien, in denen endlich als erstes die Embryonen bedacht werden müssen mit »h«.

Zum Schluss aber noch etwas Versöhnliches zu Düsseldorf aus dem Mund von Joseph Beuys selbst. In dem (oben schon genannten Interview im deutschen Fernsehen, 1980) wird er von Hermann Schreiber gefragt, wie er denn wohl selbst seine Chancen in der Politik einschätze:

SCHREIBER: Wie steht es da mit den Chancen, glauben Sie? Sie haben, als Sie erstmals für den Bundestag kandidiert haben, 1976, auf einer unabhängigen Liste, zwei Prozent der Stimmen bekommen. Das waren insgesamt, glaube ich, 600 Stimmen in Düsseldorf-Oberkassel.

BEUYS: Ist das nicht grandios? Daß die Oberkasseler, daß 600 Oberkasseler mich gewählt haben damals? Ich finde, das ist ein grandioser Ausgangspunkt. Stellen Sie sich einmal vor: 600 Menschen geben ihre Stimme einem Menschen, der solche, sagen wie einmal: nicht für jedermann leicht verständliche Dinge in die Welt gesetzt hat! Ich finde, das ist ein sehr vielversprechender Ausgangspunkt gewesen.

Nicht wahr, das ist die *ganz andere Nähe!* Hätte Heinrich Heine Düsseldorf nicht geliebt, Joseph Beuys hätte ihn darauf gestoßen!

Anmerkungen

[1] Joseph Beuys: Das Geheimnis der Knospe zarter Hülle – Texte 1941–1986. Hrsg. von Eva Beuys. München 2000, S. 175.

[2] Ebd., S. 313.

[3] Aktionspartitur »und in uns … unter uns … landunter«. Galerie Parnaß, Wuppertal, im Rahmen von »24 Stunden«, 5. Juni 1965. – In: Joseph Beuys. Werke aus der Sammlung Karl Ströher. Kunstmuseum Basel, Emanuel Hoffmann-Stiftung 1969. Katalog S. 16–18.

»Dieses ist die neue Welt!«
Das Düsseldorfer Studierenden-Kolloquium 2001
mit neuen Arbeiten über Heinrich Heine

Von Karin Füllner, Düsseldorf

»Heine schlägt Wellen auch außerhalb eines runden Jubiläumsjahres. So verabschiedete sich Tagesthemen-Moderator Ulrich Wickert vor zwei Tagen gegen Mitternacht mit einem Zitat, nicht von Heine, sondern von Adrian Flasche. Es war der Titel von dessen Vortrag ›Heine als Popstar der Event-Kultur.‹« So leitete eine Düsseldorfer Tageszeitung ihre Besprechung des vierten Düsseldorfer Studierenden-Kolloquiums vom 8. Dezember 2001 ein[1], bei dem junge Wissenschaftlerinnen und Wissenschaftler aus fünf Universitäten Thesen und Ergebnisse ihrer Magister- und Doktorarbeiten vorstellten. »Seit wenigen Jahren ist das Studierenden-Colloquium kurz vor Heines Geburtstag am 13. Dezember im Heine-Institut ein guter Brauch, auch deshalb, weil es nicht auf die Heine-Uni eingegrenzt ist.«[2] Die Vortragenden kamen in diesem Jahr aus Bamberg, Bonn, Düsseldorf, Lüneburg und Wuppertal.

Einleitend sprach Jürgen Stratmann (Düsseldorf) über »Heinrich Heines ›Aus den Memoiren des Herren von Schnabelewopski‹ und das Ende der Kunstperiode«. Ihn interessierte, wie Heine im »Schnabelewopski« nicht nur klassisch-romantische Romankonventionen parodiert, sondern ein neues Romankonzept erprobt. Angeregt durch die Thesen des kanadischen Kommunikationsforschers Marshal McLuhan sieht Stratmann die eigentliche Informationsvermittlung des Romans weniger durch den Inhalt als vielmehr durch die Gestalt des Textes gegeben. »Die lebendige Auseinandersetzung im Anschluss an den Vortrag zeigte, wie unterschiedlich die Herangehensweise in der Heineforschung ist und wie lebendig sie nach wie vor geführt wird«, hieß es in der Düsseldorfer Tagespresse vom 11. Dezember 2001.[3] »Aut poeta aut nihil – Der leidende Dichter in Heines Romanzero« titelte Sonja Sakolowski (Bamberg) und untersuchte die Modernität von Heines letztem, vor nunmehr 150 Jahren erschienenen Gedichtband. Den neuen, oftmals grotesken Ton dieser Lyrik deutet sie als »hochartifizielles ästhetisches Spiel, dessen kommunikativer Sinn letztlich in der Etablierung einer Art von Metatext besteht, der den Verfasser Heinrich Heine als Bewohner jenes Reiches der Poesie ausweist, in dem allein für den Dichter noch ein ästhetischer Genuss jenseits des Leidens möglich ist.«[4] Ein Leben außerhalb der Dichtung – so der Titel – habe es für den kranken Heine nicht mehr geben können.

Auch der Beitrag von Robert Steegers (Bonn) bezog sich im »Jubiläumsjahr« auf den »Romanzero«: »›Das ist indezent und degoutant zugleich.‹ Intertextuelle Beobachtungen an Heines ›Vitzliputzli‹«. Ausgehend vom titelgebenden Zitat der Effi Briest, verwies Steegers auf das subversive sinnliche Potential der Romanze und zeigte beispielhaft am »Vitzliputzli« auf, wie Heine seine Texte in vielfältige Beziehungen zu anderen literarischen Texten stellt: »Das Spektrum der Texte, auf die Heine rekurriert, reicht von der Bibel bis Goethe, von Homer bis Wieland.«[5] Spannend an diesen Zusammen- und Gegenüberstellungen war zu sehen, wie Heine gängige Deutungen der Entdeckung der Neuen Welt konterkariert. Und – wie hier zu Heines Bibellektüre gezeigt werden konnte – auch nach der in Düsseldorf erarbeiteten historisch-kritischen Heine-Ausgabe sind immer noch Entdeckungen zu den Lektürespuren zu machen, ebenso zu seiner Rezeption des Danteschen Werkes. Eva Hölter (Wuppertal) referierte aus ihrer Dissertation über die Dante-Rezeption in der deutschsprachigen Literatur. »Heinrich Heines Verhältnis zu Dante«, ein bewunderndes und kreativ weiterführendes, ergab sich aus der sorgfältigen Zusammenstellung aller Bezugsstellen.

Unter dem von Ulrich Wickert zitierten Titel »›Ätzende Kritik‹ des ›sperrigen Individualisten‹ oder ›Heine als Popstar der Event-Kultur‹« berichtete Adrian Flasche (Lüneburg) abschließend im Rückblick auf 1997 über den 200. Heine-Geburtstag im Spiegel der überregionalen deutschen Presse. Um den Preis, sich Heine aneignen zu können, ihn für offizielle Reden brauchbar zu machen, so muss er ernüchtert feststellen, sei das politische und soziale Engagement zum Konsens geglättet worden: »Heine wurde sozusagen zum Autor einer postmodernen Beliebigkeit eingedampft. Damit will sich Adrian Flasche nicht zufrieden geben. Er fordert für jetzt und hier, für die Zeit nach dem Jubeljahr, Heines ›brisante Seiten‹ in die Diskurse einfließen zu lassen: sein Judentum, sein soziales Engagement, seinen Antikapitalismus, seine Kritik am deutschen Selbstverständnis, seinen Antinationalismus, seine Ausbürgerung – das ist nicht postmodern, sondern hochaktuell.«[6] »Wie lebendig, wie aktuell Heinrich Heine und sein Werk heute sind«, heißt es in einer anderen Düsseldorfer Tageszeitung am 12. Dezember 2001, »beweist das jährliche Studierenden-Kolloquium im Heine-Institut.«[7]

Anmerkungen

[1] Gerda Kaltwasser: Studierenden-Colloquium im Heine-Institut. Heine nicht postmodern, sondern hochaktuell. – In: Rheinische Post, Düsseldorf, vom 13. Dezember 2001.

[2] Ebd. Zu Konzeption und Organisation des von Heinrich-Heine-Institut, Heinrich-Heine-Gesellschaft und Heinrich-Heine-Universität gemeinsam veranstalteten Düsseldorfer Studierenden-

Kolloquiums vgl. auch Karin Füllner: »... eine neue Zeit mit einem neuen Prinzipe«. Das Düsseldorfer Studierenden-Kolloquium mit neuen Arbeiten über Heinrich Heine. – In: HJb 2001, S. 164–173.

³ Angela Konsek: Von »Romanzero« bis »Vitzliputzli. Neue Arbeiten: Kolloquium im Heine-Institut. – In: Westdeutsche Zeitung, Düsseldorf, vom 11. Dezember 2001

⁴ Zitiert nach dem von Sonja Sakolowski vorgelegten Exposé.

⁵ Zitiert nach dem von Robert Steegers vorgelegten Exposé.

⁶ vgl. Anm. 1

⁷ »Heine lebt! Neue Arbeiten über sein Werk«. – In: Neue Rhein-Zeitung, Düsseldorf, vom 12. Dezember 2001.

Nachruf auf Fritz Mende

Heinrich Heine war für Fritz Mende ein verehrter Dichter und zugleich sein Forschungsgegenstand. Mit seiner Biographie und seinen Schriften hat er sich ein Leben lang beschäftigt. Fritz Mendes wichtigste Hinterlassenschaft für die Heine-Forschung ist das in zweiter Auflage erschienene Buch »Heinrich Heine. Chronik seines Lebens und Werkes«. An der Vorbereitung der dritten Auflage, in die die Ergebnisse seiner Forschungen der letzten Jahre einfließen sollten, hat er bis zuletzt gearbeitet. Es ist zu hoffen, dass seine Arbeit bald in der neuesten Fassung greifbar ist. Aber nicht nur für dieses für jeden Heine-Forscher unentbehrliche Werk gebührt ihm unser Dank.

Fritz Mendes Beitrag zur Heine-Forschung fiel in das politische Spannungsverhältnis zwischen der DDR und der Bundesrepublik. In Weimar und Düsseldorf entstanden in Konkurrenz miteinander zwei Heine-Ausgaben, die sich, bei aller ideologischen Gegensätzlichkeit, nicht bekämpften. Das war nicht zuletzt das Verdienst Fritz Mendes, der zu den wichtigsten Mitarbeitern der Heine-Säkularausgabe gehörte.

Seine wissenschaftliche Laufbahn begann Fritz Mende mit einer literaturdidaktischen Dissertation, auf deren Grundlage er ein Fachbuch für die Vermittlung der Werke Heines im Unterricht herausgab: »Heinrich Heine im Literaturunterricht« (Berlin 1962 und 1965). Dabei ging es ihm um ein Gesamtbild Heines auf der Grundlage seiner Biographie. Es war eine Pioniertat. Ich selbst konnte, zusammen mit Winfried Woesler, bei der Herausgabe des Buches »Politische Dichtung im Unterricht. ›Deutschland. Ein Wintermärchen‹ von Heinrich Heine« darauf zurückgreifen.

Die Ergebnisse seiner langjährigen Forschungsarbeit an den Nationalen Forschungs- und Gedenkstätten der klassischen deutschen Literatur in Weimar flossen ein in die Bände VII (Über Frankreich 1831–1837. Berichte über Kunst und Politik), IX (Prosa 1836–1840) und XVIII (De la France) der Heine-Säkularausgabe sowie in den Kommentar zu Bd. XX mit den frühen Briefen Heines. 1978 brachte er eine Auswahl der Briefe Heines heraus. Spezielle Forschungsresultate veröffentlichte er in Zeitschriften wie den »Weimarer Beiträgen« und den »Études Germaniques«, in den »Heine-Jahrbüchern« und zuletzt in dem Band »Aufklärung und Skepsis« (Stuttgart/Weimar 1998), in dem die Beiträge zum »Internationalen Heine-Kongreß 1997 zum 200. Geburtstag« publiziert wurden. Eine Sammlung der wichtigsten Aufsätze erschien 1983 unter dem Titel »Heinrich Heine. Studien zu seinem Leben und Werk«. Sein letztes großes Projekt, eine umfangreiche Dokumentation der grundlegenden Begriffe in Heines Werk, blieb leider unvollendet.

Fritz Mende wurde am 23. November 1920 in Halle an der Saale geboren. Er starb am 9. Oktober 2001 in Melsungen.

Wilhelm Gössmann

Buchbesprechungen

»Die Emanzipation des Volkes war die große Aufgabe unseres Lebens«. Beiträge zur Heinrich-Heine-Forschung anläßlich seines zweihundertsten Geburtstags 1997. Hrsg. von Wolfgang Beutin, Thomas Bütow, Johann Dvořák und Ludwig Fischer. Hamburg: von Bockel 2000, 343 S.

Allein die Beiträge zum Düsseldorfer Kongress »Aufklärung und Skepsis« füllen über 900 Druckseiten, und dabei fanden neben diesem großen Schaulaufen der Heine-Philologie im Jubiläumsjahr 1997 rund um den Globus zahlreiche weitere Tagungen zum runden Dichtergeburtstag statt. Drei davon, in Wien, Bad Segeberg und Lauenburg, sind im vorliegenden (und im Buchhandel leider bereits nicht mehr erhältlichen) Band dokumentiert. Dessen Untertitel verspricht »Beiträge zur Heinrich-Heine-Forschung«, die Herausgeber vermuten im Vorwort, »daß es für die literaturgeschichtliche Forschung von Nutzen sein könnte, die Vorträge [...] in einem Sammelband zu veröffentlichen« (S. 9). Letzteres kann den Herausgebern bedenkenlos zugestanden werden, ersteres jedoch unterliegt einer Einschränkung, die in der Natur der dokumentierten Veranstaltungen liegt: Zumindest die Tagungen in Bad Segeberg, veranstaltet von der Evangelischen Akademie Nordelbien, und Lauenburg, veranstaltet von der Friedrich-Naumann-Stiftung, hatten – Auftrag und Zielgruppe solcher Einrichtungen entsprechend – eher wissensvermittelnden Charakter. Ein großer Teil der Beiträge ist daher eher von referierender Art und bietet wenig Neues. Im besten Fall schadet das wenig und verschafft dem Leser knappe und informative Überblicke zu einzelnen Fragestellungen. Das gilt z. B. für Hans-Jürgen Benedicts collagenartigen Gang durch »Heines heitere Religionskritik« (S. 215–234) oder für Peter Steins prägnanten und pointierten Abriss der Heine-Rezeption. Auch unter den Beiträgen des Wiener Symposions »Kunst, Politik und Gesellschaft im Europa des 19. Jahrhunderts« finden sich, etwa mit dem von Walter Grab, solche eher referierende.

Die Tagung der Evangelischen Akademie zum Thema »Heinrich Heine und die Religionen der Welt« erweist sich als ein interessantes Seitenstück zu dem von der Evangelischen Kirche im Rheinland veranstalteten Symposium »Heinrich Heine und die Religion, ein kritischer Rückblick«. So liest Gunter Martens die Nordsee-Gedichte vor dem Hintergrund von Heines Taufe, zu der Ferdinand Schlingensiepen bei der Tagung im Rheinland unbekanntes Quellenmaterial präsentieren konnte. Schade, dass als die »Religionen der Welt« nur Christentum und Islam vertreten sind, theologisch oder religionswissenschaftlich pointierte Beiträge zur jüdischen Religion oder zu Heines Umgang mit Versatzstücken aus der religiösen Vorstellungswelt Indiens oder Amerikas fehlen. Entschädigung bieten andere Texte des Bandes, so hebt Alain Ruiz in seinem Beitrag zum Wiener Symposion (S. 73–88) hervor, dass sich die bei Heine so ausgeprägte religiöse Revolutionsmetaphorik schon bei den deutschen »Freiheitspilgern« findet, die nach 1789 nach Paris zogen. Ebenfalls für Heines Religiosität und Religionskritik nicht unwichtig ist die in einer Fußnote versteckte Bemerkung von Franzjosef Schuh, hinter Heines Ausweis des Homer-Zitats zu Beginn des 6. Kapitels der »Stadt Lukka« als »Vulgata« (DHA VII, 173) stehe vielleicht gar keine subtile Überblendung der christlichen durch die heidnisch-sensualistische Religion, sondern schlicht eine »schöne Reverenz« (S. 42, Anm. 20) Heines an den verehrten Johann Heinrich Voß, dessen zitierte Homer-Übersetzung so einfach als die verbindliche und beste geehrt werde – nicht in jedem Fall gehört der *lectio difficilior* der Vorzug.

Wie ein roter Faden ziehen sich die Beiträge von Wolfgang Beutin durch den Band, neben denen zu den drei Veranstaltungen ein weiterer, in dem ausgehend von Gotthold Ephraim Lessing ein Begriff in die Diskussion um Heine eingebracht wird, den Beutin in den anderen Beiträgen entfaltet und der von großer Bedeutung nicht nur für das Verständnis von Heines Verhältnis zur christlichen Religion sein könnte. Es geht um die von Ernst Troeltsch in den theologischen Diskurs eingebrachte Kategorie des Neuprotestantismus als den, so zitiert Beutin aus einer theologischen Arbeit, »durch die Aufklärung, durch den Idealismus und den Historismus bestimmten Protestantismus der Neuzeit« (S. 333), der, im Anschluss an Luther, die geistliche Mündigkeit des Einzelnen begründe und Tradition und Lehrautorität in Frage stelle. Popularisiert wurde diese Wende in der Theologie des 18. Jahrhunderts nicht zuletzt durch Lessing. Die von Heine selbst gezogene Linie Luther-Lessing-Heine bekommt unter diesem Aspekt eine ganz neue Bedeutungsdimension, die mit Beutins Beiträgen noch nicht ausgeschöpft ist. Hierin liegt wohl die wichtigste Anregung des ganzen Bandes. Manche Redundanz nimmt der Leser dafür gerne in Kauf, ebenso, dass einige Beiträge doch allzu sehr dem jeweiligen ideologischen Kontext der Tagungen geschuldet sind – wie die als solche sehr schöne, als Textsorte in einem literaturwissenschaftlichen Tagungsband doch ungewöhnliche »Andacht« (S. 235–239) im Rahmen der evangelischen Akademietagung oder Barthold C. Wittes Versuch, Heines Liberalität auf ein einer parteinahen Stiftung passendes Verständnis dieses Begriffs zurechtzustutzen. Wirklich befremdlich an Wittes Beitrag ist jedoch die Einschätzung, dass 1848 »preußische Truppen im Auftrag der Nationalversammlung das bis dahin dänisch regierte Schleswig-Holstein [...] befreit [!]« hätten (S. 247), die die völker- und verfassungsrechtliche Lage der beiden norddeutschen Herzogtümer bedenklich verkürzt. Um mit einem Beispiel vermutlich unfreiwilliger Komik und Heine-Überbietung heiter zu enden: Der Erzähler in »Ideen. Das Buch Le Grand« beschließt das 13. Kapitel mit der bekannten Klassifizierung der Ideen: »I. Von den Ideen. A. Von den Ideen im Allgemeinen. a. Von vernünftigen Ideen. b. Von unvernünftigen Ideen« usw. (DHA VI, 204). Heidi Beutin gibt kongenial eine Übersicht der Frauenfiguren in Heines Werk: »1. fiktive (dichterische) Figuren, z. B. Cleopatra; 2. supernaturale weibliche Gestalten: Göttinnen und Fabelwesen; 3. mythologische Figuren aus der Religionsgeschichte, z. B. Eva, Judith, Maria; 4. reale Personen. Die letzte Gruppe läßt sich noch weiter unterteilen: – die Mätressen, Loretten, Prostituierten; – die ›Volksweiber‹; – Frauen bestimmter Nationalität, z. B. Polinnen, Italienerinnen; – Künstlerinnen und literarische Freundinnen Heines; – Frauen der Verwandtschaft, seine Ehefrau.« (S. 321) Wie spricht der Dichter? »Diese werden wieder eingetheilt in – doch das wird sich alles schon finden.« (DHA VI, 205)

Robert Steegers

Das Jerusalemer Heine-Symposium. Gedächtnis, Mythos, Modernität. Hrsg. von Klaus Briegleb und Itta Shedletzky. Hamburg: Doelling & Galitz 2001, 218 S., Euro 24,80.

Unter dem Titel »Gedächtnis, Mythos, Modernität« haben Klaus Briegleb und Itta Shedletzky die Referate eines Symposions veröffentlicht, das vom 28. Dezember 1997 bis zum 1. Januar 1998 in Jerusalem stattfand. Der Band überzeugt nicht nur durch seine ansprechende graphische Gestaltung, die zwölf Aufsätze, die sich aus verschiedenen Perspektiven dem Thema nähern, sind wichtige und impulsgebende Beiträge zum gegenwärtigem Stand der Diskussion innerhalb der Heine-Philologie. Trotz der Kritik, die in den letzten Jahren über die Reihung abstrakter Begriffe in den Titeln von Kongressen und Sammelbänden formuliert worden ist, zeigen die Kategorien Gedächtnis, Mythos, Modernität, wie der Verzicht auf eine thematische Festlegung eine Annäherung auf unterschiedlichen Ebenen ermöglicht und produktive Ergebnisse hervorzubringen vermag.

Das Symposion, das vom Franz Rosenzweig Forschungszentrum für deutsch-jüdische Literatur und Kulturgeschichte an der Hebräischen Universität Jerusalem ausgerichtet worden ist, bildete einen Kontrapunkt zu den Veranstaltungen zum 200. Geburtstag des Dichters in Deutschland. Die Tagung versteht das Judentum nicht als gesonderten Bereich der Gedankenwelt Heines, sondern als einen Aspekt, der Einfluss auf das gesamte Werk genommen hat und wendet sich damit gegen die Bereichstrennungen in den Juden, den Dichter, den politischen Schriftsteller oder den Vordenker, die einerseits eine Folge der problematischen Wirkungsgeschichte Heines in Deutschland sind und zum anderen Ergebnis der ideologisch gefärbten Auseinandersetzung mit dem Dichter im Spannungsfeld der deutsch-deutschen Nachkriegsgermanistik. Im Nachwort des Bandes reflektieren Klaus Briegleb und Itta Shedletzky über die Unmöglichkeit eines unbefangenen Umganges von deutschen Nichtjuden mit Juden vor dem Hintergrund der Geschichte des 20. Jahrhunderts. Daher sehen die Herausgeber in den Beiträgen des Symposions auch den Impuls durch mehr »Offenheit, Bildung und Unbefangenheit« verändernd zu wirken – ein im Sinne Heines emanzipatorischer Gedanke.

In diesem Kontext sind die 12 Referate der Forscher aus Israel, der Schweiz und Deutschland auch als Beiträge zu der Frage zu verstehen, welche Fortschritte Nichtjuden im Umgang mit jüdischer Kultur und Überlieferung in den letzten Jahren gemacht haben. Dass die Aufsätze aus unterschiedlichen Blickwinkeln Relationen zwischen den Kategorien Gedächtnis, Mythos, Modernität sowie Heines jüdischer Herkunft und Ideenwelt herstellen, spiegelt nicht nur die Verschiedenartigkeit der wissenschaftlichen Auseinandersetzung mit dem Dichter, sondern zugleich die für seine Vorstellungswelt charakteristische Vielschichtigkeit.

So betrachtet Stéphane Mosès in seinen Überlegungen zur Poetik des Witzes Heines Schreibart vor dem Hintergrund eines spezifisch jüdischen Witzes, dessen Wurzeln auf die Geschichte der Juden im Abendland rekurrieren, während Joseph A. Kruse Heines Memoiren-Literatur einerseits als individuellen Versuch, sich seiner Herkunft zu vergewissern deutet und andererseits als publikumsorientierte literarisch-poetologische Stilisierung des Schriftstellers, in dem sich das sowohl für sein literarisches Werk wie seine individuelle Existenz konstitutive Spannungsverhältnis als deutscher Dichter und deutscher Jude, widerspiegelt. Itta Shedletzky arbeitet in ihrem Aufsatz den jüdischen Subtext im Reisebild »Ideen. Das Buch Le Grand« heraus, deutet ihn jedoch nicht als jüdisches Bekenntnis, sondern als einen Akt der Emanzipation und Selbstbefreiung, der wegen Heines schwieriger Situation zwischen Judentum und Christentum nur in verschlüsselter Form erfolgen konnte.

Mit lyrischen Werken Heinrich Heines beschäftigen sich die Aufsätze von Norbert Oellers, Wolfram Groddeck und Jakob Hessing. Norbert Oellers deutet die »Hebräischen Melodien« mit dem zentralen Fragment »Jehuda ben Halevy« als poetologischen Text, in dem der späte Heine über die Autonomie der Kunst nachdenkt. Ebenfalls als poetologische Reflexion und Analyse seiner dichterischen Existenz interpretiert der Basler Literaturwissenschaftler Wolfram Groddeck Heines letztes Gedicht »Es träumte mir von einer Sommernacht«.

Die Umgestaltung und Metamorphose religiöser Motive in den Werken thematisiert Jakob Hessing. Die frühen Gedichte »Loreley« und »Belsatzar« werden vor diesem Hintergrund als Trans-

formation einer religiösen Symbolik in einen säkularen Bereich gedeutet, in dem sie ihres ursprüng-
lichen Sinnzusammenhanges beraubt, eine bedrohliche, unheilbringende Kraft generieren.
Die Kategorie Mythos wird ebenfalls aus unterschiedlichen Perspektiven beleuchtet. Peter von
Matt beschäftigt sich in seinem Beitrag mit dem frühen Drama »William Ratcliff«. Der Schweizer
Germanist stellt Heines Liebeskonzeption in einen mythologischen Kontext und zeigt auf, dass die
Motive vom Scheitern der Liebe in den Werken intertextuelle Referenzen auf den Mythos sind und
nicht Ergebnis unglücklicher Liebeserlebnisse. Renate Schlesier hingegen untersucht die Bedeu-
tung der exilierten Götter in der Vorstellungswelt Heines, die nicht nur in dem gleichnamigen
Werk thematisiert werden, sondern bereits in den frühen Gedichten erscheinen, wobei die Pader-
borner Kulturwissenschaftlerin das Motiv des Exils als Bindeglied betrachtet, das das Schicksal der
griechischen Götter mit dem der Juden verknüpft.
Die Vielgestaltigkeit des Begriffes Gedächtnis in Heines Werken untersuchen die Aufsätze von
Gideon Freudenthal, Gabriel Motzkin, Siegrid Weigel und Klaus Briegleb. Gideon Freudenthal,
der sich mit der »Geschichte der Religion und Philosophie in Deutschland« auseinandergesetzt hat,
deutet die Schrift als eine poetische Geschichte der Philosophie, in der Heine exemplarisch die Dia-
lektik der Philosophie als abstraktes logisches Denksystem und als Weltanschauung im Kontext
eines individuellen Schicksals, vorführt. Gabriel Motzkin diskutiert in seinem Beitrag Heines Unterscheidung zwischen einem positiven und einem negativen Pantheismus als einer neuen, säkulari-
sierten Ideologie der frühen Moderne in Deutschland und Frankreich.
Vor dem Hintergrund der von Jacques Derrida formulierten Parallelen des postalischen Prinzips
und der Literatur beschreibt Siegrid Weigel Heines poetische Praxis der Erinnerung als einen produktiven Dialog über räumliche und zeitliche Grenzen hinweg, als Korrespondenz mit der Vergangenheit.
Und Klaus Briegleb entwickelt aus einer genauen Analyse des Gedichts »Die Nacht am Strande«
aus dem ersten »Nordsee-Zyklus« eine Vorstudie zu Heines »biblischer Schreibweise«. Er demonstriert, wie Heines präzise und intensive Lektüre der Bibel ein konstitutives Element seines Denkens
und Schreibens ist, das jenseits bloßer Zitat- und Anspielungsstrukturen im literarischen Werk
produktiv geworden ist.
Bereits der Tagungsort des Symposions hat es den Teilnehmern nahegelegt, sich mit der jüdischen
Thematik Heinrich Heines auseinanderzusetzen, die nicht nur als Faktor seines Seins, sondern auch
als Element des dichterischen Selbstverständnisses im Werk grundlegend ist. Die bleibende Bedeutung der Jerusalemer Tagung liegt nicht nur in ihren wissenschaftlichen Ergebnissen, sondern auch
in dem Versuch, vor dem Hintergrund der schwierigen Wirkungsgeschichte Heines in Deutschland
und der Abgründe der deutsch-jüdischen Geschichte im 20. Jahrhundert, der Heine-Forschung für
die Zukunft neue Perspektiven auf die spezifisch jüdische Thematik der Werke zu eröffnen und
damit einen Zugang zur Gedankenwelt Heines in ihrer Gesamtheit und Einheit aufzuzeigen.

Sikander Singh

Ege Forschungen zur deutschen Sprach- und Literaturwissenschaft. 1999, Nr. 2. Hrsg. von der Ege
Üniversitesi Edebiyat Fakültesi Yayinlari. Izmir 2000 (= Heinrich-Heine-Symposion an der Universität Izmir 1997).

Nicht nur in Heines Geburtsort, sondern auch weltweit wurde der 200. Geburtstag des Dichters
1997 mit einer Vielzahl von Kongressen und Kolloquien begangen, die die Auseinandersetzung mit
seinem Werk ins Zentrum eines germanistischen Interesses rückten und der Heine-Forschung neue
Impulse gaben: so etwa an der Akademie in Meran, an den Universitäten in Lissabon, Sofia und

Peking (vgl. Rezensionen in HJb 1999). Eine weitere Symposionspublikation gilt es aus der türkischen Germanistik anzuzeigen, denn – so heißt es im Vorwort von Gertrude Durusoy, der Leiterin der germanistischen Abteilung der Ege Universität – : »Das 200. Geburtsjahr Heinrich Heines sollte auch in Izmir nicht unbemerkt vorbeiziehen.« Den Veranstaltern ging es um »Interdisziplinarität« und um »eine neue Lektüre« der Heineschen Werke, mit der sie zeigen wollten, »dass Heinrich Heine in unserer Zeit immer noch aktuell ist«.

Programmatisch leitet der Band mit dem Gastvortrag von Bernd Witte (Heinrich-Heine-Universität Düsseldorf) ein, der aufzeigt, wie Heine in seinen frühen Prosaschriften in der Tradition der jüdischen Textauslegung als »erster europäischer Schriftsteller die spezifischen Verfahren und Inhalte der ästhetischen Moderne erfindet« (S. 3). Der spannenden Frage nach der »Poetologie und Anthropologie der Moderne« geht Witte auch in einem weiteren Beitrag am Beispiel der Hieroglyphenschrift des Obelisken von Luxor in Heines »Lutezia« nach.

In gleicher Weise beschäftigt sich ein Teil der zwölf Referate mit einzelnen Werken, wobei immer wieder der Blick auf Schreibweisen »vor und nach Heine« (S. 19) gelenkt wird. So verfolgt Gertrude Durusoy die Geschichte des Loreley-Motivs von Brentano bis zu Erich Kästner und Rose Ausländer, Can Bulut sucht nach den Vorbildern der »Nordseesymbolik« und Martina Özkan vergleicht die Reisebeschreibungen Englands bei Heine und Georg Weerth. Heines Stellung als »Dichter zwischen Kunst und Engagement« (Eva Gahl, Kadriye Öztürk), seine Frauenbilder (Navzat Kaya) und vor allem immer wieder die Auseinandersetzung mit dem Judentum (Yücel Güngörmuş u. a.) sind Themen, die den Band prägen.

So wie einleitend ein Schwerpunkt mit der Bestimmung Heines als erstem europäischem Schriftsteller der literarischen Moderne gesetzt wurde, so betonen die Referate am Schluss des Bandes die heutige Aktualität Heines. Yüksel Kocadoru parallelisiert Heine und die deutschschreibenden Türken als »Außenseiter zwischen Nationen und Kulturen« und Nazire Akbulut untersucht die Geschichte des Exils bei Heine und dem in Zürich lebenden türkischen Schriftsteller Nihat Behram.

Karin Füllner

Briefkultur im Vormärz. Vorträge der Tagung des Forum Vormärz Forschung und der Heinrich-Heine-Gesellschaft am 23. Oktober 1999 in Düsseldorf. Hrsg. von Bernd Füllner. Bielefeld: Aisthesis 2001 (Vormärz-Studien IX), 266 S., Euro 45,–.

»Der Brief als Gegenstand literaturwissenschaftlicher Untersuchungen hat längst seine frühere stiefmütterliche Vernachlässigung überwunden« (S. 7), stellt Bernd Füllner, der Herausgeber dieses Buches, mit Recht fest. Lange Zeit galt jedoch vor allem das achtzehnte Jahrhundert als das »Jahrhundert des Briefes« – dass auch das neunzehnte Jahrhundert durchaus Ansprüche auf diesen Titel anmelden kann und dass das nicht nur an den Romantikern liegt, verdeutlicht dieser Band in eindrucksvoller Weise. Er dokumentiert eine gemeinsam von der Heinrich-Heine-Gesellschaft und dem Forum Vormärz Forschung veranstaltete Tagung und versammelt zehn Beiträge (von denen sieben auf dieser Tagung präsentiert worden waren), die insgesamt ein sehr facettenreiches Bild von der spezifisch vormärzlichen Briefkultur zeichnen und zugleich einen Überblick über den Stand ihrer literaturwissenschaftlichen Erforschung und deren besonderen Problemstellungen bieten. Von Georg Weerth, Bettine von Arnim, Heinrich Laube über Georg Herwegh, Karl Gutzkow, Ferdinand Freiligrath bis zu Heinrich Heine reicht das ausgesprochen breite Spektrum bekannter Vormärz-Autoren, die von ihrer oftmals weniger bekannten Seite als Briefschreiber vorgestellt werden.

Ebenso gelungen und sinnvoll wie diese Themenauswahl ist auch die Anordnung der Beiträge: das Buch gliedert sich systematisch in die beiden Abschnitte »Studien zur Briefkultur« und »Editionsprobleme«.

Der erste Teil wird eröffnet von Olaf Briese, der anhand von Briefen zum Epochenthema Cholera einige Aspekte der besonderen, nicht nur kommunikativen oder informativen, sondern vor allem identitätsstiftenden (sozial, national, politisch-ideologisch) Funktion des Briefs im neunzehnten Jahrhundert beleuchtet und dabei auch auf Unterschiede zum vorangegangenen »Jahrhundert des Briefes« aufmerksam macht. Zwei spezifische Briefwechsel werden in diesem Abschnitt genauer analysiert, der eine familiär (und doch nicht unpolitisch), der andere politisch (und doch nicht unpersönlich): Bernd Füllner stellt den brieflichen Dialog zwischen Georg Weerth und seiner Mutter Wilhelmine dar, Martin Friedrich denjenigen zwischen Friedrich Wilhelm IV. von Preußen und Christian Carl Josias von Bunsen. Der Diplomat und Wissenschaftler, ein enger Freund und Berater des Monarchen, wird darin als »so etwas wie ein Katalysator des königlichen Denkens« (S. 157) porträtiert. Interessante private Einblicke präsentiert Bernd Füllners Schilderung der literarischen Aspekte im Briefwechsel zwischen Weerth und seiner Mutter, die mit der politischen und (un-)sittlichen Tendenz der Werke ihres Sohnes durchaus nicht immer einverstanden ist und ihm das ebenso beredt wie sorgenvoll zu verstehen gibt. Die Zusammenstellung und Kommentierung der entsprechenden Passagen ist ein interessanter Beleg für den in der Zeit zwischen Restauration und Revolution immer wieder beschworenen Zusammenhang zwischen Politik und Privatheit. Sie liest sich manchmal wie eine amüsante, biographisch-reale Variante zu dem berühmten »verfänglichen« Frage-Antwort-Spiel zwischen Mutter und Sohn in Heines »Deutschland. Ein Wintermährchen« und macht zudem deutlich, dass hinter dem »Epochenproblem Vormärz« (Peter Stein) auch ein Generationenkonflikt steht. Von grundlegender Bedeutung für das Thema des Bandes ist Wolfgang Bunzels ausführlicher Beitrag über »Typen und Funktionen epistolarischen Schreibens bei Bettine von Arnim«, der nicht nur für das Verständnis Bettine von Arnims aufschlussreich ist, sondern darüber hinaus auf der Grundlage profunder Kenntnisse der Forschungsliteratur auch viele wichtige literaturtheoretische und gattungsgeschichtliche Fragen zur »Briefkultur im Vormärz« erörtert.

Weniger theoretischer als praktischer Natur sind die Aufsätze zu »Editionsproblemen«, die meist im Zusammenhang mit konkreten, mehr oder weniger weit gediehenen Editionsprojekten stehen. So bieten Ute Promies und Ingrid Pepperle in ihren Beiträgen auch gleich jeweils interessante exemplarische Textproben aus ihrer Editions- und Kommentierungsarbeit: Ingrid Pepperle versucht, mit einer repräsentativen Auswahl von Briefen Georg Herweghs (entstanden zwischen 1839 und 1843) »einen Einblick in den Charakter der Korrespondenz zu geben, die Konstellation ihrer Adressaten, ihre wesentliche Thematik vorzustellen« (S. 223), und Ute Promies präsentiert und kommentiert einen bislang unveröffentlichten Brief von Karl Gutzkow an Arnold Ruge. Kenntnisreich und bei aller Knappheit doch recht umfassend skizziert Bernd Kortländer die Besonderheiten und Schwierigkeiten bei einer Sammlung der Briefe Heinrich Laubes; kritisch setzt sich Volker Giel mit der Editionslage der Korrespondenz Ferdinand Freiligraths auseinander und macht sich überzeugend »für eine Neuedition des Briefwerks in einer Kombination von Print- und Online-Ausgabe« (S. 245) stark.

Heinrich Heine als Zentralgestalt des Vormärz ist in beiden Abschnitten des Buches jeweils ein Artikel gewidmet. Jutta Nickel legt eine Interpretation eines der faszinierendsten und rätselhaftesten Texte Heines vor, der »Briefe aus Helgoland« aus dem dritten Buch der Denkschrift »Ludwig Börne«. Diese »Briefe«, die, wie sie eingangs feststellt, gegen alle Konventionen bürgerlicher Briefkultur verstoßen und sich »einem eng gefaßten, normativ-gattungsklassifikatorischen Zugriff« (S. 98) von vornherein verweigern, sind lange Zeit als unmittelbare Äußerungen Heines zur Juli-Revolution rezipiert worden. Jutta Nickel liest sie hingegen nicht nur als kunstvoll konstruierte Reflexionen über die Revolution, sondern als tiefgründiges Geflecht aus einer Vielzahl biblischer Zitate und Anspielungen. Methodisch »auf dem Hintergrund der Geschichts- und Lektüretheorie Walter Benjamins« (S. 101), belegt ihre differenzierte, detailgenaue Lesart eindrucksvoll den engen philosophischen, poetologischen und nicht zuletzt philologischen Zusammenhang zwischen Heines Geschichts- und Revolutionsdenken einerseits und seiner Auseinandersetzung mit der Bibel andererseits. Das passende Gegenstück dazu ist der Beitrag von Joseph A. Kruse mit seiner weit gefassten Perspektive, der dieser intensiven, kleinteiligen Einzelanalyse einen Überblick über das Briefwerk Heines als Ganzes an die Seite stellt. Seine knappe Darstellung der Publikationsgeschichte und Editionslage der Briefe Heines und seine Charakterisierung des Briefautors Heine verstehen sich als engagiertes, »ausdrückliches Plädoyer für eine Aufwertung der Heine-Briefe« gegenüber dem genuin poetischen Werk. Sie seien nicht bloß biographisches Quellenmaterial, sondern hätten »eigenen literarischen wie ästhetischen Wert« und müssten deshalb als »dem literarischen Schaffen des Dichters verwandter Korpus näher an das Werk herangerückt werden« (S. 177).

Eine solche verdiente »Aufwertung« erfährt auch die gesamte Briefkultur des Vormärz durch diesen Band, der Interesse an weitergehender Beschäftigung weckt, auch über die hier vertretenen Themen und Autoren hinaus, denn, so schrieb Wilhelmine Weerth an ihren Sohn, »immer ist's eine köstliche Erfindung, das Schreiben, – man erkennt doch schon in den Schriftzügen die Persönlichkeit des Entfernten, wieviel mehr nun noch im Sinn der Worte.«

Christian Liedtke

Heinrich Heine's Contested Identities. Politics, Religion, and Nationalism in Nineteenth-Century Germany. Hrsg. von Jost Hermand und Robert C. Holub. New York, Washington u. a.: Peter Lang Publishing 1999, 199 S., $ 46.95.

Der vorliegende Tagungsband stellt eine Sammlung ausschließlich englischsprachiger Beiträge dar, die anlässlich von Heines 200. Geburtstag 1997 in Berkley präsentiert wurden.

Es geht also um Heine und es geht um seine Identitäten. Nun ist es mit der Identität so eine Sache, und im Hinblick auf einen Autor wie Heine ist es wohl eine besonders schwierige. Kein anderer Autor vor ihm hat sein Selbst so demonstrativ in Szene gesetzt, so viele Widersprüche um sich herum versammelt und so systematisch die Erwartungshaltungen seiner Leser getäuscht. All das hat Heine den Ruf des Unzuverlässigen und Unglaubwürdigen eingebracht, ihn für z. T. extreme Interessen verfügbar gemacht und viele Wissenschaftler gerade in den letzten Jahren intensiv beschäftigt. Die Inkohärenzen, Schwerpunktverlagerungen und Perspektivwechsel in seinem Werk sind teilweise so gravierend, dass sich nur schwerlich von Kontinuität sprechen lässt. Andererseits erscheint die Schreibweise einmalig und unverwechselbar und, vergessen wir nicht, Heine selbst hat die Einheit seines Werkes immer wieder betont.

Wie verhält es sich nun mit der Identität? Ist Identität etwas gleichbleibend Wesenhaftes, sind Konstanz und Kontinuität als Hauptmerkmale zu werten, oder ist Identität ein Entwicklungsprozess, lassen sich darunter auch Vielfalt und Wandlungsfähigkeit fassen? Ist Identität ein innerpsychologisches Phänomen oder sozial konstruiert? In diesen Spannungsfeldern bewegt sich jede Identitätsdiskussion. Zu fragen wäre darüber hinaus, welche Rolle der Sprache und dem Schreiben in diesem Kontext zukommt. Angesichts der Vielfalt an Identitätstheorien stellt die Definition des Begriffes kein leichtes Unterfangen dar, und nur wenige Autoren dieses Bandes erläutern tatsächlich im Vorfeld, was genau sie unter dem Begriff verstehen. Sie akzentuieren sehr Verschiedenes, was einerseits in der Zusammenschau ein facettenreiches Bild ergibt, andererseits zur Folge hat, dass man mit jedem Text die Kriterien des jeweiligen Konzeptes neu erarbeiten muss. Nichtsdestoweniger haben die beiden Herausgeber hier eine bemerkenswerte Zusammenstellung qualitativ hochwertiger Beiträge vorgelegt, die Fragen diskutiert, die in der Auseinandersetzung mit Heine von entscheidender Bedeutung sind.

Zu den einzelnen Beiträgen: Jost Hermand vermittelt zum Thema »Heine's Ambivalence Toward the Masses« einen groß angelegten Überblick über Heines Schriften aus der Perspektive eines Spezialisten. Auch wenn das Bild, das er zeichnet, natürlich aufgrund des Essaycharakters Lücken hat, bisweilen ein wenig grob und insgesamt etwas zu ›politisch korrekt‹ daherkommt, gelingt es ihm zu zeigen, dass die Wandlungen in Heines Verhältnis zu den Massen zum großen Teil mit den politischen Umwälzungen einhergehen, die die erste Hälfte des 19. Jahrhunderts prägten und den Schriftsteller immer wieder zwangen, seine Meinungen zu überdenken und zu revidieren. Indem Hermand diese Zusammenhänge zielsicher herausarbeitet, kann er sich von jenen Forschern distanzieren, die entweder die Widersprüche großzügig übersehen oder die Inkohärenzen, Schwankungen und Veränderungen in seinen Schriften gerade ins Licht rücken, um ihn auf diese Weise fern jedes Ideologieverdachts im Unpolitischen anzusiedeln. Hermand weist in diesem Kontext auch auf das Kontinuierliche in Heines Schriften hin: sein politisches Anliegen und das heißt die große *Emanzipation*. Wenn er am Ende darauf aufmerksam macht, wie aktuell gerade die »Geständnisse« noch immer sind, hat er, die Gleichberechtigung im Bildungsbereich im Auge, einen Nerv unserer Zeit getroffen.

Im Ansatz sehr ähnlich argumentiert Peter Uwe Hohendahl in seinem Essay »The Intellectual as Poet«. Er zeigt auf, wie sich zwischen 1830 und 1855 die Schwerpunkte in Heines Schriftstellerbild verlagern und wie stark die einzelnen Wandlungen von den jeweiligen gesellschaftspolitischen Bedingungen beeinflusst waren. Keinem anderen dürfte diese Abhängigkeit bewusster gewesen sein als Heine, der bis zum Schluss mit sich und gegen seine Zeitgenossen um seine ›Bestimmung‹ rang. Was bleibt, sind Widersprüche, die sich wohl beschreiben und erklären, aber nicht auflösen lassen und nicht mehr gegeneinander ausgespielt werden sollten.

Sehr aufschlussreich ist Hinrich C. Seebas Beitrag, der, anknüpfend an Gedanken Jost Hermands und Klaus Brieglebs, den Heine der lange vernachlässigten »Briefe aus Berlin« als einen der ersten Flaneure ausweist. Seeba zeigt, wie dieser lange vor Franz Hessel oder Walter Benjamin seine Beobachtungen kritisch reflektiert und raffiniert in eine »Dramaturgie politischer Aktion« wendet, die sich der Zensur widersetzt.

Susanne Zantop analysiert in ihrem Aufsatz die Haltung des Europäers Heine zum Thema Eroberung und Kolonialismus im Vergleich mit der seines großen europäischen Zeitgenossen Wilhelm von Humboldt. Sie arbeitet detailliert, manchmal ein wenig gewagt die Gemeinsamkeiten und vor allem die Unterschiede hinsichtlich der persönlichen Interessen und philosophisch-politischen Konzepte heraus und kommt zu dem Schluss, dass beide, wenn auch unterschiedlich stark und aus verschiedenen Gründen, zwar kulturell fest in Europa verwurzelt waren, aber den Blick über die Mauer wagten und der europäischen Geschichte und Politik z. T. äußerst kritisch gegenüberstanden.

Jennifer Kapczynski, Kristin Kopp, Paul B. Reitter und Daniel Sakaguchi setzen sich mit persönlichen, politischen und künstlerischen Aspekten der Exil-Identität Heines auseinander. Sie ziehen als Beispiel für Heines Auseinandersetzung mit dieser Thematik u. a. »Zwey Ritter« aus dem »Romanzero« heran. Über die ›Kritik an besiegten Revolutionären‹ hinausgehend, deuten sie das Gedicht vor dem Hintergrund der »Polenlieder«-Welle der 30er Jahre. Überzeugend und neuartig stellen sie es als Zeugnis der Austauschbarkeit von Aussagen sowie als Kritik an der Haltung der Pariser Exil-Polen heraus, die allerdings in mancher Hinsicht von Heines eigener Haltung nicht allzu weit entfernt scheint. Heines Exil-Identität zeichnet sich, so das Fazit, durch außergewöhnliche Komplexität aus, lässt sich auf keine Formel bringen, sondern verharrt, permanent zwischen Kritik und Verteidigung der jeweiligen Zustände pendelnd, im Dialektischen.

Einen Schwerpunkt der Sammlung bildet Heines jüdische Identität, die nun schon seit längerer Zeit auch einen Schwerpunkt der Heine-Forschung darstellt. Robert Holub konzentriert sich in seinem Beitrag auf die psychischen Auswirkungen, die die Konversion auf Heine gehabt haben muss, und arbeitet differenziert heraus, wie sich diese auf verschiedene Weise in seinen Schriften niederschlagen. Er mahnt in dem Zusammenhang zur Vorsicht bei der Verwendung des Begriffes ›deutsch-jüdisch‹. Es wird darüber hinaus deutlich, wie wenig man sich auch in dieser Frage auf Heines Selbstaussagen verlassen sollte, wie wertvoll sie andererseits im Hinblick auf das Verständnis seines komplexen Denkens sind, Holub spricht daher fast liebevoll von Heines Angewohnheit, »den Kalender geringfügig zu rearrangieren«.

Auch Christard Hoffmann und Bluma Goldstein widmen sich im weiteren Sinne Heines jüdischer Identität. Sie erarbeiten, wie sich Heine mit verschiedenen Möglichkeiten des Lebens in der Diaspora auseinandersetzt, beschränken sich dabei allerdings jeweils auf ein Beispiel aus Heines Schriften und betten ihre Ergebnisse nicht ›entwicklungsgeschichtlich‹ ein. Goldstein zeigt am Beispiel der »Hebräischen Melodien«, wie auf unterschiedlichen textuellen Ebenen die Möglichkeit der Integration subdominanter Kulturen reflektiert und konstruiert wird. Positiv und produktiv sieht sie diese Alternative vor allem in »Jehuda ben Halevy« verkörpert, negativ in der finalen »Disputazion«. Am Beispiel des »Rabbi von Bacherach« deutet Hoffmann insgesamt recht schlüssig, wenn auch durchweg ein wenig simplifiziert und gelegentlich fragwürdig, die drei Kapitel als drei unterschiedliche Möglichkeiten der Juden, mit der jüdischen Vergangenheit umzugehen und diese zu bewältigen. Ein Gedächtniskonzept zugrunde legend, arbeitet er das Moderne und genuin Literarische des Fragments heraus und kommt so zu einer erstaunlich positiven Einschätzung des gemeinhin, von wenigen jüngeren Arbeiten abgesehen, als ›gescheitert‹ angesehenen Projekts. Es sei der erste und unabhängige Versuch der literarischen Reproduktion kollektiven jüdischen Gedächtnisses in der Moderne.

Anderer Meinung wäre hinsichtlich der positiven Einschätzung des »Rabbis« vermutlich Jeffrey L. Sammons gewesen, an dessen wegweisenden Beitrag Hoffmanns Aufsatz anschließt. Sammons holt weit aus. Kritisiert werden sowohl bestimmte postmoderne Tendenzen als auch Tendenzen der Heine-Forschung. Einerseits dem ›Vorwurf‹ ausgesetzt, dass wir nichts wissen können, also der prinzipiellen Skepsis gegenüber der Möglichkeit, Wahrheit zu erkennen zumindest im sozial- und geisteswissenschaftlichen Bereich –, andererseits konfrontiert mit dem Paradox, dass man weiß, mit welchen Widersprüchlichkeiten man es zu tun bekommt, wenn man sich auf Heine einlässt, und diese auch immer wieder bezeugt, den Autor dann aber doch allzu häufig für sein jeweiliges Anliegen zu nutzen weiß: diese Tendenzen machen die Auseinandersetzung sowohl mit der Person Heine als auch mit seinen Schriften nicht leichter.

Sammons weist in diesem Zusammenhang an mehreren zum Teil alarmierenden Beispielen nach, wie die Forschung z. B. dazu neigt, das zu ›reproduzieren‹ und in andere Zusammenhänge zu stellen, was Heine selbst benennt und inszeniert, ohne nach dem zu fragen, was er vernachlässigt und unerwähnt lässt. So kommt man, wie Sammons betont, nicht nur im Rahmen psychoanalytischer Untersuchungen zu sehr unterschiedlichen Ergebnissen, es kommt auch über Person und Schriften Heines hinaus zu regelrechten Fehleinschätzungen, die sich in der Forschung festsetzen und das Bild langfristig entstellen. Indem Sammons exemplarisch versucht, einige Propor-

tionen ›zurechtzurücken‹, tritt er Heine vor allem vor dem Hintergrund dessen, was man an Vorwürfen allzu lange hat anhören müssen, manchmal kritischer entgegen als erforderlich. Er begibt
sich darüber hinaus in Opposition zum Gros der Wissenschaftler, wenn er z. B. feststellt, Heines
Lyrik sei im Kern »affirmativ«, d. h. auf das Volk zugeschnitten, mit dem sich dieser identifiziert
habe.

Sammons stellt heraus, dass die Faszination Heines nicht zuletzt auf den Ambiguitäten beruht,
die sich im Hinblick auf seine Identität beispielsweise als Gegensatz zwischen der des Revolutionärs
und der des Poeten manifestieren. Die Forschung hat dies als eine Aufsplitterung in Identitäten gewertet, die bedenklich erscheint. Was Sammons zum Ende hin einfordert und was uns auch über
das Jahr 1997 hinaus gut täte, ist eine differenziertere Unterscheidung im Hinblick auf das, was wir
wissen können, und das, wovon wir nur annehmen, dass wir es wissen. Mit anderen Worten etwas
mehr Abstand sowohl von Heine, dessen Tun und Denken nicht immer und überall mit allen Mitteln zu rechtfertigen ist, als auch von den ausgetretenen Wegen der Forschung: der »Gerechtigkeit«
zuliebe.

Karin Sousa

Olaf Hildebrand: *Emanzipation und Versöhnung. Aspekte des Sensualismus im Werk Heinrich Heines
unter besonderer Berücksichtigung der »Reisebilder«.* Tübingen: Niemeyer 2001 (= Studien zur deutschen Literatur 160), VI, 365 S., Euro 58,–.

Zwei Aufsätze aus dem thematischen Umkreis der hier anzuzeigenden Dissertation, »Sinnliche Seligkeit. Goethes Sensualismus und seine Beziehung zu Heine« im Goethe-Jahrbuch 1997 und »›Der
göttliche Epicur und die Venus mit dem schönen Hintern‹. Zur Kritik hedonistischer Utopien in
Georg Büchners ›Dantons Tod‹« 1999 in der »Zeitschrift für deutsche Philologie«, machten bereits
neugierig auf den nun vorliegenden Versuch, Heines Sensualismus-Konzeption als Konstante seines Gesamtwerks zu begreifen. Die Einsicht in die strukturbildende Bedeutung der Dichotomien
»Sensualismus« vs. »Spiritualismus« und »Nazarener-« vs. »Hellenentum« für Heines Werk ist nicht
neu: Der Verf. stellt in seiner Einleitung (S. 4) Wolfgang Preisendanz an den Beginn der Reihe
seiner Gewährsleute, hebt aber zu Recht hervor, dass es außer Dolf Sternbergers gleichermaßen an-
regenden wie einseitigen Studie »Heinrich Heine und die Abschaffung der Sünde« von 1972 keine
Monographie zum Thema gebe: »Außer einigen Spezialstudien, die sich auf bestimmte motivische
Ausprägungen (etwa den gastronomischen Sensualismus) oder ideengeschichtliche Hintergründe
beziehen, liegt bis heute keine Untersuchung vor, die Heines Werke unter dem Blickwinkel des
Sensualismus interpretiert und die verschiedenen Aspekte des Themas systematisch zu erfassen
sucht.« (S. 7) Gegen Ralph Martins ähnlich gelagerte Dissertation »Die Wiederkehr der Götter
Griechenlands. Zur Entstehung des ›Hellenismus‹-Gedankens bei Heinrich Heine«, Sigmaringen
1999, grenzt Verf. sich, vielleicht schärfer als nötig, ab; Kai Neubauers Studie »Heinrich Heines heroische Leidenschaften. Anthropologie und Sinnlichkeit von Bruno bis Feuerbach«, Stuttgart und
Weimar 2000, findet als erst nach Fertigstellung des Manuskripts erschienene nur in einer Fußnote
Erwähnung. Ganz so exklusiv ist das Thema also nicht, zumindest belegen die beiden kurz zuvor
vorgelegten Dissertationen, dass die Frage nach Heines Sensualismus in der Forschung Konjunktur hat.

Hildebrands Arbeit gliedert sich in zwei große Teile, deren erster einen Durchgang durch Heines Prosaschriften vor der Übersiedlung nach Paris bietet (nicht zuletzt, um mit der sensualistischen
Lektüre dieser Texte Sternbergers These zu widerlegen, erst die Begegnung mit dem Saint-Simo-

nismus in Paris habe Heine zum Streiter für die Rehabilitation der Sinnlichkeit werden lassen) und deren zweiter eine systematische Analyse des Heineschen Sensualismus unter den Aspekten Religion, Politik, Psychologie und Ästhetik unternimmt und zudem »Krise und Kontinuität des Sensualismus im Spätwerk« untersucht. Von dem titelgebenden Begriffspaar, mit dem Verf. die Spannbreite von Heines sensualistischem Programm zu umgreifen versucht, »Emanzipation und Versöhnung«, liegt der Hauptakzent deutlich auf dem letzteren: Für Hildebrand ist Heines Sensualismus zwar auch der emanzipatorische Kampfbegriff, vor allem aber der einer ausgleichenden Synthese – im Sinne des zweiten Buchs der Philosophieschrift, in dem Heine seine Definition des Sensualismus gibt: »[...] den Namen Sensualismus überlassen wir jener Opposizion, die [...] ein Rehabilitiren der Materie bezweckt und den Sinnen ihre Rechte vindizirt, ohne die Rechte des Geistes, ja nicht einmal die Supremazie des Geistes zu läugnen.« (DHA VIII, 49) Dieses sensualistische Versöhnungsversprechen findet Verf. in der »Bergidylle« der »Harzreise« (vgl. S. 79), aber auch in der Figur der Spinnerin an der italienischen Grenze in der »Reise von München nach Genua« (vgl. S. 148–156). In den Einzelanalysen der »Briefe aus Berlin«, der »Harzreise«, der »Ideen. Das Buch Le Grand«, der »Reise von München nach Genua« und der »Stadt Lukka« liefert Hildebrand bemerkenswerte Interpretationsansätze, nicht zuletzt (auch hierin durchaus parallel zur Arbeit Ralph Martins) hinsichtlich intertextueller Bezüge in Heines Texten. Den Bergwerkspassagen der »Harzreise« wird Novalis' »Heinrich von Ofterdingen« als Subtext unterlegt, die »Bergidylle« vor der Folie von Schillers Idyllenkonzeption gelesen, »Ideen. Das Buch Le Grand« vor der der Vanitas-Klagen der dem König Salomo zugeschriebenen Bücher des Alten Testaments. Die Kritik an Einzelheiten wiegt dagegen gering: So verwendet Verf., wie Germanisten gerne, den Begriff des Triptychons schräg, wenn er die Abfolge der Bilder im Jagorschen Restaurant in den »Briefen aus Berlin« als ein solches anspricht (vgl. S. 23). Dabei geht die Leserichtung der Bilder der Schauspielerin Stich, des Theologen Neander und des Violinisten Boucher von links nach rechts, während bei einem Triptychon die Mitteltafel Zentrum und Sinnmitte bildet. Ähnlich unbeschwert geht er mit Theologischem um, wenn er die »geschundenen, gebratenen und gespießten Götter« (DHA VII, 173) in der Olymp-Vision der »Stadt Lukka« auf Höllendarstellungen à la Hieronymus Bosch bezieht (vgl. S. 194), während doch offensichtlich auf die Ersetzung der fröhlichen Heidengötter durch die Götterstelle einnehmenden christlichen Heiligen angespielt wird, die hier im Sinne der Pathologisierung der Religion als Märtyrer mit den aus der christlichen Ikonographie geläufigen Attributen ihrer Blutzeugenschaft vorgestellt werden. Im Kapitel zur »Stadt Lukka« scheint überhaupt manches zu schematisch gesehen, um es so in den Rahmen der eigenen Interpretation pressen zu können. Das gilt für das allzu positiv gedeutete Schelling-Bild Heines ebenso wie für den schillernden Begriff der Krankheit und die Frage, ob das Christentum ihre Ursache, ihre Folge, ihre Medizin oder alles zugleich ist.

Der systematische Teil greift immer wieder auf die Ergebnisse der Textanalysen des ersten Teils zurück, was zu gelegentlichen Redundanzen führt, dem Argumentationsgang jedoch durchaus zuträglich ist. Die Ausführungen zu den politischen, psychologischen und ästhetischen Implikationen der Heineschen Sensualismus-Konzeption bieten keine Überraschungen, bringen die Sachlage aber konzise auf den Punkt. Bemerkenswert ist hinsichtlich Heines Ästhetik der Rückgriff auf Willfried Meiers relativ wenig rezipierte Dissertation von 1969, »Leben, Tat und Reflexion. Untersuchungen zu Heinrich Heines Ästhetik«. Diskussionsbedarf bleibt hinsichtlich der Darlegungen zum Zusammenhang von Sensualismus und Religion und, damit verbunden, zur Frage nach der Lyrik aus der Matratzengruft. Kehrt der späte Heine wirklich »zum Gott seiner Väter und damit zu einem theistischen Religionsmodell zurück« (S. 219), wie Verf. meint? Lässt sich das angesichts der ungebrochen »hedonistischen Qualität der Sterbelyrik« (S. 329) tatsächlich sagen? Und gilt nicht für die religiöse Qualität des Heineschen Sensualismus einfach das, was Verf. vom Protagonisten des »Almansor«-Dramas sagt: »er übersetzt den erotischen Diskurs lediglich in die religiöse Sprache der Geliebten« (S. 233) – respektive des zeitgenössischen Publikums? Was vom religiösen Gehalt des Sensualismus bleibt, ist hier letztlich nur die Gleichung Religion = Enthusiasmus (vgl. S. 253), die außer der Etymologie eigentlich nichts erklärt. Alles in allem aber gilt, dass Olaf Hildebrand mit seiner Dissertation, vor allem mit den starken Textanalysen des ersten Teils, einen der anregendsten Beiträge der Heine-Forschung der letzten Jahre geliefert hat.

Robert Steegers

Julia Freifrau Hiller von Gärtringen/Detlev Hellfaier: *Grabbe im Original. Autographen, Bilder, Dokumente*. Detmold: Lippische Landesbibliothek 2001 (= Auswahl- und Ausstellungskataloge der Lippischen Landesbibliothek Detmold. Hrsg. von Detlev Hellfaier, Heft 35), 136 S., Euro 20,–.

Dieser aus Anlass des 200. Geburtstages von Christian Dietrich Grabbe am 11. Dezember 2001 erschienene Katalog einer Detmolder Ausstellung bildet einen auch unabhängig von den damals gezeigten Objekten in jedem Sinne farbigen Bilderbogen. 62 Bildtafeln mit insgesamt 67 Abbildungen ermöglichen einen respektvoll-distanzierten, gleichzeitig dennoch die Sympathie des Lesers herausfordernden anregend-abwechslungsreichen Gang durch Leben, Werk und Wirkung des aus Detmold stammenden Dichters, der bereits am 12. September 1836 nach einem kurzen, turbulenten und, wie stets mit Recht betont wurde, unglücklichen Leben mit einigen wenig erfolgreichen Abstechern auch dort gestorben ist. Der besonders ansprechend gestaltete und ausgestattete Band stellt auf elegante und ansprechende Weise unter Beweis, dass Literaturarchive, die durch mancherlei persönlichen Einsatz von kenntnisreichen Gelehrten ihr Augenmerk auf die Vielfalt historischer Fragestellungen und quellenmäßig zu belegender Bezüge gerichtet haben, aufgrund der zusammengetragenen ›Originale‹ endlich genau jene Funktionen zu erfüllen vermögen, die einer öffentlichen Erinnerungskultur zugute kommen.

Ob es nun das Erscheinungsbild des Dramatikers ist, eindrucksvoll überliefert aufgrund seiner Kontakte zur Düsseldorfer Malerschule, oder ob es zeitgenössische Ansichten seiner Stationen von Detmold über Leipzig, Berlin, Dresden, Braunschweig, Frankfurt am Main und Düsseldorf sind oder Beispiele von Werkmanuskripten und sonstigen Autographen, die den Gang der zumeist tragischen Entwicklung belegen, die Darbietung solcher Quellen setzt einen Dialog in Gang und vertieft die Kenntnis der oft genug komplizierten kulturhistorischen Zusammenhänge, denen im erschließenden Begleittext angemessen nachgegangen wurde. Mit knapp über zwanzig Bildern, also etwa einem Drittel, sind Bühnenbildentwürfe und Aufführungsdokumente vertreten, wobei auch ohne falsche Berührungsängste jene Tatsache, der in Detmold vor Jahren schon ein aufschlussreicher und kritischer Rechenschaftsbericht gegolten hat, dokumentiert wird, dass die Wirkung Grabbes oder seine politische ›Ausbeutung‹ während der Zeit des Dritten Reiches einen eigenen ambivalenten Schwerpunkt bildet. Diese finsteren Jahre sind aber zum Glück nicht die einzigen Eckpunkte der Rezeption. »Napoleon oder die hundert Tage« wurde beispielsweise 1995/96 auch in einer Übersetzung von Bernard Pautrat und der Inszenierung von Bernard Sobel am Théâtre de Gennevilliers im Norden von Paris auf die Bühne gebracht (in diesem Falle ist übrigens auf S. 94 bei der Bildlegende ein möglicherweise statt des französischen Plakats von 1996 eingeplantes Detmolder Plakat von 1989 verzeichnet!). Dieses wichtige Theaterstück Grabbes wurde am 2. September 1895 im Opernhaus Frankfurt am Main zum Sedanstag uraufgeführt, weil der preußische Sieg über Napoleon I. mit dem reichsdeutschen Sieg über Napoleon III. (nicht, wie S. 90 versehentlich gedruckt: Napoleon II.) bewusst parallelisiert wurde. Aber erst die Bühnenfassung von Leopold Jessner im Berliner Schauspielhaus am Gendarmenmarkt »befreite ›Napoleon oder die hundert Tage‹ vom Vorbehalt der Nichtaufführbarkeit« (S. 90).

Eine übersichtliche Chronik beschließt den Band über einen Autor, der es in der Tat verdient hat, dass die Öffentlichkeit ihn wieder stärker wahrnimmt, und dies nicht nur durch die Präsenz »eines der bedeutendsten Lustspiele der deutschen Bühnenliteratur« (S. 36), nämlich »Scherz, Satire, Ironie und tiefere Bedeutung« von 1822. Dieser Titel wirft allerdings ein besonders vieldeutiges Schlaglicht auf die Gestalt des genialen Autors, an dessen Werk und Schicksal Heine, der ihn aus seinen Berliner Tagen kannte, bis zuletzt stets besonderen Anteil genommen hat.

Joseph A. Kruse

Hans Hörling (Hrsg.): *Die französische Heine-Kritik*. Band 2. *Rezensionen und Notizen zu Heines Werken aus den Jahren 1835–1845*. Stuttgart und Weimar: Metzler 2001 (= Heine-Studien), 446 Seiten, Euro 74,60.

Der nun vorliegende zweite Band der Quellenedition zur zeitgenössischen französischen Heine-Rezeption bietet über 200 Rezensionen, Artikel und Notizen und ermöglicht es, sehr viel genauer als bisher das Meinungsspektrum über Heine und sein Werk zu rekonstruieren. Unter den Rezensenten finden sich prominente Autorinnen wie die Gräfin Marie d'Agoult und George Sand, der Herausgeber der »Revue des deux Mondes« François Buloz, der Saint-Simonistenführer Prosper Enfantin, die Publizisten und Schriftsteller Théophile Gautier, Jules Janin, Edgar Quinet, René-Gaspard-Ernest Taillandier und Alexandre Weill, Verfasser der von Heine rezensierten »Sittengemälde aus dem elsässischen Volksleben« sowie der Komponist Hector Berlioz; des weiteren die in Paris lebenden und französisch schreibenden Ludwig Börne, Adalbert von Bornstedt, Richard Otto Spazier sowie Wolfgang Menzel und Franz Liszt.

Im Zentrum des französischen Interesses stehen dabei Mitte der 30er Jahre zunächst Heines Deutschlandschriften, die 1833 in der »Europe littéraire« erschienene Artikelserie »De l'Allemagne depuis Mme de Staël« und die 1835 erschienene Renduel-Ausgabe von »De l'Allemagne«. Nahezu gleichrangig wird parallel dazu dem Bundestagsverbot der Schriften des Jungen Deutschland, die bemerkenswerteste literaturpolitische Entscheidung der mittdreißiger Jahre, breiter Raum zugestanden. Des weiteren wird das Erscheinen der vier »Salon«-Bände behandelt und die Renduel-Ausgabe der »Tableaux de voyage« besprochen. Der Band wird durchzogen von zahlreichen Besprechungen einzelner Heine-Artikel für die »Augsburger Zeitung« und er klingt aus mit den ersten Reaktionen auf den »Atta Troll«, die »Neuen Gedichte« und »Deutschland. Ein Wintermährchen«.

Überwunden sind 1835 die ersten durchaus schwierigen Jahre nach Heines Übersiedlung nach Paris, in denen ein Rezensent in völliger Unkenntnis des deutschen Autors und mit überwältigender Offenheit bemerken konnte: »Nous ne connaissons rien de Henri Heine: il a composé des comédies« (Hörling, Bd. I, S. 43).

Es fällt auf, dass Heines Börnebuch in der französischen Kritik nur in drei redaktionellen Einleitungen und in Notizen von Alexandre Weill, Xavier Marmier und Taillandier erwähnt wird. Möglicherweise hat hier die kontroverse Reaktion in der deutschen Presse eine Verunsicherung herbeigeführt. Die negativen Reaktionen der radikaldemokratischen Anhänger Börnes jedenfalls bewirkten, dass Xavier Marmier schreibt, er könne die Invektiven der deutschen Zeitungen, die Heines Werke vordem überschwänglich gelobt hätten und das Börnebuch nun heftig angriffen, nicht übersetzen ohne zu erröten: »Le Livre qu'il a récemment publié sur Boerne lui a attiré de la part des mêmes journaux qui le louaient tant autrefois des invectives que nous rougirions de traduire« (S. 259). Ein zweiter Grund für die Missachtung in der französischen Presse kam hinzu: Die Börne-Denkschrift lag nicht in französischer Übersetzung vor.

Ganz ähnlich ergeht es dem »Atta Troll«, dessen Journaldruck von 1843 ebenfalls kaum wahrgenommen wurde. Erst als das Werk 1847 in der Übersetzung von Édouard Grenier in der »Revue des deux Mondes« erschien, mit einem Vorwort, in dem Heine seinen französischen Lesern versichert, dass sie Aufschluss erhielten über »la vie intime de la mystérieuse Allemagne«, ändert sich dies.

Besonders großes Interesse bei der französischen Presse erweckte der Bundestagsbeschluss vom 10. Dezember 1835 gegen das Junge Deutschland. Dabei reichen die Berichte von kurzen kommentarlosen Meldungen bis zu längeren Erklärungen zu den einzelnen vom Verbot betroffenen und in Frankreich kaum bekannten Autoren. Die Äußerungen in der französischen Presse ändern sich Anfang 1836 schlagartig, nachdem Heine die französische Fassung seines offenen Briefes »An eine hohe Bundesversammlung« im »Journal des Débats« publiziert hatte. Der Bundestagsbeschluss wird nun offen angegriffen. »Malheureusement, la devise de M. Dupin, libre défense des accusés, n'est pas en honneur auprès de la diète«, heißt es in der »Revue des deux Mondes« (S. 167) und der französische Journalist Girardin beklagt, der Bundestag in Frankfurt habe eine neue Art der Zensur etabliert. Denn während in Paris das Buch schuldig sei ohne Rücksicht auf seinen Autor, sei nun in Frankfurt der Autor schuldig ohne Rücksicht auf den Inhalt seines Buches: »A Paris, un livre est coupable, quel que soit du reste son auteur, fût-ce un saint. A Francfort, l'auteur est coupable, quel que soit du reste son livre, fût-ce l'Evangile« (S. 174).

Der Diskurs über Heine wird in den 40er Jahren sowohl in Deutschland als auch in Frankreich immer wieder bestimmt von der Frage nach Heines politischer Glaubwürdigkeit, ein Diskurs, der durchaus grenzüberschreitende Konstanten aufweist. Ende 1844 erreichen deutsche Patrioten mit ihrer Kritik eines Korrespondenzartikels von Heine, in dem dieser Guizot als »Schutz und Hort des Bestehenden« gegen Lamennais ausspielt, dass sich der »National« und der »Charivari« dafür entschuldigen, in ihren soeben erfolgten positiven Besprechungen von »Deutschland. Ein Wintermährchen« Heines politisch revolutionäre Einstellung und sein literarisches Talent gelobt zu haben. Beide lassen nun kaum mehr Heines literarisches Talent gelten: »nous avons à regretter les éloges accordés à un poète dont on ne peut, restriction bien triste, louer que le talent« (Charivari, S. 385).

Eine Vermittlerrolle zwischen Frankreich und Deutschland einzunehmen, hat Heine immer als seine Aufgabe bezeichnet. Anlässlich der französischen Erstveröffentlichung von »Zur Geschichte der Religion und Philosophie in Deutschland« in der »Europe littéraire« schreibt Heine im April 1833 an einen Freund: »Ich werde in jenem Journale alles Mögliche thun, um den Franzosen das geistige Leben der Deutschen bekannt zu machen; dieses ist meine jetzige Lebensaufgabe, und ich habe vielleicht überhaupt die pacifike Mission, die Völker einander näher zu bringen« (HSA XXI, 51). In seiner Rezension von »De l'Allemagne« betont François Buloz, dass Heine genau diese selbstgewählte Aufgabe erfüllt: »il s'est fait de la France une chaire à double écho, enseignant la France à l'Allemagne, l'Allemagne à la France« (S. 40).

Die Heine-Philologie ist in der glücklichen Lage, dass nach Vollendung der Düsseldorfer Heine-Ausgabe die schon früher begonnenen Arbeiten an den Quelleneditionen zur Heine-Rezeption in Deutschland und Frankreich weiter geführt werden. Dabei hat der ›Einzelkämpfer‹ Hörling – betrachtet man den reinen Berichtszeitraum und nicht die Anzahl der Rezensionen – im Augenblick einen Vorsprung vor der deutschen Edition. Manfred Windfuhr, der Herausgeber der DHA, betont in seinen abschließenden Betrachtungen zum »Editionsprofil der Düsseldorfer Heine-Ausgabe«, dass die Präsentation der Rezeptionszeugnisse sich im Apparat der DHA nicht auf »bloße Zi-

tatensammlungen beschränkt, sondern das Material auch nach zeitgenössischen Urteilsgruppen strukturiert« und dadurch den beiden Quelleneditionen einiges voraus hat. Dagegen bietet die Quellenedition die Möglichkeit, die in der DHA nur in Auszügen dargebotenen Rezensionen im Textzu-
sammenhang zu lesen sowie diachronisch wie synchronisch die kulturpolitischen Diskussionen in
Paris zu verfolgen, wozu auch der immer wieder einfließende tagespolitische Diskurs gehört.

Beide bisher unvereint nebeneinander bestehenden Präsentationsformen werden im Digitalisie-
rungsprojekt HEINRICH-HEINE-PORTAL, durchgeführt unter der Federführung des Heinrich-Heine-
Instituts in Kooperation mit der Universität Trier, zusammengefasst. Das digitale Medium bietet
anders als die eindimensionale Papierfassung die Möglichkeit, auf vielfältige Weise durch Hyper-
links den diplomatisch getreu dargebotenen Text der Düsseldorfer Heine-Ausgabe mit dem Voll-
text der Rezensionen zu verknüpfen. Besonders bei den großen Sammelrezensionen, in denen gleich
mehrere Texte Heines besprochen werden, bietet sich ein solches Verfahren an. Die Rezensionen
können mit den entsprechenden Stellen in den verschiedenen Entstehungsabschnitten verknüpft
werden. Beispiele hierfür sind die Bände »Neue Gedichte« (DHA II) und »Atta Troll« und »Deutschland. Ein Wintermährchen« (DHA IV). In beiden Bänden werden nämlich zahlreiche Rezensionen
wiederholt, da die »Neuen Gedichte« und das »Wintermährchen« ursprünglich 1844 in einem Band
erschienen, in der DHA aber aus editorischen Gründen in zwei verschiedenen Bänden herausgegeben
wurden, so dass einige Überschneidungen im Abschnitt »Aufnahme« unausweichlich waren.

Hörling präsentiert die Texte der Rezensionen gewohnt zuverlässig. Leider muss man sich zunächst weiterhin mit Hörlings informativer Übersicht über die französische Presse der Julimonarchie behelfen, weiter gehende Nachfragen zu Texten und Autoren müssen einstweilen verschoben
werden, dem interessierten Benutzer bleibt nur, geduldig auf das Erscheinen des dritten Bandes
sowie auf den abschließenden Kommentarband zu warten.

Neben vielen wichtigen Informationen über das Echo der französischen Presse auf Heine, findet sich manch wunderschönes Zeichen der Verehrung. Hector Berlioz schließt seinen freundschaftlichen Brief an den Autor mit den Worten: »Maintenant, Heine, Henri Heine, célèbre ban-
quier d'idées, neveu de M. Salomon Heine, auteur de tant de précieux poëmes en lingots, je n'ai
plus rien à vous dire, et je vous ... salue« (S. 316).

Bernd Füllner

Karl-Josef Kuschel: »*Gottes grausamer Spaß?*« *Heinrich Heines Leben mit der Katastrophe.* Düsseldorf: Patmos Verlag 2002, 357 S., Euro 24,90.

Zum Verständnis des Spätwerks Heines, mit welcher Zielsetzung auch immer, muss von der Confessio im Nachwort zum »Romanzero« ausgegangen werden: »ich verharrte bey denselben demokratischen Prinzipien, denen meine früheste Jugend huldigte und für die ich seitdem immer flammen-
der erglühte« (DHA III, 180). Dazu gehört aber auch die Confessio Heines von seiner Rückkehr zu
einem persönlichen Gott, wie ihn das Judentum und Christentum aus ihrer biblischen Tradition
bezeugen. In welcher Form auch Heine in seiner mittleren Schaffenszeit mit dem Atheismus um-
gegangen sein mag – mit literarischer, philosophischer oder sozialkritischer Sympathie –, während
seiner letzten Lebensphase jedoch spricht er mit aller Deutlichkeit vom Wiedererwachen eines persönlichen Gottesglaubens, ohne sich damit festzulegen. Die Konsequenzen, die er daraus gezogen
hat, vor allem unter dem Eindruck seiner Krankheitsjahre, sind ein Dokument erschütternder Le-
benserfahrung. Bezeugt wird eine moderne Religiosität vor dem Hintergrund der Säkularisierung
nach der Aufklärung.

Karl-Josef Kuschel, bekannt durch seine theologisch-literarischen Veröffentlichungen allgemein, hat es in einer umfangreichen Studie unternommen, den späten Lebenserfahrungen Heines nachzugehen, sie dicht im Zeitablauf wiederzugeben. Wir treffen auf eine verlässliche, gründliche Interpretationsleistung, die für das Verständnis Heines in Zukunft hilfreich sein wird. In diesem Werk geht es nicht primär um eine Begründung des persönlichen Gottesglaubens bei Heine, in geschichtlicher und religionskritischer Sicht. Darüber liegen bereits grundlegende Untersuchungen vor. Es geht vielmehr um die Auswirkung der Akzeptanz eines persönlichen Gottesglaubens auf Leben und Werk, insbesondere auf den Umgang mit seiner langjährigen Krankheit, die wie bei kaum einem anderen Dichter zum Gegenstand seiner literarischen Reflexionen geworden ist.

Wie wird der persönliche Gott bei Heine gedacht, gelebt und vorgestellt? Eine Auseinandersetzung mit der Theodizee und der persönlichen Sinnfrage. Gott ist der Partner, der den Dichter anhört, ihn anhören muss mit seinen Klagen und Vorwürfen, die jedoch verständlich werden aufgrund der hoffnungslosen Lage Heines, unter Berufung auf biblische Parallelstellen im Buch Hiob und den Klageliedern, den Lamentationen des Propheten Jeremias. Die Dichtung ist dabei zum Instrument des geistigen Überlebens geworden: Distanzierung, Humor, Ironie. Gott ist der Angeredete, der Zuhörende, der sich rechtfertigen soll. Der Titel des Buches »Gottes grausamer Spaß?« ist zwar mit einem Fragezeichen versehen, korrespondiert jedoch mit dem Untertitel, der Heines Leben als ein Leben mit der Katastrophe bezeichnet.

Methode und Ziel ist die Biographie, wobei das literarische Schreiben und der Lebensvollzug zusammengesehen und sehr differenziert nacherzählt werden. Der Autor führt gewissermaßen ein Gespräch mit Heine, lässt Heine sich selbst begreifen. Ein schwieriges Unternehmen, eine unmittelbare Nähe kommt auf. Der Leser soll, wie der Autor selbst, eine Form der Unmittelbarkeit erleben. Es gilt bei dieser Art der Darstellung auszugleichen zwischen dem lyrischen Ich in den einzelnen Gedichten und deren Fiktionalität mit den biographischen Selbstaussagen in den Briefen. Ausgeschöpft werden in der gesamten Darstellung auch die Bezeugungen über Heine von den vielen Zeitgenossen, wie sie in dem von Michael Werner neu herausgegebenen Werk »Begegnungen mit Heine. Berichte der Zeitgenossen« vorliegen. Wie weit die Aussagen der Zeitgenossen im einzelnen stimmen, lässt Kuschel auf sich beruhen. Jedenfalls erscheinen sie ihm prinzipiell als glaubwürdig.

Dichtung, Briefwissen und Rezeptionszeugnisse gehen ineinander über. Vielleicht hätte die Fiktionalität der herangezogenen Gedichte noch stärker beachtet werden können. Dennoch, die ausgewerteten Gedichte werden literarisch im einzelnen aufgeschlüsselt, so dass sie biographisch prinzipiell nicht überlastet sind. Der literarischen Fragestellung wird bei allen biographischen und theologischen Überlegungen nicht aus dem Wege gegangen. Die Auseinandersetzung mit der neueren Heine-Literatur gibt dem Werk von Kuschel einen sicheren Stand in der Heine-Forschung. Darüber hinaus ist es ein Bekenntnisbuch des Autors für den Zusammenhang von Religion und Literatur, wofür Heine ein wichtiger Repräsentant ist. Das Werk ist reich an Zitaten, wodurch es zugleich ein Lesebuch über den späten Heine geworden ist.

Respektabel ist, wie ich es mit meiner Begrifflichkeit ausdrücken möchte, der kulturchristliche Umgang mit Heines theologischer Position. Es kommt nie zu einer Beurteilung Heines aus protestantischer, katholischer oder jüdischer Auffassung. Heine steht für sich, in der Liberalität eines literarischen Bibelverständnisses. Entscheidend sind die durch die Skepsis hindurchgegangenen menschlichen Erschütterungen und Erkenntnisse über den Zustand in der Welt. Seine Krankheit hat Heine hellhörig gemacht. Er schreckt vor nichts zurück, zerstört die oberflächlichen Illusionen traditioneller Frömmigkeit, keine vorschnellen Antworten. Gegen den kranken Körper und die Last seiner Endlichkeit behauptet sich ein eigenwilliger, klarer Geist, dem der Humor, Gottseidank, nicht abhanden kam.

Wilhelm Gössmann

Berliner Don Quixote. Sonntagsblatt für Männer, Frauen, Kinder, Greise, Jünglinge, Mütter, Väter, Söhne und Töchter [Untertitel ab 29. April 1832: »*Ein Unterhaltungsblatt für gebildete Leser*«]. Jg. 1832/33. Redakteur Adolf Glassbrenner [Pseud.: Brennglas]. Reprint. Hrsg. von Hugh Powell. 2 Bde. Hildesheim, Zürich, New York: Olms 2001, 1606 + 28 S., Euro 188,–.

Wie Heinrich Heine ab etwa 1900 lange Zeit unter dem Vorzeichen »Rheinromantik« wohlwollend rezipiert wurde, so galt auch Adolf Glassbrenner (1810–1876) seit dieser Zeit hauptsächlich als humorvoller Volksschriftsteller, als unterhaltender, aber harmloser Vertreter des sogenannten »Berliner Volkswitzes«. In dieser Les- und Rezeptionsart wurde das literarische wie politische Potential dieser Art von Literatur – zu denken wäre auch an Eduard Maria Oettinger oder Moritz Gottlieb Saphir – auf das Niveau des harmoniebedürftigen Wilhelminischen Bildungsbürgertums herabgestimmt. Das subversive Potential, dass diesem Humor innewohnte – mit Recht sprach 1844 Theodor Mundt vom Humor als radikalem Berliner »Robespierre« – verblasste dabei fast vollständig. Inzwischen hat sich daran einiges geändert. Neben einigen Reprints gibt es seit 1981 eine von Horst Denkler vortrefflich zusammengestellte dreibändige Leseausgabe, die den politischen Vormärzautor Glassbrenner vorstellt. Oftmals hatte er mit der Zensur zu kämpfen und entwand sich schließlich mit seinem ab 1840 selbstgewählten Exil Neustrelitz dem latent drohenden polizeilichen Zugriff (bis er 1848 wieder direkt ins politische Leben Berlins einzugreifen suchte und danach in Hamburg für bestimmte Zeit eine Zuflucht fand).

Dennoch, trotz dieser Editionsfortschritte, ist die literaturwissenschaftliche und öffentliche Kenntnisnahme von Glassbrenner, Saphir, Kalisch und anderen äußerst spärlich. Es scheint, dass ihre Form von »operativer« Literatur, so wie sie damals nicht selten Opfer politischer Zensur wurde, heute Opfer einer relativ starren literaturwissenschaftlichen Kanonbildung ist. Kanongrenzen laufen nicht mehr zwischen den ehemals klassischen Widerparts. Die »emanzipatorische« Vormärzliteratur, eingeschlossen Heine, hat sich in den letzten Jahrzehnten ihren legitimen Platz erkämpft und ist nunmehr selbst Teil eines akademischen bzw. bildungsbürgerlichen Kanons. Der wusste schon immer zwischen »Hoch-« und »Minderliteratur« zu unterscheiden, produzierte aber, was er derart unterstellte, in dieser Unterscheidung erst selbst. In der Tat handelt es sich bei solchen kanonisierenden Abgrenzungen zwischen »hoch« und »nieder« um eine institutionell vermittelte bildungsbürgerliche Unterscheidung von ausgeübter Lese-Praxis und ausgestelltem symbolischen Habitus. Denn in dem Maß, wie sogenannte »Minderautoren« wie Glassbrenner ein zahlreiches *bürgerliches* Lesepublikum fanden und mit ihren Publikationen finanziell blendend reüssierten, wurden und werden sie in umgekehrtem Maß aus dem akademischen bzw. literarischen Öffentlichkeitsdiskurs verbannt. Dieses Phänomen ließe sich problemlos auf Gegenwartsliteraturen und ihre institutionelle Brechung im Gewerbe der Literaturwissenschaft bzw. des Kulturbetriebs beziehen. Symbolisch werden kanonische Realitäten geschaffen (»Literatur«), die dem Untergrund des tatsächlich Gelesenen (»Lesestoffe«) nur partiell verpflichtet sind. Literaturwissenschaft ist das institutionalisierte schlechte Gewissen des verschämten bildungsbürgerlichen Lotter-Lesers, das ihm guten Geschmack konzediert. Bildungsbürgerliche Lotter-Leser? Süchtig an der Nadel billiger oder gepanschter Lesestoffe?

Es ist das Verdienst des amerikanischen Germanisten Hugh Powell – interessanterweise sind vor allem amerikanische Kolleginnen und Kollegen auf dem ohnehin sehr übersichtlichen Feld der Glassbrenner-Forschung tätig –, dass nunmehr eine Reprint-Edition von Glassbrenners erstem eigenständigen Journal-Projekt »Berliner Don Quixote« vorliegt. Diese Zeitschrift, von der sich in Deutschland wahrscheinlich kein einziges vollständiges Exemplar mehr befindet, brachte es in den Jahren 1832/33 bis zu ihrem Verbot auf immerhin 358 Nummern. Sie begründete Glassbrenners literarischen und kommerziellen Erfolg. Es wäre wünschenswert, wenn weitere Impulse zur Forschung davon ausgehen würden. Denn Fragen wirft ihre Lektüre zweifellos auf. Sie setzt den »Volksschriftsteller« Glassbrenner vor allem anhand seiner Theaterkritiken in ein möglicherweise neues, überraschendes Licht. Diese Theaterkritiken sind als inhaltlicher Fokus anzusehen, um den sich andere Kleingenres literarischer Unterhaltung gruppieren – Lyrik, Rätsel, Aphorismen, Anekdoten, Reisebriefe, kleine Novellen sowie teils exotische, teils informative Neuigkeiten aus dem Ausland. Eine wachsende Zahl literarischer Talente – paradoxerweise vorübergehend auch der von Amts wegen eingesetzte Zensor der Zeitung selbst! – erprobte sich in diesen Kleinformen im Blatt.

Am wichtigsten allerdings, wie erwähnt, scheinen Glassbrenners Berliner Theaterkritiken zu sein. Sie sind in fast jeder Nummer der Zeitschrift zu finden. Ihnen ist ein bemerkenswert »klassizistischer« Zug zu eigen. Glassbrenner vertritt ungebrochen die Ideale des Aufklärungs- und Bildungstheaters. Er sieht im Theater vor allem eine moralische Anstalt zur Belehrung, Mahnung, Läuterung und Besserung. Das wäre nicht überraschend für einen allmählich politisch erwachenden Autor – sähe er diese Ideale nicht gerade im Königlichen Schauspielhaus verwirklicht und nicht im volksnahen Königsstädter Theater. Glassbrenner, der in seinen Printpublikationen weitsichtig den Gesetzen des Marktes und den Tendenzen der Massenkultur folgte, sah in den Lokalstücken und Possen des Königsstädter Theaters, in den Überarbeitungen von französischen Lustspielen, in Singspielen oder den Berliner Volksstücken von Angely und Holtei weitgehend billigen, prinzipienlosen Unterhaltungsschund. Hier scheint sich ein Widerspruch zu eröffnen. Das auf eine breite Rezipientenschicht zielende Programm, das Glassbrenner sich selbst mit seinen Printproduktionen zu eigen machte, sprach er der von ihm verehrten künstlerischen Anstalt Theater ab. Glassbrenner – der volksnahe Publizist und Pionier der Massenkultur auf der einen und der unerbittliche Kritiker der Unterhaltungsdramatik und des Unterhaltungstheaters auf der anderen Seite. Dieser Widerspruch bedarf der näheren Klärung. Möglicherweise hatte er mit einem aufklärerischen, aber mittlerweile antiquierten, an Lessing und Schiller orientierten Verständnis der Institution Theater zu tun. Denn es fällt auf, dass auch in anderen kleinen Beiträgen des »Don Quixote« Schiller, der Aufklärer und der Bürger Schiller, die wichtigste literarische Bezugsfigur ist. In einem Unterhaltungs-Journal, dem laut Konzession von vornherein untersagt war, politische Angelegenheiten zu thematisieren, war das eine deutliche Positionierung. Im Todesjahr Goethes den orakelnden Olympier, der seit Menzel und Börne im Ruf eines Fürstenknechts stand, derart mit Stillschweigen zu übergehen, war mehr als ein nur literarisches Programm. Der Versuch eines abwägenden Ausgleichs – »Göthomanie« vom 3. November 1832, möglicherweise von Ignaz Franz Castelli –, der Goetheverehrung wie Goetheverteufelung gleichermaßen entgegentreten wollte, machte diese Leerstelle nur umso deutlicher. Untermauert wurde diese »emanzipatorische« Tendenz durch Aufnahme literarischer Piecen von Vertretern, die einige Zeit später unter dem Namen »Junges Deutschland« bekannt und alsbald politisch gebrandmarkt wurden: etwa Gutzkow und Laube. So ist sogar der »Don Quixote«, der sich literarisch gar nicht allzu anspruchsvoll gerierte, der Emanzipationsbewegung »Junges Deutschland« im weitesten Sinn zuzurechnen. Sein Verbot 1833 war, wie andere Zensureingriffe an Berliner Zeitschriften zuvor, ein Glied in der Kette von Restriktionen, die 1835 das »Junge Deutschland« so außerordentlich heftig treffen sollten.

Wie und warum erfolgte dieses Verbot eines nominell doch nur unterhaltsamen bzw. humoristischen Blattes? Hier hätte das ansonsten kenntnisreiche Nachwort des Herausgebers vielleicht stärker nachsetzen können (S. 7). Mit dem Rückgriff auf Houbens Klassiker »Verbotene Literatur« oder auf die Archivuntersuchungen Mary Lee Townsends zur Zensur der populären komischen Literatur in Preußen (Forbidden laughter, 1992) wären präzisere Angaben möglich gewesen. Insgesamt war dieses Verbot der Schlusspunkt unter eine inhaltliche Entwicklung, die sich durch eine zunehmende politische Positionierung auszeichnete. Man sollte beim noch sehr jungen Glassbrenner wohl nicht von einem ausgeprägten politischen Liberalismus sprechen. Aber es reichte, unautorisiert diese oder jene Institutionen oder Erscheinung des Ancien régime spöttisch zu befragen, um sich der besonderen Aufmerksamkeit der Zensurbehörden zu erfreuen. Diese Zuwendung werden vor allem Glassbrenners wiederkehrende Szenen aus dem Tierreich erweckt haben. Verkleidet in eine Sklavensprache, thematisierten sie politische Fragen und umkleideten seine Kritik am preußischen Absolutismus (später, in »Neuer Reineke Fuchs« von 1846 baute er dieses Verfahren aus). Vor allem wohl darauf (und sicher auch auf seine fiktiven proto-politischen Reportagen aus fremden Sternenwelten) bezog sich die Begründung des Verbots, Glassbrenner verspotte Landesgesetze und schüre Unruhe und Widerwillen gegen die Regierung (nominell hielt seine Satire auf ein Treffen des russischen Zars und des österreichischen Kaisers dafür her).

Ein weiteres Diskussionsfeld eröffnet Powells etwas undifferenzierte Annahme, dass Ungebildete und Arbeiter, die wenig oder gar keine Bildung genossen hatten, zu den tragenden Leserschichten solcher Organe wie des »Don Quixote« gehörten (S. 4). Hier scheint Vorsicht geboten. Glassbrenner selbst annoncierte im Untertitel völlig zutreffend ein Blatt für »gebildete Leser« – für Theaterpublikum, Bürgertum und Bildungsbürgertum. Darüber hinaus analysierte Townsends bereits erwähnte Studie den Preis des sogar noch vergleichsweise preiswerten »Don Quixote« und verglich ihn mit dem Einkommensniveau von Unterschichten in Berlin. Sie kam, flankiert von weiterem Material, zu einem ganz anderen Schluss: den Kern der Leserschaft machte eine breite Mittelschicht aus. Sie schloss Hofkreise, reiche Industrielle und Geschäftsleute ebenso wie Händler und Kaufleute, Schriftsteller und Intellektuelle ein. Glassbrenners in der Einleitungsnummer angekündigtes Vorhaben, zu amüsieren, sehr zu amüsieren, füchterlich zu amüsieren, scheinen diese Leser vorbehaltlos angenommen zu haben. Auch der nicht unerwartete kommerzielle Erfolg des Unternehmens belegt das. Um daran eine Ausgangsfrage zu knüpfen, die die eingangs umrissene Problemlage möglicherweise pointiert bündelt: Und diese ehrenwerten, vorbehaltlosen Leute sollen haltlose, nach »Lesestoff« süchtige Lotter-Leser sein?!

Olaf Briese

Heine und die Weltliteratur. Hrsg. von Terence James Reed und Alexander Stillmark. Oxford u. a.: Legenda 2000, IX, 232 S., £ 27.50.

Neben dem Heine-Kongress »Aufklärung und Skepsis«, den das Heinrich-Heine-Institut gemeinsam mit der Heinrich-Heine-Universität 1997 zum 200. Geburtstag des Dichters in Düsseldorf ausgerichtet hat und dessen Referate in einem fast 1000 Seiten starken Band bereits vor einigen Jahren veröffentlicht worden sind, nehmen sich die 13 Referate der Londoner Heine-Tagung, die Terence James Reed und Alexander Stillmark herausgegeben haben, vergleichsweise bescheiden aus. Die Londoner Tagung, ebenfalls 1997 aus Anlass des 200. Geburtstages ausgerichtet, stand unter dem Titel »Heine und die Weltliteratur«. Der Tagungsband versammelt Arbeiten englischer, österreichischer und deutscher Forscher und lenkt mit der weit gefassten Thematik die Aufmerksamkeit auf ein Gebiet der Heine-Philologie, das in den Diskussionen der letzten Jahre wenig Beachtung gefunden hat. Aber gerade darin liegt die Bedeutung und der Wert dieses Bandes. Der von Johann Wolfgang von Goethe geprägte Terminus Weltliteratur, mit dem der Kongress das weite Geflecht intertextueller Beziehungen, literarischer Abhängigkeiten und Bezugnahmen in den lyrischen wie prosaischen Werken des Dichters beschreibt, erweist sich als ein zentraler Begriff für das Verständnis der eklektischen Gedankenwelt Heinrich Heines. Dass die Tagung einen besonderen Akzent auf die lyrischen

Werke legt, die im Gegensatz zu den theoretischen und erzählenden Prosaschriften in der Forschung der letzten Jahre weniger Beachtung gefunden haben, ist ein weiteres Verdienst.

Der Londoner Kongress thematisiert Interferenzen und Interdependenzen der Werke, betrachtet den Schriftsteller Heine in seiner komplexen und vielschichtigen Bedingtheit und Abhängigkeit von anderen Autoren der Weltliteratur und eröffnet auf diese Weise wichtige und für die weitere Forschungsdiskussion unverzichtbare Perspektiven und Impulse. Die Beiträge untersuchen den Einfluss einzelner Schriftsteller auf Heine, beleuchten Aspekte der produktiven Wirkungs- und Rezeptionsgeschichte, diskutieren die Bedeutung des Dichters im Kontext der literarischen Moderne sowie seine Wirkung auf die Literatur der Gegenwart, analysieren seine vielfältigen Beziehungen zu deutschen und europäischen Schriftstellern der Vergangenheit wie seiner eigenen Epoche und diskutieren Motive und Stoffe, Gattungsfragen und Techniken, durch deren intentionales bzw. unbewusstes Zitieren Heinrich Heine seine Werke in die Tradition europäischer, jüdischer oder arabischer Literatur gestellt hat. Dass die Aufsätze nicht nur philologisch präzise intertextuelle Bezüge in den Werken herausarbeiten, sondern darüber hinaus wichtige Einblicke in Denkweise und Lektüreverfahren des Dichters eröffnen, macht diesen Kongressband zu einer ebenso spannenden wie das Verständnis des Rätsels Heine, wie Manfred Windfuhr einmal formulierte, erhellenden Lektüre.

Die Aufsätze sind in vier Abteilungen gegliedert, die verschiedene Perspektiven akzentuieren: »Heine's Intertextual Muse«, »Heine's Jewishness«, »Heine and After« und »Heine's Modernity«. Dass diese Aufteilung ein wenig gelungenes retrospektives Konstrukt der Herausgeber zur Gliederung der auf der Tagung gehaltenen Referate ist, zeigt sich im zweiten Teil, der Heines Judentum gewidmet ist. Der einzige Beitrag dieser »Sektion« ist das Referat Hartmut Steineckes. Die Publikation hätte dieser Gliederung nicht bedurft, da die Aufsätze in ihrer Viel- und Mehrschichtigkeit auf interessante und faszinierende Weise eben jene Viel- und Uneindeutigkeit, die charakteristisch für das Œuvre des Eklektizisten Heine ist, beschreiben.

Joseph A. Kruse, dessen Beitrag den Band eröffnet, konzentriert sich in seinen Überlegungen auf die Bibel, Homer, Cervantes sowie Shakespeare und arbeitet die parallelen literarischen und ontologischen Konzeptionen heraus, die sie zu intertextuellen Referenzzentren für das Werk Heinrich Heines haben werden lassen.

Roger Paulin deutet Shakespeare ebenfalls als eine der zentralen Referenz- und Identifikationsfiguren des Werkes und betrachtet davon ausgehend Heines Verhältnis zu dem Bonner Professor und Shakespeare-Übersetzer August Wilhelm Schlegel sowie dessen Perspektive auf den englischen Dramatiker im Kontext der deutschen und französischen Shakespeare-Rezeption der Zeit. Vor dem Hintergrund dieser Überlegungen interpretiert Paulin »Shakespeares Mädchen und Frauen« als ein Werk, das außerhalb der bereits in der ersten Hälfte des 19. Jahrhunderts institutionalisierten Shakespeare-Rezeption in Deutschland zu sehen ist.

Andere Beiträge eröffnen durch philologisch genaue Untersuchungen einzelner Texte bemerkenswerte Einblicke in das für Heines Œuvre charakteristische Korrespondenzsystem, das Werke aus unterschiedlichen Schaffensperioden miteinander verbindet und zueinander in Beziehung treten lässt. So untersucht Nigel Reeves die Quellen des frühen Dramas »Almansor« sowie ihre Funktion und Bedeutung im Gesamtwerk des Dichters, während Ritchie Robertson die epische Tradition, in der das Versepos »Atta Troll. Ein Sommernachtstraum« steht, beleuchtet. Robertson betrachtet Heines Auseinandersetzung mit den Tendenzdichtern der 1840er Jahre vor dem Hintergrund der langen Tradition des Epos in der europäischen Dichtung – von Ariosts »Orlando Furioso« über die ironischen Kleinepen Christoph Martin Wielands und die parodistischen Werke Aloys Blumauers bis zu Karl Leberecht Immermanns komischem Heldenepos »Tulifäntchen«.

Heines Verhältnis zu dem jung-österreichischen Schriftsteller Moritz Hartmann widmet sich Hubert Lengauer in seinem Aufsatz. Dem Klagenfurter Germanisten gelingt es dabei, die Betrachtung des persönlichen Verhältnisses der beiden Schriftsteller auf den Bereich der Politik auszuweiten und die in der Forschung vieldiskutierte Frage nach der Stellung und gesellschaftlichen Bedeutung der Literatur in den Jahren nach dem März aus einer bemerkenswert unverbrauchten Perspektive zu diskutieren.

Hans Höllers Referat über »Grillparzer und Heine« analysiert eine literarische Zeitgenossenschaft im 19. Jahrhundert. Der Salzburger Germanist deutet die Parallelen und Widersprüche in den Gedanken- und Vorstellungswelten beider Dichter als charakteristisches Merkmal der Gegensätzlichkeiten und Unvereinbarkeiten der Epoche. Demgegenüber untersucht Hartmut Steinecke die Bedeutung der jüdischen Literatur für Heinrich Heine anhand des späten Fragments »Jehuda ben Halevy«. Der mittelalterliche Dichter Jehuda ist für Heine ebenfalls eine Projektions- und Identifikationsfigur, in die er wichtige Komponenten und Aspekte seines eigenen dichterischen Selbstverständnisses einschreibt.

Peter Branscombe beschäftigt sich mit der den Gedichten des »Buches der Lieder« eigenen Qualität, die dazu geführt hat, dass zahlreiche zeitgenössische und nachgeborene Komponisten die lyrischen Werke Heines vertont haben. Alexander Stillmark untersucht in seinem Beitrag die Rezeption Heines in der russischen Literatur des 19. Jahrhunderts. Und Edward Timms betrachtet die Gemeinsamkeiten und Parallelen, die trotz der vielzitierten Unterschiede und Unvereinbarkeiten Heinrich Heine und Karl Kraus verbinden. Kraus gebraucht, und darin ist er mit Heine vergleichbar, die subversive Kraft des Wortes, um gegen die herrschende chauvinistische Ideologie der eigenen Gegenwart schreibend anzukämpfen.

Mit der Funktion einzelner Körperteile in der Bildsprache Heinrich Heines beschäftigt sich Terence James Reed. Ausgehend von dieser, einen Motivkomplex der Lyrik untersuchenden Fragestellung zeigt Reed literarische Parallelen und Entsprechungen von der Bibel bis Homer auf und belegt so die Bedeutung, die der Thematik für die Deutung der Werke des Dichters zukommt.

David Constantine interpretiert in seinem Referat die mehrdeutigen Lazarus-Figuren in der Lyrik des späten Heine als Chiffren, die auf literarischer Ebene das Leiden des Dichters in der Matratzengruft kompensieren, sublimieren und letztlich transzendieren. In diesem Kontext erweist sich erneut die Bibel als eines der zentralen Referenzsysteme des Dichters, wenngleich Constantine Anklänge an die Metaphorik des Barock ebenso herausarbeitet wie Verweise auf Rainer Maria Rilke oder Arthur Rimbaud, die am Ende des 19. Jahrhunderts das Bildrepertoire Heines aufgreifen und im Kontext der Moderne zitierend transformieren. Daran anknüpfend arbeitet Anthony Phelan in seinem Beitrag über die Wirkung, die Heine auf die Dichtung im 20. Jahrhundert und in der Gegenwart ausgeübt hat und ausübt, heraus, wie sowohl der Ton als auch die Bildlichkeit auf die Entwicklung der deutschen Lyrik von Rilke über Celan bis Rühmkorf maßgeblichen Einfluss genommen haben.

Obwohl sich die Aufsätze auf unterschiedlichen Ebenen dem Thema der Tagung nähern und der Pluralismus der Methoden zunächst problematisch erscheint, wird die Vorgehensweise der intertextuellen Bezogenheit der Werke Heines in besonderem Maße gerecht. Die Referate zeigen exemplarisch die Multiperspektivität und -funktionalität der Referenzen in den Texten des Dichters und spiegeln damit zugleich die komplexe, mehrschichtige und eben darum so faszinierende Gedanken- und Vorstellungswelt Heinrich Heines. Dass die Bibel, Shakespeare und Homer als wichtige Referenzzentren im Werk von mehreren Beiträgern akzentuiert werden, belegt, dass das Thema »Heine und die Weltliteratur« zu den zentralen, das dichterische Selbstverständnis Heinrich Heines betreffenden Fragestellungen gehört, die für das Verständnis und die Interpretation des

Gesamtwerkes von großer Bedeutung sind, weshalb dem Band viele interessierte Leser zu wünschen sind, die seine Impulse aufnehmen und für die Forschung nutzbringend verwenden.

Sikander Singh

Mechthilde Vahsen: *Die Politisierung des weiblichen Subjekts. Deutsche Romanautorinnen und die Französische Revolution 1790–1820.* Berlin: Erich Schmidt Verlag 2000 (= Philologische Studien und Quellen, Heft 162), 225 S., Euro 34,80.

Die literarische und philosophische Auseinandersetzung mit der ersten politischen Revolution von europäischer Ausstrahlungskraft ist in der west- und ostdeutschen Germanistik seit Beginn der 70er Jahre vielfach nachgezeichnet und analysiert worden. Der Blick auf Autorinnen und ihre Revolutions-Rezeption war damals jedoch noch verstellt. Die vorliegende an der Universität Paderborn entstandene Dissertation entfaltet ein breites Spektrum von Autorinnen-Texten, die schwerpunktmäßig unmittelbar im Anschluss an die Französische Revolution zwischen 1794 und 1796 in Deutschland erschienen, die aber auch die Fernwirkung des epochalen Ereignisses im Zeitraum zwischen 1812 und 1820 dokumentieren. Die produktiven Auseinandersetzungen mit den zentralen Ideen und Ereignissen der Französischen Revolution erscheinen eingefügt in den literarischen Diskurs über Weiblichkeit und Identitätsfindung. Die Analyse der Wechselbeziehungen zwischen Politik, schreibendem Subjekt, Text und Geschlecht nimmt eine Zuordnung zu drei Großkategorien vor: Reform, Revolution und Utopie.

Den Romanuntersuchungen vorangestellt ist die Darstellung sozialgeschichtlicher und geschlechtsdiskursiver Grundlagen, wie sie in der Gender-Forschung derzeit diskutiert werden. An sie schließt sich eine Auffächerung der vielgestaltigen theoretischen Auseinandersetzung von deutschen und englischen Zeitgenossinnen mit den politischen Implikationen der Französischen Revolution an.

Von den sechs berücksichtigten Romanautorinnen stellen Isabella von Wallenrodt, Caroline de la Motte Fouqué und Henriette Fröhlich mit ihren zeitpolitischen Texten wertvolle Wiederentdeckungen dar. Die Frage der ästhetischen Normerfüllung wird von der Verfasserin bewusst ausgegrenzt.

Dem Gedankengut der Spätaufklärung verpflichtet, entwerfen die Romane »Theophrastus Gradmann, einer von den seltenen Erdensöhnen. Ein Roman für Denker und Edle« (1794) von Isabella von Wallenrodt und »Schönes Bild der Resignation« (1795) von Sophie von La Roche als Konsequenz der kritischen Auseinandersetzung mit der Französischen Revolution systeminhärente Reformmodelle, in denen weibliche Handlungsspielräume unwesentlich erweitert sind.

Dass Sophie Mereau in »Blüthenalter der Empfindung« (1794) diese Systemimmanenz durchbricht und dass ihr die Transformierung der Revolutionsideale in einen ganzheitlichen weiblichen Subjektentwurf gelingt, galt in der Mereau-Forschung bereits als gesichert. Von einer eigentlichen ›Politisierung des weiblichen Subjekts‹ kann nach Vahsen erst in Therese Hubers Roman »Die Familie Seldorf« (1795/96) gesprochen werden, in dem die Protagonistin Sara die Rolle der politischen Akteurin übernimmt – wenn auch nur phasenweise.

Eine dritte Diskurslinie wird in Sophie von La Roches Roman »Erscheinungen am See Oneida« (1798) und Henriette Fröhlichs »Virginia oder die Kolonie von Kentucky« (1820) nachgezeichnet. Aus der Revolutionskritik heraus erwachsen hier utopische Gesellschaftsentwürfe, die in Räumen jenseits von Europa situiert sind. Nur in Fröhlichs Roman werden jedoch neue Strukturen entwickelt, wenn im Vorgriff auf den literarischen Vormärz ein herrschaftsfreies, eigentumsfreies, egalitäres und somit frühkommunistisches Gemeinschaftsideal entworfen wird.

Die Stärken der Studie liegen in stringenten und dichten Romananalysen, in der Einbeziehung bisher unzureichend ausgewerteter Textkorpora und im Aufweisen von aus ihren Ergebnissen heraus sich entwickelnden weiterführenden Forschungsfragen. Es handelt sich um eine jener im altmodischen Sinne ›redlichen‹ Arbeiten, die nicht das vollkommene Ausloten des Forschungsfeldes behaupten, sondern an vielen Punkten die Notwendigkeit der Vertiefung und Arrondierung aufweisen. So stellt sich etwa die Frage, ob sich aus der Zusammenschau der Einzelanalysen eine »Geschichte weiblicher Subjektivität« (S. 31) für diesen Zeitraum herauskristallisieren lasse, oder ob die Bildung einer weiblichen literarischen Traditionsreihe angenommen werden könne.

Ariane Neuhaus-Koch

Heine-Literatur 2001/2002 mit Nachträgen

Zusammengestellt von Traute-Renate Feuerhake

Sammelbände sind jeweils nur einmal vollständig bibliographiert; ihre Titel werden bei den gesondert aufgeführten Einzelbeiträgen verkürzt wiedergegeben.

1 Primärliteratur

1.1 Werke

Heine, Heinrich: Säkularausgabe. Werke, Briefwechsel, Lebenszeugnisse. – Bd. 8 K: Über Deutschland. 1833–1836. Aufsätze über Kunst und Philosophie. Kommentarband. Bearb. von Renate Francke unter Mitarb. von Heide Hollmer. Berlin, Paris 2001. 813 S.

Heine, Heinrich: Werke. 5., neu ausgest. Aufl. Frankfurt a. M. 2002. – Bd. 1: Gedichte. Ausgewählt und hrsg. von Christoph Siegrist. Mit einer Einleitung von Hans Mayer. 554 S. – Bd. 2: Reisebilder, Erzählende Prosa, Aufsätze. Hrsg. von Wolfgang Preisendanz. 916 S. – Bd. 3: Schriften über Frankreich. Hrsg. von Eberhard Galley. 729 S. – Bd. 4: Schriften über Deutschland. Hrsg. von Helmut Schanze. 682 S.

1.2 Einzelausgaben

Heine, Heinrich: »... glänzte das Schiff, das mich zur Heimat tragen sollte«. Erster Zyklus aus der Gedichtsammlung »Die Nordsee« 1825 bis 1826. (Heinrich-Heine-Ehrung im Giambattista Bodoni-Museum zu Berlin, Januar 2002. »Boot Düsseldorf«). Berlin 2002. 23 S.

Heine, Heinrich: Hundert Gedichte. Hrsg. von Jan-Christoph Hauschild. Berlin 2002. 186 S.

Heine, Heinrich: Der Rabbi von Bacherach. Ein Fragment. Mit einem Nachwort von Joseph Anton Kruse. Frankfurt a. M. 2002. 117 S. (Insel-Taschenbuch. 2426) [Großdruck]

Heine, Heinrich: Wer nie im Leben töricht war. Heiteres und Spöttisches. Hrsg. von Volker Fabricius. Düsseldorf (u. a.) 2001. 96 S.

1.3 Texte in Anthologien

Apfel, Nuss und Schneeballschlacht. Das große Winter-Weihnachtsbuch. Geschichten, Lieder und Gedichte. Gesammelt und illustriert von Rotraut Susanne Berner. Hildesheim 2001. 144 S.

Charlottes Welt. Goethe & Co. für Kinder. Ausgewählt von Britta Leberl. Illustriert von Andrea Rexhausen. 2. Aufl. Schliersee 2002. 62 S.

Das große Buch der Lieder und Songs. Hrsg. und mit Bildern versehen von Reinhard Michl. München (u. a.) 2000. 191 S.

Des Sommers letzte Rosen. Die 100 beliebtesten deutschen Gedichte. Hrsg. von Dirk Ippen unter Mitwirkung von Philip Laubach. 2. Aufl., 21.–30. Tsd. München 2001. 187 S.

Deutsche Liebeslyrik. Hrsg. von Hans Wagener. Rev. Ausg. Stuttgart 1995. 447 S.

Gedichte fürs Gedächtnis. Zum Inwendig-Lernen und Auswendig-Sagen. Ausgewählt und kommentiert von Ulla Hahn. Mit einem Nachw. von Klaus von Dohnanyi. 10. Aufl. Stuttgart 2001. 302 S.

Halb gebissen, halb gehaucht. Das kleine Liebeskarussell der Poesie, eine Auswahl der schönsten erotischen Gedichte. Hrsg. von Anton G. Leitner und Gabriele Trinckler. Weßling bei München 2001. 48 S. (Edition Das Gedicht. Bd. 1)

Heiß auf Dich. 100 Lock- und Liebesgedichte. Hrsg. von Anton G. Leitner und Anja Utler. Originalausgabe. München 2002. 157 S. (Reihe Hanser. dtv. 62088)

Ich will dich. Die hundert schönsten erotischen Gedichte. Ausgewählt von Hansjürgen Blinn. 2. Aufl. Berlin 2001. 184 S.

Im Garten versammelt die Sonne. Landschaftsbilder zwischen Rügen und Erzgebirge. Hrsg. von Peter Jacobs. Berlin 2001. 207 S.

Kleine Geschichten aus Düsseldorf. Gesammelt und hrsg. von Günter Rüber. Stuttgart [1999]. 125 S. (Engelhorn-Bücherei)

Legenden. Heiligengeschichten vom Altertum bis zur Gegenwart. Hrsg. von Hans-Peter Ecker. Stuttgart 1999. 519 S.

Lexikon der letzten Worte. Letzte Botschaften berühmter Männer und Frauen von Konrad Adenauer bis Emiliano Zapata. Frankfurt a. M. 2001. 211 S.

Liebesgedichte aus aller Welt. Hrsg. von Evelyne Polt-Heinzl und Christine Schmidjell. Stuttgart 2001. 504 S.

Ein literarischer Gang an die Börse. Hrsg. von Sabine Tost und Alban Nikolai Herbst. Frankfurt a. M. 2000. 165 S. (Reihe Etikett)

Das Mopsbuch. Ausgew. von Felicitas Noeske. Mit zahlreichen Abbildungen. Originalausgabe. Frankfurt a. M. 2001. 168 S. (Insel-Taschenbuch. 2778)

Normann, Reinhard von: Der richtige Vers. Dichterzitate aus drei Jahrhunderten nach Stichworten alphabethisch geordnet. Thun (u. a.) 1991. 568 S.

»O Stern und Blume, Geist und Kleid ...«. Blumenbilder und Gedichte von Leonardo da Vinci bis Ernst Jandl. Hrsg. von Marianne Schneider und Lothar Schirmer. München 2001. 176 S.

Reclams Zitaten-Lexikon. Hrsg. von Johannes John. 5. Aufl. Stuttgart 2002. 592 S.

Schöne Geschichten! Deutsche Erzählkunst aus zwei Jahrhunderten. Hrsg. von Peter von Matt. Stuttgart 1996. 605 S.

Sprachspeicher. 200 Gedichte auf deutsch vom achten bis zum zwanzigsten Jahrhundert. Eingelagert und moderiert von Thomas Kling. Köln 2001. 360 S.

Stille Nacht. Unheilige Weihnachten. Hrsg. von Anne Margret Rusam und Günther Opitz. Mit Zeichn. von Caroline Eckmann. Originalausg. Frankfurt a. M. 2000. 213 S. (Fischer. 14970)

Das Tier und sein Mensch. Stefan Moses. Mit einem Vorw. von Loriot. Ungekürzte Ausg. München 2001. 111 S. (dtv. 36252)

Tötschinger, Gerhard: »Ach, wer da mitreisen könnte ...« Reisen im Biedermeier. Wien (u. a.) 2001. 240 S.

Zauberhafte Feen. [Textauswahl: Bettina Gratzki]. München 2002. 80 S.

1.4 Übersetzungen

Heine, Heinrich: Deutschland. A Winter's Tale. Translated with an introduction and notes by T. J. Reed. London 1986. 111 S.

Heine, Heinrich: Heines Prosawerke. In 5 Bdn. Ausgew. und übers. von Hiroshi Kiba. – Bd. 4: Zur Geschichte der Religion und Philosophie in Deutschland. Die romantische Schule. Kyoto 1994. 332 S. – Bd. 5: Shakespeares Mädchen und Frauen. Die Romantik, Aphorismen und Fragmente. Kyoto 1995. 303 S. [Japanisch]

2 Sekundärliteratur

2.1 Dokumentationen, Monographien und Aufsätze

Amerongen, Martin van: Het Matrassengraf. Heine's Sterfbed 1848–1856. Soesterberg 2002. 165 S. [Niederländisch]

Ansel, Michael: Die Bedeutung von Heines »Romantischer Schule« für die hegelianische Romantik-Historiographie im 19. Jahrhundert. – In: HJb 2001. S. 46–78.

Aufenanger, Jörg: Grabbe, Heine, Tieck. – In: ders. Das Lachen der Verzweiflung. Frankfurt a. M. 2001. S. 60–72.

Aufenanger, Jörg: Das Lachen der Verzweiflung. Grabbe, ein Leben. Frankfurt a. M. 2001. 282 S.

Ballade und Historismus. Die Geschichtsballade des 19. Jahrhunderts. Hrsg. von Winfried Woesler. Heidelberg 2000. 317 S. (Euphorion – Beihefte. H. 38)

Balzer, Berit: »Ich müßte eigentlich im Exil sterben«. Der Heine-Essay von Max Aub. – In: HJb 2001. S. 107–128.

Barking, Holger: »Ich liege also im wahrhaften Kriege mit Goethe und seinen Schriften; doch ich werde immer zum Göthischen Freykorps gehören«. Affinität und Kritik im Goethe-Bild Heinrich Heines. Essen 2001. 127 S. [Hausarbeit für die erste Staatsprüfung für das Lehramt Sekundarstufe II. Universität Essen]

Bibel und Literatur. Hrsg. von Jürgen Ebach und Richard Faber. 2., unveränd. Aufl. München 1998. 304 S.

Bierwirth, Sabine: Heines Naturästhetik. – In: Literaturkonzepte im Vormärz. Bielefeld 2001. S. 125–136.

Boenisch, Hanne: Heine, Arnold, Flaubert and the Cross-Channel Link. Implicit Connections Textual and Technological. – In: HJb 2001. S. 94–106.

Borchardt, Rudolf: Versuch über Heine. – In: Akzente. Jg. 49, München 2002, Heft 2. S. 147–152.

Borchardt, Susanne: Sphinx fatal. Die Sphinxfrau in Heines Lyrik. – In: HJb 2001. S. 16–45.

Bourke, Eoin: »Dr Mond schennt, dr Wahr flennt«. German Weavers in the Poetry and Song of the First Half of the Nineteenth Century. – In: Das schwierige neunzehnte Jahrhundert. Tübingen 2000. S. 129–143.

Braese, Stephan: Heines Masken. – In: Konterbande und Camouflage. Berlin 2002. S. 51–72.

Brendel-Perpina, Ina: Zur Ambivalenz in Heines Kunstauffassung. Versuch einer ästhetischen Standortbestimmung der publizistischen Prosa der Pariser Jahre. – In: Literaturkonzepte im Vormärz. Bielefeld 2001. S. 137–145.

Briefkultur im Vormärz. Vorträge der Tagung des Forums Vormärz Forschung und der Heinrich-Heine-Gesellschaft am 23. Oktober 1999 in Düsseldorf. Hrsg. von Bernd Füllner. Bielefeld 2001. 262 S. (Vormärz-Studien. Bd. 9)

Brietzke, Dirk: Heine, Christian Johann Heinrich. – In: Hamburgische Biografie. Bd. 1. Hamburg (2001). S. 127–129.

Colombat, Rémy: Séraphine ou l'utopie à l'épreuve. – In: La poésie de Heinrich Heine. Paris 2000. S. 53–69.

Dario, Ruben: La caravana pasa. Edicion critica, introduccions y notas de Günther Schmigalle. Berlin 2001. 183 S. (Libro. 3) [Spanisch]

Dario, Ruben: La estatua de Heine. – In: ders.: La caravana pasa. Berlin 2001. S. 125–142. [Spanisch]

Denn in jenen Tönen lebt es. Wolfgang Marggraf zum 65. Hrsg. von Helen Geyer, Michael Berg und Matthias Tischer mit einem Geleitwort von Wolfram Huschke. Weimar 1999. 583 S.

Dobrinac, Michael: Die Heine-Rezeption in den Staaten des ehemaligen Jugoslawien 1991–2000. – In: HJb 2001. S. 142–147.

Eder, Jürgen: Rahel Varnhagen und das Junge Deutschland. – In: Rahel Levin Varnhagen. St. Ingbert 2001. S. 201–230.

Entfaltung innerer Kräfte. Blickpunkte der Deutschdidaktik. Festschrift für Kaspar H. Spinner anlässlich seines 60. Geburtstages. Hrsg. Christine Köppert, Klaus Metzger. Velber 2001. 304 S.

Espagne, Michel: Judaïsme et dissonances dans la poésie tardive de Heine. – In: La poésie de Heinrich Heine. Paris 2000. S. 139–160.

Faust, Daniela: Heinrich Heines England-Bild. Düsseldorf 2000. 115 S. (Schriftliche Hausarbeit im Rahmen der ersten Staatsprüfung für das Lehramt Sekundarstufe II)

Feuchtwanger, Lion: Heinrich Heine und Oscar Wilde. Eine psychologische Studie. – In: ders.: Centum opuscula. Rudolstadt 1956. S. 20–33.

Fingerhut, Karlheinz: Lectures archéologiques des poèmes de Heine. – In: La poésie de Heinrich Heine. Paris 2000. S. 71–92.

Fleischer, Michael: Heinrich Heine, Dichter der Nordsee. Geschrieben auf der Insel Norderney. Norderney 2001. 133 S.

Florack, Ruth: Tiefsinnige Deutsche, frivole Franzosen. Nationale Stereotype in deutscher und französischer Literatur. Stuttgart (u. a.). 2001. XII, 931 S. [Einige Texte auch in Französisch]

Die Französische Heine-Kritik. – Bd. 2: Rezensionen und Notizen zu Heines Werken aus den Jahren 1835–1845. Hrsg. von Hans Hörling. Stuttgart 2001. 446 S. (Heine-Studien)

Füllner, Bernd: »… im Kothe des Tuilerienhofes«. Ein unbekannter Artikel Georg Weerths in der Neuen Rheinischen Zeitung. – In: StadtLandFluß. Neuss 2002. S. 619–630.

Füllner, Karin: »Ja, Zuckererbsen für jedermann«. Kulinarische Metaphorik in Heines Texten. – In: StadtLandFluß. Neuss 2002. S. 631–641.

Gössmann, Wilhelm: Heinrich Heine »Deutschland. Ein Wintermärchen.« Eine literarische Inspektion. – In: Klassiker der deutschen Literatur. Würzburg 1999. S. 75–97.

Gössmann, Wilhelm: Revolution oder Geschlechterfolge. Zur Vermittlung der Balladen »Karl I.« von Heinrich Heine und »Vorgeschichte (Second sight)« von Annette von Droste-Hülshoff. – In: Ballade und Historismus. Heidelberg 2000. S. 63–81.

Goethes Kritiker. Hrsg. von Karl Eibl und Bernd Scheffer. Paderborn 2001. 208 S.

Günther, Antonia: Heiligenstadt also doch eine Heine-Stadt? Bericht von der Einweihung eines Heine-Denkmals und eines Raumes für Heinrich Heine im Literaturmuseum »Theodor Storm« Heiligenstadt. – In: HJb 2001. S. 154–156.

Häntzschel, Günter: Das Ende der Kunstperiode? Heinrich Heine und Goethe. – In: Goethes Kritiker. Paderborn 2001. S. 57–70.

Häntzschel, Günter: Das literarische Helgoland; eine Insel zwischen Utopie und Apologie. – In: Das schwierige neunzehnte Jahrhundert. Tübingen 2000. S. 27–40.

Hallensleben, Markus: Heines »Romanzero« als Zeit-Triptychon. Jüdische Memorliteratur als intertextuelle Gedächtniskunst. – In: HJb 2001. S. 79–93.

Hamburgische Biografie. Personenlexikon. Hrsg. von Franklin Kopitzsch und Dirk Brietzke. Bd. 1. Hamburg (2001). 368 S.

Hartung, Günter: Heinrich Heine und die Bibel. – In: Bibel und Literatur. München 1998. S. 137–156.

Hauschild, Jan-Christoph / Michael Werner: Heinrich Heine. Originalausgabe. München 2002. 159 S. (dtv / portrait. 31058)

Heinrich Heine auf Helgoland. Briefe, Berichte und Bilder aus den ersten Jahren des Seebads Helgoland. Gesammelt und hrsg. von Pastor Eckhard Wallmann. 2., erw. Aufl. Helgoland 2002. 48 S.

Heinrich Heine: Ich hab im Traum geweinet. 44 Gedichte mit Interpretationen. Hrsg. von Marcel Reich-Ranicki. Frankfurt a. M. (u. a.) 2001. 212 S. (Insel-Taschenbuch. 2740)

Hildebrand, Olaf: Emanzipation und Versöhnung. Aspekte des Sensualismus im Werk Heinrich Heines unter besonderer Berücksichtigung der »Reisebilder«. Tübingen 2001. 365 S. (Studien zur deutschen Literatur. Bd. 160)

Hinck, Walter: Geschichte im Gegenlicht. Zur historischen Ballade der Droste, Heines und Fontanes. – In: Ballade und Historismus. Heidelberg 2000. S. 82–99.

Hinck, Walter: Der große Jupiter. Zum Wandel in Heinrich Heines Goethe-Bild. – In: Goethe-Jahrbuch 2000. Weimar (u. a.) 2001. S. 165–179.

Hinck, Walter: Ironische Diskreditierung der Selbstzensur (zu Heine, Heinrich: »Warnung«). – In: Lyrik lesen! Düsseldorf 2000. S. 128–131.

Höhn, Gerhard: Ce que j'ai jamais écrit de plus sanglant. Un triptyque antimonarchique de Heine. – In: La poésie de Heinrich Heine. Paris 2000. S. 93–116.

Holtz, Günter: Nobilitierung der Großstadtbajadere. Heinrich Heines »Pomare« im Zusammenhang der Geschichte der Ballade. – In: Produktivität des Gegensätzlichen. Tübingen 2000. S. 43–53.

Hommage à Claude Pichois. Nerval, Baudelaire, Colette. Textes recueillis par Jean-Paul Avice et Jérôme Thélot. Paris 1999. 167 S. (L'Année Baudelaire. 5) [Französisch]

Ikenaga, Mamiko: Die Heine-Kritik von Hermann Schiff. – In: Keio-Germanistik. Jahresschrift XIX, Tokio 2002. S. 108–119.

Imprimatur. Ein Jahrbuch für Bücherfreunde. Hrsg. von Ute Schneider. Neue Folge XVI, München 2001. 213 S.

Jaeger, Stephan: Das Zerrbild Apollons. Heines künstlerische Erschreibung der Gegenwart durch Literaturgeschichte. – In: Kunst und Wissenschaft um 1800. Hrsg. von Thomas Lange und Harald Neumeyer. Würzburg 2000. S. 195–218. (Reihe der Stiftung für Romantikforschung. Bd. 13)

Jahrhundertwende(n). Krise oder neuer Aufbruch. 3. Internationales Germanistik-Symposium Taiwan. Hrsg. Abteilung für Deutsche Spache und Kultur der Soochow Universität, Taipei. Taipei 2002. 314 S.

Joshi, Roswitha: Heinrich Heine (1797 – 1856). A tribute to the most translated German poet on his 200th birth anniversary. – In: German News. Vol. XXXVIII, New Delhi 1997, Dec. 97/Jan. 98. S. 16–17.

Kalinowski, Isabelle: Trois figures du »Romancero«: l'incongruité, la répétition, le paradoxe. – In: La poésie de Heinrich Heine. Paris 2000. S. 125–138.

Kiba, Hiroshi: Heine. Eine herausfordernde Aporie. Kyoto 2001. 395 S. [Japanisch]

Kiba, Hiroshi: Heines Lutezia. Zu Band 13 und 14 der Düsseldorfer Heine-Ausgabe. – In: Ryuiki 36 (Hiver 1993 / 94). Kyoto 1994. S. 39–44. [Japanisch]

Kiba, Hiroshi: Heinrich Heines Traum. Tokio 1994. 222 S. (NHK books. 688) [Japanisch]

Kimmich, Dorothee: Wirklichkeit als Konstruktion. Studien zu Geschichte und Geschichtlichkeit bei Heine, Büchner, Immermann, Stendhal, Keller und Flaubert. München 2002. 345 S. [Zugl.: Gießen, Univ., Habil.-Schr., 2000]

Klassiker der deutschen Literatur. Epochen-Signaturen von der Aufklärung bis zur Gegenwart. Hrsg. von Gerhard Rupp. Würzburg 1999. 326 S.

Kleinertz, Rainer: Rossini und Felix Mendelssohn. Zu den Voraussetzungen von Heines Mendelssohn-Kritik. – In: »Denn in jenen Tönen lebt es«. Weimar 1999. S. 113–127.

Konterbande und Camouflage. Szenen aus der Vor- und Nachgeschichte von Heinrich Heines marranischer Schreibweise. Hrsg. von Stephan Braese und Werner Irro. Berlin 2002. 176 S.

Koopmann, Helmut: »Jetzt wohin?« Zur Datierung und Deutung eines Gedichtes von Heinrich Heine. – In: Entfaltung innerer Kräfte. Velber 2001. S. 121–129.

Kortländer, Bernd: Heinrich Heine – un poète allemand. Le »Livre des chants« et l'Allemagne. – In: La poésie de Heinrich Heine. Paris 2000. S. 19–33.

Kortländer, Bernd: Probleme einer Edition der Briefe des Jungdeutschen Heinrich Laube. – In: Briefkultur im Vormärz. Bielefeld 2001. S. 179–194.

Kramp, Mario: Heinrich Heines Kölner Dom. Die »armen Schelme vom Domverein« im Pariser Exil 1842–1848. München (u. a.) 2002. 134 S. (Passerelles. 2)

Kreis, Rudolf: Antisemitismus und Kirche. In den Gedächtnislücken deutscher Geschichte mit Heine, Freud und Goldhagen. Originalausg. Reinbek bei Hamburg 1999. 332 S. (Rowohlts Enzyklopädie. 55633)

Krobb, Florian: Selbstdarstellungen. Untersuchungen zur deutsch-jüdischen Erzählliteratur im neunzehnten Jahrhundert. Würzburg 2000. 206 S.

Kruse, Joseph Anton: Gewonnen und verloren. Rahel Varnhagen und Heinrich Heine. – In: Rahel Levin Varnhagen. St. Ingbert 2001. S. 163–199.

Kruse, Joseph Anton: Heines Briefe. Literarische Qualität und historisch-biographische Quelle. – In: Briefkultur im Vormärz. Bielefeld 2001. S. 165–177.

Kruse, Joseph Anton: Heines Zukunft. Ambivalente Perspektiven. – In: HJb 2001. S. 1–14. – Ders. In: Jahrhundertwende(n) – Krise oder neuer Aufbruch. Taipei 2002. S. 1–16.

Kruse, Joseph Anton: Heinrich Heine spricht über Heinrich von Kleist. – In: Beiträge zur Kleist-Forschung. Frankfurt/Oder 2001. S. 261–268.

Kruse, Joseph Anton: »Ich glaubte am Sabbath im Himmel zu sein«. Ein Heine zugeschriebenes Gedicht des Malers Moritz Daniel Oppenheim. – In: Konterbande und Camouflage. Berlin 2002. S. 43–50.

Kruse, Joseph Anton: Die Überlieferung literarisch-kulturhistorischer Quellen. Goethe, Schiller und Heine als Bildner von Literaturarchiven. – In: Dichterhäuser im Wandel. Berlin 2001. S. 121–149. [Zuerst in: Heine-Jahrbuch. Jg. 17. Hamburg 1978. S. 186–210.]

Kruse, Joseph Anton: »... weil die Musen nie in Prosa sprechen«. Almanache und Taschenbücher aus dem Heine-Kontext. – In: Jahrbuch der Rückert-Gesellschaft e. V. Würzburg 2001. S. 53–74. (Rückert-Studien. Bd. 13)

Kuschel, Karl-Josef: Gottes grausamer Spaß? Heinrich Heines Leben mit der Katastrophe. Düsseldorf 2002. 359 S.

Landmarks in German poetry. Ed. by Peter Hutchinson. Oxford (u. a.) 2000. 218 S. (British and Irish studies in German language and literature. Bd. 20)

Lefebvre, Jean-Pierre: »Symbolique du non-sens«. Numéro 3 ne repond plus. – In: La poésie de Heinrich Heine. Paris 2000. S. 117–123.

Leistner, Bernd: Der Humorist und die Späße des Allmächtigen. Zu einem »Lazarus«-Gedicht Heinrich Heines. – In: ders.: Von Goethe bis Mörike. Erkelenz 2001. S. 115–127.

Leistner, Bernd: Von Goethe bis Mörike. Nachworte zu deutschen Gedichten. Erkelenz 2001. 132 S.

Lentwojt, Peter: Die Loreley in ihrer Landschaft. Romantische Dichterallegorien und Klischee. Ein literarisches Sujet bei Brentano, Eichendorff, Heine und anderen. Frankfurt a. M. (u. a.) 1998. 502 S. (Europäische Hochschulschriften. Reihe 01. Bd. 1664) [Zugl.: Stuttgart, Univ., Diss., 1996]

Lesbarkeit der Kultur. Literaturwissenschaften zwischen Kulturtechnik und Ethnographie. Hrsg. von Gerhard Neumann und Sigrid Weigel. München 2000. 520 S.

Lexikon deutsch-jüdischer Autoren. Archiv Bibliographia Judaica. Red. Leitung Renate Heuer. – Bd. 1–10. München 1992–2002.

Literaturkonzepte im Vormärz. Redaktion Michael Vogt und Detlev Kopp. Bielefeld 2001. 443 S. (Forum Vormärz Forschung. Jg. 6, Jahrbuch 2000)

Lyrik lesen! Eine Bamberger Anthologie. Wulf Segebrecht zum 65. Geburtstag. Hrsg. von Oliver Jahraus und Stefan Neuhaus. In Zusammenarbeit mit Peter Hanenberg. Düsseldorf 2000. 294 S.

Mayer, Hans: Der Weg Heinrich Heines. Versuche. Frankfurt a. M. 1998. 117 S. (Bibliothek Suhrkamp. Bd. 1283)

Mélanges barbares. Hommage à Pierre Michel. Sous la direction de Jean-Yves Debreuille et Philippe
Régnier. Lyon 2001. 337 S.

Nickel, Jutta: Zur Figur biblischen Sprechens in Heinrich Heines »Briefen aus Helgoland«. – In:
Briefkultur im Vormärz. Bielefeld 2001. S. 97–122.

Oehler, Dolf: Bestiaires modernes; poétique et politique de l'image chez Heine, Poe et Baudelaire.
– In: Mélanges barbares. Lyon 2001. S. 201–212.

Oehler, Dolf: Carrousel de cygnes. Baudelaire, Nerval, Heine. – In: Hommage à Claude Pichois.
Paris 1999. S. 77–88.

Perraudin, Michael: Illusions perdues, illusions retrouvées. Le monde de l'expérience dans le »Livre
des chants«. – In: La poésie de Heinrich Heine. Paris 2000. S. 35–51.

Pertschi, Ottmar: »Der Asra«, ein bosnisches Volkslied und / oder eine Übersetzung aus Heine? Zu
einem ungeklärten Thema – In: HJb 2001. S. 129–135.

Pertschi, Ottmar: Der »Schwarze Sascha« und Heine. Zur Heine-Aufnahme bei Sasa Cernyj – ein
Beitrag zur Heine-Rezeption des frühen 20. Jahrhunderts in Russland. – In: HJb 2001. S. 136–141.

La poésie de Heinrich Heine. Sous la direction de Michel Espagne et Isabelle Kalinowski. Paris
2000. 168 S. (De l'Allemagne)

Pott, Hans-Georg: Effi Briest, Heinrich Heine und der Teufel. Theodor Fontanes Roman »Effi
Briest«. – In: Klassiker der deutschen Literatur. Würzburg 1999. S. 98–115.

Produktivität des Gegensätzlichen. Studien zur Literatur des 19. und 20. Jahrhunderts. Festschrift
für Horst Denkler zum 65. Geburtstag. Hrsg. von Julia Bertschik, Elisabeth Emter und Johannes
Graf. Tübingen 2000. XII, 314 S.

Promies, Ute: Probleme einer Gutzkow-Briefedition. – In: Briefkultur im Vormärz. Bielefeld 2001.
S. 195–218.

Pütter, Linda Maria: Reisen durchs Museum. Bildungserlebnisse deutscher Schriftsteller in Italien
(1770 – 1830). Hildesheim (u. a.) 1998. 391 S. (Germanistische Texte und Studien. Bd. 60) [Zugl.:
Bonn, Univ., Diss., 1998]

Rahel Levin Varnhagen. Studien zu ihrem Werk im zeitgenössischen Kontext. Hrsg. von Sabina
Becker. St. Ingbert 2001. 258 S. (Sofie. Bd. 13)

Reed, T. J.: Heinrich Heine: Deutschland, ein Wintermärchen. – In: Landmarks in German poetry.
Oxford (u. a.) 2000. S. 135–150.

Reeves, Nigel B. R.: From Shanks's Pony to Pegasus – the Poetic Vehicles of Heinrich Heine, Ironic
Cosmopolitan and Metapoet – In : Cosmopolitans in the Modern World. Hrsg. von Suzanne
Kirkbright. München 2000. S. 19–32.

Reich-Ranicki, Marcel: Die alte Geschichte (zu Heinrich Heine: »Ein Jüngling liebt ein Mädchen«). – In: ders.: Ein Jüngling liebt ein Mädchen. Frankfurt a. M. (u. a.) 2001. S. 53–57.

Reich-Ranicki, Marcel: Eine herrliche Bagatelle (zu Heinrich Heine: »Leise zieht durch mein Gemüt«). – In: ders.: Ein Jüngling liebt ein Mädchen. Frankfurt a. M. (u. a.) 2001. S. 59–62.

Reich-Ranicki, Marcel: Ein Jüngling liebt ein Mädchen. Deutsche Gedichte und ihre Interpretation. Frankfurt a. M. (u. a.) 2001. 144 S.

Reimann, Kerstin E.: Rosenlöcher goes West: »Die Wiederentdeckung des Gehens beim Wan-
dern«. Harzreise im Kontext der Wende und Wiedervereinigung. – In: StadtLandFluß. Neuss
2002. S. 691–703.

Robertson, Ritchie: Heine. Übers. Andrea Marenzeller. Wien 1997. 118 S. (Jüdische Denker.
Bd. 3)

Rölleke, Heinz: Die historische Ballade in Achim von Arnims und Clemens Brentanos Liedersammlung »Des Knaben Wunderhorn«. – In: Ballade und Historismus. Heidelberg 2000. S. 246–262.

Rösch, Gertrud Maria: »Kein Denkmal wird ihm gesetzt«. Der Streit um Heinrich Heine zwischen 1900 und 1905. – In: Imprimatur. Neue Folge XVI, München 2001. S. 76–94.

Sammons, Jeffrey L.: Beobachtungen zur ersten großen Zeit der Heine-Philologie. Zur ausgeklammerten Heine-Rezeption. – In: Jüdische Intellektuelle und die Philologie in Deutschland 1871–1933. Göttingen 2001. S. 111–128.

Sammons, Jeffrey L.: Review Essay. The Bicentennial of Heinrich Heine 1997. An Overview. – In: Goethe Yearbook. Vol. IX, Columbia 1999. S. 346–383.

Schlingensiepen, Ferdinand: Es begann in Heiligenstadt. Der Weg des protestierenden Protestanten Heinrich Heine. – In: Storm-Blätter aus Heiligenstadt. Heiligenstadt 2001. S. 5–23.

Schlingensiepen, Ferdinand: Wie aus Harry Heinrich wurde. Die Geschichte einer Verwandlung. – In: Eichsfeld-Jahrbuch. Jg. 9, Duderstadt 2001. S. 129–144.

Schneider, Rolf: Ich bin ein Narr und weiß es. Liebesaffären deutscher Literaten. 2. Aufl. Berlin 2001. 163 S. (AtV. 1755)

Schneider, Rolf: Worte! Worte! Keine Taten! Berühmte Liebespaare: Heinrich Heine und Elise Krinitz. – In: Neues Deutschland. Berlin, 4. August 2001.

Schneider, Rolf: Worte! Worte! Keine Taten! Heinrich Heine und Elise Krinitz. – In: ders.: Ich bin ein Narr und weiß es. Berlin 2001. S. 46–51.

Das schwierige neunzehnte Jahrhundert. Germanistische Tagung zum 65. Geburtstag von Eda Sagarra im August 1998. Hrsg. von Jürgen Barkhoff (u. a.). Mit einem Vorw. von Wolfgang Frühwald. Tübingen 2000. XI, 587 S. (Studien und Texte zur Sozialgeschichte der Literatur. Bd. 77) [Beitr. teilw. dt., teilw. engl.]

Seeba, Hinrich C.: Erlösung durch das geheime Wort. Zur heilsgeschichtlichen Kodierung eines Risikos. – In: Konterbande und Camouflage. Berlin 2002. S. 75–93.

Stadt und Denker. Bd. 1. Hrsg. von Masahide Ishizuka (u. a.). Tokio 1996. X, 306 S., Register. [Japanisch]

StadtLandFluß. Urbanität und Regionalität in der Moderne. Festschrift für Gertrude Cepl-Kaufmann. Hrsg. von Antje Johanning und Dietmar Lieser unter Mitarb. von Jens Knipp. Neuss 2002. 727 S.

Steinecke, Hartmut: »Heine lesen« und die Folgen (zu Robert Gernhardt: »Erkenntnis«). – In: Lyrik lesen! Düsseldorf 2000. S. 128–131.

Studemund-Halevy, Michael: Bibliographie zur Geschichte der Juden in Hamburg. München (u. a.) 1994. XIV, 256 S. (Bibliographien zur deutsch-jüdischen Geschichte. Bd. 5)

Takaki, Fumio: Paris und Heine. – In: Stadt und Denker. Bd. 1. Tokio 1996. S. 117–135.

Wachsmann, Constanze: Der sowjetische Heine. Die Heinrich Heine-Rezeption in den russischsprachigen Rezeptionstexten der Sowjetunion (1917–1953). Berlin 2001. 311 S. [Zugl.: Göttingen, Univ., Diss., 2000]

Walther, Karl Klaus: Aus der Ferne gesehen (zu Heinrich Heine: »Bamberg und Würzburg«). – In: Lyrik lesen! Düsseldorf 2000. S. 128–131.

Weigel, Sigrid: Heinrich Heines Geständnisse. Zur Archäologie einer Schreibposition zwischen ›Confessiones‹ und ›De l'Allemagne‹. – In: Konterbande und Camouflage. Berlin 2002. S. 25–41.

Weigel, Sigrid: Zum Phantasma der Lesbarkeit. Heines »Florentinische Nächte« als literarische Urszenen eines kulturwissenschaftlichen Theorems. – In: Lesbarkeit der Kultur. München 2000. S. 245–257.

Windfuhr, Manfred: Hauptsache gesund. Quelle zu einem Heine-Bonmot – In: HJb 2001. S. 148–150.
Wülfing, Wulf: Medien der Moderne. Londons Straßen in den Reiseberichten von Johanna Scho-
penhauer bis Theodor Fontane. – In: Reisen im Diskurs. Heidelberg 1995. S. 470–492.
Zimmermann, Heinz: Recherchen zu Heinrich Heines Jugendzeit. – (Teil 1) in: Düsseldorfer Fa-
milienkunde. Jg. 36, Düsseldorf 2000, H. 1. S. 1–10. – (Teil 2) in: Düsseldorfer Familienkunde.
Jg. 36, Düsseldorf 2000, H. 2. S. 53–57. – (Teil 3) in: Düsseldorfer Familienkunde. Jg. 36, Düssel-
dorf 2000, H. 3. S. 85–89. – (Teil 4) in: Düsseldorfer Familienkunde. Jg. 36, Düsseldorf 2000,
H. 4. S. 105–107. – (Teil 5) in: Düsseldorfer Familienkunde. Jg. 37, Düsseldorf 2001, H. 1. S. 21–25.
– (Teil 6) in: Düsseldorfer Familienkunde. Jg. 37, Düsseldorf 2001, H. 2. S. 37–42.

2.2 Weitere publizistische Beiträge

Hollender, Martin: Benennung der Universität nach Heinrich Heine – ein Lebenstraum ging in
Erfüllung. Professor Wilhelm Gössmann. – In: Düsseldorfer Hefte. Jg. 46, Düsseldorf 2001,
Nr. 10. S. 38–41.
Kuschel, Karl-Josef: Das kunstvolle Sterben. Spätestens in seiner Matratzengruft merkt Heinrich
Heine, daß es ernst wurde – seine Auseinandersetzung mit Gott begann. Ein Interview mit Karl-
Joseph Kuschel, der über dieses Thema am Sonntag im Heine-Institut sprechen wird. – In:
Rheinische Post. Düsseldorf, 9. März 2002
Schatten, Thomas: Grabbe in Düsseldorf. Prof. Skorna über die Tragödie eines Dichter. – In: Das
Tor. Jg. 67, Düsseldorf 2001, Nr. 8. S. 13.

2.3 Allgemeine Literatur mit Heine-Erwähnungen und Bezügen

Albrecht, Petra / Sabine Königs / Peter Rueben: Für eene Penning – und alles Geld der Welt. Düssel-
dorfer Geschichte(n). Düsseldorf. 2001. 104 S.
Althaus, Thomas: Sich etwas in den Kopf setzen. Immermanns Roman »Münchhausen« und die
Richtungssuche des partikulären Subjekts. – In: Immermann-Jahrbuch 3/2002. Frankfurt a. M.
(u. a.) 2002. S. 85–112.
Arnold-Carey, Lieselotte: Traumspuren von der Loreley. Berlin 2001. 172 S.
Bergmann, Werner: Geschichte des Antisemitismus. Originalausg. München 2002. 143 S. (C. H. Beck
Wissen in der Beck'schen Reihe. 2187)
Bienert, Michael: Literarisches Berlin. Dichter, Schriftsteller und Publizisten, Wohnorte, Wirken
und Werke. Berlin 2001. 24 S.
Biser, Eugen: Nietzsche für Christen. Eine Herausforderung. Leutesdorf 2000. 111 S.
Blinn, Hansjürgen: Informationshandbuch Deutsche Literaturwissenschaft. 4., völlig neubearb.
und stark erw. Aufl. Frankfurt a. M. 2001. 554 S. (Fischer Taschenbuch. 15268)
Brandt, Robert / Renate Chotjewitz-Häfner: Literarisches Frankfurt. Schriftsteller, Gelehrte und
Verleger; Wohnorte, Wirken und Werke. Jena (u. a.) 1999. 60 S. (Der Dichter-und-Denker-
Stadtplan)
Brzosa, Ulrich: Die Geschichte der katholischen Kirche in Düsseldorf. Von den Anfängen bis zur
Säkularisation. Köln (u. a.) 2001. IX, 120, 832 S. (Bonner Beiträge zur Kirchengeschichte. Bd. 24)
[Zugl.: Bonn, Univ., Diss., 1999]
Bürger, Gerhard: Im Zauber der Loreley. Eine kleine Monographie. 2. Aufl. Oberwesel am Rhein
1986. 63 S. (Schriftenreihe der Loreley-Galerie. Bd. 1)

Celan, Paul / Rütjer: Resonances. Paul Celan, Poesie. Rütjer, Malerei. [Eine Publikation des Heinrich-Heine-Instituts und des Institut Français, anlässlich der Ausstellung »Resonances« 6. Mai bis 1. Juli 2001.] [Umschlagt.: Wer auf dem Kopf geht, meine Damen und Herren, der hat den Himmel als Abgrund unter sich.] Herausgeber: Brigitte Borsdorf und Joseph A. Kruse. Bandbearbeitung: Heidemarie Vahl. Bemerkungen über Paul Celan: Otto Pöggeler. Düsseldorf 2001. 79 S. (Ausstellungskatalog. Grußwort, Einf. deutsch, franz.)

Cepl-Kaufmann, Gertrude: Schicksalsstrom Rhein – eine deutsche Erfolgsstory. Was hat es auf sich mit dem »Jahr der Rheinromantik«? – In: neues rheinland. Jg. 45, Pulheim 2000, Nr. 5. S. 6–9.

Cermak, Ida: Ich klage nicht. Begegnungen mit der Krankheit in Selbstzeugnissen schöpferischer Menschen. Zürich 1983. 335 S. (Diogenes Taschenbuch. 21093)

Conrady, Karl Otto: Goethe. Leben und Werk. 2. Aufl. München (u. a.) 1999. XVII, 1096 S.

Demandt, Alexander: Sternstunden der Geschichte. 3. Aufl. München 2001. 334 S.

Deutsche Erinnerungsorte. Hrsg. von Etienne François und Hagen Schulze. – Bd. 2. München 2001. 738 S. – Bd. 3. München 2001. 784 S.

Deutsche Geschichte in Schlaglichtern. Von Helmut M. Müller in Zusammenarbeit mit weiteren Autoren und der Brockhausredaktion. [Red.: Mathias Münter-Elfner, Johannes-Ulrich Wening]. Leipzig (u. a.) 2002. 528 S.

Deutsche Literaturgeschichte. Von den Anfängen bis zur Gegenwart. Von Wolfgang Beutin (u. a.). 6. Auflage. Stuttgart 2001. X, 721 S.

Dichterhäuser im Wandel. Wie sehen Literaturmuseen und Literaturausstellungen der Zukunft aus? Im Auftrag der Arbeitsgemeinschaft Literarischer Gesellschaften und Gedenkstätten hrsg. von Christiane Kussin. Berlin 2001. 160 S.

Düsseldorfer Jonges 1932–2002. Jubiläumsbroschüre. – In: Das Tor. Jg. 68, Düsseldorf 2002, H. 3. Sonderbeilage.

Faust multimedial. Sammlung Lütze VI. Badische Landesbibliothek, Karlsruhe, 17. November 1999 bis 8. Januar 2000; Pfälzische Landesbibliothek, Speyer, 12. Mai bis 24. Juni 2000. [Hrsg.: Die Aussteller und der Sammler. Einf.-Texte: Wolfgang Rainer. Verz. der Werke: Gernot Dietz. Kataloggestaltung: Verena Pfitzer]. Karlsruhe 2000. 85 S.

Feyerabend, Wolfgang: Spaziergänge durch Fontanes Berlin. Zürich (u. a.) 2002. 187 S.

Fichte, Johann Gottlieb: Fichte. Ausgew. und vorgestellt von Günter Schulte. München 1996. 516 S. (Philosophie jetzt!)

Frei und einig! Porträts aus der Zeit der Revolution von 1848. [Publikation des Fördervereins Alter Berliner Garnisonsfriedhof e.V.] Mit einem Beitrag von Ernst Benda, hrsg. von Bärbel Holz und Dieter Weigert. Berlin 1998. 104 S.

Friedell, Egon: Kulturgeschichte der Neuzeit. Die Krisis der europäischen Seele von der Schwarzen Pest bis zum Ersten Weltkrieg. Ungek. Sonderausg. in 1 Bd. 155.–162. Tsd. München 1996. XVIII, 1570. S.

Fundbuch der Gedichtinterpretationen. Hrsg. von Wulf Segebrecht. Bearb. von Rolf-Bernhard Essig. Unter Mitarb. von Christina Böde. Paderborn (u. a.) 1997. X, 530 S.

Der Garten für uns alle. Bundesgartenschau Düsseldorf 1987. (Veranst. Landeshauptstadt Düsseldorf u. Zentralverband Gartenbau e.V., Bonn. Hrsg. Bundesgartenschau 1987 Düsseldorf GmbH. Verantw.: Jürgen Laskowski. Text: Ina Bimberg) Düsseldorf 1987. 262 S.

»Gedenk und vergiß – im Abschaum der Geschichte ...« Trauma und Erinnern. Hans Keilson zu Ehren. [Veröffentlichung des Instituts für Psychoanalyse und der IAG für Philosophische Grundlagenprobleme der Universität Gesamthochschule Kassel]. Hrsg. von Marianne Leuzinger-Bohleber, Wolfdietrich Schmied-Kowarzik. Tübingen 2001. 238 S.

Georg Büchner und die Moderne. Texte, Analysen, Kommentar. Hrsg. Dietmar Goltschnigg. – Bd. 1: 1875–1945. Berlin 2001. 616 S. – Bd. 2: 1945–1980. Berlin 2002. 647 S.

Gerard de Nerval und Deutschland. Eine Ausstellung des Heinrich-Heine-Instituts Düsseldorf 2. Juni–14. Juli 1996; Weimar 5. September – 18. Oktober 1996. Ausstellung und Katalog: Bernd Kortländer und Jean-Paul Avice. Düsseldorf 1996. 16 S.

Geschichten von Herrn K. Hrsg. von der Feuilleton-Redaktion der Rheinischen Post. Düsseldorf 2001. 111 S.

Götting, Hermann: Düssel-Silberlinge. Historischer Heimat Krimi. Bad Münstereifel 2001. 185 S.

Grabbes Welttheater. Christian Dietrich Grabbe zum 200. Geburtstag. Hrsg. von Detlev Kopp und Michael Vogt. Bielefeld 2001. 324 S. (Vormärz-Studien. Bd. 7)

Grönegres, Bärbel: Wiege des Deutschland-Tourismus. Vielgeliebter Mittelrhein. – In: Der Rotarier. Hamburg 2002, Heft 2. S. 17–21.

Gruber, Anna / Bettina Schäfer: Spaziergänge über den Père Lachaise in Paris. Zürich (u. a.) 1995. 167 S.

Hacks, Peter: Zur Romantik. Hamburg 2001. 157 S.

Hage, Volker / Marcel Reich-Ranicki: Literatur muß Spaß machen. Marcel Reich-Ranicki über einen neuen Kanon lesenswerter deutschsprachiger Werke. – In: Der Spiegel. Hamburg 2001, Nr. 25 vom 18. Juni. S. 212–223.

Hage, Volker / Johannes Saltzwedel: Arche Noah der Bücher. Marcel Reich-Ranicki präsentiert in einem Spiegel-Gespräch seinen persönlichen Kanon deutscher Dichtung. – In: Der Spiegel. Hamburg 2001, Nr. 25 vom 18. Juni. S. 206–210.

Handbuch literarisch-kultureller Vereine, Gruppen und Bünde 1825–1933. Hrsg. von Wulf Wülfing, Karin Bruns und Rolf Parr. Stuttgart (u. a.) 1998. XVIII, 597 S. (Repertorien zur deutschen Literaturgeschichte. Bd. 18)

Handbuch zur Geschichte der Juden in Europa. Hrsg. von Elke-Vera Kotowski, Julius H. Schoeps, Hiltrud Wallenborn. Darmstadt 2001. – Bd. 1: Länder und Regionen. 511 S. – Bd. 2: Religion, Kultur, Alltag. 507 S.

Harenberg Anekdotenlexikon. 3868 pointierte Kurzgeschichten über mehr als 1150 Persönlichkeiten aus Politik, Kultur und Gesellschaft. Aufgeschrieben von Maurus Pacher. [Red. Mitarb. Henning Aubel] Originalausg. Dortmund 2000. 960 S.

Hauschild, Jan-Christoph: Heiner Müller oder das Prinzip Zweifel. Eine Biographie. Berlin 2001. 619 S.

Heidrich, Christian: Die Konvertiten. Über religiöse und politische Bekehrungen. München (u. a.) 2002. 381 S.

Heimatverein Bilker Heimatfreunde: Jubiläumsbuch zum 50-jährigen Bestehen des Heimatvereins Bilker Heimatfreund e. V. Düsseldorf 2001. 108 S.

Heimeshoff, Jörg: Denkmalgeschützte Häuser in Düsseldorf mit Garten- und Bodendenkmälern. Essen 2001. 480 S.

Helmes, Werner: Typisch Rheinisch. Würzburg 2001. 176 S. (Sonderausgabe für Flechsig-Buchvertrieb)

Hermand, Jost: Zuhause und anderswo. Erfahrungen im Kalten Krieg. Köln (u. a.) 2001. 329 S.

Hiller von Gaertringen, Julia / Detlev Hellfaier: Grabbe im Original. Autographen, Bilder, Dokumente. Detmold 2001. 136 S. (Lippische Landesbibliothek Detmold: Auswahl- und Ausstellungskataloge der Lippischen Landesbibliothek Detmold. H. 35)

Hösle, Johannes: Und was wird jetzt? Geschichte einer Jugend. München 2002. 224 S.

Hoffmann-Monderkamp, Kerstin: Komik und Nonsens im lyrischen Werk Robert Gernhardts. Annäherungen an eine Theorie der literarischen Hochkomik. Tönisvorst (u. a.) 2001. 244 S. (Zugl.: Düsseldorf, Univ., Diss., 2001)

Hollender, Martin: Wissenschaft – Religion – Dichtung. Bibliographie Wilhelm Gössmann. Düsseldorf 2001. 175 S.

Holtz-Baumert, Gerhard: Die pucklige Verwandtschaft. Aus Kindheit und Jugend in Berlin O 17 und Umgebung. Berlin 1985. 557 S.

Hutterer, Holger: Ein Werkstattgespräch mit Bert Gerresheim. – In: Bilker Sternwarte. Düsseldorf 2001, Heft 7, Juli. S. 182–183.

Ikenaga, Mamiko: Die Ghettogeschichten von Hermann Schiff und Hermann Blumenthal. Frankfurt a. M. (u. a.) 2000. IX, 361 S. (Europäische Hochschulschriften. Reihe 1. Bd. 1780) [Zugl.: Düsseldorf, Univ., Diss., 2000]

Immermann-Jahrbuch 3/2002. Beiträge zur Literatur- und Kulturgeschichte zwischen 1815 und 1840. Im Namen der Immermann-Gesellschaft hrsg. von Peter Hasubek (u. a.). Frankfurt a. M. (u. a.) 2002. 149 S.

Karge, Henrik: Karl Immermanns Zeitgeschichte der deutschen Malerei. Kommentar. – In: Immermann-Jahrbuch 3/2002. Frankfurt a. M. (u. a.) 2002. S. 34–50.

Das kleine Buch vom Niederrhein. Mit Fotos von Georg Sauerland. Duisburg 2001. [45] S.

Knoll, Gabriele M.: Der Niederrhein. Kultur und Landschaft am unteren Rhein: Düsseldorf, Neuss, Krefeld, Duisburg, Wesel, Kleve. Köln 1999. 311 S. (Dumont Kunst-Reiseführer)

Kolb, Jocelyne: Nachruf auf Susanne Zantop. – In: HJb 2001. S. 193–195.

Kortländer, Bernd: Geschichte im Fluss. Ganges Europas, heiliger Strom! – der literartische Rhein von 1900–1933. – In: Süddeutsche Zeitung. München, 19. April 2002.

Kortländer, Bernd: »...was gut ist in der deutschen Literatur, das ist langweilig und das Kurzweilige ist schlecht«. Adaptionen französischer Lustspiele im Vormärz. Anmerkungen zu einem unübersichtlichen Thema. – In: Theaterverhältnisse im Vormärz. Bielefeld 2002. S. 197– 211.

Kremer, Detlef: Prosa der Romantik. Stuttgart (u. a.) 1997. VI, 226 S. (Sammlung Metzler. Bd. 298)

Kremer, Detlef: Romantik. Stuttgart (u. a.) 2001. 339 S. (Lehrbuch Germanistik)

Krockow, Christian von: Porträts berühmter deutscher Frauen. Von Königin Luise bis zur Gegenwart. München 2001. 494 S.

Kruse, Joseph Anton: Ich bin der Lichter und kein Dichter. – In: Vogt, Martina: Kurios köstlich. Düsseldorf 2001. S. 36–47.

Kruse, Joseph Anton: »Mein Gesicht ist der Zukunft zugewandt!« Einige Düsseldorfer Gedanken über Ferdinand Freiligrath (1810–1876). – In: Heimatverein Bilker Heimatfreunde. Düsseldorf 2001. S. 19–24.

Kruse, Joseph Anton: Nachruf auf Walter Grab. – In: HJb 2001. S. 191–192.

Kunert, Karsten: »Denk ich an die Uni und Heine – ich weine«. – In: Überblick. Jg. 5, Düsseldorf 1998/99, Nr. 2. S. 16–18.

Lampert, Tom: Ein einziges Leben. Acht Geschichten aus dem Krieg. München (u. a.) 2001. 315 S.

Large, David Clay: Berlin. Biographie einer Stadt. Aus dem Engl. von Karl Heinz Siber. München 2002. 656 S.

Lippe 1848. Von der demokratischen Manier eine Bittschrift zu überreichen. Hrsg. Harald Pilzer, Annegret Tegtmeier-Breit. Mit Beiträgen von Sylvia Brinkmann, Bernd Füllner, Walter Gödden, Julia Hiller von Gaertringen, Harald Pilzer, Jürgen Scheffler, Annegret Tegtmeier-Breit, Michael Vogt. [Vorw. und Dank Harald Pilzer]. Detmold 1998. 334 S. (Lippische Landesbibliothek Detmold: Auswahl- und Ausstellungskataloge der Lippischen Landesbibliothek Detmold. H. 34).

Liszt, Franz: Sämtliche Schriften. Bd. 1. Frühe Schriften. Hrsg. von Rainer Kleinertz, komm. von Serge Gut. Wiesbaden (u. a.) 2000. XVII, 684 S. [Deutsch u. Französisch]

Literaturkalender 2002. Redaktion: Günther Drommer. Jg. 35, Berlin 2001. 52 Blatt.

Marti, Erwin: Carl Albert Loosli 1877–1959. – Bd. 1: Zwischen Jugendgefängnis und Pariser Boheme (1877–1907). Zürich 1996. 396 S. – Bd. 2: Eulenspiegel in helvetischen Landen (1904–1914). Zürich 1999. 541 S.

Meid, Volker: Metzler-Literatur-Chronik. Werke deutschsprachiger Autoren. 2., erw. Aufl. Stuttgart (u. a.) 1998. 770 S.

Mein Geständnis. Nr. 2–3. Bergisch-Gladbach 2002. 66 S.

Meyer, Kai: Loreley. Roman. München 2001. 397 S. (Heyne Allgemeine Reihe. Nr. 01/13385)

Mommsen, Wolfgang J.: 1848. Die ungewollte Revolution. Die revolutionären Bewegungen in Europa 1830–1849. Frankfurt a. M. 1998. 333 S.

Neumann-Adrian, Edda / Michael Neumann-Adrian: Literarisches München. Dichter, Literaten und Philosophen; Wohnorte, Wirken und Werke. Berlin 2001. 92 S.

Oehler, Dolf: Autres métamorphoses de la république. Le paradigme baudelairien. – In: 1848, une révolution du discours. Sous la direction d'Hélène Millot et de Corinne Saminadayar-Perrin. St. Etienne 2001. S. 93–106. (Collection Lieux littéraires. 4)

Özdamar, Emine Sevgi: Der Hof im Spiegel. Erzählungen. Köln 2001. 131 S. (KiWi. 619)

Paquet, Alfons: Heinrich Heine – Düsseldorf. – In: Helmes, Werner: Typisch Rheinisch. Würzburg 2001. S. 39.

Perspektiven. Forschung und Lehre an der Universität Bonn. [Konzept: Frank Frick. Texte: Andreas Archut. Übers.: Michael Gardner.] Bonn 2001. 244 S. [Deutsch u. Engl.]

Pimpfe, Mädels & andere Kinder. Kindheit in Deutschland 1933–1939. 55 Geschichten und Berichte von Zeitzeugen. Hrsg. von Jürgen Kleindienst. 2., korr. und aktualisierte Aufl. Berlin 2000. 323 S. (Reihe Zeitgut. Bd. 4)

Protest! Literatur um 1968. Eine Ausstellung des Deutschen Literaturarchivs in Verbindung mit dem Germanistischen Seminar der Universität Heidelberg und dem Deutschen Rundfunkarchiv im Schiller-Nationalmuseum Marbach am Neckar. 9. Mai bis 30. November 1998 im Schiller-Nationalmuseum Marbach am Neckar. [Ausstellung und Katalog Ralf Bentz u. a.] Marbach am Neckar 1998. 669 S. (Marbacher Kataloge. 51)

Recht, Roland: Der Rhein. Kunstlandschaft Europas. Mit Aufnahmen von Eugen Uwe Schmitz. München 2001. 378 S.

Reich-Ranicki, Marcel: Vom Tag gefordert. Reden in deutschen Angelegenheiten. Stuttgart (u. a.) 2001. 207 S.

Rettenmund, Barbara / Jeannette Voirol: Emma Herwegh. Die größte und beste Heldin der Liebe. Zürich 2000. 259 S.

Rheingauner. Gedichte: Eberhard Kunkel. Zeichnungen: Michael Apitz. Texte: Patrick Kunkel. – Bd. 3: Der letzte Romantiker. Walluf 2001. 63 S.

Richter, Wolfgang: Und sagte ein Sterbenswort. Letzte Bekenntnisse großer Geister. – In: Der Rotarier. Hamburg 2001, Heft 7. S. 34–39.

Schäfke, Werner: Rheinromantik. Bonn 2001. 115 S.

Schatten, Thomas: Grabbe zum 200. Geburtstag. Düsseldorf sehen und sterben (Vortrag von Josef Anton Kruse). – In: Das Tor. Jg. 67, Düsseldorf 2001, Nr. 10. S. 9.

Schilgen, Jost/Martina Wengierek: So schön ist Düsseldorf. [Fotos: Jost Schilgen. Text: Martina Wengierek. Übersetzungen Engl.: Michael Meadows. Franz.: Mireille Patel. Japan.: Chiyo Kokott]. Grasberg 2000. 84 S. [Engl., Franz., Japan.]

Schlaffer, Heinz: Die kurze Geschichte der deutschen Literatur. München (u. a.) 2002. 157 S.

Schmidt, Klaus: Franz Raveaux. Karnevalist und Pionier des demokratischen Aufbruchs in Deutschland. Köln 2001. 160 S.

Schröder, Jürgen: Deutschland als Gedicht. Über berühmte und berüchtigte Deutschland-Gedichte aus fünf Jahrhunderten in fünfzehn Lektionen. Freiburg i. Breisg. 2000. 441 S. (Rombach Wissenschaften/Reihe Litterae. Bd. 74)

Schülerliste des Düsseldorfer Lyzeums von 1813. – In: Düsseldorfer Familienkunde. Jg. 33, Düsseldorf 1997, H. 4. S. 105–107.

Schuhl, Jean-Jacques: Ingrid Caven. Roman. Aus dem Franz. von Uli Aumüller. Frankfurt a. M. 2001. 309 S. (Die andere Bibliothek)

Die selbstbewusste Nation. Anschwellender Bocksgesang und weitere Beiträge zu einer deutschen Debatte. Hrsg. Heimo Schwilk, Ulrich Schacht. 3., erw. Aufl. Frankfurt a. M. (u. a.) 1995. 494 S.

Skorna, Hans Jürgen: Ein Außenseiter namens Grabbe und sein Gönner Immermann in Düsseldorf 1834–1836. Düsseldorf 2001. 124 S.

Solomon, Robert C.: Gefühle und der Sinn des Lebens. Aus dem Amerikan. von Hans Günter Holl. Dt. Erstausg. Frankfurt a. M. 2000. XXVI, 384 S.

Steegmann, Monica: Clara Schumann. Originalausg. Reinbek bei Hamburg 2001. 158 S. (Rowohlts Monographien. 50424)

Steinberg, Heinz: Große Literatur in der großen Stadt Berlin. Berlin 1995. 266 S.

Stern, Frank: Dann bin ich um den Schlaf gebracht. Ein Jahrtausend jüdisch-deutsche Kulturgeschichte. Berlin 2002. 239 S.

Theaterverhältnisse im Vormärz. Hrsg. von Maria Porrmann und Florian Vaßen. Bielefeld 2002. 383 S. (Forum Vormärz Forschung. Jg. 7. Jahrbuch 2001)

Varnhagen von Ense, Rahel: Briefwechsel mit Ludwig Robert. Hrsg. von Consolina Vigliero. München 2001. 1013 S. (Edition Rahel Levin Varnhagen)

Vogt, Martina: Kurios köstlich. Horst Lichter kocht mit Gästen. Michael Lübke (Fotos). Düsseldorf 2001. 167 S. (Droste regional)

Volkov, Shulamit: Das jüdische Projekt der Moderne. Zehn Essays. München 2001. 246 S.

Vollmann, Rolf: Trojanische Träume in Mecklenburg. Selbstbiographie Heinrich Schliemann. [Stuttgart, Berlin] 2001. 178 S. (Da-capo-Essay)

Walser, Robert: Dichteten diese Dichter richtig? Eine poetische Literaturgeschichte. Hrsg. von Bernhard Echte. Frankfurt a. M. 2002. 372 S. (Insel-Taschenbuch. 2789)

Weiland, Werner: Büchners Spiel mit Goethemustern. Zeitstücke zwischen Kunstperiode und Brecht. Würzburg 2001. 192 S.

Weinrich, Harald: Kleine Literaturgeschichte der Heiterkeit. Erw. und überarb. Neuausg. München 2001. 63 S.

Weltliteratur in deutschen Versanthologien des 19. Jahrhunderts. Hrsg. von Helga Essmann und Udo Schöning. Berlin 1996. XXIII, 616 S. (Göttinger Beiträge zur internationalen Übersetzungsforschung. Bd. 11)

Wilhelms, Kerstin: Literatur und Revolution. Schauplätze und Geschlechterdramaturgie in Romanen der 1848er Revolution. Köln (u. a.) 2000. VI, 301 S. (Literatur – Kultur – Geschlecht/Große Reihe. Bd. 17) [Zugl.: Zürich, Univ., Diss., 1999]

Zschirnt, Christiane: Bücher. Alles, was man lesen muss. Mit einem Vorw. von Dietrich Schwanitz. Frankfurt a. M. 2002. 330 S. (Eichborn-Lexikon)

3 Rezensionen

Arnim, Bettina von / Friedrich Wilhelm IV: Die Welt umwälzen denn darauf läufts hinaus. Der Briefwechsel zwischen Bettina von Arnim und Friedrich Wilhelm IV. Hrsg. und komm. von Ursula Püschel. Mitarb. Leonore Krenzlin. Bielefeld. – Bd. 1: 2001. 273 S. – Bd. 2: 2001. 274–768 S. – Rez.: Wolfgang Bunzel in: HJb 2001. S. 212–214.

Aufklärung und Skepsis. Internationaler Heine-Kongreß 1997 zum 200. Geburtstag. Hrsg. von Joseph Anton Kruse, Bernd Witte und Karin Füllner. Stuttgart (u. a.) 1999. XX, 950 S. – Rez.: Ingeborg Schnelling-Reinicke in: Düsseldorfer Jahrbuch. Bd. 71, Düsseldorf 2000. S. 326–333.

Brendel-Perpina, Ina: Heinrich Heine und das Pariser Theater zur Zeit der Julimonarchie. Bielefeld 2000. 250 S. – Rez.: Wilhelm Gössmann in: HJb 2001. S. 196.

Briese, Olaf: Konkurrenzen. Philosophische Kultur in Deutschland 1830–1850. Porträts und Profile. Würzburg 1998. 195 S. – Rez.: Sabine Bierwirth in: Literaturkonzepte im Vormärz. Bielefeld 2001. S. 376–378.

Dobrinac, Michael M.: Die Heinrich-Heine-Rezeption im Kroatischen, Serbischen und Slowenischen Sprachgebiet des ehemaligen Jugoslawien von 1945 bis Mitte der 70er Jahre. Frankfurt a. M. (u. a.) 1995. 276 S. (Europäische Hochschulschriften/Reihe 01. Bd. 1498) – Rez.: Kurt Abels in: Wirkendes Wort. Bonn 1998, Heft 2. S. 298–301.

Feuchte, Andreas: Hermann Franck 1802–1855. Persönlichkeit zwischen Philosophie, Politik und Kunst im Vormärz. Frankfurt a. M. 1998. 368 S. (Forschungen zum Junghegelianismus. Bd. 3) – Rez.: Olaf Briese in: Literaturkonzepte im Vormärz. Bielefeld 2001. S. 373–376.

Fleischer, Michael: Heinrich Heine, Dichter der Nordsee. Geschrieben auf der Insel Norderney. Norderney 2001. 133 S. – Rez.: Dankwart Guratzsch in: Die Welt. Hamburg, 17. August 2001. – Rez.: Gerda Kaltwasser in: Rheinische Post, 24. August 2001.

Georg Weerth und das Feuilleton der neuen Rheinischen Zeitung. Hrsg. Michael Vogt. Bielefeld 1999. 198 S. (Vormärz-Studien. Bd. 2) – Rez.: Wolfgang Büttner in: Literaturkonzepte im Vormärz. Bielefeld 2001. S. 365–369.

Gössmann, Wilhelm: Literatur als Lebensnerv. Vermittlung, Leselust, Schreibimpulse. Düsseldorf 1999. 304 S. – Rez.: Gerda Kaltwasser in: Bücherbummel auf der Kö. 15.–18. Juni 2000. S. 7.

Heinrich Heine's Contested Identities. Politics, Religion, and Nationalism in Nineteenth Century Germany. Ed. by Jost Hermand and Robert C. Holub. New York (u. a.) 1999. IX, 199 S. (German Life and Civilization. Vol. 26) – Rez.: Robert Steegers in: Literaturkonzepte im Vormärz. Bielefeld 2001. S. 319–324.

Heinrich Heine und die Religion. Ein kritischer Rückblick. Ein Symposium der Evgl. Kirche im Rheinland vom 27.–30. Oktober 1997. Hrsg. von Ferdinand Schlingensiepen und Manfred Windfuhr. Düsseldorf 1998. 244 S. (Schriften des Archivs der Evgl. Kirche im Rheinland. Nr. 21) – Rez.: Ingeborg Schnelling-Reinicke in: Düsseldorfer Jahrbuch. Bd. 71, Düsseldorf 2000. S. 326–333. [Sammelrezension]

Höhn, Gerhard: Heinrich Heine, un intellectuel modern. Paris 1994. – Rez.: Christophe Charle in: Liber. Paris, No. 103, 18. Juni 1994.

Horst, Christoph auf der: Heinrich Heine und die Geschichte Frankreichs. Stuttgart 2000. 434 S. (Heine-Studien) – Rez.: Bernd Kortländer in: HJb 2001. S. 199–201. – Rez.: Robert Steegers in: Forum Vormärz Forschung. Jahrbuch 2001. Bielefeld 2002. S. 309–315.

Jäger, Anne Maximiliane: Besaß auch in Spanien manch luftiges Schloß. Stuttgart (u. a.) 1999. 340 S. – Rez.: Sabine Bierwirth in: Forum Vormärz Forschung. Jahrbuch 2001. Bielefeld 2002. S. 305–308.

Landwehr, Helmut: Der Schlüssel zu Heines »Romanzero«. Hamburg 2001. 290 S. (Schriftenreihe Poetica. Bd. 56) – Rez.: Karlheinz Fingerhut in: HJb 2001. S. 201–203.

Melis, François: Neue Rheinische Zeitung. Organ der Demokratie. Edition unbekannter Nummern, Flugblätter, Druckvarianten und Separatdrucke. München 2000. 369 S. (Dortmunder Beiträge zur Zeitungsforschung. Bd. 57) – Rez.: Bernd Füllner in: HJb 2001. S. 205–208.

Neubauer, Kai: Heinrich Heines heroische Leidenschaften. Anthropologie der Sinnlichkeit von Bruno bis Feuerbach. Stuttgart 2000. 215 S. (Heine-Studien) – Rez.: Robert Steegers in: Forum Vormärz Forschung. Jahrbuch 2001. Bielefeld 2002. S. 309–315. – Rez.: Robert Steegers in: HJb 2001. S. 208–210.

Peters, George F.: The Poet as Provocateur. Heinrich Heine and His Critics. New York, NY 2000. XII, 227 S. (Studies in German literature, linguistics, and culture: Literary criticism in perspective) – Rez.: Sikander Singh in: HJb 2001. S. 248–250.

Schubert, Dietrich: »Jetzt wohin?« Heinrich Heine in seinen verhinderten und errichteten Denkmälern. Köln (u. a.) 1999. 380 S. (Beiträge zur Geschichtskultur. Bd. 17). – Rez.: Joseph Anton Kruse in: HJb 2001. S. 215–217. – Rez.: Ingeborg Schnelling-Reinicke in: Düsseldorfer Jahrbuch. Bd. 71, Düsseldorf 2000. S. 326–333. [Sammelrezension]

Vormärz – Nachmärz, Bruch oder Kontinuität? Vorträge des Symposiums des Forum Vormärz Forschung e.V. vom 19. bis 21. November 1998 an der Universität Paderborn. Hrsg. von Norbert Otto Eke und Renate Werner unter Mitarb. von Tanja Coppola. Bielefeld 2000. 486 S. (Vormärz-Studien. 5) – Rez.: Christian Liedtke in: HJb 2001. S. 217–220.

Vormärz und Klassik. Bielefeld 1999. 300 S. (Vormärz-Studien. Bd. 1) – Rez.: Gustav Frank in: Literaturkonzepte im Vormärz. Bielefeld 2001. S. 313–318.

4 Rezeption

4.1 Das Werk auf der Bühne, Vertonungen

Gautier, Théophile: Brief an Heinrich Heine. – In: Giselle. Frankfurt a. M. (u. a.) 2001. S. 76–91.

Giselle. Ballett in zwei Akten. Libretto von Théophile Gautier und Jules-Henri Vernoy de Saint-Georges. Musik von Adolphe Adam, Choreographie und Inszenierung von Patrice Bart nach Jean Coralli und Jules Perrot. Hrsg. von der Staatsoper Unter den Linden Berlin. [Text- und Bildred.: Christiane Theobald und Annegret Gertz]. Originalausg. Frankfurt a. M. (u. a.) 2001. 143 S. (insel-taschenbuch. 2914)

Heine, Heinrich: Elementargeister. – In: Giselle. Frankfurt a. M. (u. a.) 2001. S. 92–93.

Heine, Heinrich: »Nur von Carlotta Grisi will ich reden«. – In: Giselle. Frankfurt a. M. (u. a.) 2001. S. 94–95.

Heine, Heinrich: Die Pariserin. – In: Giselle. Frankfurt a. M. (u. a.) 2001. S. 96–97.

Löffel, Hartmut: Der listige Lazarus. Annäherungen an Heinrich Heine. Stück in 12 Bildern. Biberach 1996. 80 S.

Theobalt, Gerold: Eine poetische Nacht am Rhein. Das Heine Spektakel. Szenische Bearbeitung von Lew Bogdan und Bernd Dreßen. Düsseldorf 1997. 120 S. [Textbuch]

4.2 Literarische Essays und Dichtungen zu Heine

Weine, Weinrich: Von unten betrachtet. Grabsprüche. Weilerswist 2000. 96 S.

4.3 Audiovisuelle Medien

Die Fallers. Weihnachtliche Geschichten und Gedichte. Wolfgang Hepp, Christiane Bachschmidt, Ursula Cantieni (u. a.). Karlsruhe 2001. 1 CD & Text (15 S.).

Gedichte der Romantik: Gedichte von Novalis, Eichendorff, Brentano, Uhland, Kerner, Lenau, Mörike, Heine (u. a.). Sprecher: Günther Dockerill. Kiel [2000]. 1 CD & Beih.

Gedichte zum Schmunzeln. Heinrich Heine, Wilhelm Busch, Christian Morgenstern, Erich Kästner, Joachim Ringelnatz, Eugen Roth. Sprecher: Will Quadflieg. Kiel [2001]. 1 CD & Beih.

Heine. Gedichte, Prosa, Briefe. Zusammenstellung und Rezitation Lutz Görner. Weimar. (Lesen – Hören) [Medienkombination]. – Teil 1: Vom Buch der Lieder bis zur Matratzengruft. 1999. 189 S. Buch und 2 CD's. – Teil 2: Deutschland – ein Wintermärchen. Der Rabbi von Bacherach. 1999. 189 S. Buch und 2 CD's.

Heine, Heinrich: Buch der Lieder. Sprecher: Günther Dockerill. Kiel [2000]. 1 CD & Beih.

Heine, Heinrich: Deutschland, ein Wintermärchen. Katharina Thalbach liest Heinrich Heine. Hamburg 2001. (GoyaLiT) 2 CD's.

Heine, Heinrich: Heine Super Star. Rezitator Lutz Görner. Weimar 2001. 5 CD's.

Heine, Heinrich: Die Nordsee. Sprecher: Gerd Erdmann. Komponist: Friedrich Paravicini. Kiel 2001. 1 CD.

Heine, Heinrich: Zur Geschichte der Religion und Philosophie in Deutschland. Volltextlesung. Sprecher: Axel Grube. Düsseldorf 2001. (Onomato-Hörbücher) 5 CD's.

Heine, Heinrich / Robert Schumann: Lyrisches Intermezzo. Münster [2001]. Interpr.: Hubertus Breider [Bar. u. Sprecher]. Ursula König [Piano]. 1 CD & Beih.

Heinrich Heine – Deutscher Dichter. Ein Lebensbild in Selbstzeugnissen. Hörbuch mit Musik. Sprecher: Wolfgang Hinze. Unterhaching 2000. (Klassiker der Literatur) 1 CD & Beih.

Heinrich Heine – eine Auswahl. Aufnahmen März bis Juni 1973. Studio Reichstagsufer Berlin. Sprecher: Fred Düren, Herwart Grosse, Jürgen Holtz. [Köln] 2001. (Litera) 1 CD & Beih.

Heinrich Heine. Ein philosophisch-religiöses Porträt. Texte aus Briefen und dem Prosawerk. Sprecher: Axel Grube. Düsseldorf [ca 2000]. (Onomato-Hörbücher) 1 CD.

Ich hab im Traum geweinet. Hörstück mit Musik. Heinrich Heine. Ulrich Tukur und das Efim-Jourist-Quartett. Hamburg 2002. (Hoffmann-und-Campe-Hörbücher) 2 CD's & Beih.

Liebesgrüße aus Hollywood 2. Die deutschen Stimmen der Hollywoodstars sprechen Liebesgedichte zu Popmusik. Stuttgart 2001. 1 CD & Beih.

Mit Heinrich Heine in den Harz 1824. Gelesen von Henning Venske. Berlin 2001. (Hörreisen) 1 CD & Booklet (22 S.).

Reichel, Achim: Wilder Wassermann. Balladen & Mythen. [Komp., Textbearb. und Prod. von Achim Reichel]. Hamburg [2002]. 1 CD & Beih.

Romantische Quartette & Gedichte. Brahms, Schumann, Hofmann. Heinrich Heine Gedichte. Sprecher Will Quadflieg. Hamburg [2001]. 1 CD & Beih.

Die Schnitter [Willy Schwenken]: Mähdrescher. Nottuln (u. a.) [1998]. 1 CD & Beih.

Schubert, Franz / Heinrich Heine: Musikalisch-literarische Abendunterhaltung 1997. Interpr.: Hubertus Breider [Bar.]; Bärbel Stähler-Grunert [Piano]; Tobias Breider [Viola]. Rolf Peter Kleinen [Rezitator]. Münster 1997. (Musicom) 1 CD & Beih.

4.4 Bildende Kunst / Denkmäler

Miche, Ralf / Thomas Falkner: Das Heine-Denkmal in Halle-Trotha. Hrsg. von der Bürgerinitiative Gesundes Trotha e. V. Halle (Saale) 1996. 22 S. (Trothaer Geschichte – Trothaer Geschichten. H. 4)

Roese, Eckart / Heinrich Heine: Schnee verwandelt sich in Blüten. 100 Bilder von Eckart Roese zu 100 Gedichten von Heinrich Heine. Ausstellung im Heinrich-Heine-Institut. 11. Mai bis 22. August 1997. Konzeption: Heidemarie Vahl. Ausstellung und Katalog: Eckart Roese und Heidemarie Vahl in Zusammenarbeit mit Michael Schulz. Düsseldorf 1997. 98 S. (heinrich heine jahr düsseldorf 97)

4.5 Heinrich-Heine-Gesellschaft / Heinrich-Heine-Institut / Gedenkstätten / Weitere Forschungsinstitutionen

Brenner, Sabine: »Ganges Europas, heiliger Strom!«. Der literarische Rhein (1900–1933). Ein Ausstellungsprojekt. – In: HJb 2001. S. 157–163.

Kaltwasser, Gerda: Französischer Blick ins Ossiland. Alain Robbe-Grillet las. – In: Rheinische Post. Düsseldorf, 15. März 2002.

Kind in Düsseldorf. 1000 Tips & Adressen für Freizeit und Alltag. Der kreative Stadt- und Freizeitführer für Eltern, Großeltern, Onkel, Tanten, Lehrer. Hrsg. Mars GmbH. Ausg. 2001: Mit Niederrhein und Bergischem Land. Hamburg 2001. 224 S. (Companions family guide)

Literatur kann Advokaten und Trommler gebrauchen. Dr. Hergard Rohwedder, Vorsitzende der Heinrich-Heine-Gesellschaft, im Gespräch mit Herbert Slevogt (Leiter der Redaktion der Düsseldorfer Hefte) – In: Düsseldorfer Hefte. Jg. 46, Düsseldorf 2001, Nr. 10. S. 10–13.

Museen und Sammlungen im Rheinland. [Landschaftsverband Rheinland. Red.: Christine Hartmann; Peter Joerißen. Bearb.: Christine Hartmann.] Köln (u. a.) 2001. 399 S. (Rheinland Archiv- und Museumsamt. Publikationen der Abteilung Museumsberatung. Nr. 11)

Schröder, Lothar: Klare Worte bedeuten klares Denken. Sie will mit Literaturveranstaltungen auch junge Leute ins Haus holen. Hergard Rohwedder, die vor wenigen Wochen zur Vorsitzenden der Heinrich-Heine-Gesellschaft wurde. – In: Rheinische Post. Düsseldorf, 17. Juli 2001.

Stüttgen, Johannes: Joseph Beuys. Düsseldorf 2001. 8 S. (Rede zur Eröffnung der Ausstellung »Joseph Beuys – Texte« am 15. Juli 2001 im Heinrich-Heine-Institut) [Maschinenschr. Konzept]

Tilch, Marianne: Veranstaltungen des Heinrich-Heine-Instituts und der Heinrich-Heine-Gesellschaft e. V. Januar bis Dezember 2000. – In: HJb 2001. S. 246–254.

4.6 Heine-Preis der Landeshauptstadt Düsseldorf

Enzensberger, Hans Magnus: Über die Gutmütigkeit. Rede von Hans Magnus Enzensberger anläßlich der Verleihung des Heine-Preises. – In: Düsseldorfer Amtsblatt. Jg. 53, Düsseldorf, Nr. 51, 19. Dezember 1998. S. 2–4.

Heidelberger-Leonard, Irene: Melancholie als Widerstand. Laudatio anlässlich der Verleihung des Heine-Preises an W. G. Sebald am 13. Dezember 2000 in Düsseldorf. – In: Verleihung des Heine-Preises 2000 der Landeshauptstadt Düsseldorf an W. G. Sebald. Düsseldorf 2000. S. 5–16. – Dies. in: HJb 2001. S. 181–190.

Leonhardt, Rudolf Walter: Der Heine-Preis – eine traurige Geschichte. – In: Zuckmayer-Jahrbuch. Bd. 2. St. Ingbert 1999. S. 549–555.

Lepenies, Wolf: Zorn altert, Ironie ist unsterblich. Laudatio von Professor Wolf Lepenies auf Hans Magnus Enzensberger. – In: Düsseldorfer Amtsblatt. Jg. 53, Düsseldorf, Nr. 51, 19. Dezember 1998. S. 3–4.

Lepenies, Wolf: Der Zorn altert, die Ironie ist unsterblich. Wolf Lepenies würdigt den Schriftsteller Hans Magnus Enzensberger. – In: Die Woche. Hamburg, 18. Dezember 1998. S. 30.

Libero der Intellektuellen. Heinrich-Heine-Preis 1998 für Dr. Hans Magnus Enzensberger. Festakt im Schauspielhaus für einen modernen Nationaldichter. – In: Düsseldorfer Amtsblatt. Jg. 53, Düsseldorf, Nr. 51, 19. Dezember 1998.

Merten, Ulrike: Buchstaben, Brücke und mobile Heimat. 13. Heine-Preisträger Max Sebald. – In: Neue-Rhein-Zeitung. Düsseldorf, 14. Dezember 2000.

Merten, Ulrike: Echo des großen Schweigens. Heute bekommt der Wissenschaftler und Poet W. G. Sebald den Heine-Preis. – In: Neue-Rhein-Zeitung. Düsseldorf, 13. Dezember 2000.

Merten, Ulrike: Unermüdlicher Wanderer. Heute wird der 13. Heinrich-Heine-Preis an den Essayisten W. G. Sebald verliehen. Ein Porträt des Dichters. – In: Neue-Rhein-Zeitung. Düsseldorf, 13. Dezember 2000.

Schröder, Lothar: Aus der Zeit gefallen. Heinrich Heine kam in der Rede nicht vor. W. G. Sebald nahm in Düsseldorf den Heine-Preis entgegen. – In: Rheinische Post. Düsseldorf, 14. Dezember 2000.

Schröder, Lothar: Heine-Preis für alpenländische Totentänzerin. Auszeichnung. Düsseldorf wird am 13. Dezember die österreichische Autorin Elfriede Jelinek ehren. – In: Rheinische Post. Düsseldorf, 9. März 2002.

Sebald, Winfried G.: Die Alpen im Meer. Ein Reisebericht – In: Verleihung des Heine-Preises 2000 der Landeshauptstadt Düsseldorf an W. G. Sebald. Düsseldorf 2000. S. 18–26. – Ders. in: HJb 2001. S. 174–180

Smeets, Marlies: Ein Schriftsteller im Geiste Heinrich Heines. Ansprache von Oberbürgermeisterin Marlies Smeets [anläßlich der Verleihung des Heine Preises an H. M. Enzensberger]. – In: Düsseldorfer Amtsblatt. Jg. 53, Düsseldorf, Nr. 51, 19. Dezember 1998. S. 3.

Verleihung des Heine-Preises 2000 der Landeshauptstadt Düsseldorf an W. G. Sebald. Hrsg. Kulturamt der Landeshauptstadt Düsseldorf. Red. Georg Aehling. Düsseldorf 2000. 26 S.

Veranstaltungen des Heinrich-Heine-Instituts und der Heinrich-Heine-Gesellschaft e. V.

Januar bis Dezember 2001

Zusammengestellt von Karin Füllner

Abkürzungen: HHI   Heinrich-Heine-Institut
                  HHG Heinrich-Heine-Gesellschaft
Wenn nicht anders angegeben, gilt als Veranstaltungsort das Heinrich-Heine-Institut, Düsseldorf, und als Veranstalter die Heinrich-Heine-Gesellschaft in Verbindung mit dem Heinrich-Heine-Institut.

6. 1. 2001	»Text & Ton«. Sonderführung mit Sektfrühstück durch die Heine-Ausstellung »Nähe und Ferne«, begleitet von Rezitationen von Heine-Texten und Musik. Einführung: Dr. Karin Füllner; Führung: Dr. Ursula Roth; Rezitation: Julia Krämer; Querflöte: Robert Widura.
7. 1. 2001	Ausstellungseröffnung: »25 Jahre Nora Handpresse«. Ein bibliophiler Kleinverlag aus Düsseldorf. (7. 1.–14. 1. 2001).
14. 1. 2001	Finissage der Ausstellung »25 Jahre Nora Handpresse«. Gespräch mit dem Verleger Werner Brenneke und Videofilm über das Papier- und Büchermachen in Düsseldorf-Heerdt.
20. 1. 2001	Eröffnung der Ausstellung »Frauenporträts«. Fotografien von Ina-Maria von Ettingshausen. (20. 1.–28. 2. 2001).
24. 1. 2001	Gespräch mit Ina-Maria von Ettingshausen im Rahmen der Sonderausstellung »Frauenporträts«.
7. 2. 2001	Gespräch mit Ina-Maria von Ettingshausen im Rahmen der Sonderausstellung »Frauenporträts«. Was heißt »erfolgreich altern«? Eine kulturvergleichende Betrachtung aus japanischer Sicht. Ein Vortrag von Univ.-Prof. Dr. Michiko Mae, Düsseldorf.
14. 2. 2001	Gespräch mit Ina-Maria von Ettingshausen im Rahmen der Sonderausstellung »Frauenporträts«.

16. 2. 2001   Studierendenkolloquium zum Thema »Rheinische Literatur«.
Begrüßung: Prof. Dr. Vittoria Borsò, Dekanin der Philosophischen Fakultät der
Heinrich-Heine-Universität und Prof. Dr. Joseph A. Kruse, HHI.
Sabine Brenner: Die Kulturzeitschrift »Die Rheinlande« (1900–1922) im Kontext
ihrer Zeit.
Judith Vollmer: Zeitgenossenschaft. Wilhelm Schäfers »Lexikon meiner Mit-
menschen«.
Kerstin Glasow: »… wenn wir auch oft im spitzen Winkel gegeneinander den-
ken«. Der Briefwechsel zwischen Hermann Hesse und Wilhelm Schäfer.
Sektionsleitung: Dr. Bernd Kortländer, HHI.
Franz Steinfort: Live – authentisch – gesendet? Anmerkungen zu archivierten
Hörspielen der Weimarer Republik.
Jens Büchel: »Sein Wesen war nicht primitiv genug«. Das Problem der Ichdisso-
ziation in Adolf von Hatzfelds spätexpressionistischem Romanwerk.
Carola Spies: Der Kulturbund zur Demokratischen Erneuerung Deutschlands.
Eine Spurensuche im Rheinland.
Sektionsleitung: PD Dr. Gertrude Cepl-Kaufmann, Heinrich-Heine-Universität
Düsseldorf.
Veranstalter: HHI, Heinrich-Heine-Universität Düsseldorf.

17. 2. 2001   »Ich setzte den Fuß in die Luft und sie trug«. Hilde Domin, Preisträgerin der
Ehrengabe der Heinrich-Heine-Gesellschaft 1972 liest zum 145. Todestag Heines
aus ihren Werken.

21. 2. 2001   Gespräch mit Ina-Maria von Ettingshausen im Rahmen der Sonderausstellung
»Frauenporträts«.

11. 3. 2001   Ausstellungseröffnung: »Ganges Europas, heiliger Strom!« Der literarische Rhein
1900–1933 (11. 3.–22. 4. 2001). Begrüßung: Prof. Dr. Joseph A. Kruse, HHI und
PD Dr. Gertrude Cepl-Kaufmann, Heinrich-Heine-Universität und Arbeits-
kreis zur Erforschung der Moderne im Rheinland e. V.; Hans-Heinrich Grosse-
Brockhoff, Kulturdezernent der Landeshauptstadt Düsseldorf: »Gedanken zur
regionalen Kulturförderung in Zeiten der Globalisierung«; Dr. Bernd Kortländer, HHI: »Der literarische Rhein. Eine Ausstellung«; anschließend führt Sabine
Brenner, M. A. durch die Ausstellung.

17. / 18. 3. 2001   »Text & Ton«. Sonderführung mit Sektfrühstück durch die Heine-Ausstellung
»Nähe und Ferne«, begleitet von Rezitationen von Heine-Texten und Musik.
Einführung: Dr. Karin Füllner; Führung: Dr. Ursula Roth; Rezitation: Julia Krä-
mer; Querflöte: Robert Widura.

18. 3. 2001   »Dichtung und Alkohol! Eine Umfrage«. Rheinweinverkostung im Rahmen der
Ausstellung »Der literarische Rhein«.

21. 3. 2001   »Heine und …«: Vortragsreihe zur Heine-Rezeption.
»Heine und Freud. Affinität und Differenz«. Ein Vortrag von Prof. Dr. Dolf
Oehler, Bonn.

26. 3. 2001	Literaturdidaktisches Seminar zu Texten von Heine und Celan. ReferentInnen: Prof. Dr. Karlheinz Fingerhut, Dr. Ursula Roth, Heidemarie Vahl. Mitgliederversammlung der Heinrich-Heine-Gesellschaft e. V. mit Vorstandswahl. Die 1. Vorsitzende, Johanna von Bennigsen-Foerder, und der 2. Vorsitzende, Bernd Dieckmann, stellten sich nicht wieder zur Wahl. Gewählt wurden als 1. Vorsitzende Dr. Hergard Rohwedder und als 2. Vorsitzende Beate Hoffmann-Becking. Geschäftsführer blieb Prof. Dr. Joseph A. Kruse, Schatzmeister Bernd Eversmann. Der Abend klang mit einem Empfang der scheidenden Vorstandsmitglieder aus.
28. 3. 2001	Heinrich-Heine-Universität, Düsseldorf Abendveranstaltung im Rahmen des »International Symposium on Instrumentalized Analytical Chemistry and Computer Technology«. Begrüßung: Werner Günther, InCom.; Dr. Bernd Kortländer: »Uns gehört die Zukunft«. Zukunftsentwürfe bei Heinrich Heine; Dr. Karin Füllner: »Ja, Zuckererbsen für Jedermann!« Kulinarische Metaphorik in Heines Texten. Veranstalter: InCom 2001, Heinrich-Heine-Universität Düsseldorf, HHI.
29. 3. 2001	»Warum war es am Rhein so schön?«. Ein literarisch-musikalischer Abend. Am Flügel: Uwe Rössler, Moderation: PD Dr. Gertrude Cepl-Kaufmann.
31. 3. 2001	Nacht der Museen 2001 im Heinrich-Heine-Institut mit musikalisch-literarischem Programm, Filmvorführungen und Führungen durch die Heine-Ausstellung »Nähe und Ferne«. »Dichterliebe« mit Mirko Janiska, Bariton (Leipzig) und Christina Noe am Flügel (Leipzig); »nischt kejn konzert – klesmer, jiddische lieder und geschichten« mit Aaron Eckstaedt; »Text & Ton«, Rezitationen und Musik in der Heine-Ausstellung mit Aaron Eckstaedt (Akkordeon), Julia Krämer (Rezitation), Elisa Rabanus (Sopran), Robert Widura (Flöte).
10.–12. 4. 2001	Osterferienprogramm: »Miss Loreley und Vater Rhein«. Gedichte und Sagen, Rollenspiele und Kostümfest zum Thema »Der Rhein«. Für Mädchen und Jungen ab 8 Jahren.
22. 4. 2001	Finissage der Ausstellung »Ganges Europas, heiliger Strom!« Der literarische Rhein 1900–1933 mit einem rheinischen Buffet und literarischen Einlagen. Moderation und Rezitation: Dr. Bernd Kortländer.
24. 4. 2001	Literarischer Abend: »Konzertierende Verse«. Eine Wort-Revue von und mit Karl Otto Conrady; Sprecherin: Ilse Strambowski. Veranstalter: Patmos Verlagshaus, HHI.
26. 4. 2001	Donnerstagsvorstellung. Literatur im Schnabelewopski Gisela Kraft liest »Prinz und Python«. Moderation: Dr. Karin Füllner.
5. 5. 2001	Alte Schmiede im Salzmannbau, Himmelgeister Straße Jazz und Lyrik. Veranstalter: Alte Schmiede, Institut Français, Polnisches Institut, Literaturbüro NRW e. V. Düsseldorf , HHI.

6. 5. 2001	Ausstellungseröffnung »Paul Celan, Poesie – Rütjer, Malerei – Résonances« (6. 5.–1. 7. 2001). Mit Jean-Pierre Lefebvre, Paris. Eine Ausstellung in den Räumen des Heinrich-Heine-Instituts und des Institut Français.
11. 5. 2001	»Im Atemhaus wohnen«. Zum 100. Geburtstag von Rose Ausländer. Lyrik + Musik – Ein Zwiegespräch mit Renate Heuser, Rezitation und Claudia Nickel, Flöten. Im Rahmen der Aktionstage »Frauen gegen Rechtsradikalismus«. Eine Veranstaltungsreihe des Düsseldorfer Frauennetzwerks »Kultur und Geschichte«.
16. 5. 2001	Dagmar Nick liest »Penelope, eine Erfahrung«. Mit einer Ausstellung von Aquarellen von Gertrude Gröninger van der Eb.
19. 5. 2001	Tag der Archive. Einblicke in das Heine-Archiv und das Schumann-Archiv. Mit Marianne Tilch.
20. 5. 2001	»Printemps des poètes«. Christophe Marchand-Kis liest. In Zusammenarbeit mit dem Institut Français und dem Literaturbüro NRW e. V. Düsseldorf.
20. 5. 2001	Tag der Museen. Dr. Ursula Roth führt durch die Heine-Ausstellung »Nähe und Ferne«.
23. 5. 2001	»Heine und …«: Vortragsreihe zur Heine-Rezeption. »Manchmal nur, in dunkeln Zeiten«. Heinrich Heine und Paul Celan oder veröffentlichtes Verschweigen. Ein Vortrag von Prof. Dr. Karlheinz Fingerhut, Ludwigsburg.
31. 5. 2001	»Printemps des poètes«. Thomas Kling liest. In Zusammenarbeit mit dem Institut Français und dem Literaturbüro NRW e. V. Düsseldorf.
6. 6. 2001	»Heine und …«: Vortragsreihe zur Heine-Rezeption. Heinrich Heine und Kawabata Yasunari. »Die Harzreise« und die japanische Erzählung »Die Tänzerin von Izu«. Ein Vortrag von Prof. Dr. Hilaria Gössmann, Trier.
10. 6. 2001	Edith Silbermann: »Begegnung mit Paul Celan«. Erinnerung an den Jugendfreund und Lesung aus seinen Gedichten.
12. 6. 2001	»Printemps des poètes«. Saralev Hollander liest. In Zusammenarbeit mit dem Institut Français und dem Literaturbüro NRW e. V. Düsseldorf.
14.–17. 6. 2001	Bücherbummel auf der Kö. Heinrich-Heine-Institut und Heinrich-Heine-Gesellschaft e. V. präsentieren sich.
16. /17. 6. 2001	»Text & Ton«. Sonderführung mit Sektfrühstück durch die Heine-Ausstellung »Nähe und Ferne«, begleitet von Rezitationen von Heine-Texten und Musik. Einführung: Dr. Karin Füllner; Führung: Dr. Ursula Roth; Rezitation: Julia Krämer; Querflöte: Robert Widura.

23. 6. 2001 Museumsnacht im Heine-Institut.
Literarisches und musikalisches Programm bis 24 Uhr.
Konzert: »Leise zieht durch mein Gemüt«. Heine-Vertonungen im Vergleich.
Studierende der Klasse Dominikus Burghardt, Hochschule Detmold, Abteilung Dortmund.
Heidemarie Vahl führt durch die Sonderausstellung »Paul Celan, Poesie – Rütjer, Malerei – Résonances«.
Lesung: »Wochenende mit Folgen«. Schülerinnen und Schüler des Goethe-Gymnasiums und des Annette von Droste-Hülshoff-Gymnasiums lesen ihre Texte, Literaturkurse Elke Baumgart / Siegfried Lange.
Theater: »Du mußt wissen wir wohnen in Babylon«. 100 Jahre Rose Ausländer. Eine Produktion des Freien Werkstatt Theaters Köln. Von Gertrud Seehaus. Mit Susanne Flury, Stefan Krause, Maren Lorenz. In Zusammenarbeit mit dem Kulturamt der Stadt Düsseldorf.
Dr. Ursula Roth führt durch die Heine-Ausstellung »Nähe und Ferne«.

1. 7. 2001 Finissage der Ausstellung »Paul Celan, Poesie – Rütjer, Malerei – Résonances« mit Michèle Métail. Dias und Gedichte. In Zusammenarbeit mit dem Institut Français und dem Literaturbüro NRW e. V. Düsseldorf.

9. –13. 7. 2001 Sommerferienprogramm: Wer ist Joseph Beuys? Spuren des Künstlers und Lehrers in Düsseldorf. Für Mädchen und Jungen ab 10 Jahren.

15. 7. 2001 Ausstellungseröffnung: »Joseph Beuys. Texte« (15. 7.–9. 9. 2001). Begrüßung: Prof. Dr. Joseph A. Kruse; Einführung: Johannes Stüttgen; zur Ausstellung: Heidemarie Vahl.

19. 8. 2001 Heidemarie Vahl führt durch die Ausstellung »Joseph Beuys. Texte«.

1. /2. 9. 2001 »Text & Ton«. Sonderführung mit Sektfrühstück durch die Heine-Ausstellung »Nähe und Ferne«, begleitet von Rezitationen von Heine-Texten und Musik. Einführung: Dr. Karin Füllner; Führung: Dr. Ursula Roth; Rezitation: Julia Krämer; Querflöte: Robert Widura.

9. 9. 2001 Tag des offenen Denkmals
Joseph Beuys: »Rede über das eigene Land: Deutschland«. Finissage der Ausstellung »Joseph Beuys. Texte«.

12. 9. 2001 »Malina. Die Liebe heilt – die Liebe macht krank«. Ingeborg Bachmann zum 75. Geburtstag. Ein musikalisch-literarischer Abend mit Christel Lueb, Dr. Inge Röhnelt und Nikola Barth (am Flügel).

22. 9. 2001 Ausstellungseröffnung: »Wilfrid Polke: Vagantenlieder. Verse und Farben« (22. 9.–28. 10. 2001). Begrüßung: Prof. Dr. Joseph A. Kruse; Dieter Prochnow liest Villon, Heine, Brecht, Biermann, Polke.

23.9.2001	»Zur Heimat erkor ich mir die Liebe«. Texte und Gedichte der Exilautorin Mascha Kaléko mit Renate Heuser. Im Rahmen der Aktionstage »Frauen gegen Rechtsradikalismus«. Eine Veranstaltungsreihe des Düsseldorfer Frauennetzwerks »Kultur und Geschichte«.
1.10.2001	Peter Schneider liest »Und wenn wir nur eine Stunde gewinnen ...«. Wie ein jüdischer Musiker die Nazi-Jahre überlebte. In Zusammenarbeit mit Literatur bei Rudolf Müller.
6.10.2001	Vagantenlieder. Die »Nordbadischen Spielleute« stellen Lieder und Moritaten aus verschiedenen Epochen vor.
14.10.2001	Ausflug der Heine-Gesellschaft zum Preußenjahr nach Wesel.
21.10.2001	Prof. Dr. Wilhelm Gössmann zum 75. Geburtstag. Glückwunsch: Prof. Dr. Joseph A. Kruse; Überreichung der Bibliographie »Wilhelm Gössmann 1954–2001«: Dr. Martin Hollender; zur Ausstellung: »Geständnisse. Heine im Bewußtsein heutiger Autoren«: Dr. Karin Füllner; Prof. Dr. Wilhelm Gössmann liest den Text »Das alte Haus«; Lieder von Franz Schubert und Franz Liszt nach Texten von Goethe, Heine und Lenau: Annette Kleine, Mezzosopran und Clemens Rave, Klavier. Begleitend zur Veranstaltung wird eine Ausstellung zum Buch »Geständnisse. Heine im Bewußtsein heutiger Autoren« gezeigt.
23.10.2001	Danae Coulmas liest »Schliemann und Sophia. Eine Liebesgeschichte«. Im Rahmen der Veranstaltungsreihe »Das Leben jenseits der Säulen. Griechische Autorinnen und Autoren in Düsseldorf«.
24.10.2001	»Helle Töne die sich mit dunklen paaren«. Zum 80. Geburtstag von Francisco Tanzer und zum 70. Geburtstag von Sofia Gubaidulina an diesem Tage. Annette Reisinger (Minguet Quartett) sieht sich mit ihrer Geige in lyrischen Texten um.
28.10.2001	»Freche Verse, frische Farben«. Künstlergespräch mit Wilfrid Polke zur Finissage der Ausstellung »Wilfrid Polke: Vagantenlieder. Verse und Farben«.
30.10.2001	Schnabelewopski im Heine-Geburtshaus »Heimatverlust«. Gespräch über Gedichte von Rose Ausländer mit Prof. Dr. Joseph A. Kruse.
4.11.2001	Eröffnung der Ausstellung »Archivschätze. Beispiele aus den Sammlungen des Heinrich-Heine-Instituts« (4.11.–2.12.2001).
8.11.2001	Palais Wittgenstein Ein Gespräch unter Verlegern: »Meine besten Bücher des Jahres« mit Alexander Fest (Alexander Fest Verlag), Dr. Gottfried Honnefelder (DuMont Verlag), Mi-

chael Krüger (Hanser Verlag). Moderation: Dr. Torsten Casimir, Feuilletonchef der Rheinischen Post.

15. 11. 2001   Rolf Haufs liest aus seinem neuen Gedichtband »Aufgehobene Briefe«.

21. 11. 2001   Düsseldorfer Schauspielhaus
Martin Walser liest »Der Lebenslauf der Liebe«. Moderation: Dr. Hubert Winkels. In Zusammenarbeit mit dem Kulturamt der Landeshauptstadt Düsseldorf, dem Düsseldorfer Schauspielhaus und Literatur bei Rudolf Müller.

21. 11. 2001   »Darum bin ich so wechselnd und so uneins mit mir«. Karoline von Günderrode 1780–1806. Eine literarische Collage von und mit Annegret Arndt, Hannover.

28. 11. 2001   »Heine und …«: Vortragsreihe zur Heine-Rezeption
»Heinrich Heine und Bertolt Brecht. Das Exil als poetische Lebensform«. Ein Vortrag von Prof. Dr. Ralf Schnell, Siegen.

2. 12. 2001   Ingrid Bachér liest »Sarajewo 96«. Begleitend zur Veranstaltung wird eine Ausstellung der Originalentwürfe von Günther Uecker gezeigt.

5. 12. 2001   »Heine und …«: Vortragsreihe zur Heine-Rezeption
»Heinrich Heine und Hans Magnus Enzensberger. Halbbrüder im Geiste«. Ein Vortrag von Dr. Markus Joch, Berlin.

8. 12. 2001   Studierendenkolloquium 2001. »Dieses ist die neue Welt!«
Neue Arbeiten über Heinrich Heine. Vorträge und Diskussionen.
Begrüßung: Prof. Dr. Joseph A. Kruse und Univ.-Prof. Dr. Bernd Witte.
Jürgen Stratmann: Heinrich Heines »Aus den Memoiren des Herren von Schnabelewopski« und das Ende der Kunstperiode.
Sonja Sakolowski: Aut poeta aut nihil – Der leidende Dichter in Heines »Romanzero«.
Robert Steegers: »Das ist indezent und degoutant zugleich.« Intertextuelle Beobachtungen an Heines »Vitzliputzli«.
Dr. des. Eva Hölter: Heinrich Heines Verhältnis zu Dante.
Adrian Flasche: »Ätzende Kritik« des »sperrigen Individualisten« oder »Heine als Popstar der Event-Kultur«.
Moderation: Dr. Karin Füllner und Holger Ehlert M.A.
Veranstalter: HHI, HHG, Heinrich-Heine-Universität Düsseldorf.

9. 12. 2001   Ausstellungseröffnung: »Alexander Puschkin 1799–1837. Leben und Werk«. Eine Ausstellung des Staatlichen A.S. Puschkin Museums Moskau im Rahmen der Städtepartnerschaft Düsseldorf – Moskau (9. 12. 2001–9. 3. 2002). Es sprechen: Joachim Erwin, Oberbürgermeister der Landeshauptstadt Düsseldorf; Sergej I. Chudjakow, Vorsitzender des Moskauer Kulturkomitees; Sergej J. Netschajew, Generalkonsul des Russischen Generalkonsulats Bonn; Evgenij A. Bogatyrev, Staatliches A. S. Puschkin-Museum; Joseph A. Kruse, HHI. Ulrich Beseler liest

Puschkin; Puschkin-Vertonungen: Elena Brelowa, Sopran und Stephen Harrison, Klavier.

11. 12. 2001   Christian Dietrich Grabbe zum 200. Geburtstag. Jörg Aufenanger liest »Das Lachen der Verzweiflung. Grabbe. Ein Leben«.

13. 12. 2001   Feier zum 204. Heine-Geburtstag. Stella Avni rezitiert Heinrich Heines späte Lyrik; Stella Schieffer spielt Flöte, am Klavier begleitet Ulrike Knoll. Führungen durch die Heine-Ausstellung »Nähe und Ferne« und durch die Ausstellung »Alexander Puschkin 1799–1837«.

Preisaufgabe der
Heinrich-Heine-Gesellschaft e. V.

»Heines schöner Islam«

Unter dem Titel »Heines schöner Islam« lobt die Heinrich-Heine-Gesellschaft e. V. mit Sitz in Düsseldorf einen Preis aus für einen Essay, der dem intellektuellen Diskurs über unser Verhältnis zum Islam und der Welt des Orients förderlich sein kann.

Die Preissumme beträgt € 10 000.

Heinrich Heines Vorstellungen von einem sanften, »schönen« Islam waren geprägt vom Orientexotismus seiner Zeit, romantischen Bildern aus »1001 Nacht«, einem »real unrichtigen, aber in der Idee richtigen Poesie-Orient«, wie er sagt. Zugleich besaß Heine jedoch fundierte Kenntnisse des Korans und wusste aus seiner Beschäftigung mit der Geschichte der Mauren um die Fruchtbarkeit der Verbindung des islamischen Orients mit der westlichen Welt.

Die Ausgangsfrage für den gewünschten Essay ist: Was existiert in unserer westlichen Kultur noch aus diesem gemeinsamen Erbe, und wie bilden sich unsere heutigen Vorstellungen vom Islam, woraus setzen sie sich zusammen und worauf sind sie gegründet? Einsendeschluss ist der 31. März 2003. Die Preisverleihung erfolgt an Heines Geburtstag am 13. Dezember 2003.

Informationen zu den Teilnahmebedingungen im einzelnen gibt es entweder auf Anfrage bei der Heine-Gesellschaft in Düsseldorf (Bilker Str. 12–14) oder im Internet unter der Adresse www.duesseldorf.de/kultur/heineinstitut, dort auf der Seite der Heine-Gesellschaft.

Ankündigung des
Düsseldorfer Studierenden-Kolloquiums 2003

Zum Heine-Geburtstag 2003 veranstalten die Heinrich-Heine-Gesellschaft e.V., das Heinrich-Heine-Institut der Landeshauptstadt Düsseldorf und die Heinrich-Heine-Universität Düsseldorf gemeinsam das Studierenden-Kolloquium 2003 mit neuen Arbeiten über Heinrich Heine. Es findet statt am Samstag, den 6. Dezember 2003, 11–17.30 Uhr, im Heinrich-Heine-Institut. Für die besten vorgetragenen Referate, die von einer Jury ausgewählt werden, stiftet die Heinrich-Heine-Gesellschaft Geldpreise.

Zur Information über Konzeption und Ausrichtung des Düsseldorfer Studierenden-Kolloquiums verweisen wir auf die Beiträge in den Heine-Jahrbüchern 2001 und 2002 (www.duesseldorf.de/kultur/heineinstitut). Anmeldungen für Kurzreferate (ca. 30 min.) sind mit einem kurzen Exposé (ca. 1 Seite) bis zum 31. August 2003 zu richten an:

Heinrich-Heine-Institut
Stichwort: Studierenden-Kolloquium
Bilker Str. 12–14
40213 Düsseldorf
Email: hhi-hhg@t-online.de

Abbildungen

S. 194 Vier Gedichte von Heine: »Die Britten zeigten sich sehr rüde« [1649–1793–???], »Herz mein Herz, sey nicht beklommen«, »Die schlesischen Weber« und »Das Herz ist mir bedrückt, und sehnlich«. Russische Übersetzung. – In: Plamja [Die Flamme], Petrograd, 1918, Nr. 30.

S. 195 »Heinrich Heine über die Deutschen«. – In: Leningrad. Leningrad, 1942, Nr. 6.
Text unter der Überschrift: »In den Büchern Heinrich Heines, die von den Nazis verbrannt worden sind, wird die Niedertracht und der Stumpfsinn der Deutschen, die selbstzufriedene Borniertheit und Grausamkeit der deutschen Kriegstreiber schonungslos entlarvt. Die Verse Heines bringen auch heute mit unverminderter Stärke die deutsch-faschistischen Schurken zu Fall.«
Text oben links: »Die Aeser, die schon vermodert längst / Und nur noch historisch gestunken, / Sie dünstelten aus ihr letztes Gift, / Halb Todte, halb Halunken. – (»Deutschland. Ein Wintermährchen«, Bruchstück zu Caput XXVI, V. 17–20; DHA IV, 298).
Text oben rechts: »Ich bin ein Esel, in meinem Schwanz / Ist jedes Haar ein Esel. // Ich bin kein Römling, ich bin kein Slav«; / Ein deutscher Esel bin ich«. (»Die Wahl-Esel«, V. 35–38; DHA III, 341).
Aufschrift auf der Illustration in der Mitte: »Besetzung des Landes«.
Text unter der Illustration: »Die ausgesogen das Lebensblut / Von manchem Volk und Reiche, // Sie wollte noch einmal verpesten die Welt / Mit ihrem Verwesungshauche!« / Entsetzliche Würmer krochen hervor / Aus ihrem faulen Bauche »(»Deutschland. Ein Wintermährchen, Bruchstück zu Caput XXVI, V. 23–28; DHA IV, 298; sehr freie Übersetzung).
»Noch immer das hölzern pedantische Volk, / Noch immer ein rechter Winkel / In jeder Bewegung, und im Gesicht / Der eingefrorene Dünkel. // Sie stelzen noch immer so steif herum, / So kerzengrade geschniegelt, / Als hätten sie verschluckt den Stock / Womit man sie einst geprügelt. // Ja ganz verschwand die Fuchtel nie, / Sie tragen sie jetzt im Innern«. (»Deutschland. Ein Wintermährchen«, Caput III, V. 21–30; sehr freie Übesetzung).

S. 207 Code Napoléon. Französisches Titelblatt der offiziellen Ausgabe für das Großherzogtum Berg. Düsseldorf 1810. (Heinrich-Heine-Institut, Düsseldorf)

S. 223 »Diplom«, mit dem Sohn Peter des Malers Johann Peter Hasenclever zum Ehrenmitglied des Düsseldorfer »Anti-Musik-Vereins« ernannt wurde. – In: Hanna Bestvater-Hasenclever: J. P. Hasenclever. Ein wacher Zeitgenosse des Biedermeier. Recklinghausen 1979, Abb. 16.

S. 230 Titelblatt des Programmhefts der Internationalen Heine-Konferenz in Jerusalem, 10.–13. Dezember 2001; mit der hebräischen Übersetzung einer Strophe aus Heines »Jehuda ben Halevy« II, V. 97–100; (DHA III, 138): »Schon in frühen Kindestagen / War sie seine ganze Liebe; / Sein Gemüthe machte beben / Schon das Wort Jerusalem.«

Hinweise für die Autoren

Für unverlangt eingesandte Texte und Rezensionsexemplare können wir keine Gewähr übernehmen.

Die Autoren werden gebeten ihre Beiträge möglichst als Ausdruck und Diskette einzusenden.

Die Manuskripte sollten folgendermaßen eingerichtet sein:

1. Im Text:
Zitate und Werktitel in doppelte Anführungszeichen.
Größere Zitate (mehr als 3 Zeilen) und Verse einrücken. Sie werden in kleinem Druck gesetzt; eine weitere Kennzeichnung entfällt.
Auslassungen oder eigene Zusätze im Zitat: [ ]
Hochzahlen (für Anmerkungen) ohne Klammer hinter den schließenden Anführungszeichen, und zwar vor Komma, Semikolon und Doppelpunkt, aber hinter dem Punkt.
Unterstreichung bedeutet Kursivsatz.

2. Fußnoten:
Alle Anmerkungen fortlaufend durchnummeriert am Schluss des Manuskriptes. Hochzahlen ohne Klammer oder Punkt.
Literaturangaben in folgender Form:
a) Bücher
   – Monographien: Vorname Zuname des Verfassers: Titel. Ort Jahr, Band (röm. Ziffer), Seite.
   – Editionen: Vorname Zuname (Hrsg.): Titel. Ort Jahr, Seite.
b) Artikel
   – in Zeitschriften: Vorname Zuname des Verfassers: Titel. – In: Zeitschriftentitel Bandnummer. Jahr, Seite.
   – in Sammelwerken: Vorname Zuname des Verfassers: Titel. – In: Titel des Sammelwerks, hrsg. von Vorname Zuname. Ort Jahr, Band, Seite.
Bei wiederholter Zitierung desselben Werkes: Zuname des Verfassers [Anm. XXX], Seite.

c) Heine-Ausgaben und gängige Heine-Literatur
   – Abkürzungen nach dem Siglenverzeichnis (im Heine-Jahrbuch hinter dem Inhaltsverzeichnis) verwenden.
   – Heine-Texte möglichst im laufenden Text unter Verwendung der Abkürzungen in runden Klammern nachweisen [z. B. (B III, 100) oder (DHA I, 850) oder (HSA XXV, 120)].

3. Abkürzungen:

Zeitschriftentitel u. dgl. möglichst nach dem Verzeichnis der »Germanistik« u. ä.
S.   = Seite
hrsg. v. = herausgegeben von
Auflagenziffer vor der Jahreszahl hochgestellt.
(vgl. auch das Verzeichnis der Siglen hinter dem Inhaltsverzeichnis in diesem Jahrbuch).

4. Korrekturen:

Der Verlag trägt die Kosten für die von der Druckerei nicht verschuldeten Korrekturen nur in beschränktem Maße und behält sich vor, den Verfassern die Mehrkosten für Autorkorrekturen zu belasten.

Mitarbeiter des Heine-Jahrbuchs 2002

PD Dr. Olaf Briese, Lychener Str. 80, 10437 Berlin

Dr. Ursula Broicher, Hohenzollernstr. 53, 47799 Krefeld

Dr. Stuart Ferguson, Newcastle University, German Section, Modern Languages Department, Faculty of Arts and Social Science, University Drive, Callaghan NSW 2308, Australia

Prof. Dr. Karlheinz Fingerhut, Schwabstr. 121, 71672. Marbach

Dr. Bernd Füllner, Urdenbacher Dorfstr. 30, 40593 Düsseldorf

Dr. Karin Füllner, Urdenbacher Dorfstr. 30, 40593 Düsseldorf

Prof. Dr. Wilhelm Gössmann, Graf-Recke-Str. 160, 40237 Düsseldorf

Dr. Horst Heidermann, Hopmannstr. 6, 53177 Bonn

Prof. Dr. Joseph A. Kruse, Kaiserswerther Str. 70, 40477 Düsseldorf

Dr. Jean-Pierre Lefebvre, 86 rue Prosper Legonté, F–92160 Antony

Christian Liedtke, Zülpicher Str. 230, 50937 Köln

Christine Mielke, Heckenrosenweg 14, 76149 Karlsruhe

Dr. Ariane Neuhaus-Koch, Kaarster Str. 133 f, 41462 Neuss

Dr. Liu Min, Peking University, German Department, Beijing 100871, P. R. China

PD Dr. Stefan Neuhaus, Otto-Friedrich-Universität Bamberg, Neuere deutsche Literaturwissenschaft, An der Universität, 96045 Bamberg

Prof. John Pizer, Louisiana State University, Department of Foreign Languages and Literatures, Prescott Hall 222, Baton Rouge, LA 70803–5306, USA

Dr. Inge Rippmann, Conrad-Ferdinand-Meyer-Str. 44, CH–4059 Basel

Prof. Dr. Ralf Schnell, Goldener Spiegel 13, 57074 Siegen

Sikander Singh, Höhenstr. 88, 40227 Düsseldorf

Karin Sousa, University of London, Institute of Germanic Studies, 29 Russell Square, GB–London WC1B 5DP

Robert Steegers, Hausdorffstr. 57, 53129 Bonn

Johannes Stüttgen, Belsenstr. 24, 40545 Düsseldorf

Dr. Constanze Wachsmann, Hubertusstr. 46, 01129 Dresden

Printed in the United States
By Bookmasters